תהלים קורן

特希林

קורן ירושלים

תהלים קורן

特希林

שירו לו
זמרו לו
שיחו
בכל
נפלאותיו

עם תרגום לסינית מאת אהרן ולדמן

阿隆・瓦德曼 译

הוצאת קורן ירושלים

תהלים עם תרגום לסינית
Tehillim with Chinese Translation

מהדורה ראשונה עברית/סינית © תשפ״א
הוצאת קורן ירושלים
ת״ד 4044 ירושלים 9104001
www.korenpub.com

כריכה קשה, מסת״ב: 978-965-301-970-6

אהבת עולם אהבתיך

(ירמיה לא ג)

挚爱哈娜

致谢

感谢以色列耶路撒冷קורן出版社的社长מילר先生为翻译本书筹备资金，感谢קורן出版社的赞助者和广大读者对出版社的一贯支持，本书的问世离不开你们。

感谢ווינברג一家支持我研习托辣，感谢他们待我如亲人，敬我如上宾。

感谢我的学生帮忙校对译文。

感谢神圣的受尊崇者，因他美善宽仁，他的慈爱永远长存。

——阿隆·瓦德曼

总编前言

两个文明

几千年前，在同一块大陆的两端，诞生了两个文明，一个是以希伯来文传承的文明，另一个是以中文传承的文明。几千年来，这两个文明以其价值体系和教导各自影响其所在地区。在近现代，承载这两个文明的两个民族都经历了从磨难到成功的过程，他们的复兴影响了整个世界的思想和历史。这两个民族中一个是最小的民族，正如经上说："上主选了你做他的特选子民，他宠爱你并非因你是最大的民族，他选你反而因你是最小的民族"(语出"摩西五经"第五卷"那些话"第七章第七节）；另一个是世界上最大的民族。

历史上这两个民族几乎不知道对方，直到上一代人才开始结识。其中一个民族在两千年流落异国他乡，饱受迫害之后，从世界各地归回自己在中东的故土。而另一个民族在自己的土地上承受了殖民和占领之苦后，重新将命运把握在自己手中。

直到我们这代人，希伯来文界和中文界几乎没办法直接交流。"犹太圣经"（又称"希伯来圣经""塔纳赫"）只能通过翻译的翻译才辗转到中文界，过程中难免混入误解讹传。如今历史上首次，享誉盛名的耶路撒冷Koren出版社将"希伯来圣经"中最优美的一卷书——特希林——直接翻译成中文，原原本本呈现在您面前。通过阿隆•瓦德曼经师的直译，我们希望中文读者也能够品尝到犹太经典的原汁原味。

在"塔纳赫"之中，"特希林"最富情感，这卷书给痛苦的人带来安慰，使喜庆的人更加欢乐，激发虔诚人赞美神圣的受尊崇者。这卷书着实特别，其中包含人生百味。不论我们身在何时何地，"特希林"世世

מבוא

שני לאומים

שני עמים עתיקי יומין, רחוקים גיאוגרפית כרחוק מזרח ממערב, שני עמים שערכיהם ותובנותיהם מזינים את עולמם הפנימי במשך אלפי שנים. שני עמים שעברו ממצב של שפל נוראי למצב מרומם במאה ה-20 ושתקומתם השפיעה באופן משמעותי על הלך המחשבה העולמי ועל ההיסטוריה כולה. האחד הוא בבחינת "לא מרבכם מכל העמים חשק ה' בכם ויבחר בכם, כי אתם המעט מכל העמים" (דברים ז, ז) והשני הוא העם הגדול בתבל כיום.

שני העמים הללו אינם מכירים דיים אחד את השני ורק החלו להתחבר מחדש בדור האחרון. היהודים שבו לארצם שבמזרח הקדום אחרי אלפיים שנות נדודים וסבל באירופה, ביבשת אמריקה ובארצות המזרח ובכל אלה זכו אך למעט הפוגות ותקופות של נחת. העם הסיני שסבל רבות מקולוניאליזם וכיבוש זכה לחדש את השליטה בגורלו לאחר שנים של רדיפות בתוך ארצו ומחוצה לה.

עד לדורנו זה היכולת לתווך ישירות בין השפה העברית לשפה הסינית לא הייתה קיימת. כל התרגומים לסינית שנעשו עד היום לתנ"ך נעשו באופן מתווך משפות אחרות מה שכמובן עשוי להוביל לטעויות רבות. הוצאת קורן ירושלים זוכה להוציא לאור את אחד הספרים הפיוטיים ביותר בתנ"ך, ספר תהלים, בתרגום חדש שנעשה ישירות מעברית לסינית. בסיועו של ר' אהרן ולדמן השתדלנו לשמר את המשמעות המקורית ואת טעמו המיוחד של היצירה המופלאה ולהנגישם לקורא בשפה הסינית.

מכל ספרי התנ"ך אין ספר שסיפק נחמה גדולה יותר מאשר ספר תהלים לאלו שחווים כאב נפשי, אושר לאלו שחוגגים ושבח והודאה לבורא עולם. ישנה ייחודיות בספר הזה שמסוגל להכיל את המנעד הכולל של החוויה האנושית: האושר, הכרת הטובה, יראת הכבוד, החרדה, הצער והכאב שלנו. מילים שדומה שממשיכות לדבר אלינו בכל מקום ובכל מצב שאותו אנחנו עוברים. הפיוטים העתיקים שבספר תהלים ניחמו את עמנו במשך הדורות. בעזרתם ציינו את ימי חגינו ואף נתנו ביטוי לשיחה המתמשכת בינינו לבין הקדוש ברוך הוא.

אנחנו מקווים שהספר שבפניכם ישיג שתי מטרות.

代代都是我们犹太民族的慰藉，同时也延续着我们和永恒者之间的对话。

我们希望这卷书能达到两个目标。

一是可以给中文读者带来情感上的共鸣。根据我们的传统，这卷书大部分内容由达威德王所作，他所表达的喜悦和信念即便在今天也是我们心灵所需。

二是可以帮助当今以色列人和中国人建立直线联系。我们有太多地方可以互相学习，互相借鉴。我们希望这本书能开启一个系列，通过将希伯来文直接翻译成中文，忠实地表述犹太传统和智慧本意。

我们感谢您购买并阅读本书，并希望藉此和您建立长久的良好关系。

梅伊尔·米勒
耶路撒冷Koren出版社总编
犹太历五七八〇年
www.korenpub.com

ראשית, לאפשר לקוראי השפה הסינית לחוות את הנחמה שבתהלים בין במצבי צער בין במצבי כאב כמו את ההתעלות במצבי הלל והודאה. לפי המסורת, רוב המילים שבספר נכתבו על ידי דוד המלך לפני יותר משלשת אלפי שנה. ביטויי האושר והאמונה שבו נצרכים בימינו לא פחות מאשר בימים שבהם נכתבו.

שנית, לסייע לפיתוח הקשרים שבין העם השוכן בציון לבין העם הסיני. לשני העמים יש הרבה מה ללמד אחד את השני, תבונה רבה שניתן לשתף יחד. אנחנו שואפים לכך שהספר הזה יהיה הראשון מתוך סדרה של ספרי מסורת וחכמת היהדות שבעזורתם נצליח להעביר בצורה ישירה מעברית את תוכן הדברים באופן אותנטי.

אנחנו מודים לקוראינו בשפה הסינית ומצפים להכירם לעומק במהלך קשר ארוך טווח שילך ויירקם.

מאיר מילר, מו"ל
הוצאת קורן ירושלים, התש"פ
www.korenpub.com

译者前言

亲爱的读者，您正将历史拿在手上，而且是历史上首次。您如果将这事件记录下来，那么就是在创造历史，如果您的记录有幸流传到后代，有可能成为珍贵的历史文献。

犹太经典中的经典是“塔纳赫”(תנ"ך)，这部经典含三部分：一、托辣(תורה)，二、谕者(נביאים)，三、文书(כתובים)，“塔纳赫”是这三部分希伯来名称的首字缩写。其中的“文书”又包含十一卷，其中首卷就是“咏叹”(תהלים)，音译“特希林”。这部集子包含一百五十首诗歌，您拿在手上的这本书正是“特希林”的汉译。如果仅仅是汉译，那么谈不上历史首次，犹太经典中的这个部分和那个部分已经多多少少被译成了各种语言，其中也包含汉译。这本书“历史上首次”的意思是历史上首个犹太汉译本，即这是正统意义上的犹太学者将这个集子从希伯来原文直接翻译成汉语[1]。非犹太人接触犹太经典，一般来说要通过中介，甚至几层中介，这其中有文化思想上的中介，也有语言上的中介。“塔纳赫”辗转到汉语，历史上经

---

1 译者从二三十年前开始研究宗教，看过很多圣经译本，包括中文译本。“咏叹”作为希伯来圣经的一部分，自然包含在诸多圣经汉译本之中。在译者的知识和经验范围内，尚未发现在这个译本之前有真正的犹太汉译本，即一方面译者要在符合摩西法的意义上是犹太人，另一方面要从圣经原文直接翻译到汉语。这个汉译本还有个特别之处，即这是由现代以色列的出版先驱，以色列最著名的犹太正统派出版社**הוצאת קורן ירושלים**在以色列首都耶路撒冷出版的。如果万一读者发现了其他更早的真犹太汉译本，欢迎通知译者。这个译本正文的版权完全属于出版社，但这个“译者前言”的所有者是译者。译者免费允许出版社使用这个“译者前言”，为的是帮助您理解这个译本。如果您对“历史上首个犹太译本”有反对证据，请不要找出版社麻烦。您要交涉也好，抗议也好，威胁也好，请直接找译者。

过了几层语言中介，包含希腊语、拉丁语、英语，有时候也包含德语、法语等。

您拿在手上的这个译本是历史上首次最直接的汉译本，语言上是从希伯来原文直接翻译成当代汉语，文化上译者是比大熊猫还“大熊猫级”的正统派犹太学者，不仅贯通犹太文化，而且熟悉中国文化，所以既不必用其他语言的译本做“拐棍”，也不必给您戴上异教“滤镜”（这里所说的“异教”指隔在犹太文化和中国文化之间的基督教和伊斯兰教[2]等）。直到“世界末日”，您大概不会找到比这更直接的译本了[3]。

中国幅员辽阔、人口众多，绝大部分人没有受过良好的教育。这个译本不追求原文的经典“雅言”感，反而用通俗的当代汉语尽量直译希伯来原文，让识字的小学毕业生可以读懂字面的意思。这样做固然照顾了广大读者，但代价是原文的韵律和精炼。举个例子：第一首诗歌的第一节，原文有三个核心动词，这三个动词同型同韵[4]，这韵律没能在译文中表现出来。再举个例子：第一首诗歌的第二节在原文中是九个字，

---

2 基督教和伊斯兰教是非常复杂且影响深远的宗教文化现象，历史上已经有无数人写了各种相关论著。虽然译者通过正统摩西哲学可以对非常复杂的宗教文化现象做“三下五除二”般高度精炼的解释，但要给语言文化背景准备不足的读者说透，也不是三言两语。有兴趣一眼看穿所谓“三大一神教”的，需要先学习“教材”第24-3项“犹太教解密”。

3 读过其他汉译本的，最好先阅读“教材”第10-1项“圣经翻译中的猫腻”，然后再比较异同。

4 严格的讲，原文动词押韵是有细微变化的，学过“教材”第06-2项“希伯来语第二课程：一步登天”后可以来问。

译文中是二十一个字[5]。但这代价值得，如果追求字数少，用“文绉绉”的汉语来翻译，如今有几个中国人能读懂文言？如果要给文言加注释，会不会比直接用白话翻译字数还多？另外韵律这东西，能翻译吗？比如大诗人李白的“蜀道难”“将进酒”，再好的英语译文也不过是“凉白开”，怎么也品不出“中国功夫茶”的味道[6]。除了失去“味道”，单单译文也无法表达出原文的深层含义，除非添加大量的注释。如果读者不懂原文，那么译者还需要给注释再加注——子又生孙，孙又生子，无穷匮也（没完没了）——八九不离十直到“世界末日”，译者也抽不出这“闲”功夫。另外读者如果愿意一辈子来“啃”译文注释这“别人嚼过的馍”，干嘛不直接学会原文，干嘛不直接吃“新鲜馍”呢？

犹太经典原文没有现代标点符号，这个汉译本采用简化标点，每节经文[7]之中的停顿一律用逗号，每节经文结尾一律用句号[8]。经文中的感叹、疑问等等语气，请读者自己体会。为了使译文通顺以及帮助读者理解，译者添加了一些原文中没有的字，这部分内容放在了括号中。

5 如果按笔划来算，用圣书体来书写原文要将近七十划，用手写圆体要将近五十划。汉语译文写起来要多少笔划，请读者亲自数数。

6 要品原文，一定要学会原文。

7 经节划分的传统在大约一千五百年前就已经模糊了，现存经文划分的渊源说来话长，这里就不罗嗦了。

8 译者不喜欢那种复杂的当代汉语标点符号体系，尤其是“书名号”（双尖括号）。另外译者也不喜欢给大众搞复杂的语法，比如“白色的花”中的“白”是形容词，“突然地离开”中的“突然”是副词，因此“的”要用在形容词的地方，“地”要用在副词的地方。这样的“的”“地”，老百姓爱用哪个就用哪个，译者不较这个真儿。

既然这个译本采用通俗的当代汉语，显然译者不指望读者都是学者哲人，当然也不会指望大部分读者能够从哲学高度或者深层思维的角度来理解“特希林”[9]。既然没这样的指望，那就要体会到老百姓的需求。老百姓挺实在的，既不求丰功伟绩，名垂青史，也不求参透天地，明悟真理。老百姓就求没病没灾，平平安安的。中国老百姓是人，犹太老百姓也是人，中国民俗中有消灾祈福，犹太民俗中也有消灾祈福。人生在世，生老病死无人可幸免。译者不是天上“神仙”，而是地上血肉之躯。对于人生疾苦，译者也深深叹息。下面介绍一点犹太民俗对“特希林”的应用，能起到点安慰人心的作用，译者也该知足了[10]。

依照民俗[11]：在婚礼日，请恭读“特希林”第十九首；在孩子出生日，请恭读第二十和一百三十九首；为病人祈求，请恭读第二十三、一百二十一、一百三十和一百三十九首；祈求以色列地平安，请恭读第二十、一百二十、一百二十一和一百二十五首；痊愈时，请恭读第六、三十和一百零三首；表达感恩，请恭读第九十五和一百一十六首；祈求指引，请恭读第一百三十九首；祈求顺利，请恭读第一百二十一首；表达忏悔，请恭读第九十首；祈求佑助，请恭读第二十和一百三十首；远行时，请恭读第九十一首；大难不死，

9 同样的经典文本，贤哲的理解和百姓的理解可以相差到“风马牛不相及”的程度。读者中的“天才”可以来学“摩西哲学”，不过请先熟练英语和希伯来语，用原文通读基础摩西经典，然后再来询问哲学课程。认为外语难学的，请借鉴“教材”第28-9项“真能多门外语诀窍”。

10 译者不贪图绝大部分读者通过阅读译文，醍醐灌顶，忽然就明白“虚空的虚空，虚空的虚空”，祈福消灾的礼仪不过是“儿戏”，人生的真正意义在于追求真理，认识太初。

11 民俗可以很简单，也可以很复杂。这里给出的是比较简单的，复杂起来可以专门写本书。

请恭读第一百二十四首。

“特希林”属于圣书，摩西法对如何恭敬对待神圣有具体规定。中国人能读摩西法的凤毛麟角，更不要说遵守了。译者不愿意难为人，请读者以自己能行的恭敬态度来对待圣书即可。

祝你们平平安安，硬硬朗朗的！

福斯塔特摩西私塾
阿隆·瓦德曼教长
犹太历五七八〇年三月
于以色列故土
留言电话[12]：+972-54-352-3668

12 此处不提供免费传教服务，也不接受被“免费”传教。各种教派的传教士和教徒，请不要打电话来传教。实在忍不住非要传的，请先购买并仔细阅读“教材”第10-1项“圣经翻译中的猫腻”。读了之后还忍不住非要传的，请学习“教材”第24-3项“犹太教解密”。在通过“圣经翻译中的猫腻”和“犹太教解密”之前，非要打电话来传教的，这种行为在法律上是“故意骚扰”。这里也不提供免费法律咨询服务，请传教士自行知法守法。

英译版前言[1]

有人说，“托辣”五书[2]是用来研究的，“谕者”是用来聆听的，“文书”（比如其中的“伊优乌”和“埃斯泰尔”）是用来阅读的，但“特希林——咏叹”是用来诵读的。

传统上，“特希林”的诵读和希伯来圣经[3]的其他书卷不同，正如在欧陆犹太语[4]中所说：“特希林·曼·匝哥特[5]·特希林”。特希林与虔诚者（包含犹太人，也包含非犹太人）之间有种个人关系，在危急关头，在喜乐之时，人们常常想起诵读特希林，历史上这样，现在也如此。人们发现，通过诵读特希林，他们可以倾诉各种各样的感受。

因此，对于所有人来说，特希林成了通向“灵性”的关键，特别对于犹太人，特希林是他们宗教生活的有机组成部分，构成了他们与上帝之间的关系。

对于一个虔诚人来说，特希林对于内在生命的重要性要求他能够将其在理智上和情感上内在化，特希林既触及内心，也触及思想。

1　这个前言由阿隆·瓦德曼译为汉语并加注。

2　“托辣”（又称“摩西五经”）包含五卷，分别为：一、在起初（בראשית），二、那些名（שמות），三、他呼唤（ויקרא）、四、在旷野（במדבר），五、那些话（דברים）。

3　即“塔纳赫”。

4　即יידיש，字面意思是“犹太人的[语言]”，在中国有人翻译成“意第绪语”。这是一种在欧洲形成的犹太民族语言，类似如今的德语。犹太民族在欧洲定居的历史非常悠久，其民族和语言的形成都先于德意志民族及其民族共同语的形成。

5　“曼”的意思是“人”，“匝哥特”的意思是“说”。

这个英译版致力于使特希林在概念上便于理解，另外在情感上也能共鸣。

每篇咏叹的前面都有用第一人称写成的简短默想，这个默想试图体会这咏叹的主要情绪。在这种情绪中一个人发现了他自己，他能够以自己的主观感受来读这咏叹，能够将其中的字词与自己的感受联系起来。

这类默想可以激发人们都能够体会到的各种感情（包括恐惧、希望、绝望、勇气、疑惑、自信、得意、沮丧、羞愧、骄傲，等等），这个现象也成了存在主义哲学家和深层心理学家的研究对象。

特希林不仅可以用来读，也可以用来研究。因此在这个英译版中，每篇咏叹都附有一篇短文，深思其中一两个核心教导。每位读者都在他人生当下的特定阶段面临特别的人生问题，咏叹中的教导常常反映了他的现状。对于这样的教导，注释中有特别关注。

在这个英译版中，每篇咏叹的开头是一小段默想，然后是其正文，正文的下面是注释。

仅仅阅读注释是不够的，必须要诵读咏叹的文本。有条件的读者，最好先读希伯来原文，然后去看埃利·喀什当辣比[6]精致且启迪人心的注释。他对我这个英译本帮助良多，在这里我再次深深致谢。

策维·赫尔什·温瑞伯 博士 辣比
犹太历五七七五年
于纽约萨芬与以色列耶路撒冷

6 “辣比”是个头衔，其具体含义在不同的年代、地区和群体中有所不同。对于广大中国读者来说，这个头衔对现实生活没有直接影响。在个别情况下，尤其在归化、婚姻、财产和继承方面，了解这个头衔的来龙去脉与个人利益紧密相关。

תהלים

特希林

第一首

1. □〈样的〉人〈真是〉有福，
他不遵从恶人的〈诡〉计，
不立于罪人之途，
也不坐在亵慢人的座位上。

2. 反而上主的托辣是他所爱，
他要日夜思索他的托辣。

3. 他要如栽种于溪畔的树木，
按时结果子，
他的〈枝〉叶不会干枯，
他凡事都要亨通。

4. 恶人却不这样，
反而如糠要〈被〉风吹散。

5. 因此恶人在审判时不会站立，
罪人〈不得立〉在义人的会中。

6. 因为上主知道义人的道路，
恶人的道路必至灭亡。

מזמור א

א לחודש
ליום ראשון

א אַ֥שְֽׁרֵי־הָאִ֗ישׁ
אֲשֶׁ֤ר ׀ לֹ֥א הָלַךְ֮ בַּעֲצַ֪ת רְשָׁ֫עִ֥ים
וּבְדֶ֣רֶךְ חַ֭טָּאִים לֹ֥א עָמָ֑ד
וּבְמוֹשַׁ֥ב לֵ֝צִ֗ים לֹ֣א יָשָֽׁב׃

ב כִּ֤י אִ֥ם בְּתוֹרַ֥ת יְהוָ֗ה חֶ֫פְצ֥וֹ
וּֽבְתוֹרָת֥וֹ יֶהְגֶּ֗ה יוֹמָ֥ם וָלָֽיְלָה׃

ג וְֽהָיָ֗ה כְּעֵץ֮ שָׁת֪וּל עַֽל־פַּלְגֵ֫י מָ֥יִם
אֲשֶׁ֤ר פִּרְי֨וֹ ׀ יִתֵּ֬ן בְּעִתּ֗וֹ
וְעָלֵ֥הוּ לֹֽא־יִבּ֑וֹל
וְכֹ֖ל אֲשֶׁר־יַעֲשֶׂ֣ה יַצְלִֽיחַ׃

ד לֹא־כֵ֥ן הָרְשָׁעִ֑ים
כִּ֥י אִם־כַּ֝מֹּ֗ץ אֲֽשֶׁר־תִּדְּפֶ֥נּוּ רֽוּחַ׃

ה עַל־כֵּ֤ן ׀ לֹא־יָקֻ֣מוּ רְ֭שָׁעִים בַּמִּשְׁפָּ֑ט
וְ֝חַטָּאִ֗ים בַּעֲדַ֥ת צַדִּיקִֽים׃

ו כִּֽי־יוֹדֵ֣עַ יְ֭הוָה דֶּ֣רֶךְ צַדִּיקִ֑ים
וְדֶ֖רֶךְ רְשָׁעִ֣ים תֹּאבֵֽד׃

第二首

1. 诸民为何躁动，
众族〈为何〉要谋算虚空。

2. 地上的列王起来，
诸侯联手〈直译：一起商议〉
对付上主和他的受膏者。

3. 〈他们说〉让我们扯断他们的缰绳，
让我们甩掉他们的绳索。

4. 居于〈高〉天者要发笑，
我主要嗤笑他们。

5. 然后他要以震怒对他们发言，
以其烈怒惊吓他们。

6. 我已在熙雍我的圣山上，
奠定了我的君王。

7. 我要宣讲上主的法度，
他对我说了，你是我的儿子，
我今日生了你。

8. 〈你来〉求问我，
我就将众民赐为你的产业，
〈将〉地极〈做〉你的基业。

9. 你要用铁杖打烂他们，
你要击碎他们犹如陶匠的器皿。

מזמור ב

א לָ֭מָּה רָגְשׁ֣וּ גוֹיִ֑ם
וּ֝לְאֻמִּ֗ים יֶהְגּוּ־רִֽיק׃

ב יִ֥תְיַצְּב֨וּ ׀ מַלְכֵי־אֶ֗רֶץ
וְרוֹזְנִ֥ים נֽוֹסְדוּ־יָ֑חַד
עַל־יְ֝הוָ֗ה וְעַל־מְשִׁיחֽוֹ׃

ג נְֽ֭נַתְּקָה אֶת־מֽוֹסְרוֹתֵ֑ימוֹ
וְנַשְׁלִ֖יכָה מִמֶּ֣נּוּ עֲבֹתֵֽימוֹ׃

ד יוֹשֵׁ֣ב בַּשָּׁמַ֣יִם יִשְׂחָ֑ק
אֲ֝דֹנָ֗י יִלְעַג־לָֽמוֹ׃

ה אָ֤ז יְדַבֵּ֣ר אֵלֵ֣ימוֹ בְאַפּ֑וֹ
וּֽבַחֲרוֹנ֥וֹ יְבַהֲלֵֽמוֹ׃

ו וַ֭אֲנִי נָסַ֣כְתִּי מַלְכִּ֑י
עַל־צִ֝יּ֗וֹן הַר־קָדְשִֽׁי׃

ז אֲסַפְּרָ֗ה אֶֽ֫ל חֹ֥ק
יְֽהוָ֗ה אָמַ֘ר אֵלַ֥י בְּנִ֥י אַ֑תָּה
אֲ֝נִ֗י הַיּ֥וֹם יְלִדְתִּֽיךָ׃

ח שְׁאַ֤ל מִמֶּ֗נִּי
וְאֶתְּנָ֣ה ג֭וֹיִם נַחֲלָתֶ֑ךָ
וַ֝אֲחֻזָּתְךָ֗ אַפְסֵי־אָֽרֶץ׃

ט תְּ֭רֹעֵם בְּשֵׁ֣בֶט בַּרְזֶ֑ל
כִּכְלִ֖י יוֹצֵ֣ר תְּנַפְּצֵֽם׃

10. 如今，王侯们，〈你们〉要醒悟，
地〈上〉的法官们，〈你们〉该受教。

11. 〈你们〉当以敬畏〈之情〉侍奉上主，
当战兢〈临到忤逆者〉，〈你们〉要欢喜。

12. 〈你们〉要爱慕〈直译：吻〉纯洁，
免得他动怒，因为他稍微一怒，
你们就〈在歧〉途中灭亡，
凡投靠他的〈真是〉有福。

י וְעַתָּ֣ה מְלָכִ֣ים הַשְׂכִּ֑ילוּ
הִ֝וָּסְר֗וּ שֹׁ֣פְטֵי אָֽרֶץ׃

יא עִבְד֣וּ אֶת־יְהוָ֣ה בְּיִרְאָ֑ה
וְ֝גִ֗ילוּ בִּרְעָדָֽה׃

יב נַשְּׁקוּ־בַ֡ר
פֶּן־יֶאֱנַ֤ף ׀ וְתֹ֬אבְדוּ דֶ֗רֶךְ
כִּֽי־יִבְעַ֣ר כִּמְעַ֣ט אַפּ֑וֹ
אַ֝שְׁרֵ֗י כָּל־ח֥וֹסֵי בֽוֹ׃

第三首

1. 达威德之歌，
〈作于〉逃避其子阿乌沙隆时。

2. 上主〈啊〉，我的仇敌何其多，
攻击我的人〈何其〉多。

3. 许多人指着我的性命说，
上帝不会拯救他，塞拉。

4. 但上主你护卫我的荣耀，
〈你〉使我昂首。

5. 我要大声向上主呼求，
他要从他圣山〈那里〉回应我，塞拉。

6. 我躺〈下〉睡〈去〉，
又醒〈过来〉，
因上主扶助我。

7. 我不会惧怕围剿我的万万〈暴〉民。

8. 起来〈啊〉，上主，
〈求你〉拯救我，我的上帝，
因你击打了我所有仇敌的下颚，
你打落了恶人的牙齿。

9. 拯救属于上主，属于你的民，
〈即〉你所祝福的，塞拉。

מזמור ג

א מִזְמ֥וֹר לְדָוִ֑ד
בְּ֝בָרְח֗וֹ מִפְּנֵ֤י ׀ אַבְשָׁל֬וֹם בְּנֽוֹ׃

ב יְהוָ֗ה מָֽה־רַבּ֥וּ צָרָ֑י
רַ֝בִּ֗ים קָמִ֥ים עָלָֽי׃

ג רַבִּים֮ אֹמְרִ֪ים לְנַ֫פְשִׁ֥י
אֵ֤ין יְֽשׁוּעָ֓תָה לּ֬וֹ בֵֽאלֹהִ֬ים סֶֽלָה׃

ד וְאַתָּ֣ה יְ֭הוָה מָגֵ֣ן בַּעֲדִ֑י
כְּ֝בוֹדִ֗י וּמֵרִ֥ים רֹאשִֽׁי׃

ה ק֭וֹלִי אֶל־יְהוָ֣ה אֶקְרָ֑א
וַיַּעֲנֵ֨נִי מֵהַ֖ר קָדְשׁ֣וֹ סֶֽלָה׃

ו אֲנִ֥י שָׁכַ֗בְתִּי וָֽאִ֫ישָׁ֥נָה
הֱקִיצ֑וֹתִי
כִּ֖י יְהוָ֣ה יִסְמְכֵֽנִי׃

ז לֹֽא־אִ֭ירָא מֵרִבְב֥וֹת עָ֑ם
אֲשֶׁ֥ר סָ֝בִ֗יב שָׁ֣תוּ עָלָֽי׃

ח ק֤וּמָה יְהוָ֨ה ׀ הוֹשִׁ֘יעֵ֤נִי אֱלֹהַ֗י
כִּֽי־הִכִּ֣יתָ אֶת־כָּל־אֹיְבַ֣י לֶ֑חִי
שִׁנֵּ֖י רְשָׁעִ֣ים שִׁבַּֽרְתָּ׃

ט לַיהוָ֥ה הַיְשׁוּעָ֑ה
עַֽל־עַמְּךָ֖ בִרְכָתֶ֣ךָ סֶּֽלָה׃

第四首

1. 交予奏乐者，达威德之歌。

2. 我呼求时，〈求你〉回答我，我正义的上帝，
〈我〉在困〈境〉时，
你帮助〈直译：使宽广〉了我，
〈求你〉恩待我，倾听我的祈求。

3. 人子呀，你们要作贱我到何〈时〉，
你们爱慕虚空，
追求虚伪，塞拉。

4. 〈你们〉应知道上帝将敬虔者分离〈出来〉归他，
我呼求他〈时〉，上主会垂听。

5. 〈你们〉当战栗，你们不要犯罪，
你们在床上要反思静默，塞拉。

6. 〈你们〉当奉上正义的祭献，
〈你们〉当信赖上主。

7. 众人说，
谁会向我们显示幸福〈直译：好，佳〉，
〈求你〉以你的慈颜恩待我们，〈哦〉上主。

8. 你将快乐赐予我心，
〈远〉胜过他们的谷物和葡萄丰〈收〉时
〈所带来的快乐〉。

9. 〈以色列民〉将与我一同在平安中躺卧入睡，
因唯你是上主，
你必定拯救我。

מזמור ד

א לַמְנַצֵּ֥חַ בִּנְגִינ֗וֹת מִזְמ֥וֹר לְדָוִֽד׃

ב בְּקׇרְאִ֡י עֲנֵ֤נִי ׀ אֱלֹ֘הֵ֤י צִדְקִ֗י בַּ֭צָּר הִרְחַ֣בְתָּ לִּ֑י
חׇ֝נֵּ֗נִי וּשְׁמַ֥ע תְּפִלָּתִֽי׃

ג בְּנֵ֥י אִ֡ישׁ עַד־מֶ֬ה כְבוֹדִ֣י לִ֭כְלִמָּה
תֶּאֱהָב֣וּן רִ֑יק
תְּבַקְשׁ֖וּ כָזָ֣ב סֶֽלָה׃

ד וּדְע֗וּ כִּֽי־הִפְלָ֣ה יהוה חָסִ֣יד ל֑וֹ
יְהוָ֥ה יִ֝שְׁמַ֗ע בְּקׇרְאִ֥י אֵלָֽיו׃

ה רִגְז֗וּ וְֽאַל־תֶּ֫חֱטָ֥אוּ
אִמְר֣וּ בִ֭לְבַבְכֶם עַל־מִשְׁכַּבְכֶ֗ם
וְדֹ֣מּוּ סֶֽלָה׃

ו זִבְח֥וּ זִבְחֵי־צֶ֑דֶק
וּ֝בִטְח֗וּ אֶל־יְהוָֽה׃

ז רַבִּ֥ים אֹמְרִים֮
מִֽי־יַרְאֵ֪נ֫וּ ט֥וֹב
נְֽסָה־עָ֭לֵינוּ א֨וֹר פָּנֶ֬יךָ יְהוָֽה׃

ח נָתַ֣תָּה שִׂמְחָ֣ה בְלִבִּ֑י
מֵעֵ֬ת דְּגָנָ֖ם וְתִירוֹשָׁ֣ם רָֽבּוּ׃

ט בְּשָׁל֘וֹם יַחְדָּ֗ו אֶשְׁכְּבָ֪ה וְאִ֫ישָׁ֥ן
כִּֽי־אַתָּ֣ה יְהוָ֣ה לְבָדָ֑ד
לָ֝בֶ֗טַח תּוֹשִׁיבֵֽנִי׃

第五首

1. 交予演奏奈熙罗特〈乐器名〉者，
达威德之歌。

2. 〈求你〉倾听我的言语，〈哦〉上主，
〈求你〉理解我的心思。

3. 〈求你〉留心我的哀号，
我的王，我的上帝，
我向你祈求。

4. 上主〈啊〉，
〈求〉你〈在〉清晨垂听我的声音，
我要〈在〉清晨向你献上〈我的祈祷〉，
且我期盼〈你的回应〉。

5. 因你不是爱慕罪恶的上帝，
邪恶不得与你相处。

6. 昏愚者不得立于你的眼前，
你痛恨所有致力〈于〉虚妄的人。

7. 你会消灭说谎者，
嗜血奸诈之徒令上主生厌。

8. 我要凭你丰盛的慈爱来到你的〈圣〉殿〈直译:房屋，家〉，
我要以敬畏匍匐于你圣〈所〉的大厅。

9. 上主〈啊〉，〈求你〉以你的正义引导我，
免得我的仇敌〈高兴〉，
〈求你〉在我面前修直你的道路。

מזמור ה

א לַמְנַצֵּ֥חַ אֶֽל־הַנְּחִיל֗וֹת מִזְמ֥וֹר לְדָוִֽד׃

ב אֲמָרַ֣י הַאֲזִ֣ינָה ׀ יהוה
בִּ֣ינָה הֲגִֽיגִי׃

ג הַקְשִׁ֤יבָה ׀ לְק֬וֹל שַׁוְעִ֗י
מַלְכִּ֥י וֵאלֹהָ֑י
כִּֽי־אֵ֝לֶ֗יךָ אֶתְפַּלָּֽל׃

ד יְֽהוה
בֹּ֣קֶר תִּשְׁמַ֣ע קוֹלִ֑י
בֹּ֥קֶר אֶֽעֱרָךְ־לְ֝ךָ֗ וַאֲצַפֶּֽה׃

ה כִּ֤י ׀ לֹ֤א אֵֽל־חָפֵ֘ץ רֶ֥שַׁע ׀ אָ֑תָּה
לֹ֖א יְגֻרְךָ֣ רָֽע׃

ו לֹא־יִתְיַצְּב֣וּ ה֭וֹלְלִים לְנֶ֣גֶד עֵינֶ֑יךָ
שָׂ֝נֵ֗אתָ כָּל־פֹּ֥עֲלֵי אָֽוֶן׃

ז תְּאַבֵּד֮ דֹּבְרֵ֪י כָ֫זָ֥ב
אִֽישׁ־דָּמִ֥ים וּמִרְמָ֗ה יְתָעֵ֥ב ׀ יהוה׃

ח וַאֲנִ֗י בְּרֹ֣ב חַ֭סְדְּךָ אָב֣וֹא בֵיתֶ֑ךָ
אֶשְׁתַּחֲוֶ֥ה אֶל־הֵֽיכַל־קָ֝דְשְׁךָ֗ בְּיִרְאָתֶֽךָ׃

ט יהוה ׀ נְחֵ֬נִי בְצִדְקָתֶ֗ךָ לְמַ֥עַן שׁוֹרְרָ֑י
הושר לְפָנַ֣י דַּרְכֶּֽךָ׃ הַיְשַׁ֖ר

10. 因他〈们〉口中没有真话，
他们心中〈俱是〉奸诈，
他们的喉咙是敞开的坟墓，
他们的舌头油滑。

11. 上帝〈啊〉，〈求你〉判他们有罪，
愿他们由于诡计〈多端〉而倒〈毙〉，
由于他们罪过众多，〈求你〉驱逐他们，
因他们反叛了你。

12. 凡投靠你的，愿他们欢欣，
永远歌唱，你要庇护他们，
爱你名的人们要因你欢欣。

13. 因你会祝福义人，
〈哦〉上主，
愿你以恩宠环绕他们。

י כִּ֤י אֵ֪ין בְּפִ֡יהוּ נְכוֹנָה֮
קִרְבָּ֪ם הַ֫וּ֥וֹת
קֶֽבֶר־פָּת֥וּחַ גְּרוֹנָ֑ם
לְ֝שׁוֹנָ֗ם יַחֲלִֽיקוּן׃

יא הַֽאֲשִׁימֵ֙ם ׀ אֱֽלֹהִ֗ים
יִפְּלוּ֮ מִֽמֹּעֲצ֫וֹתֵ֥יהֶ֑ם
בְּרֹ֣ב פִּ֭שְׁעֵיהֶם הַדִּיחֵ֑מוֹ
כִּ֣י מָ֣רוּ בָֽךְ׃

יב וְיִשְׂמְח֨וּ כָל־ח֪וֹסֵי בָ֡ךְ
לְעוֹלָ֣ם יְ֭רַנֵּנוּ וְתָסֵ֣ךְ עָלֵ֑ימוֹ
וְֽיַעְלְצ֥וּ בְ֝ךָ֗ אֹהֲבֵ֥י שְׁמֶֽךָ׃

יג כִּֽי־אַתָּה֮ תְּבָרֵ֪ךְ צַ֫דִּ֥יק
יְהֹוָ֑ה
כַּ֝צִּנָּ֗ה רָצ֥וֹן תַּעְטְרֶֽנּוּ׃

第六首

1. 交予奏乐者，和以第八〈律〉，达威德之歌。

2. 上主〈啊〉，求你不要在震怒中训斥我，
求你不要在烈怒下责罚我。

3. 〈求你〉怜悯我，〈哦〉上主，
因我已虚弱〈不堪〉，
〈求你〉治愈我，
〈哦〉上主，因我的骨头战兢。

4. 我的灵魂非常恐惧，
〈哦〉你，上主，〈你对付我〉要到何时。

5. 上主〈啊〉，
〈求你〉回来救助我的性命〈注：第四节中的
灵魂和第五节中的性命在原文是同一个词〉，
〈求你〉为了你慈爱的缘故解救我。

6. 因为在死亡中没有〈对〉你的记念，
在阴府里谁来称谢你。

7. 我因悲伤而疲惫，
我要以夜夜哭泣浮起我的床〈板〉，
我要以泪水浸透我的床榻。

8. 我的眼目因〈过多的〉怒气而模糊，
因我众多的敌人而衰弱。

9. 远离我，所有〈你们这些〉为非作歹的人，
因上主俯听了我的哭声。

מזמור ו

א לַמְנַצֵּ֣חַ בִּ֭נְגִינוֹת עַֽל־הַשְּׁמִינִ֗ית מִזְמ֥וֹר לְדָוִֽד׃

ב יהוה אַל־בְּאַפְּךָ֥ תוֹכִיחֵ֑נִי
וְאַל־בַּחֲמָתְךָ֥ תְיַסְּרֵֽנִי׃

ג חָנֵּ֥נִי יהוה֮
כִּ֤י אֻמְלַ֫ל אָ֥נִי
רְפָאֵ֥נִי יהוה֑
כִּ֖י נִבְהֲל֣וּ עֲצָמָֽי׃

ד וְ֭נַפְשִׁי נִבְהֲלָ֣ה מְאֹ֑ד
וְאַתָּ֥ יְ֝הוה עַד־מָתָֽי׃

ה שׁוּבָ֣ה יְ֭הוה
חַלְּצָ֣ה נַפְשִׁ֑י
ה֝וֹשִׁיעֵ֗נִי לְמַ֣עַן חַסְדֶּֽךָ׃

ו כִּ֤י אֵ֣ין בַּמָּ֣וֶת זִכְרֶ֑ךָ
בִּ֝שְׁא֗וֹל מִ֣י יֽוֹדֶה־לָּֽךְ׃

ז יָגַ֤עְתִּי ׀ בְּֽאַנְחָתִ֗י
אַשְׂחֶ֣ה בְכָל־לַ֭יְלָה מִטָּתִ֑י
בְּ֝דִמְעָתִ֗י עַרְשִׂ֥י אַמְסֶֽה׃

ח עָֽשְׁשָׁ֣ה מִכַּ֣עַס עֵינִ֑י
עָ֝תְקָ֗ה בְּכָל־צוֹרְרָֽי׃

ט ס֣וּרוּ מִ֭מֶּנִּי כָּל־פֹּ֣עֲלֵי אָ֑וֶן
כִּֽי־שָׁמַ֥ע יְ֝הוה ק֣וֹל בִּכְיִֽי׃

10. 上主垂听了我的恳求，
上主会接纳我的祈求。

11. 愿我所有的仇敌蒙羞，惊恐至极，
一瞬间羞愧地转离。

י שָׁמַ֣ע יְ֭הוה תְּחִנָּתִ֑י
יְ֝הוה תְּפִלָּתִ֥י יִקָּֽח׃

יא יֵבֹ֤שׁוּ ׀ וְיִבָּהֲל֣וּ מְ֭אֹד כָּל־אֹיְבָ֑י
יָ֝שֻׁ֗בוּ יֵבֹ֥שׁוּ רָֽגַע׃

第七首

1. 达威德因本雅明人库士〈指沙屋珥〉之事而唱给上主的悔过〈之歌〉。

2. 上主，我的上帝〈啊〉，
我向你〈寻求〉庇护，
〈求你〉拯救我〈逃〉离所有追赶我的人，
〈求你〉救我。

3. 免得他像狮子般将我撕碎，
无人搭救。

4. 上主，我的上帝，
就算我这样做了
〈指我有机会杀死追剿我的沙屋珥〉，
我手中岂有过犯〈因为我是正当防卫〉。

5. 但我以德报怨，
我白白饶了我敌人〈一命〉。

6. 我的敌人〈竟仍〉要追杀我，
他〈仍〉要擒住〈我〉，
他〈仍〉要在地上践踏我的命
〈意思是要弄死我〉，
他〈仍〉要把我放倒于尘土
〈意思也是要弄死我〉，塞拉。

7. 上主〈啊〉，请在你的怒火中起来，
在我的敌人面前升起，请为我奋起，
〈履行〉你〈所〉谕令〈的〉正义。

8. 众族要聚集在你周围，
〈你要〉在他们之上回归高天〈之上你荣耀的宝座〉。

מזמור ז

א שִׁגָּי֗וֹן לְדָ֫וִ֥ד
אֲשֶׁר־שָׁ֥ר לַיהוָ֑ה
עַל־דִּ֝בְרֵי־כ֗וּשׁ בֶּן־יְמִינִֽי׃

ב יְהוָ֣ה אֱ֭לֹהַי בְּךָ֣ חָסִ֑יתִי
הוֹשִׁיעֵ֥נִי מִכָּל־רֹ֝דְפַ֗י וְהַצִּילֵֽנִי׃

ג פֶּן־יִטְרֹ֣ף כְּאַרְיֵ֣ה נַפְשִׁ֑י
פֹּ֝רֵ֗ק וְאֵ֣ין מַצִּֽיל׃

ד יְהוָ֣ה אֱ֭לֹהַי
אִם־עָשִׂ֣יתִי זֹ֑את
אִֽם־יֶשׁ־עָ֥וֶל בְּכַפָּֽי׃

ה אִם־גָּ֭מַלְתִּי שֽׁוֹלְמִ֣י רָ֑ע
וָאֲחַלְּצָ֖ה צוֹרְרִ֣י רֵיקָֽם׃

ו יִֽרַדֹּ֥ף אוֹיֵ֨ב ׀ נַפְשִׁ֡י וְיַשֵּׂ֗ג
וְיִרְמֹ֣ס לָאָ֣רֶץ חַיָּ֑י
וּכְבוֹדִ֓י ׀ לֶעָפָ֖ר יַשְׁכֵּ֣ן סֶֽלָה׃

ז ק֤וּמָה יְהוָ֨ה ׀ בְּאַפֶּ֗ךָ
הִ֭נָּשֵׂא בְּעַבְר֣וֹת צוֹרְרָ֑י
וְע֥וּרָה אֵ֝לַ֗י מִשְׁפָּ֥ט צִוִּֽיתָ׃

ח וַעֲדַ֣ת לְ֭אֻמִּים תְּסוֹבְבֶ֑ךָּ
וְ֝עָלֶ֗יהָ לַמָּר֥וֹם שֽׁוּבָה׃

9. 上主要审判众民，
〈求你〉依照我的正义与纯全为我主持公道，
〈哦〉上主。

10. 愿恶人的邪恶完结，愿你建立义人，
正义的上帝审察人的心地。

11. 上帝是我的护盾，
他拯救心〈地〉正直的〈人〉。

12. 上帝是公正的法官，
每日震怒的上帝。

13. 如果他〈指恶人〉不悔改，〈如果〉他〈仍〉
要磨快他的剑，
瞄准他的弓〈来追杀义人〉。

14. 〈那么〉他〈指上帝〉为他〈指恶人〉准备了
〈致〉死的武器，
他要向追杀〈义人〉者放箭。

15. 看哪，他心怀恶念，
他孕育祸端，他生出虚妄。

16. 他挖掘了陷阱〈为了陷害他人〉，
〈结果〉他掉到了自作的灭亡中。

17. 他的诡计要报应到他〈自己〉头上，
他的暴行要落在他〈自己〉的脑瓜。

18. 我要依照上主的正义〈来〉称谢他，
我要歌颂至高上主的名。

ט יְהוָה֮ יָדִ֪ין עַ֫מִּ֥ים
שָׁפְטֵ֥נִי יְהוָ֑ה כְּצִדְקִ֖י וּכְתֻמִּ֣י עָלָֽי׃

י יִגְמָר־נָ֬א רַ֨ע ׀ רְשָׁעִים֮ וּתְכוֹנֵ֪ן צַ֫דִּ֥יק
וּבֹחֵ֣ן לִ֭בּוֹת וּכְלָי֗וֹת אֱלֹהִ֥ים צַדִּֽיק׃

יא מָֽגִנִּ֥י עַל־אֱלֹהִ֑ים
מ֝וֹשִׁ֗יעַ יִשְׁרֵי־לֵֽב׃

יב אֱֽלֹהִ֗ים שׁוֹפֵ֥ט צַדִּ֑יק
וְ֝אֵ֗ל זֹעֵ֥ם בְּכָל־יֽוֹם׃

יג אִם־לֹ֣א יָ֭שׁוּב חַרְבּ֣וֹ יִלְט֑וֹשׁ
קַשְׁתּ֥וֹ דָ֝רַ֗ךְ וַֽיְכוֹנְנֶֽהָ׃

יד וְ֭לוֹ הֵכִ֣ין כְּלֵי־מָ֑וֶת
חִ֝צָּ֗יו לְֽדֹלְקִ֥ים יִפְעָֽל׃

טו הִנֵּ֥ה יְחַבֶּל־אָ֑וֶן
וְהָרָ֥ה עָ֝מָ֗ל וְיָ֣לַד שָֽׁקֶר׃

טז בּ֣וֹר כָּ֭רָה וַֽיַּחְפְּרֵ֑הוּ
וַ֝יִּפֹּ֗ל בְּשַׁ֣חַת יִפְעָֽל׃

יז יָשׁ֣וּב עֲמָל֣וֹ בְרֹאשׁ֑וֹ
וְעַ֥ל קָ֝דְקֳד֗וֹ חֲמָס֥וֹ יֵרֵֽד׃

יח אוֹדֶ֣ה יְהוָ֣ה כְּצִדְק֑וֹ
וַ֝אֲזַמְּרָ֗ה שֵֽׁם־יְהוָ֥ה עֶלְיֽוֹן׃

第八首

1. 交予演奏吉提特〈乐器名〉者，达威德之歌。

2. 上主，我们的主，
你的名在全地何其伟大，
你彰显在天的荣耀〈也是那样伟大〉。

3. 从胎儿与婴孩口中你显示了你的威能，
为了〈对付〉你的敌人，
为了消除仇敌。

4. 当我仰望你的天空，你手指〈注：拟人的文笔，
并非支持人们将上帝偶像化〉的造化，你所安排
的〈明〉月群星。

5. 人算什么，你竟念着他，
凡夫俗子〈直译：阿丹之子，人子〉，
你竟眷顾他。

6. 你使他稍逊于诸〈天〉使〈直译：统治者，神〉，
用尊贵光荣作他的冠冕。

7. 你使他统治你手的造化，
把一切置于他的脚下。

8. 所有羊群牛群，
还有田野〈间〉百兽。

9. 天上的鸟，海里的鱼，
海中航行的〈人〉。

10. 上主，我们的主，
你的名在全地何其伟大。

מזמור ח

א לַמְנַצֵּחַ עַל־הַגִּתִּית מִזְמוֹר לְדָוִד׃

ב יְהוָה אֲדֹנֵינוּ
מָה־אַדִּיר שִׁמְךָ בְּכָל־הָאָרֶץ
אֲשֶׁר־תְּנָה הוֹדְךָ עַל־הַשָּׁמָיִם׃

ג מִפִּי עוֹלְלִים ׀ וְיֹנְקִים יִסַּדְתָּ עֹז
לְמַעַן צוֹרְרֶיךָ
לְהַשְׁבִּית אוֹיֵב וּמִתְנַקֵּם׃

ד כִּי־אֶרְאֶה שָׁמֶיךָ מַעֲשֵׂה אֶצְבְּעֹתֶיךָ
יָרֵחַ וְכוֹכָבִים אֲשֶׁר כּוֹנָנְתָּה׃

ה מָה־אֱנוֹשׁ כִּי־תִזְכְּרֶנּוּ
וּבֶן־אָדָם כִּי תִפְקְדֶנּוּ׃

ו וַתְּחַסְּרֵהוּ מְּעַט מֵאֱלֹהִים
וְכָבוֹד וְהָדָר תְּעַטְּרֵהוּ׃

ז תַּמְשִׁילֵהוּ בְּמַעֲשֵׂי יָדֶיךָ
כֹּל שַׁתָּה תַחַת־רַגְלָיו׃

ח צֹנֶה וַאֲלָפִים כֻּלָּם
וְגַם בַּהֲמוֹת שָׂדָי׃

ט צִפּוֹר שָׁמַיִם וּדְגֵי הַיָּם
עֹבֵר אָרְחוֹת יַמִּים׃

י יְהוָה אֲדֹנֵינוּ
מָה־אַדִּיר שִׁמְךָ בְּכָל־הָאָרֶץ׃

第九首

1. 交予奏乐者，关于拉崩之死〈注：此处不宜翻
译成关于丧子〉，达威德之歌。

2. 我要全心称谢上主，
我要诉说你一切的伟绩。

3. 我要因你而欢欣，
我要歌颂你至高的名。

4. 当我的仇敌后转跌倒，
愿他们在你面前灭亡。

5. 因你为我审判定断，正义的判官，
你坐在〈宝〉座上。

6. 你怒斥了列邦，你灭绝了恶人，
你涂抹了他们的名，直到永永远远。

7. 刀剑彻底剿灭了仇敌，
你铲除了城邑，
灭绝了他们的记忆。

8. 上主预备了他的〈宝〉座用于审判，
他要永远〈安〉坐〈其上〉。

9. 他要以正义审判全地，
以正直决断众族。

10. 上主是受压迫者的庇护，是困苦时的堡垒
〈注：庇护和堡垒在原文中是同一个词〉。

מזמור ט

א לַמְנַצֵּ֬חַ עַל־מ֥וּת לַבֵּ֗ן מִזְמ֥וֹר לְדָוִֽד׃

ב אוֹדֶ֣ה יְ֭הוָה בְּכָל־לִבִּ֑י
אֲ֝סַפְּרָ֗ה כָּל־נִפְלְאוֹתֶֽיךָ׃

ג אֶשְׂמְחָ֣ה וְאֶעֶלְצָ֣ה בָ֑ךְ
אֲזַמְּרָ֖ה שִׁמְךָ֣ עֶלְיֽוֹן׃

ד בְּשׁוּב־אוֹיְבַ֥י אָח֑וֹר
יִכָּשְׁל֥וּ וְ֝יֹאבְד֗וּ מִפָּנֶֽיךָ׃

ה כִּֽי־עָ֭שִׂיתָ מִשְׁפָּטִ֣י וְדִינִ֑י
יָשַׁ֥בְתָּ לְ֝כִסֵּ֗א שׁוֹפֵ֥ט צֶֽדֶק׃

ו גָּעַ֣רְתָּ ג֭וֹיִם אִבַּ֣דְתָּ רָשָׁ֑ע
שְׁמָ֥ם מָ֝חִ֗יתָ לְעוֹלָ֥ם וָעֶֽד׃

ז הָֽאוֹיֵב׀ תַּ֥מּוּ חֳרָב֗וֹת לָ֫נֶ֥צַח
וְעָרִ֥ים נָתַ֑שְׁתָּ
אָבַ֖ד זִכְרָ֣ם הֵֽמָּה׃

ח וַֽ֭יהוָה לְעוֹלָ֣ם יֵשֵׁ֑ב
כּוֹנֵ֖ן לַמִּשְׁפָּ֣ט כִּסְאֽוֹ׃

ט וְה֗וּא יִשְׁפֹּֽט־תֵּבֵ֥ל בְּצֶ֑דֶק
יָדִ֥ין לְ֝אֻמִּ֗ים בְּמֵישָׁרִֽים׃

י וִ֘יהִ֤י יְהוָ֣ה מִשְׂגָּ֣ב לַדָּ֑ךְ
מִ֝שְׂגָּ֗ב לְעִתּ֥וֹת בַּצָּרָֽה׃

11. 知晓你名的都要投靠你，
因你未曾离弃寻觅你的人，〈哦〉上主。

12. 〈你们〉要歌颂居于熙雍的上主，
在众民中宣扬他的作为。

13. 因他追讨血〈债〉，记得他们〈的冤屈〉，
没有忘记苦人的呼号。

14. 〈求你〉恩待我，
〈哦〉上主，〈求你〉看见仇敌对我的压迫，
〈求你〉将我从死亡的门户提出。

15. 为了我能在熙维女子〈即耶路撒冷〉
城门诉说所有对你的赞颂，
我要欢喜于你的拯救。

16. 列邦沉入自作的毁灭，
他们陷在这网罗中，他们的脚被缠住。

17. 上主〈以〉审判〈列国〉而闻名，
以恶人亲手所做的陷阱〈惩罚恶人〉，
希加雍，塞拉。

18. 恶人们都要归于阴府，
所有忘却上帝的民族〈也要如此〉。

19. 因贫穷的人不会永遭遗忘，
穷人的希望不会永远落空。

20. 起来〈啊〉，上主，莫让〈世〉人狂傲，
列邦〈都〉要在你面前受审〈受罚〉。

21. 上主将恐惧加于他们，
列邦〈就〉会明白他们〈不过只〉是〈凡〉
人，塞拉。

יא וְיִבְטְח֣וּ בְ֭ךָ יוֹדְעֵ֣י שְׁמֶ֑ךָ
כִּ֤י לֹֽא־עָזַ֖בְתָּ דֹרְשֶׁ֣יךָ יהוָֽה׃

יב זַמְּר֗וּ לַ֭יהוה יֹשֵׁ֣ב צִיּ֑וֹן
הַגִּ֥ידוּ בָ֝עַמִּ֗ים עֲלִילוֹתָֽיו׃

יג כִּֽי־דֹרֵ֣שׁ דָּ֭מִים אוֹתָ֣ם זָכָ֑ר
לֹֽא־שָׁ֝כַ֗ח צַעֲקַ֥ת עניים׃ עֲנָוִֽים

יד חָֽנְנֵ֬נִי יהוה
רְאֵ֣ה עָ֭נְיִי מִשֹּׂנְאָ֑י
מְ֝רוֹמְמִ֗י מִשַּׁ֥עֲרֵי מָֽוֶת׃

טו לְמַ֥עַן אֲסַפְּרָ֗ה כָּֽל־תְּהִלָּ֫תֶ֥יךָ
בְּשַׁעֲרֵ֥י בַת־צִיּ֑וֹן
אָ֝גִ֗ילָה בִּישׁוּעָתֶֽךָ׃

טז טָבְע֣וּ ג֭וֹיִם בְּשַׁ֣חַת עָשׂ֑וּ
בְּרֶֽשֶׁת־ז֥וּ טָ֝מָ֗נוּ נִלְכְּדָ֥ה רַגְלָֽם׃

יז נוֹדַ֤ע ׀ יהוה מִשְׁפָּ֣ט עָשָׂ֑ה
בְּפֹ֥עַל כַּ֝פָּ֗יו נוֹקֵ֥שׁ רָשָׁ֑ע הִגָּי֥וֹן סֶֽלָה׃

יח יָשׁ֣וּבוּ רְשָׁעִ֣ים לִשְׁא֑וֹלָה
כָּל־גּ֝וֹיִ֗ם שְׁכֵחֵ֥י אֱלֹהִֽים׃

יט כִּ֤י לֹ֣א לָ֭נֶצַח יִשָּׁכַ֣ח אֶבְי֑וֹן
תִּקְוַ֥ת ענוים תֹּאבַ֥ד לָעַֽד׃ עֲ֝נִיִּ֗ים

כ ק֣וּמָה יְ֭הוה אַל־יָעֹ֣ז אֱנ֑וֹשׁ
יִשָּׁפְט֥וּ ג֝וֹיִ֗ם עַל־פָּנֶֽיךָ׃

כא שִׁ֘יתָ֤ה יהוה ׀ מוֹרָ֗ה לָ֫הֶ֥ם
יֵדְע֥וּ גוֹיִ֑ם אֱנ֖וֹשׁ הֵ֣מָּה סֶּֽלָה׃

第十首

1. 上主〈啊〉，你为何要站在远处，
在困苦时，你〈为何〉要隐藏。

2. 恶人以猖狂欺凌穷苦，
愿他们被自己的诡计抓住。

3. 恶人吹捧其心灵的狂妄，
强盗崇敬侮辱上主的〈蠢人〉。

4. 恶人趾高气扬，不在乎〈上主〉，
〈自以为〉没有上帝〈来报应〉他所有诡计。

5. 他总是亨通，
〈却不知〉你的惩罚高高对着他，
他〈却〉对他的对手不屑一顾。

6. 他心里说，我必不动摇，
世世代代不遭灾祸。

7. 他满口亵渎和奸诈，
他舌头底下是祸端和罪孽。

8. 他会在乡间埋伏，〈伺机〉暗杀无辜，
窥伺弱小。

9. 他会像狮子般埋伏，
为要张开他的网罗捕获贫弱。

10. 他会屈身示弱，
却猛扑向弱小。

מזמור י

א לָמָה יהוה תַּעֲמֹד בְּרָחוֹק ב לחודש
תַּעְלִים לְעִתּוֹת בַּצָּרָה׃

ב בְּגַאֲוַת רָשָׁע יִדְלַק עָנִי
יִתָּפְשׂוּ ׀ בִּמְזִמּוֹת זוּ חָשָׁבוּ׃

ג כִּי־הִלֵּל רָשָׁע עַל־תַּאֲוַת נַפְשׁוֹ
וּבֹצֵעַ בֵּרֵךְ נִאֵץ ׀ יְהוָה׃

ד רָשָׁע כְּגֹבַהּ אַפּוֹ בַּל־יִדְרֹשׁ
אֵין אֱלֹהִים כָּל־מְזִמּוֹתָיו׃

ה יָחִילוּ דְרָכוֹ ׀ בְּכָל־עֵת
מָרוֹם מִשְׁפָּטֶיךָ מִנֶּגְדּוֹ
כָּל־צוֹרְרָיו יָפִיחַ בָּהֶם׃

ו אָמַר בְּלִבּוֹ בַּל־אֶמּוֹט
לְדֹר וָדֹר אֲשֶׁר לֹא־בְרָע׃

ז אָלָה ׀ פִּיהוּ מָלֵא וּמִרְמוֹת וָתֹךְ
תַּחַת לְשׁוֹנוֹ עָמָל וָאָוֶן׃

ח יֵשֵׁב ׀ בְּמַאְרַב חֲצֵרִים בַּמִּסְתָּרִים יַהֲרֹג נָקִי
עֵינָיו לְחֵלְכָה יִצְפֹּנוּ׃

ט יֶאֱרֹב בַּמִּסְתָּר ׀ כְּאַרְיֵה בְסֻכֹּה
יֶאֱרֹב לַחֲטוֹף עָנִי
יַחְטֹף עָנִי בְּמָשְׁכוֹ בְרִשְׁתּוֹ׃

י ודכה יָשֹׁחַ יִדְכֶּה
וְנָפַל בַּעֲצוּמָיו חלכאים׃ חֵיל כָּאִים

11. 他心里说，
上帝忘了，
他的脸隐藏了，他永远看不见了。

12. 起来〈啊〉，上主，
大能者，请举起你的手，
不要忘记受苦的人。

13. 恶人凭什么亵渎上帝，
他心里说，你必不追究。

14. 你看见了，
求你关照〈恶人的〉暴虐，
求你亲手降下〈对恶人的惩罚〉，
受苦的人要投靠你，
你是孤儿的帮助。

15. 〈愿你〉打断恶人的胳臂，
愿你追讨他的恶，〈直到〉你〈再〉
找不到〈邪恶〉。

16. 上主永远为王，
异民从他的土地上消亡。

17. 你垂听了谦卑者的渴求，〈哦〉上主，
你要预备他们的心，你要侧耳倾听。

18. 为孤儿和受欺压的人主持公道，
不再将人类从地上灭绝。

יא אָמַ֣ר בְּ֭לִבּוֹ
שָׁ֣כַֽח אֵ֑ל
הִסְתִּ֥יר פָּ֝נָ֗יו בַּל־רָאָ֥ה לָנֶֽצַח׃

יב ק֤וּמָ֨ה יהוה
אֵ֭ל נְשָׂ֣א יָדֶ֑ךָ
אַֽל־תִּשְׁכַּ֥ח עֲנִיִּֽים׃ עֲנָוִֽים

יג עַל־מֶ֤ה ׀ נִאֵ֖ץ רָשָׁ֥ע ׀ אֱלֹהִ֑ים
אָמַ֥ר בְּ֝לִבּ֗וֹ לֹ֣א תִּדְרֹֽשׁ׃

יד רָאִ֡תָה
כִּֽי־אַתָּ֨ה ׀ עָ֘מָ֤ל וָכַ֨עַס ׀ תַּבִּיט֮
לָתֵ֪ת בְּיָ֫דֶ֥ךָ
עָ֭לֶיךָ יַעֲזֹ֣ב חֵלֶ֑כָה
יָ֝ת֗וֹם אַתָּ֤ה ׀ הָיִ֬יתָ עוֹזֵֽר׃

טו שְׁ֭בֹר זְר֣וֹעַ רָשָׁ֑ע
וָ֝רָ֗ע תִּֽדְרוֹשׁ־רִשְׁע֥וֹ בַל־תִּמְצָֽא׃

טז יְהוָ֣ה מֶ֭לֶךְ עוֹלָ֣ם וָעֶ֑ד
אָבְד֥וּ ג֝וֹיִ֗ם מֵֽאַרְצֽוֹ׃

יז תַּאֲוַ֬ת עֲנָוִ֣ים שָׁמַ֣עְתָּ יְהוָ֑ה
תָּכִ֥ין לִ֝בָּ֗ם תַּקְשִׁ֥יב אָזְנֶֽךָ׃

יח לִשְׁפֹּ֥ט יָת֗וֹם וָ֫דָ֥ךְ
בַּל־יוֹסִ֥יף ע֑וֹד לַעֲרֹ֥ץ אֱ֝נ֗וֹשׁ מִן־הָאָֽרֶץ׃

第十一首

1. 交予奏乐者，
达威德之〈歌〉，我投靠于上主，
你们怎能对我说，
〈像〉鸟〈一样〉逃往你们的山。

2. 看哪，恶人张弓搭箭，
狙击心地正直的人。

3. 当他们破坏〈世界的〉根基〈时〉，
义人〈能〉做什么。

4. 上主〈居〉于他的圣殿，
上主〈居〉于天上他的宝座，
他的眼要看顾，
要观察世人〈直译：人子〉。

5. 上主会考验义人，
他痛恨恶人和喜好暴虐的人。

6. 他要将炭火，硫磺洒向恶棍，
狂风〈又译：烧灼的风〉是他们的杯〈中〉
的份。

7. 因上主公义，他爱义举，
正直的人要得见他的〈慈〉颜。

מזמור יא

א לַמְנַצֵּ֗חַ לְדָ֫וִ֥ד
בַּיהוָ֨ה ׀ חָסִ֗יתִי
אֵ֭יךְ תֹּאמְר֣וּ לְנַפְשִׁ֑י
נ֝֗ודו הַרְכֶ֥ם צִפּֽוֹר׃ נ֝֗וּדִי

ב כִּ֤י הִנֵּ֪ה הָרְשָׁעִ֡ים יִדְרְכ֬וּן קֶ֗שֶׁת
כּוֹנְנ֣וּ חִצָּ֣ם עַל־יֶ֑תֶר
לִיר֥וֹת בְּמוֹ־אֹ֝֗פֶל לְיִשְׁרֵי־לֵֽב׃

ג כִּ֣י הַ֭שָּׁתוֹת יֵהָרֵס֑וּן
צַ֝דִּ֗יק מַה־פָּעָֽל׃

ד יְהוָ֤ה ׀ בְּהֵ֘יכַ֤ל קָדְשׁ֗וֹ
יְהוָ֗ה בַּשָּׁמַ֣יִם כִּ֫סְא֥וֹ
עֵינָ֥יו יֶחֱז֑וּ
עַפְעַפָּ֥יו יִ֝בְחֲנ֗וּ בְּנֵ֣י אָדָֽם׃

ה יְהוָה֮ צַדִּ֪יק יִ֫בְחָ֥ן
וְ֭רָשָׁע וְאֹהֵ֣ב חָמָ֑ס שָֽׂנְאָ֥ה נַפְשֽׁוֹ׃

ו יַמְטֵ֣ר עַל־רְ֭שָׁעִים פַּחִ֑ים
אֵ֥שׁ וְגָפְרִ֥ית וְר֥וּחַ זִ֝לְעָפ֗וֹת מְנָ֣ת כּוֹסָֽם׃

ז כִּֽי־צַדִּ֣יק יְ֭הוָה צְדָק֣וֹת אָהֵ֑ב
יָ֝שָׁ֗ר יֶחֱז֥וּ פָנֵֽימוֹ׃

第十二首

1. 交予奏乐者，于第八〈音律〉，达威德之歌。

2. 上主〈啊〉求你拯救〈我〉，
因虔敬者没有了，因信实者从人中断绝了。

3. 人们彼此说谎，
〈油嘴〉滑舌〈直译：唇〉，
他们讲话〈怀着〉二心。

4. 愿上主剪除〈油〉滑的唇，
说大话的舌。

5. 他们说，我们舌头灵巧，口齿伶俐，
谁〈能〉是我们的主。

6. 由于〈他们〉抢劫穷苦人，
由于〈他们迫使〉贫穷人哀号，
〈于是〉上主说，如今我要〈奋〉起，
我要施行拯救，〈对付恶人〉对他的轻蔑。

7. 上主之言，纯净之言，
〈如同〉地上精炼七次的纯银。

8. 你是上主，请你守护他们，呵护他们，
从这个世代，直到永远。

9. 恶人在〈穷人〉四周徘徊，
如同饥饿的野羚〈围着求食〉于人类。

מזמור יב

א לַמְנַצֵּחַ עַל־הַשְּׁמִינִית מִזְמוֹר לְדָוִד׃

ב הוֹשִׁיעָה יְהוָה כִּי־גָמַר חָסִיד
כִּי־פַסּוּ אֱמוּנִים מִבְּנֵי אָדָם׃

ג שָׁוְא ׀ יְדַבְּרוּ אִישׁ אֶת־רֵעֵהוּ
שְׂפַת חֲלָקוֹת בְּלֵב וָלֵב יְדַבֵּרוּ׃

ד יַכְרֵת יְהוָה כָּל־שִׂפְתֵי חֲלָקוֹת
לָשׁוֹן מְדַבֶּרֶת גְּדֹלוֹת׃

ה אֲשֶׁר אָמְרוּ ׀ לִלְשֹׁנֵנוּ נַגְבִּיר שְׂפָתֵינוּ אִתָּנוּ
מִי אָדוֹן לָנוּ׃

ו מִשֹּׁד עֲנִיִּים מֵאַנְקַת אֶבְיוֹנִים
עַתָּה אָקוּם יֹאמַר יְהוָה
אָשִׁית בְּיֵשַׁע יָפִיחַ לוֹ׃

ז אִמֲרוֹת יְהוָה אֲמָרוֹת טְהֹרוֹת
כֶּסֶף צָרוּף בַּעֲלִיל לָאָרֶץ מְזֻקָּק שִׁבְעָתָיִם׃

ח אַתָּה־יְהוָה תִּשְׁמְרֵם
תִּצְּרֶנּוּ ׀ מִן־הַדּוֹר זוּ לְעוֹלָם׃

ט סָבִיב רְשָׁעִים יִתְהַלָּכוּן
כְּרֻם זֻלֻּת לִבְנֵי אָדָם׃

第十三首

1. 交予奏乐者，达威德之歌。

2. 上主〈啊〉，你〈这样好似〉永远忘记我，
要到何时，你隐藏不理我，要到何时。

3. 我自己挣扎，每日心痛，要到何时，
我的仇人欺负我，要到何时。

4. 求你眷顾，求你回应我，
〈哦〉上主，我的上帝，
请让我的眼睛明亮，免得我〈一〉睡死〈去〉。

5. 免得我的仇敌说，我胜过了他，
〈免得〉我的敌人因我跌倒而开心。

6. 我坚信你的慈爱，
因你的救赎而欢心，
我要向上主歌唱，因他报偿了我。

מזמור יג

א לַמְנַצֵּ֗חַ מִזְמ֥וֹר לְדָוִֽד׃

ב עַד־אָ֣נָה יְ֭הוָה תִּשְׁכָּחֵ֣נִי נֶ֑צַח
עַד־אָ֓נָה ׀ תַּסְתִּ֖יר אֶת־פָּנֶ֣יךָ מִמֶּֽנִּי׃

ג עַד־אָ֨נָה אָשִׁ֪ית עֵצ֡וֹת בְּנַפְשִׁ֗י
יָג֣וֹן בִּלְבָבִ֣י יוֹמָ֑ם
עַד־אָ֓נָה ׀ יָר֖וּם אֹיְבִ֣י עָלָֽי׃

ד הַבִּ֣יטָה עֲ֭נֵנִי יְהוָ֣ה אֱלֹהָ֑י
הָאִ֥ירָה עֵ֝ינַ֗י פֶּן־אִישַׁ֥ן הַמָּֽוֶת׃

ה פֶּן־יֹאמַ֣ר אֹיְבִ֣י יְכָלְתִּ֑יו
צָרַ֥י יָ֝גִ֗ילוּ כִּ֣י אֶמּֽוֹט׃

ו וַאֲנִ֤י ׀ בְּחַסְדְּךָ֣ בָטַחְתִּי֮
יָ֤גֵ֥ל לִבִּ֗י בִּֽישׁ֫וּעָ֥תֶ֫ךָ
אָשִׁ֥ירָה לַיהוָ֑ה כִּ֖י גָמַ֣ל עָלָֽי׃

第十四首

1. 交予奏乐者，达威德之歌，
行尸走肉心中说，没有上帝，
他们已腐败，他们行事〈让人〉恶心，
没有善行。

2. 上主从天上观看世人〈直译：人子，复数〉，
看有没有明智的，
寻求上帝的。

3. 〈他们〉都一起走偏了，全都污秽，
没有行善的，一个也没有。

4. 他们岂不知道吗，所有〈那些〉作恶的，
他们吞噬我的百姓〈如同〉吃面饼，
他们从未呼求过上主。

5. 在那里他们大受惊吓，
因上帝〈曾〉在正义的世代中〈护佑人，但在
邪恶的世代中，上帝不帮助他们〉。

6. 你们羞辱了穷人的建议，
因为〈他说〉上主是他的避难所。

7. 甚愿以色列的救恩从熙雍来，
当上主召回他流亡的百姓，
雅可乌将欢喜，以色列将高兴。

מזמור יד

א לַמְנַצֵּ֗חַ לְדָ֫וִ֥ד
אָמַ֣ר נָבָ֣ל בְּ֭לִבּוֹ אֵ֣ין אֱלֹהִ֑ים
הִֽשְׁחִ֗יתוּ הִֽתְעִ֥יבוּ עֲלִ֗ילָה
אֵ֣ין עֹֽשֵׂה־טֽוֹב׃

ב יְֽהוָ֗ה מִשָּׁמַיִם֮ הִשְׁקִ֪יף עַֽל־בְּנֵי־אָ֫דָ֥ם
לִ֭רְאוֹת הֲיֵ֣שׁ מַשְׂכִּ֑יל
דֹּ֝רֵשׁ אֶת־אֱלֹהִֽים׃

ג הַכֹּ֥ל סָר֮ יַחְדָּ֪ו נֶ֫אֱלָ֥חוּ
אֵ֤ין עֹֽשֵׂה־ט֑וֹב
אֵ֝֗ין גַּם־אֶחָֽד׃

ד הֲלֹ֥א יָדְעוּ֮ כָּל־פֹּ֪עֲלֵ֫י אָ֥וֶן
אֹכְלֵ֣י עַ֭מִּי אָ֣כְלוּ לֶ֑חֶם
יְ֝הוָ֗ה לֹ֣א קָרָֽאוּ׃

ה שָׁ֤ם ׀ פָּ֣חֲדוּ פָ֑חַד
כִּֽי־אֱ֝לֹהִ֗ים בְּד֣וֹר צַדִּֽיק׃

ו עֲצַת־עָנִ֥י תָבִ֑ישׁוּ
כִּ֖י יְהוָ֣ה מַחְסֵֽהוּ׃

ז מִ֤י יִתֵּ֣ן מִצִּיּוֹן֮ יְשׁ֫וּעַ֥ת יִשְׂרָ֫אֵ֥ל
בְּשׁ֣וּב יְ֭הוָה שְׁב֣וּת עַמּ֑וֹ
יָגֵ֥ל יַ֝עֲקֹ֗ב יִשְׂמַ֥ח יִשְׂרָאֵֽל׃

第十五首

1. 达威德之歌，
上主，谁能住在你的帐幕中，
谁能〈安〉居在你的圣山上。

2. 〈就是〉行为纯全，做事端正，
诚心说话〈的人〉。

3. 他不嚼舌头〈不说流言蜚语〉，
不向同胞行恶，
也不侮辱他的邻人。

4. 他极其谦卑，
尊重〈那些〉敬畏上主的人，
他起誓要刻苦〈自己〉，他不反悔。

5. 他不放债取利，
也不受贿陷害无辜，
这样做的人，永远不会堕落。

מזמור טו

א מִזְמ֗וֹר לְדָ֫וִ֥ד
יְֽהוָ֗ה מִי־יָג֥וּר בְּאָהֳלֶ֑ךָ
מִֽי־יִ֝שְׁכֹּ֗ן בְּהַ֣ר קָדְשֶֽׁךָ׃

ב ה֣וֹלֵֽךְ תָּ֭מִים וּפֹעֵ֣ל צֶ֑דֶק
וְדֹבֵ֥ר אֱ֝מֶ֗ת בִּלְבָבֽוֹ׃

ג לֹֽא־רָגַ֨ל ׀ עַל־לְשֹׁנ֗וֹ
לֹא־עָשָׂ֣ה לְרֵעֵ֣הוּ רָעָ֑ה
וְ֝חֶרְפָּ֗ה לֹא־נָשָׂ֥א עַל־קְרֹבֽוֹ׃

ד נִבְזֶ֤ה ׀ בְּֽעֵ֘ינָ֤יו נִמְאָ֗ס
וְאֶת־יִרְאֵ֣י יְהוָ֣ה יְכַבֵּ֑ד
נִשְׁבַּ֥ע לְ֝הָרַ֗ע וְלֹ֣א יָמִֽר׃

ה כַּסְפּ֤וֹ ׀ לֹֽא־נָתַ֬ן בְּנֶ֗שֶׁךְ
וְשֹׁ֥חַד עַל־נָקִ֗י לֹ֥א־לָ֫קָ֥ח
עֹֽשֵׂה אֵ֑לֶּה לֹ֖א יִמּ֣וֹט לְעוֹלָֽם׃

第十六首

1. 达威德的金〈歌〉，
求你保护我，〈哦〉上帝，因为我投靠于你。

2. 〈我的灵魂啊〉你曾对上主说，
你是我主，你本不必善待我。

3. 〈我的灵魂啊，你要臣服〉于那些地上的义人，
〈臣服〉于〈那些敬畏上帝的〉伟人，〈因为〉
凡我所愿都由于他们〈的美德而实现〉。

4. 〈恶人〉忙不迭地〈供奉〉异〈神〉，
〈因此你使〉他们的愁苦增加，
我绝不用他们祭奠〈给异神〉的血做奠祭，
我的口唇也绝不提他们的名。

5. 上主是我的份，我的杯，
你会带领〈我获得〉我的产业。

6. 甜蜜的〈福〉分降临于我，
而且〈我所选择的〉产业在我〈眼中甚是〉
佳美。

7. 我要赞美指导我的上主，
在夜里我的内心也〈这样〉训导我。

8. 我时刻以上主在我面前，
〈有他〉在我的右边〈扶助我〉，我不会跌倒。

9. 于是我的心喜悦，我的灵要欢欣，
我的身体〈直译：肉〉要安然躺卧。

מזמור טז

א מִכְתָּם לְדָוִד
שָׁמְרֵנִי אֵל כִּי־חָסִיתִי בָךְ׃

ב אָמַרְתְּ לַיהוה, אֲדֹנָי אָתָּה
טוֹבָתִי בַּל־עָלֶיךָ׃

ג לִקְדוֹשִׁים אֲשֶׁר־בָּאָרֶץ הֵמָּה
וְאַדִּירֵי כָּל־חֶפְצִי־בָם׃

ד יִרְבּוּ עַצְּבוֹתָם
אַחֵר מָהָרוּ
בַּל־אַסִּיךְ נִסְכֵּיהֶם מִדָּם
וּבַל־אֶשָּׂא אֶת־שְׁמוֹתָם עַל־שְׂפָתָי׃

ה יְהוה מְנָת־חֶלְקִי וְכוֹסִי
אַתָּה תּוֹמִיךְ גּוֹרָלִי׃

ו חֲבָלִים נָפְלוּ־לִי בַּנְּעִמִים
אַף־נַחֲלָת שָׁפְרָה עָלָי׃

ז אֲבָרֵךְ אֶת־יְהוה אֲשֶׁר יְעָצָנִי
אַף־לֵילוֹת יִסְּרוּנִי כִלְיוֹתָי׃

ח שִׁוִּיתִי יְהוָה לְנֶגְדִּי תָמִיד
כִּי מִימִינִי בַּל־אֶמּוֹט׃

ט לָכֵן ׀ שָׂמַח לִבִּי וַיָּגֶל כְּבוֹדִי
אַף־בְּשָׂרִי יִשְׁכֹּן לָבֶטַח׃

10. 因你不会把我的性命〈又译：灵魂〉遗弃在坟
地〈又译：阴间〉，
也不会让你的虔敬者见到毁灭。

11. 求你指示我生命的道路，
在你面前有愉悦喜乐，
在你的右手有永远的甜美。

י כִּ֤י ׀ לֹא־תַעֲזֹ֣ב נַפְשִׁ֣י לִשְׁא֑וֹל
לֹֽא־תִתֵּ֥ן חסידיך לִרְא֥וֹת שָֽׁחַת׃ חֲסִֽידְךָ֗

יא תּֽוֹדִיעֵנִי֮ אֹ֤רַח חַ֫יִּ֥ים
שֹׂ֣בַע שְׂ֭מָחוֹת אֶת־פָּנֶ֑יךָ
נְעִמ֖וֹת בִּימִינְךָ֣ נֶֽצַח׃

第十七首

1. 达威德的祈祷，
上主〈啊〉，请倾听〈我〉正义〈的呼求〉，
请留意我〈大声〉的赞歌，
请侧耳于我诚心的祈祷。

2. 你会为我主持公道〈直译：对我的判决从你面前而出〉，
你的眼目会看顾正直之士。

3. 你查验了我的心，你在黑夜记起了〈我〉，
你考察了我，
没有发现我心口不一。

4. 为了人的行为〈能〉依照你的言语，
我谨守自己〈不行〉不法之人的道。

5. 〈求你〉扶助我走你的道路，
免得我跌倒。

6. 我向你呼求，因你会回答我，上帝〈啊〉，
请侧耳于我，倾听我的言语。

7. 避难者的救赎者〈啊〉，请彰显你的慈悲，
抵挡攻击你右手的人。

8. 〈求你〉像保护瞳仁一样保护我，
求你庇护我在你羽翼的荫下。

9. 〈保护我〉躲避抢掠我的恶人，
〈躲避那些〉要围堵害我性命的敌人。

מזמור יז

תְּפִלָּ֗ה לְדָ֫וִ֥ד א
שִׁמְעָ֤ה יהוה ׀ צֶ֗דֶק
הַקְשִׁ֥יבָה רִנָּתִ֗י הַאֲזִ֥ינָה תְפִלָּתִ֑י
בְּ֝לֹ֗א שִׂפְתֵ֥י מִרְמָֽה׃

מִ֭לְּפָנֶיךָ מִשְׁפָּטִ֣י יֵצֵ֑א ב
עֵ֝ינֶ֗יךָ תֶּחֱזֶ֥ינָה מֵישָׁרִֽים׃

בָּ֘חַ֤נְתָּ לִבִּ֨י ׀ פָּ֘קַ֤דְתָּ לַּ֗יְלָה ג
צְרַפְתַּ֥נִי בַל־תִּמְצָ֑א
זַ֝מֹּתִ֗י בַּל־יַעֲבָר־פִּֽי׃

לִפְעֻלּ֣וֹת אָ֭דָם בִּדְבַ֣ר שְׂפָתֶ֑יךָ ד
אֲנִ֥י שָׁ֝מַ֗רְתִּי אָרְח֥וֹת פָּרִֽיץ׃

תָּמֹ֣ךְ אֲ֭שֻׁרַי בְּמַעְגְּלוֹתֶ֑יךָ ה
בַּל־נָמ֥וֹטּוּ פְעָמָֽי׃

אֲֽנִי־קְרָאתִ֣יךָ כִֽי־תַעֲנֵ֣נִי אֵ֑ל ו
הַט־אָזְנְךָ֥ לִ֝֗י שְׁמַ֣ע אִמְרָתִֽי׃

הַפְלֵ֣ה חֲ֭סָדֶיךָ מוֹשִׁ֣יעַ חוֹסִ֑ים ז
מִ֝מִּתְקוֹמְמִ֗ים בִּימִינֶֽךָ׃

שָׁ֭מְרֵנִי כְּאִישׁ֣וֹן בַּת־עָ֑יִן ח
בְּצֵ֥ל כְּ֝נָפֶ֗יךָ תַּסְתִּירֵֽנִי׃

מִפְּנֵ֣י רְ֭שָׁעִים ז֣וּ שַׁדּ֑וּנִי ט
אֹ֥יְבַ֥י בְּ֝נֶ֗פֶשׁ יַקִּ֥יפוּ עָלָֽי׃

10. 他们的肥膘〈甚厚〉，
〈以至于〉锁闭了他们那狂言傲语的嘴。

11. 〈他们紧跟着〉我们的脚步，如今他们包围了我，
他们的眼睛紧盯着要〈把我〉掀倒在地。

12. 他好似准备扑上去的雄狮，
如埋伏〈准备袭击〉的幼师。

13. 上主〈啊〉，〈求你〉起来，〈求你〉迎击他，
治服他，
愿你的〈宝〉剑拯救我的性命脱离恶人。

14. 〈愿我成为那些〉安息于你手〈的人中的一员〉，
〈哦〉上主，〈愿我成为那些〉高寿离世〈的人中的一位〉，
他们的〈福〉分是〈永远的〉生命，
愿你以你隐藏的〈佳美〉充满〈他们〉，
他们要多子多孙，
且有富余留给他们的后代。

15. 我将在正义中看见你的面容，
在醒来时〈即在复活时〉尽享你的显现。

י חֶלְבָּ֥מוֹ סָּגְר֑וּ
פִּ֝ימוֹ דִּבְּר֥וּ בְגֵאֽוּת׃

יא אַ֭שֻּׁרֵנוּ עַתָּ֣ה סבבוני סְבָב֑וּנוּ
עֵֽינֵיהֶ֥ם יָ֝שִׁ֗יתוּ לִנְט֥וֹת בָּאָֽרֶץ׃

יב דִּמְיֹנ֗וֹ
כְּ֭אַרְיֵה יִכְס֣וֹף לִטְר֑וֹף
וְ֝כִכְפִ֗יר יֹשֵׁ֥ב בְּמִסְתָּרִֽים׃

יג ק֤וּמָה יהוה קַדְּמָ֣ה פָ֭נָיו הַכְרִיעֵ֑הוּ
פַּלְּטָ֥ה נַ֝פְשִׁ֗י מֵרָשָׁ֥ע חַרְבֶּֽךָ׃

יד מִֽמְתִ֥ים יָדְךָ֨ ׀ יהוה מִֽמְתִ֬ים מֵחֶ֗לֶד
חֶלְקָ֥ם בַּֽחַיִּים֮ וצפינך֮ תְּמַלֵּ֪א בִ֫טְנָ֥ם וּֽצְפוּנְךָ֮
יִשְׂבְּע֥וּ בָנִ֑ים
וְהִנִּ֥יחוּ יִ֝תְרָ֗ם לְעֽוֹלְלֵיהֶֽם׃

טו אֲנִ֗י בְּ֭צֶדֶק אֶחֱזֶ֣ה פָנֶ֑יךָ
אֶשְׂבְּעָ֥ה בְ֝הָקִ֗יץ תְּמוּנָתֶֽךָ׃

第十八首

1. 交予奏乐者，上主的仆人达威德之〈歌〉，
在上主救他脱离一切仇敌之手，
〈尤其〉脱离撒乌耳的〈毒〉手的那天，
他以这首诗歌向上主诉说。

2. 他说，我要爱你〈注:也有人解释为我要祈求你的
怜悯〉，上主，我的力量。

3. 上主是我的磐石，我的堡垒，
我的上帝是我的救助，我的磐石，我要避难于他，
〈他是〉我的护盾，我拯救的力量，我的坚垒。

4. 我以称颂呼求上主，
我必得救脱离仇敌。

5. 死亡的痛苦缠绕了我，
歹徒的暴虐惊吓到我。

6. 阴间的痛苦环绕了我，
死亡的陷阱已面对着我。

7. 我在危难中呼唤上主，
向我的上帝呼救，
他会在他的殿堂中听见我的声音，
我的呼救在他面前，会传到他的耳中。

8. 大地颤抖战栗，
群山的根基恐惧摇撼，
因他〈指上帝〉发怒了。

מזמור יח

א לַמְנַצֵּחַ לְעֶבֶד יְהוָה לְדָוִד ג לחודש
אֲשֶׁר דִּבֶּר ׀ לַיהוָה אֶת־דִּבְרֵי הַשִּׁירָה הַזֹּאת
בְּיוֹם ׀ הִצִּיל־יְהוָה אוֹתוֹ מִכַּף כָּל־אֹיְבָיו וּמִיַּד שָׁאוּל׃

ב וַיֹּאמַר אֶרְחָמְךָ יְהוָה חִזְקִי׃

ג יְהוָה ׀ סַלְעִי וּמְצוּדָתִי וּמְפַלְטִי
אֵלִי צוּרִי אֶחֱסֶה־בּוֹ
מָגִנִּי וְקֶרֶן־יִשְׁעִי מִשְׂגַּבִּי׃

ד מְהֻלָּל אֶקְרָא יְהוָה
וּמִן־אֹיְבַי אִוָּשֵׁעַ׃

ה אֲפָפוּנִי חֶבְלֵי־מָוֶת
וְנַחֲלֵי בְלִיַּעַל יְבַעֲתוּנִי׃

ו חֶבְלֵי שְׁאוֹל סְבָבוּנִי
קִדְּמוּנִי מוֹקְשֵׁי מָוֶת׃

ז בַּצַּר־לִי ׀ אֶקְרָא יְהוָה
וְאֶל־אֱלֹהַי אֲשַׁוֵּעַ
יִשְׁמַע מֵהֵיכָלוֹ קוֹלִי
וְשַׁוְעָתִי לְפָנָיו ׀ תָּבוֹא בְאָזְנָיו׃

ח וַתִּגְעַשׁ וַתִּרְעַשׁ ׀ הָאָרֶץ
וּמוֹסְדֵי הָרִים יִרְגָּזוּ
וַיִּתְגָּעֲשׁוּ כִּי־חָרָה לוֹ׃

9. 〈浓〉烟从他的鼻中升腾，
烈焰出自他口，
燃烧的火炭从他〈发〉出。

10. 他倾倒〈上〉天，他降临〈下地〉，
〈浓密的〉黑云在他脚下。

11. 他驾着克鲁乌〈天使〉飞扬，
翱翔于风的翅膀之上。

12. 他以黑暗为他的隐藏，覆盖于他四周，
〈即深深〉黝黑的水，天上浓密的云。

13. 从他面前的光耀之中浓云密布，
〈放射出〉冰雹和火炭。

14. 上主在〈高〉天轰鸣，
至高者发声，
冰雹和火炭〈就降下〉。

15. 他射出〈羽〉箭将他们驱散，
他发出闪电将他们震蒙。

16. 激流显现，
大地的根基暴露，
〈这是〉由于上主的怒斥，
由于他鼻〈孔〉的〈怒〉气。

17. 他会从高〈天〉伸〈手〉抓住我，
他会从大水中拉出我。

18. 他会从我的劲敌那里救出我，
从我的仇人那里〈救出我〉，
尽管他们比我强大。

ט עָלָה עָשָׁן ׀ בְּאַפּוֹ וְאֵשׁ־מִפִּיו תֹּאכֵל
גֶּחָלִים בָּעֲרוּ מִמֶּנּוּ׃

י וַיֵּט שָׁמַיִם וַיֵּרַד
וַעֲרָפֶל תַּחַת רַגְלָיו׃

יא וַיִּרְכַּב עַל־כְּרוּב וַיָּעֹף
וַיֵּדֶא עַל־כַּנְפֵי־רוּחַ׃

יב יָשֶׁת חֹשֶׁךְ ׀ סִתְרוֹ סְבִיבוֹתָיו סֻכָּתוֹ
חֶשְׁכַת־מַיִם עָבֵי שְׁחָקִים׃

יג מִנֹּגַהּ נֶגְדּוֹ
עָבָיו עָבְרוּ בָּרָד וְגַחֲלֵי־אֵשׁ׃

יד וַיַּרְעֵם בַּשָּׁמַיִם ׀ יְהוָה
וְעֶלְיוֹן יִתֵּן קֹלוֹ
בָּרָד וְגַחֲלֵי־אֵשׁ׃

טו וַיִּשְׁלַח חִצָּיו וַיְפִיצֵם
וּבְרָקִים רָב וַיְהֻמֵּם׃

טז וַיֵּרָאוּ ׀ אֲפִיקֵי מַיִם
וַיִּגָּלוּ מוֹסְדוֹת תֵּבֵל
מִגַּעֲרָתְךָ יְהוָה
מִנִּשְׁמַת רוּחַ אַפֶּךָ׃

יז יִשְׁלַח מִמָּרוֹם יִקָּחֵנִי
יַמְשֵׁנִי מִמַּיִם רַבִּים׃

יח יַצִּילֵנִי מֵאֹיְבִי עָז
וּמִשֹּׂנְאַי
כִּי־אָמְצוּ מִמֶּנִּי׃

19. 他们会在我困苦之时对付我，
然而上主是我的依恃。

20. 他会领出我到广阔〈之地〉，
他会救援我，因为他喜爱我。

21. 上主会按照我的正义奖赏我，
他会按照我的〈心清〉手洁回报我。

22. 因我持守上主的道，
从没有得罪我的上帝。

23. 因他的法度都在我面前，
我没有违背他的法律。

24. 我以纯全与他在一起，
我谨守自己不作孽。

25. 因此上主按我的正义回报了我，
以我在他眼前的〈心清〉手洁〈赏报了我〉。

26. 对于忠诚的人，你回报以忠诚，
对于纯全的人，你待〈他〉以纯全。

27. 对于正直人，你回报以正直，
对于奸诈的人，你〈也〉报以奸诈。

28. 你拯救了弱小〈或译：受欺压〉的民族
〈以色列〉，
你使眼目高傲的人降卑。

29. 因你会使我的灯发光，上主我的上帝〈啊〉，
他会照亮我的黑暗〈黑暗比喻流亡的苦难〉。

30. 我会靠你追〈击敌人的〉军队，
依靠我的上帝，我能跳越〈高〉墙〈克城〉。

יט יְקַדְּמ֥וּנִי בְיוֹם־אֵידִ֑י
וַֽיְהִי־יְהֹוָ֖ה לְמִשְׁעָ֣ן לִֽי׃

כ וַיּוֹצִיאֵ֣נִי לַמֶּרְחָ֑ב
יְ֝חַלְּצֵ֗נִי כִּ֘י חָ֥פֵֽץ בִּֽי׃

כא יִגְמְלֵ֣נִי יְהֹוָ֣ה כְּצִדְקִ֑י
כְּבֹ֥ר יָ֝דַ֗י יָשִׁ֥יב לִֽי׃

כב כִּֽי־שָׁ֭מַרְתִּי דַּרְכֵ֣י יְהֹוָ֑ה
וְלֹֽא־רָ֝שַׁ֗עְתִּי מֵאֱלֹהָֽי׃

כג כִּ֣י כׇל־מִשְׁפָּטָ֣יו לְנֶגְדִּ֑י
וְ֝חֻקֹּתָ֗יו לֹא־אָסִ֥יר מֶֽנִּי׃

כד וָאֱהִ֣י תָמִ֣ים עִמּ֑וֹ
וָ֝אֶשְׁתַּמֵּ֗ר מֵעֲוֺנִֽי׃

כה וַיָּֽשֶׁב־יְהֹוָ֣ה לִ֣י כְצִדְקִ֑י
כְּבֹ֥ר יָ֝דַ֗י לְנֶ֣גֶד עֵינָֽיו׃

כו עִם־חָסִ֥יד תִּתְחַסָּ֑ד
עִם־גְּבַ֥ר תָּ֝מִ֗ים תִּתַּמָּֽם׃

כז עִם־נָבָ֥ר תִּתְבָּרָ֑ר
וְעִם־עִ֝קֵּ֗שׁ תִּתְפַּתָּֽל׃

כח כִּֽי־אַ֭תָּה עַם־עָנִ֣י תוֹשִׁ֑יעַ
וְעֵינַ֖יִם רָמ֣וֹת תַּשְׁפִּֽיל׃

כט כִּֽי־אַ֭תָּה תָּאִ֣יר נֵרִ֑י
יְהֹוָ֥ה אֱ֝לֹהַ֗י יַגִּ֥יהַּ חׇשְׁכִּֽי׃

ל כִּֽי־בְ֭ךָ אָרֻ֣ץ גְּד֑וּד
וּ֝בֵאלֹהַ֗י אֲדַלֶּג־שֽׁוּר׃

31. 上帝的道路纯全，
上主的言语精炼，
他保卫凡投奔他的人。

32. 除了上主，岂有〈别〉神，
除了我们的上帝，岂有磐石，

33. 赐我力量的上帝，
必使我的道路通畅。

34. 他使我双足〈敏捷〉如〈飞奔的〉羚羊，
他会使我安立在我的高台。

35. 他训练我的手去征战，
〈使〉我双臂〈有力〉折断强弓〈原文是铜弓〉。

36. 你把拯救的盾赐给了我，
你的右手会扶持我，
你的谦和会提升我。

37. 你会使我阔步〈前行〉，
我的脚踝不至跌绊。

38. 我要追击仇敌，擒获他们，
直到消灭他们，我才会凯旋。

39. 我会打击他们，使他们不得振作，
他们都要倒在我的脚下。

40. 你会赐予我强力去征战，
使敌人向我屈服〈就范〉。

41. 你使敌人在我面前败逃，
我要消灭我的仇人。

לא הָאֵל תָּמִים דַּרְכּוֹ
אִמְרַת־יְהוָה צְרוּפָה
מָגֵן הוּא לְכֹל ׀ הַחוֹסִים בּוֹ׃

לב כִּי מִי אֱלוֹהַּ מִבַּלְעֲדֵי יְהוָה
וּמִי צוּר זוּלָתִי אֱלֹהֵינוּ׃

לג הָאֵל הַמְאַזְּרֵנִי חָיִל
וַיִּתֵּן תָּמִים דַּרְכִּי׃

לד מְשַׁוֶּה רַגְלַי כָּאַיָּלוֹת
וְעַל בָּמֹתַי יַעֲמִידֵנִי׃

לה מְלַמֵּד יָדַי לַמִּלְחָמָה
וְנִחֲתָה קֶשֶׁת־נְחוּשָׁה זְרוֹעֹתָי׃

לו וַתִּתֶּן־לִי מָגֵן יִשְׁעֶךָ
וִימִינְךָ תִסְעָדֵנִי
וְעַנְוַתְךָ תַרְבֵּנִי׃

לז תַּרְחִיב צַעֲדִי תַחְתָּי
וְלֹא מָעֲדוּ קַרְסֻלָּי׃

לח אֶרְדּוֹף אוֹיְבַי וְאַשִּׂיגֵם
וְלֹא־אָשׁוּב עַד־כַּלּוֹתָם׃

לט אֶמְחָצֵם וְלֹא־יֻכְלוּ קוּם
יִפְּלוּ תַּחַת רַגְלָי׃

מ וַתְּאַזְּרֵנִי חַיִל לַמִּלְחָמָה
תַּכְרִיעַ קָמַי תַּחְתָּי׃

מא וְאֹיְבַי נָתַתָּה לִּי עֹרֶף
וּמְשַׂנְאַי אַצְמִיתֵם׃

42. 他们哀嚎〈求助〉却无人拯救，
〈他们虽〉向上主〈哭求〉，他〈却〉不理他们。

43. 我粉碎他们如灰尘，任风吹散〈直译：迎着风〉，
我清空他们如〈甩掉来自〉路上的烂泥。

44. 你会救我脱离民族〈间〉的争〈战〉，
会立我为列国的首领，
我不知道的〈陌生〉民族要来服侍我。

45. 摄于我的威名他们〈貌似〉听从我，
〈但〉异民〈虚情假意，实际上在〉欺骗我。

46. 异民会惊惶走出他们的堡垒。

47. 上主永存，我的磐石当受赞美，
拯救我的上帝至高无上。

48. 这是为我复仇的上帝，
他会为我〈复仇而〉用瘟疫〈打击〉万民。

49. 他救我脱离仇敌，
他会提拔我于对手之上，
他会拯救我脱离暴徒。

50. 于是我要在列邦中称谢上主，
我要歌颂你的名。

51. 他使他的君王大获全胜，
向他的受膏者达威德及其子嗣施恩，
直至永远。

מב יְשַׁוְּעוּ וְאֵין־מוֹשִׁיעַ
עַל־יהוה וְלֹא עָנָם׃

מג וְאֶשְׁחָקֵם כְּעָפָר עַל־פְּנֵי־רוּחַ
כְּטִיט חוּצוֹת אֲרִיקֵם׃

מד תְּפַלְּטֵנִי מֵרִיבֵי עָם
תְּשִׂימֵנִי לְרֹאשׁ גּוֹיִם
עַם לֹא־יָדַעְתִּי יַעַבְדוּנִי׃

מה לְשֵׁמַע אֹזֶן יִשָּׁמְעוּ לִי
בְּנֵי־נֵכָר יְכַחֲשׁוּ־לִי׃

מו בְּנֵי־נֵכָר יִבֹּלוּ
וְיַחְרְגוּ מִמִּסְגְּרוֹתֵיהֶם׃

מז חַי־יהוה וּבָרוּךְ צוּרִי
וְיָרוּם אֱלוֹהֵי יִשְׁעִי׃

מח הָאֵל הַנּוֹתֵן נְקָמוֹת לִי
וַיַּדְבֵּר עַמִּים תַּחְתָּי׃

מט מְפַלְּטִי מֵאֹיְבָי
אַף מִן־קָמַי תְּרוֹמְמֵנִי
מֵאִישׁ חָמָס תַּצִּילֵנִי׃

נ עַל־כֵּן ׀ אוֹדְךָ בַגּוֹיִם ׀ יהוה
וּלְשִׁמְךָ אֲזַמֵּרָה׃

נא מַגְדִּל יְשׁוּעוֹת מַלְכּוֹ
וְעֹשֶׂה חֶסֶד ׀ לִמְשִׁיחוֹ
לְדָוִד וּלְזַרְעוֹ עַד־עוֹלָם׃

第十九首

1. 交予奏乐者，达威德之歌。

2. 诸天诉说上帝的光荣，
穹苍传扬他手的化工。

3. 日日交谈，
夜夜宣扬。

4. 非言非语，
无声无息。

5. 他们的光耀遍及大地，
他们的诉说达到地极，
他为太阳在那里设置了帷帐。

6. 他〈跃〉出如新郎〈走〉出其〈婚礼〉华盖，
他欢喜如勇士奔途。

7. 他从天这边升起，
环行自那边〈落下〉，
普照无遗。

8. 上主的托辣纯全，使灵魂安定，
上主的见证信实，使愚人睿智。

9. 上主的规诫正直，使〈身〉心愉悦，
上主的诫命清净，使〈耳聪〉目明。

10. 对上主的敬畏是纯洁，存到永远，
上主的审判真实，样样公正，

מזמור יט

א לַמְנַצֵּ֗חַ מִזְמ֥וֹר לְדָוִֽד׃

ב הַשָּׁמַ֗יִם מְֽסַפְּרִ֥ים כְּבֽוֹד־אֵ֑ל
וּֽמַעֲשֵׂ֥ה יָ֝דָ֗יו מַגִּ֥יד הָרָקִֽיעַ׃

ג י֣וֹם לְ֭יוֹם יַבִּ֣יעַֽ אֹ֑מֶר
וְלַ֥יְלָה לְּ֝לַ֗יְלָה יְחַוֶּה־דָּֽעַת׃

ד אֵ֣ין־אֹ֭מֶר וְאֵ֣ין דְּבָרִ֑ים
בְּ֝לִ֗י נִשְׁמָ֥ע קוֹלָֽם׃

ה בְּכָל־הָאָ֨רֶץ ׀ יָ֘צָ֤א קַוָּ֗ם
וּבִקְצֵ֣ה תֵ֭בֵל מִלֵּיהֶ֑ם
לַ֝שֶּׁ֗מֶשׁ שָֽׂם־אֹ֥הֶל בָּהֶֽם׃

ו וְה֗וּא כְּ֭חָתָן יֹצֵ֣א מֵחֻפָּת֑וֹ
יָשִׂ֥ישׂ כְּ֝גִבּ֗וֹר לָר֥וּץ אֹֽרַח׃

ז מִקְצֵ֤ה הַשָּׁמַ֨יִם ׀ מֽוֹצָא֗וֹ
וּתְקוּפָת֥וֹ עַל־קְצוֹתָ֑ם
וְאֵ֥ין נִ֝סְתָּ֗ר מֵֽחַמָּתֽוֹ׃

ח תּ֤וֹרַ֥ת יְהוָ֣ה תְּ֭מִימָה מְשִׁ֣יבַת נָ֑פֶשׁ
עֵד֥וּת יְהוָ֥ה נֶ֝אֱמָנָ֗ה מַחְכִּ֥ימַת פֶּֽתִי׃

ט פִּקּ֤וּדֵ֥י יְהוָ֣ה יְ֭שָׁרִים מְשַׂמְּחֵי־לֵ֑ב
מִצְוַ֥ת יְהוָ֥ה בָּ֝רָ֗ה מְאִירַ֥ת עֵינָֽיִם׃

י יִרְאַ֤ת יְהוָ֨ה ׀ טְהוֹרָה֮ עוֹמֶ֪דֶת לָ֫עַ֥ד
מִשְׁפְּטֵי־יְהוָ֥ה אֱמֶ֑ת צָֽדְק֥וּ יַחְדָּֽו׃

11. 比黄金，比最纯的黄金更万分珍贵，
比蜂蜜，比〈正从〉蜂巢流〈出的〉蜂蜜更甘甜。

12. 你的仆人谨守他们〈即上帝的教导〉，
功德无量。

13. 谁能认清〈自己的〉过失，
〈求你〉宽恕我不知的〈过错〉。

14. 也求你阻止我故意〈作恶〉，
不要〈让〉他们控制我，
以至于我会保持纯全，不被众多的邪恶污染。

15. 愿我的言语及心思在你面前蒙悦纳，
〈哦〉上主，我的磐石，我的救赎者。

יא הַֽנֶּחֱמָדִ֗ים מִ֭זָּהָב וּמִפַּ֣ז רָ֑ב
וּמְתוּקִ֥ים מִ֝דְּבַ֗שׁ וְנֹ֣פֶת צוּפִֽים׃

יב גַּֽם־עַ֭בְדְּךָ נִזְהָ֣ר בָּהֶ֑ם
בְּ֝שָׁמְרָ֗ם עֵ֣קֶב רָֽב׃

יג שְׁגִיא֥וֹת מִֽי־יָבִ֑ין
מִֽנִּסְתָּר֥וֹת נַקֵּֽנִי׃

יד גַּ֤ם מִזֵּדִ֨ים ׀ חֲשֹׂ֬ךְ עַבְדֶּ֗ךָ
אַֽל־יִמְשְׁלוּ־בִ֣י אָ֣ז אֵיתָ֑ם
וְ֝נִקֵּ֗יתִי מִפֶּ֥שַׁע רָֽב׃

טו יִהְי֥וּ לְרָצ֨וֹן ׀ אִמְרֵי־פִ֡י וְהֶגְי֣וֹן לִבִּ֣י לְפָנֶ֑יךָ
יְ֝הוָ֗ה צוּרִ֥י וְגֹאֲלִֽי׃

第二十首

1. 交予奏乐者，达威德之歌。

2. 在困苦的日子，愿上主倾听你，
愿雅可乌的上帝的名赐予你力量。

3. 愿他从圣〈所〉帮助你，
从熙雍扶助你。

4. 愿他记得你所有的礼祭，
你的高升祭蒙悦纳，塞拉。

5. 愿他恩赐你如你心〈愿〉，
愿他满全你所有的计划。

6. 我们因你的胜利〈可直译：救赎〉而欢呼，
因我们上帝的名而举旗，
愿上主满足你所有的请求。

7. 现在我知道上主拯救他的受膏者，
从他神圣的〈高〉天回答他，
他的右手用勇力拯救〈他〉。

8. 有些人依恃战车，有些人依仗战马，
但我们呼求上主我们上帝的名。

9. 他们屈身跌倒，我们坚强立定。

10. 上主，〈求你〉拯救，
愿〈我们的〉王〈即上帝〉在我们呼求的时候
垂听。

מזמור כ

א לַמְנַצֵּ֗חַ מִזְמ֥וֹר לְדָוִֽד׃

ב יַֽעַנְךָ֣ יְ֭הוָה בְּי֣וֹם צָרָ֑ה
יְ֝שַׂגֶּבְךָ֗ שֵׁ֤ם ׀ אֱלֹהֵ֬י יַעֲקֹֽב׃

ג יִשְׁלַֽח־עֶזְרְךָ֥ מִקֹּ֑דֶשׁ
וּ֝מִצִּיּ֗וֹן יִסְעָדֶֽךָּ׃

ד יִזְכֹּ֥ר כָּל־מִנְחֹתֶ֑ךָ
וְעוֹלָתְךָ֖ יְדַשְּׁנֶ֣ה סֶֽלָה׃

ה יִֽתֶּן־לְךָ֥ כִלְבָבֶ֑ךָ
וְֽכָל־עֲצָתְךָ֥ יְמַלֵּֽא׃

ו נְרַנְּנָ֤ה ׀ בִּ֘ישׁ֤וּעָתֶ֗ךָ
וּבְשֵֽׁם־אֱלֹהֵ֥ינוּ נִדְגֹּ֑ל
יְמַלֵּ֥א יְ֝הוָ֗ה כָּל־מִשְׁאֲלוֹתֶֽיךָ׃

ז עַתָּ֤ה יָדַ֗עְתִּי כִּ֤י הוֹשִׁ֥יעַ ׀ יְהוָ֗ה מְשִׁ֫יח֥וֹ
יַ֭עֲנֵהוּ מִשְּׁמֵ֣י קָדְשׁ֑וֹ בִּ֝גְבוּר֗וֹת יֵ֣שַׁע יְמִינֽוֹ׃

ח אֵ֣לֶּה בָ֭רֶכֶב וְאֵ֣לֶּה בַסּוּסִ֑ים
וַאֲנַ֓חְנוּ ׀ בְּשֵׁם־יְהוָ֖ה אֱלֹהֵ֣ינוּ נַזְכִּֽיר׃

ט הֵ֭מָּה כָּרְע֣וּ וְנָפָ֑לוּ
וַאֲנַ֥חְנוּ קַּ֝֗מְנוּ וַנִּתְעוֹדָֽד׃

י יְהוָ֥ה הוֹשִׁ֑יעָה
הַ֝מֶּ֗לֶךְ יַעֲנֵ֥נוּ בְיוֹם־קָרְאֵֽנוּ׃

第二十一首

1. 交予奏乐者，达威德之歌。

2. 上主，〈达威德〉王会以你的威能而欢欣，
他会以你救助而狂喜。

3. 你赐予了他心中所愿，
他唇间的祈求你没有不顾，塞拉。

4. 因你会主动〈赐给〉他佳美的祝福，
你会用纯金的华冠为他加冕。

5. 他向你乞求生命，
你赐予了他日子长久，永永远远。

6. 因你的救助他的荣誉〈极〉大，
你会赐予他荣耀与华贵。

7. 你会赐给他永久的福分，
他会在你面前非常欢欣。

8. 因君王依赖上主，
凭至高者的慈爱，他不至于跌倒。

9. 愿你的手抓住你所有的敌人，
愿你的右手捕获你的仇人。

10. 在你发怒时，
你对待他们如炉膛烈火〈烧掉木头〉，
上主要在震怒中消灭他们，
〈烈〉火要吞噬他们。

מזמור כא

א לַמְנַצֵּחַ מִזְמוֹר לְדָוִד׃

ב יהוה בְּעָזְּךָ יִשְׂמַח־מֶלֶךְ
וּבִישׁוּעָתְךָ מַה־יָּגִיל מְאֹד׃ יָגֶל

ג תַּאֲוַת לִבּוֹ נָתַתָּה לּוֹ
וַאֲרֶשֶׁת שְׂפָתָיו בַּל־מָנַעְתָּ סֶּלָה׃

ד כִּי־תְקַדְּמֶנּוּ בִּרְכוֹת טוֹב
תָּשִׁית לְרֹאשׁוֹ עֲטֶרֶת פָּז׃

ה חַיִּים ׀ שָׁאַל מִמְּךָ נָתַתָּה לּוֹ
אֹרֶךְ יָמִים עוֹלָם וָעֶד׃

ו גָּדוֹל כְּבוֹדוֹ בִּישׁוּעָתֶךָ
הוֹד וְהָדָר תְּשַׁוֶּה עָלָיו׃

ז כִּי־תְשִׁיתֵהוּ בְרָכוֹת לָעַד
תְּחַדֵּהוּ בְשִׂמְחָה אֶת־פָּנֶיךָ׃

ח כִּי־הַמֶּלֶךְ בֹּטֵחַ בַּיהוָה
וּבְחֶסֶד עֶלְיוֹן בַּל־יִמּוֹט׃

ט תִּמְצָא יָדְךָ לְכָל־אֹיְבֶיךָ
יְמִינְךָ תִּמְצָא שֹׂנְאֶיךָ׃

י תְּשִׁיתֵמוֹ ׀ כְּתַנּוּר אֵשׁ לְעֵת פָּנֶיךָ
יהוה בְּאַפּוֹ יְבַלְּעֵם
וְתֹאכְלֵם אֵשׁ׃

11. 愿你从地上灭绝他们的子孙，
从人〈原文:人子，复数〉间〈灭绝〉他们的后裔。

12. 因他们意图加害你，
他们谋划诡计〈却〉不能成功。

13. 因你要将他们放在一处〈做靶子〉，
你会对准他们的脸〈张弓搭箭〉。

14. 上主〈啊〉，请在勇力中兴起
〈对付我们的敌人〉，我们要歌唱称颂你的威能。

יא פִּרְיָמוֹ מֵאֶרֶץ תְּאַבֵּד
וְזַרְעָם מִבְּנֵי אָדָם׃

יב כִּי־נָטוּ עָלֶיךָ רָעָה
חָשְׁבוּ מְזִמָּה
בַּל־יוּכָלוּ׃

יג כִּי תְּשִׁיתֵמוֹ שֶׁכֶם
בְּמֵיתָרֶיךָ תְּכוֹנֵן עַל־פְּנֵיהֶם׃

יד רוּמָה יהוָה בְעֻזֶּךָ
נָשִׁירָה וּנְזַמְּרָה גְּבוּרָתֶךָ׃

第二十二首

1. 交予演奏阿耶莱特哈沙哈尔〈乐器名〉者，
达威德之歌。

2. 我的上帝，我的上帝，你为何抛弃了我，
我的拯救〈离我如此〉遥远，
〈哦，愿你听见〉我哀号的言语。

3. 我的上帝，我在白天呼号，你不回答，
我在黑夜也不沉默〈我也不停止祈求〉。

4. 你是圣者，坐着〈垂听〉以色列的赞美。

5. 我们的祖辈信靠你，他们信靠了〈你〉，
你〈便〉拯救了他们。

6. 他们向你哭诉，就脱离了〈灾难〉，
他们信靠了你，没有蒙羞。

7. 我〈好像〉是虫，不〈像〉是人，
〈饱受〉人的轻蔑与众人的侮辱。

8. 凡看见我的都嘲笑我，
他们撇嘴摇头〈对我嗤之以鼻〉。

9. 〈让他〉缠着上主〈苦求〉，
他〈指上主〉会解救他，
他〈指上主〉会搭救他，因为他宠爱他。

10. 你使我出离〈母〉胎，
让我安享母乳〈的喂养〉。

11. 从〈一出〉母胎我〈就〉被交予你，
从我〈尚在〉母腹你〈就〉是我的上帝。

מזמור כב

א לַמְנַצֵּחַ עַל־אַיֶּלֶת הַשַּׁחַר מִזְמוֹר לְדָוִד׃

ב אֵלִי אֵלִי לָמָה עֲזַבְתָּנִי
רָחוֹק מִישׁוּעָתִי דִּבְרֵי שַׁאֲגָתִי׃

ג אֱלֹהַי אֶקְרָא יוֹמָם וְלֹא תַעֲנֶה
וְלַיְלָה וְלֹא־דוּמִיָּה לִי׃

ד וְאַתָּה קָדוֹשׁ
יוֹשֵׁב תְּהִלּוֹת יִשְׂרָאֵל׃

ה בְּךָ בָּטְחוּ אֲבֹתֵינוּ
בָּטְחוּ וַתְּפַלְּטֵמוֹ׃

ו אֵלֶיךָ זָעֲקוּ וְנִמְלָטוּ
בְּךָ בָטְחוּ וְלֹא־בוֹשׁוּ׃

ז וְאָנֹכִי תוֹלַעַת וְלֹא־אִישׁ
חֶרְפַּת אָדָם וּבְזוּי עָם׃

ח כָּל־רֹאַי יַלְעִגוּ לִי
יַפְטִירוּ בְשָׂפָה יָנִיעוּ רֹאשׁ׃

ט גֹּל אֶל־יְהוָה יְפַלְּטֵהוּ
יַצִּילֵהוּ כִּי חָפֵץ בּוֹ׃

י כִּי־אַתָּה גֹחִי מִבָּטֶן
מַבְטִיחִי עַל־שְׁדֵי אִמִּי׃

יא עָלֶיךָ הָשְׁלַכְתִּי מֵרָחֶם
מִבֶּטֶן אִמִּי אֵלִי אָתָּה׃

12. 求你不要远离我，
因苦难临近，因无人援助。

13. 许多公牛环绕了我，
巴商的壮牛围困了我。

14. 他们张嘴对着我，〈如同〉狮子袭击，
〈如同狮子张嘴〉吼叫。

15. 我像水一样被泼洒，我所有的骨骼都脱散了，
我的心在胸中像蜡一样融化了。

16. 我的力量枯干如瓦片，
舌头紧贴〈上下〉下颚，
你〈这是〉要把我弃置于死灰〈啊〉。

17. 因为〈恶〉犬环绕了我，
恶党包围了我，
〈他们〉像狮子一样〈扯碎了〉我的手脚。

18. 我能够数清我所有的骨骼
〈因为我饿得皮包骨头〉，
〈而〉他们〈指我的敌人〉会〈在旁边不屑的〉观看。

19. 他们要瓜分我的衣服，
他们要抓阄〈分〉我的衣裳。

20. 上主〈啊〉，求你不要远离，
我力量〈的源泉啊〉，快来救助我。

21. 求你从刀下救我的性命，
从〈恶〉犬〈利〉爪下救我口活命。

22. 〈求你〉从狮口中拯救我，
〈求〉你使我从野羊的犄角下逃生。

יב אַל־תִּרְחַ֣ק מִ֭מֶּנִּי כִּי־צָרָ֣ה קְרוֹבָ֑ה
כִּי־אֵ֥ין עוֹזֵֽר׃

יג סְ֭בָבוּנִי פָּרִ֣ים רַבִּ֑ים
אַבִּירֵ֖י בָשָׁ֣ן כִּתְּרֽוּנִי׃

יד פָּצ֣וּ עָלַ֣י פִּיהֶ֑ם
אַ֝רְיֵ֗ה טֹרֵ֥ף וְשֹׁאֵֽג׃

טו כַּמַּ֥יִם נִשְׁפַּכְתִּי֮ וְהִתְפָּֽרְד֗וּ כָּֽל־עַ֫צְמ֥וֹתָ֥י
הָיָ֣ה לִ֭בִּי כַּדּוֹנָ֑ג נָ֝מֵ֗ס בְּת֣וֹךְ מֵעָֽי׃

טז יָ֘בֵ֤שׁ כַּחֶ֨רֶשׂ ׀ כֹּחִ֗י
וּ֭לְשׁוֹנִי מֻדְבָּ֣ק מַלְקוֹחָ֑י
וְֽלַעֲפַר־מָ֥וֶת תִּשְׁפְּתֵֽנִי׃

יז כִּ֥י סְבָב֗וּנִי כְּלָ֫בִ֥ים
עֲדַ֣ת מְ֭רֵעִים הִקִּיפ֑וּנִי
כָּ֝אֲרִ֗י יָדַ֥י וְרַגְלָֽי׃

יח אֲסַפֵּ֥ר כָּל־עַצְמוֹתָ֑י
הֵ֥מָּה יַ֝בִּ֗יטוּ יִרְאוּ־בִֽי׃

יט יְחַלְּק֣וּ בְגָדַ֣י לָהֶ֑ם
וְעַל־לְ֝בוּשִׁ֗י יַפִּ֥ילוּ גוֹרָֽל׃

כ וְאַתָּ֣ה יְ֭הוה אַל־תִּרְחָ֑ק
אֱ֝יָלוּתִ֗י לְעֶזְרָ֥תִי חֽוּשָׁה׃

כא הַצִּ֣ילָה מֵחֶ֣רֶב נַפְשִׁ֑י
מִיַּד־כֶּ֝֗לֶב יְחִידָתִֽי׃

כב ה֭וֹשִׁיעֵנִי מִפִּ֣י אַרְיֵ֑ה
וּמִקַּרְנֵ֖י רֵמִ֣ים עֲנִיתָֽנִי׃

23. 我要向我的兄弟诉说你的名，
我要在集会中赞颂你。

24. 敬畏上主的人们，请赞美他，
凡雅可乌的子孙，请光荣他，
凡以色列的后裔，请敬畏他。

25. 因他没有轻视穷人的苦楚，
他没有对他掩面〈不顾〉，
他一呼求他，〈他便垂〉听。

26. 我要在盛大的集会中颂赞你〈的拯救〉，
在敬畏他的人面前还我的愿。

27. 穷人要吃饱，追寻上主的人要赞颂他，
愿他们的心灵永生。

28. 全地要记起并归顺上主，
所有民族要拜倒在你的面前。

29. 因王权属于上主，
他统治列邦。

30. 所有地上〈吃的〉肥溜的人〈又〉吃〈又〉拜
〈指要占到便宜才会拜神〉，
凡坠入尘土的人要在他前面屈膝，
〈然而〉他〈即上主〉不复活他的命〈即那些
只知道追求今生口腹之欲的蠢人〉。

31. 〈人的〉后裔要侍奉他，
要向〈后〉代讲述上主。

32. 他们要来诉说他的正义，
向后代〈讲述〉他的作为。

כג אֲסַפְּרָה שִׁמְךָ לְאֶחָי
בְּתוֹךְ קָהָל אֲהַלְלֶךָּ׃

כד יִרְאֵי יהוה ׀ הַלְלוּהוּ
כָּל־זֶרַע יַעֲקֹב כַּבְּדוּהוּ
וְגוּרוּ מִמֶּנּוּ כָּל־זֶרַע יִשְׂרָאֵל׃

כה כִּי לֹא־בָזָה וְלֹא שִׁקַּץ עֱנוּת עָנִי
וְלֹא־הִסְתִּיר פָּנָיו מִמֶּנּוּ
וּבְשַׁוְּעוֹ אֵלָיו שָׁמֵעַ׃

כו מֵאִתְּךָ תְּהִלָּתִי
בְּקָהָל רָב נְדָרַי אֲשַׁלֵּם נֶגֶד יְרֵאָיו׃

כז יֹאכְלוּ עֲנָוִים ׀ וְיִשְׂבָּעוּ יְהַלְלוּ יהוה דֹּרְשָׁיו
יְחִי לְבַבְכֶם לָעַד׃

כח יִזְכְּרוּ ׀ וְיָשֻׁבוּ אֶל־יהוה כָּל־אַפְסֵי־אָרֶץ
וְיִשְׁתַּחֲווּ לְפָנֶיךָ כָּל־מִשְׁפְּחוֹת גּוֹיִם׃

כט כִּי לַיהוה הַמְּלוּכָה
וּמֹשֵׁל בַּגּוֹיִם׃

ל אָכְלוּ וַיִּשְׁתַּחֲווּ ׀ כָּל־דִּשְׁנֵי־אֶרֶץ
לְפָנָיו יִכְרְעוּ כָּל־יוֹרְדֵי עָפָר
וְנַפְשׁוֹ לֹא חִיָּה׃

לא זֶרַע יַעַבְדֶנּוּ
יְסֻפַּר לַאדֹנָי לַדּוֹר׃

לב יָבֹאוּ וְיַגִּידוּ צִדְקָתוֹ
לְעַם נוֹלָד כִּי עָשָׂה׃

第二十三首

1. 达威德之歌，
上主是我的牧者，我不会缺乏。

2. 他会使我歇息在美丽的草场，
他会带我到安宁的水旁。

3. 他会复苏我的生灵，
他会为了自己的名而引导我走正道。

4. 纵使我会走过死荫之谷，我也不会惧怕凶恶，
因为你与我同在，
你的引导和支持会安慰我。

5. 你会在我面前摆设桌案，对着我的敌人，
你在我的头上膏了油，
我的杯爵〈指福分〉满盈。

6. 甚愿恩惠和慈爱追随我一生，
我要安居在上主的殿里，天长地久。

מִזְמוֹר כג

א מִזְמ֥וֹר לְדָוִ֑ד ד לחודש
יְהֹוָ֥ה רֹ֝עִ֗י לֹ֣א אֶחְסָֽר׃

ב בִּנְא֣וֹת דֶּ֭שֶׁא יַרְבִּיצֵ֑נִי
עַל־מֵ֖י מְנֻח֣וֹת יְנַהֲלֵֽנִי׃

ג נַפְשִׁ֥י יְשׁוֹבֵ֑ב
יַֽנְחֵ֥נִי בְמַעְגְּלֵי־צֶ֝֗דֶק לְמַ֣עַן שְׁמֽוֹ׃

ד גַּ֤ם כִּֽי־אֵלֵ֨ךְ בְּגֵ֪יא צַלְמָ֡וֶת לֹא־אִ֘ירָ֤א רָ֗ע
כִּי־אַתָּ֥ה עִמָּדִ֑י
שִׁבְטְךָ֥ וּ֝מִשְׁעַנְתֶּ֗ךָ הֵ֣מָּה יְנַֽחֲמֻֽנִי׃

ה תַּעֲרֹ֬ךְ לְפָנַ֨י ׀ שֻׁלְחָ֗ן נֶ֥גֶד צֹרְרָ֑י
דִּשַּׁ֖נְתָּ בַשֶּׁ֥מֶן רֹ֝אשִׁ֗י כּוֹסִ֥י רְוָיָֽה׃

ו אַ֤ךְ ׀ ט֤וֹב וָחֶ֣סֶד יִ֭רְדְּפוּנִי כָּל־יְמֵ֣י חַיָּ֑י
וְשַׁבְתִּ֥י בְּבֵית־יְ֝הֹוָ֗ה לְאֹ֣רֶךְ יָמִֽים׃

第二十四首

1. 达威德之歌。
〈大〉地和其上所有，世界和其上〈所有〉
居民都属上主。

2. 是他在海洋上奠基了她〈即大地，希伯来文中是阴性词〉，
在川流上奠定了她。

3. 谁能升至上主的山，
谁能站在他的圣所。

4. 〈是那〉心清手洁，
没妄用上主的名〈直译：我的性命〉
起虚誓的人。

5. 他会从上主那里得到祝福，
从上帝他的拯救者那里〈得到〉公正。

6. 这代人追寻他〈即上帝〉，
寻求你面的是雅可乌〈的后裔〉，塞拉。

7. 城门，请提起你们的门楣，
古老的门户，请升起，
荣耀的君王要来到。

8. 谁是这荣耀的君王，
〈他是〉上主，威能的英勇〈的上主〉，
〈他是〉上主，英勇的战士。

9. 城门，请提起你们的门楣，
古老的门户，请升起，
荣耀的君王要来到。

10. 谁是这荣耀的君王，
〈他就是〉万军的上主，他是荣耀的君王，塞拉。

מזמור כד

א לְדָוִד מִזְמוֹר
לַיהוה הָאָרֶץ וּמְלוֹאָהּ תֵּבֵל וְיֹשְׁבֵי בָהּ׃

ב כִּי־הוּא עַל־יַמִּים יְסָדָהּ
וְעַל־נְהָרוֹת יְכוֹנְנֶהָ׃

ג מִי־יַעֲלֶה בְהַר־יהוה
וּמִי־יָקוּם בִּמְקוֹם קָדְשׁוֹ׃

ד נְקִי כַפַּיִם וּבַר־לֵבָב
אֲשֶׁר לֹא־נָשָׂא לַשָּׁוְא נפשו נַפְשִׁי
וְלֹא נִשְׁבַּע לְמִרְמָה׃

ה יִשָּׂא בְרָכָה מֵאֵת יהוה
וּצְדָקָה מֵאֱלֹהֵי יִשְׁעוֹ׃

ו זֶה דּוֹר דֹּרְשָׁו
מְבַקְשֵׁי פָנֶיךָ יַעֲקֹב סֶלָה׃

ז שְׂאוּ שְׁעָרִים ׀ רָאשֵׁיכֶם וְהִנָּשְׂאוּ פִּתְחֵי עוֹלָם
וְיָבוֹא מֶלֶךְ הַכָּבוֹד׃

ח מִי זֶה מֶלֶךְ הַכָּבוֹד
יהוה עִזּוּז וְגִבּוֹר
יהוה גִּבּוֹר מִלְחָמָה׃

ט שְׂאוּ שְׁעָרִים ׀ רָאשֵׁיכֶם וּשְׂאוּ פִּתְחֵי עוֹלָם
וְיָבֹא מֶלֶךְ הַכָּבוֹד׃

י מִי הוּא זֶה מֶלֶךְ הַכָּבוֹד
יהוה צְבָאוֹת הוּא מֶלֶךְ הַכָּבוֹד סֶלָה׃

第二十五首

1. 达威德之〈歌〉，上主，
我举心〈直译：灵魂，性命〉向你。

2. 我的上帝〈啊〉，
我信赖你，不要让我蒙羞受辱，
不要让我的仇敌笑话我。

3. 盼望你的人不会蒙羞，
虚妄的背叛者要受辱。

4. 上主〈啊〉，请指示我〈认识〉你的路，
请教给我你的道。

5. 请以你的真理引领我，并教导我，
因你是我的上帝，我的救赎者，
我每日期待你。

6. 上主〈啊〉，请记得你亘古以来的怜悯和慈爱。

7. 求你不要追忆我年少时的罪过，
求你依你的仁爱顾念我，
以便〈彰显〉你的美善，〈哦〉上主。

8. 上主良善正直，
因此他指示罪人走〈正〉道。

9. 他引领谦卑的人遵守正义，
他教给谦卑人他的〈托辣之〉道。

מזמור כה

א לְדָוִד
אֵלֶיךָ יְהוָה נַפְשִׁי אֶשָּׂא:

ב אֱלֹהַי
בְּךָ בָטַחְתִּי אַל־אֵבוֹשָׁה
אַל־יַעַלְצוּ אוֹיְבַי לִי:

ג גַּם כָּל־קוֶֹיךָ לֹא יֵבֹשׁוּ
יֵבֹשׁוּ הַבּוֹגְדִים רֵיקָם:

ד דְּרָכֶיךָ יְהוָה הוֹדִיעֵנִי
אֹרְחוֹתֶיךָ לַמְּדֵנִי:

ה הַדְרִיכֵנִי בַאֲמִתֶּךָ ׀ וְלַמְּדֵנִי
כִּי־אַתָּה אֱלֹהֵי יִשְׁעִי
אוֹתְךָ קִוִּיתִי כָּל־הַיּוֹם:

ו זְכֹר־רַחֲמֶיךָ יְהוָה וַחֲסָדֶיךָ
כִּי מֵעוֹלָם הֵמָּה:

ז חַטֹּאות נְעוּרַי ׀ וּפְשָׁעַי אַל־תִּזְכֹּר
כְּחַסְדְּךָ זְכָר־לִי־אַתָּה
לְמַעַן טוּבְךָ יְהוָה:

ח טוֹב־וְיָשָׁר יְהוָה
עַל־כֵּן יוֹרֶה חַטָּאִים בַּדָּרֶךְ:

ט יַדְרֵךְ עֲנָוִים בַּמִּשְׁפָּט
וִילַמֵּד עֲנָוִים דַּרְכּוֹ:

10. 所有上主的道都是慈爱与真理，
属于遵守他盟约和诫命的人。

11. 为了你的名，〈哦〉上主，
求你宽恕我罪，因他〈指罪，阳性代词指代阳
性名词〉甚大。

12. 谁是敬畏上主的人，
他必告诉他应选的道路，

13. 他的灵魂要安享佳美，
他的后裔要继承土地。

14. 上主的奥秘属于敬畏他的人，
〈他要〉将他的盟约指示给他们。

15. 我总是眼望上主，
因他会使我的双足摆脱〈敌人的〉网罗。

16. 〈求你〉转向我，怜悯我，
因我孤单苦楚。

17. 我心的痛苦延绵，
〈求你〉救我脱离灾难。

18. 请看顾我的痛苦煎熬，
请宽恕我所有的过错。

19. 看〈哪〉，我的仇敌众多，
我的仇人痛恨我。

20. 〈求你〉保佑我的性命，〈求你〉搭救我，
不要让我蒙羞，因我投靠了你。

י כׇּל־אׇרְח֣וֹת יְ֭הוָה חֶ֣סֶד וֶאֱמֶ֑ת
לְנֹצְרֵ֥י בְ֝רִית֗וֹ וְעֵדֹתָֽיו׃

יא לְמַֽעַן־שִׁמְךָ֥ יְהוָ֑ה
וְֽסָלַחְתָּ֥ לַ֝עֲוֺנִ֗י כִּ֣י רַב־הֽוּא׃

יב מִי־זֶ֣ה הָ֭אִישׁ יְרֵ֣א יְהוָ֑ה
י֝וֹרֶ֗נּוּ בְּדֶ֣רֶךְ יִבְחָֽר׃

יג נַ֭פְשׁוֹ בְּט֣וֹב תָּלִ֑ין
וְ֝זַרְע֗וֹ יִ֣ירַשׁ אָֽרֶץ׃

יד ס֣וֹד יְ֭הוָה לִירֵאָ֑יו
וּ֝בְרִית֗וֹ לְהוֹדִיעָֽם׃

טו עֵינַ֣י תָּ֭מִיד אֶל־יְהוָ֑ה
כִּ֤י הֽוּא־יוֹצִ֖יא מֵרֶ֣שֶׁת רַגְלָֽי׃

טז פְּנֵה־אֵלַ֥י וְחׇנֵּ֑נִי
כִּֽי־יָחִ֖יד וְעָנִ֣י אָֽנִי׃

יז צָר֣וֹת לְבָבִ֣י הִרְחִ֑יבוּ
מִ֝מְּצֽוּקוֹתַ֗י הוֹצִיאֵֽנִי׃

יח רְאֵ֣ה עׇ֭נְיִי וַעֲמָלִ֑י
וְ֝שָׂ֗א לְכׇל־חַטֹּאותָֽי׃

יט רְאֵה־אוֹיְבַ֥י כִּי־רָ֑בּוּ
וְשִׂנְאַ֖ת חָמָ֣ס שְׂנֵאֽוּנִי׃

כ שׇׁמְרָ֣ה נַ֭פְשִׁי וְהַצִּילֵ֑נִי
אַל־אֵ֝ב֗וֹשׁ כִּֽי־חָסִ֥יתִי בָֽךְ׃

21. 愿纯全和正直保护我，
因我期盼了你。

22. 愿上帝救赎以色列，
〈使她〉脱离一切苦难。

כא תֹּם־וָיֹשֶׁר יִצְּרוּנִי
כִּ֝י קִוִּיתִֽיךָ׃

כב פְּדֵ֣ה אֱ֭לֹהִים אֶת־יִשְׂרָאֵ֑ל
מִ֝כֹּ֗ל צָֽרוֹתָיו׃

第二十六首

1. 达威德之〈歌〉，愿上主为我主持公道，
因我行事纯全，
信赖上主，我不至绊跌。

2. 愿上主考验我，
精炼我的内心。

3. 因你的慈爱在我眼前，
我遵行了你的真理。

4. 我没有与虚妄的人为伍，
也不会同暗中〈作恶〉的人共谋。

5. 我恨恶作恶者的聚会，
也不会与恶人同席。

6. 我要洗净我的双手，
〈在〉我环绕你的祭坛〈之前〉，〈哦〉上主。

7. 为要高声称谢，
诉说你的伟绩。

8. 上主〈啊〉，我深爱你的殿宇，
你的光荣的居所。

9. 求你不要把我的性命和罪人收在一起，
不要让我的生命与杀人犯在一起。

10. 他们的手中是诡诈，
他们的右手满了贿赂。

מזמור כו

א לְדָוִ֨ד ׀ שָׁפְטֵ֤נִי יהוה כִּֽי־אֲ֭נִי בְּתֻמִּ֣י הָלַ֑כְתִּי
וּבַיהוָ֥ה בָּ֝טַ֗חְתִּי לֹ֣א אֶמְעָֽד׃

ב בְּחָנֵ֣נִי יְהוָ֣ה וְנַסֵּ֑נִי
צרופה כִלְיוֹתַ֥י וְלִבִּֽי׃ צָרְפָ֖ה

ג כִּֽי־חַ֭סְדְּךָ לְנֶ֣גֶד עֵינָ֑י
וְ֝הִתְהַלַּ֗כְתִּי בַּאֲמִתֶּֽךָ׃

ד לֹֽא־יָ֭שַׁבְתִּי עִם־מְתֵי־שָׁ֑וְא
וְעִ֥ם נַ֝עֲלָמִ֗ים לֹ֣א אָבֽוֹא׃

ה שָׂ֭נֵאתִי קְהַ֣ל מְרֵעִ֑ים
וְעִם־רְ֝שָׁעִ֗ים לֹ֣א אֵשֵֽׁב׃

ו אֶרְחַ֣ץ בְּנִקָּי֣וֹן כַּפָּ֑י
וַאֲסֹבְבָ֖ה אֶת־מִזְבַּחֲךָ֣ יְהוָֽה׃

ז לַ֭שְׁמִעַ בְּק֣וֹל תּוֹדָ֑ה
וּ֝לְסַפֵּ֗ר כָּל־נִפְלְאוֹתֶֽיךָ׃

ח יְֽהוָ֗ה אָ֭הַבְתִּי מְע֣וֹן בֵּיתֶ֑ךָ
וּ֝מְק֗וֹם מִשְׁכַּ֥ן כְּבוֹדֶֽךָ׃

ט אַל־תֶּאֱסֹ֣ף עִם־חַטָּאִ֣ים נַפְשִׁ֑י
וְעִם־אַנְשֵׁ֖י דָמִ֣ים חַיָּֽי׃

י אֲשֶׁר־בִּידֵיהֶ֥ם זִמָּ֑ה
וִֽ֝ימִינָ֗ם מָ֣לְאָה שֹּֽׁחַד׃

11. 〈至于〉我，我要纯全地做人，
求你救赎我，可怜我。

12. 我的脚〈稳〉立于坦〈途〉，
我要在集会中赞美上主。

יא וַאֲנִ֗י בְּתֻמִּ֣י אֵלֵ֑ךְ
פְּדֵ֥נִי וְחָנֵּֽנִי׃

יב רַ֭גְלִי עָמְדָ֣ה בְמִישׁ֑וֹר
בְּ֝מַקְהֵלִ֗ים אֲבָרֵ֥ךְ יְהוָֽה׃

第二十七首

1. 达威德之〈歌〉，上主是我的光，我的拯救，
我会怕谁，
上主是我生命的保障，我会怕谁。

2. 当作恶者前来攻击我，
要吃我的肉〈意思是要杀害我〉的时候，
我的仇人和敌人〈都〉溃败倒地。

3. 就算他们安营来〈围困〉我，我的心〈也〉
不会害怕，
就算他们来征战我，我〈也〉信赖这
〈上主的救赎〉。

4. 我向你祈求一事，即赐我终生居于上主的殿，
得望上主的甘饴〈慈颜〉，流连于他的殿堂。

5. 因他会在危难时庇护我，
将我藏身在帐幕的暗处，
将我高举在磐石〈之上〉。

6. 如今我要昂头〈蔑视〉围绕我的仇敌，
我要在他的帐幕中以吹角为祭，
我要向上主歌唱。

7. 上主〈啊〉，请听我的呼声，
〈求你〉怜惜我，应允我。

8. 我心〈常〉对我说起你，要追求你的仪容，
我要追求上主〈的仪容〉。

9. 求你不要对我掩面，求你不要在怒气中推倒你
的仆人，
你是我的依靠，

מזמור כז

א לְדָוִ֨ד ׀ יְהוָ֤ה ׀ אוֹרִ֣י וְ֭יִשְׁעִי מִמִּ֣י אִירָ֑א
יְהוָ֥ה מָעוֹז־חַ֝יַּ֗י מִמִּ֥י אֶפְחָֽד׃

ב בִּקְרֹ֤ב עָלַ֨י ׀ מְרֵעִים֮ לֶאֱכֹ֪ל אֶת־בְּשָׂ֫רִ֥י
צָרַ֣י וְאֹיְבַ֣י לִ֑י
הֵ֖מָּה כָשְׁל֣וּ וְנָפָֽלוּ׃

ג אִם־תַּחֲנֶ֬ה עָלַ֨י ׀ מַחֲנֶה֮ לֹֽא־יִירָ֪א לִ֫בִּ֥י
אִם־תָּק֣וּם עָ֭לַי מִלְחָמָ֑ה בְּ֝זֹ֗את אֲנִ֣י בוֹטֵֽחַ׃

ד אַחַ֤ת ׀ שָׁאַ֣לְתִּי מֵֽאֵת־יְהוָה֮ אוֹתָ֪הּ אֲבַ֫קֵּ֥שׁ
שִׁבְתִּ֣י בְּבֵית־יְ֭הוָה כָּל־יְמֵ֣י חַיַּ֑י
לַחֲז֥וֹת בְּנֹעַם־יְ֝הוָ֗ה וּלְבַקֵּ֥ר בְּהֵיכָלֽוֹ׃

ה כִּ֤י יִצְפְּנֵ֨נִי ׀ בְּסֻכֹּה֮ בְּי֪וֹם רָ֫עָ֥ה
יַ֭סְתִּרֵנִי בְּסֵ֣תֶר אָהֳל֑וֹ
בְּ֝צ֗וּר יְרוֹמְמֵֽנִי׃

ו וְעַתָּ֨ה יָר֪וּם רֹאשִׁ֡י עַ֤ל אֹיְבַ֬י סְֽבִיבוֹתַ֗י
וְאֶזְבְּחָ֣ה בְ֭אָהֳלוֹ זִבְחֵ֣י תְרוּעָ֑ה
אָשִׁ֥ירָה וַ֝אֲזַמְּרָ֗ה לַיהוָֽה׃

ז שְׁמַע־יְהוָ֖ה קוֹלִ֥י אֶקְרָ֗א וְחָנֵּ֥נִי וַעֲנֵֽנִי׃

ח לְךָ֤ ׀ אָמַ֣ר לִ֭בִּי בַּקְּשׁ֣וּ פָנָ֑י
אֶת־פָּנֶ֖יךָ יְהוָ֣ה אֲבַקֵּֽשׁ׃

ט אַל־תַּסְתֵּ֬ר פָּנֶ֨יךָ ׀ מִמֶּנִּי֮ אַֽל־תַּט־בְּאַ֗ף עַ֫בְדֶּ֥ךָ
עֶזְרָתִ֥י הָיִ֑יתָ
אַֽל־תִּטְּשֵׁ֥נִי וְאַל־תַּֽ֝עַזְבֵ֗נִי אֱלֹהֵ֥י יִשְׁעִֽי׃

不要舍弃我，不要离开我，〈哦〉上帝，
我的拯救者。

10. 纵然我的父母抛弃了我，
上主〈仍〉会接纳我。

11. 上主〈啊〉，请指引我你的道路，
请使我踏上坦〈途〉，免得〈那些〉
盼我倒霉的人〈得逞〉。

12. 求你不要把我的性命交予我的仇人，
因为谎话党和言语暴戾者起来攻击我。

13. 如果不是我坚信在这个世界〈直译：活人之地〉
会得见上主的佳美〈意思是如果不是这样，我
早就失丧了〉。

14. 〈你〉要期盼上主，
你的心要坚强期盼上主。

י כִּֽי־אָבִ֣י וְאִמִּ֣י עֲזָב֑וּנִי
וַֽיהוָ֣ה יַֽאַסְפֵֽנִי׃

יא ה֤וֹרֵ֥נִי יְהוָ֗ה דַּ֫רְכֶּ֥ךָ
וּ֭נְחֵנִי בְּאֹ֣רַח מִישׁ֑וֹר לְ֝מַ֗עַן שֽׁוֹרְרָֽי׃

יב אַֽל־תִּ֭תְּנֵנִי בְּנֶ֣פֶשׁ צָרָ֑י
כִּ֥י קָֽמוּ־בִ֥י עֵֽדֵי־שֶׁ֝֗קֶר וִיפֵ֥חַ חָמָֽס׃

יג לׅׄוּלֵׅ֗ׄאׅ הֶ֭אֱמַנְתִּי לִרְא֥וֹת בְּֽטוּב־יְהוָ֗ה
בְּאֶ֣רֶץ חַיִּֽים׃

יד קַוֵּ֗ה אֶל־יְה֫וָ֥ה
חֲ֭זַק וְיַאֲמֵ֣ץ לִבֶּ֑ךָ
וְ֝קַוֵּ֗ה אֶל־יְהוָֽה׃

第二十八首

1. 达威德之〈歌〉，上主〈啊〉，
我向你呼求，我的磐石〈啊〉，
求你不要不理我，你若对我沉默，
我就似堕入地狱〈直译：坑〉的人。

2. 当我举手对着你的圣殿，
向你恳求哀号时，求你垂听我。

3. 不要将我与作恶的人一起〈毁灭〉，
他们对朋友〈口〉说平安，
〈却〉心怀恶意。

4. 请按照他们的行为报应他们，
按照他们的恶行，
按照他们的手段报应他们，让他们自作自受。

5. 鉴于他们不在意上主的作为和他手的造化，
他会毁灭他们，不会〈再〉建造他们。

6. 上主当受颂扬，因他垂听了我恳求的声音。

7. 上主是我的力量，我的护盾，
我的心依靠他，我得到了〈他的〉救助，
我满心欢喜，我要唱歌称谢他。

8. 上主是他们〈指以色列民〉的力量，
是他的受膏者得救的保障。

9. 〈求你〉拯救你的百姓，
赐福你的产业〈以色列民〉，
〈求你〉牧养他们，提拔他们，直到永远。

מזמור כח

א לְדָוִ֗ד אֵלֶ֤יךָ יְהֹוָ֨ה ׀ אֶקְרָ֗א
צוּרִי֮ אַל־תֶּחֱרַ֪שׁ מִ֫מֶּ֥נִּי
פֶּן־תֶּחֱשֶׁ֥ה מִמֶּ֑נִּי
וְ֝נִמְשַׁ֗לְתִּי עִם־י֥וֹרְדֵי בֽוֹר׃

ב שְׁמַ֤ע ק֣וֹל תַּ֭חֲנוּנַי בְּשַׁוְּעִ֣י אֵלֶ֑יךָ
בְּנָשְׂאִ֥י יָ֝דַ֗י אֶל־דְּבִ֥יר קׇדְשֶֽׁךָ׃

ג אַל־תִּמְשְׁכֵ֣נִי עִם־רְשָׁעִים֮ וְעִם־פֹּ֪עֲלֵ֫י אָ֥וֶן
דֹּבְרֵ֣י שָׁ֭לוֹם עִם־רֵעֵיהֶ֑ם
וְ֝רָעָ֗ה בִּלְבָבָֽם׃

ד תֶּן־לָהֶ֣ם כְּפׇעֳלָם֮ וּכְרֹ֪עַ מַֽעַלְלֵ֫יהֶ֥ם
כְּמַעֲשֵׂ֣ה יְ֭דֵיהֶם תֵּ֣ן לָהֶ֑ם
הָשֵׁ֖ב גְּמוּלָ֣ם לָהֶֽם׃

ה כִּ֤י לֹ֤א יָבִ֡ינוּ אֶל־פְּעֻלֹּ֣ת יְ֭הֹוָה וְאֶל־מַעֲשֵׂ֣ה יָדָ֑יו
יֶ֝הֶרְסֵ֗ם וְלֹ֣א יִבְנֵֽם׃

ו בָּר֥וּךְ יְהֹוָ֑ה כִּי־שָׁ֝מַע ק֣וֹל תַּחֲנוּנָֽי׃

ז יְהֹוָ֤ה ׀ עֻזִּ֥י וּמָגִנִּי֮
בּ֤וֹ בָטַ֥ח לִבִּ֗י וְנֶ֫עֱזָ֥רְתִּי
וַיַּעֲלֹ֥ז לִבִּ֑י וּֽמִשִּׁירִ֥י אֲהוֹדֶֽנּוּ׃

ח יְהֹוָ֥ה עֹֽז־לָ֑מוֹ
וּמָ֘ע֤וֹז יְשׁוּע֖וֹת מְשִׁיח֣וֹ הֽוּא׃

ט הוֹשִׁ֤יעָה ׀ אֶת־עַמֶּ֗ךָ וּבָרֵ֥ךְ אֶת־נַחֲלָתֶ֑ךָ
וּ֝רְעֵ֗ם וְ֝נַשְּׂאֵ֗ם עַד־הָעוֹלָֽם׃

第二十九首

1. 达威德之歌，
勇士〈即列祖〉的后裔，〈你们〉要称扬上主，
请称扬上主的光荣和力量。

2. 〈你们〉要称扬上主，〈称扬〉他光荣的名，
〈你们〉要依照圣者的华美崇拜上主。

3. 上主的声音〈意译：上主的旨意，吩咐，命令〉
在水上，光荣的上帝雷霆万钧，
上主在汪洋之上〈兴风作浪〉。

4. 上主的声音威能，上主的声音尊严。

5. 上主的声音击倒柏树，
上主击碎勒瓦农〈即黎巴嫩〉的〈香〉柏。

6. 他使他们跳跃如牛犊，
〈使〉勒瓦农和熙尔雍〈跳跃〉如幼羚。

7. 上主的声音迸发火焰。

8. 上主的声音震撼旷野，
上主摇动卡戴士旷野。

9. 上主的声音催动母羚〈产仔〉，扫荡森林，
所有在他的殿堂中的都要讲述〈他的〉光荣。

מזמור כט

א מִזְמ֗וֹר לְדָ֫וִ֥ד
הָב֣וּ לַ֭יהוה בְּנֵ֣י אֵלִ֑ים
הָב֥וּ לַ֝יהוה כָּב֥וֹד וָעֹֽז׃

ה לחודש

ב הָב֣וּ לַ֭יהוה כְּב֣וֹד שְׁמ֑וֹ
הִשְׁתַּחֲו֥וּ לַ֝יהוה בְּהַדְרַת־קֹֽדֶשׁ׃

ג ק֥וֹל יהוה עַל־הַ֫מָּ֥יִם
אֵֽל־הַכָּב֥וֹד הִרְעִ֑ים
יהוה עַל־מַ֥יִם רַבִּֽים׃

ד קוֹל־יהוה בַּכֹּ֑חַ
ק֥וֹל יהוה בֶּהָדָֽר׃

ה ק֣וֹל יהוה שֹׁבֵ֣ר אֲרָזִ֑ים
וַיְשַׁבֵּ֥ר יהוה אֶת־אַרְזֵ֥י הַלְּבָנֽוֹן׃

ו וַיַּרְקִידֵ֥ם כְּמוֹ־עֵ֑גֶל
לְבָנ֥וֹן וְ֝שִׂרְי֗וֹן כְּמ֣וֹ בֶן־רְאֵמִֽים׃

ז קוֹל־יהוה חֹצֵ֗ב לַהֲב֥וֹת אֵֽשׁ׃

ח ק֣וֹל יהוה יָחִ֣יל מִדְבָּ֑ר
יָחִ֥יל יהוה מִדְבַּ֥ר קָדֵֽשׁ׃

ט ק֤וֹל יהוה ׀ יְחוֹלֵ֣ל אַיָּלוֹת֮ וַֽיֶּחֱשֹׂ֪ף יְעָ֫ר֥וֹת
וּבְהֵיכָל֑וֹ כֻּ֝לּ֗וֹ אֹמֵ֥ר כָּבֽוֹד׃

10. 上主端坐在洪水之上〈施行审判〉，
上主端坐为王，直到永远。

11. 愿上主以力量赐予他的人民，
愿上主以平安赐福他的百姓。

י יְהוה לַמַּבּ֣וּל יָשָׁ֑ב
וַיֵּ֥שֶׁב יְ֝הוה מֶ֣לֶךְ לְעוֹלָֽם׃

יא יְהוה עֹ֭ז לְעַמּ֣וֹ יִתֵּ֑ן
יְהוָ֓ה ׀ יְבָרֵ֖ךְ אֶת־עַמּ֣וֹ בַשָּׁלֽוֹם׃

第三十首

1. 祝圣〈圣〉殿之歌，达威德作。

2. 上主，我要称扬你，因此你高举了我，
你没有让我的敌人欢喜。

3. 上主，我的上帝〈啊〉，
我向你哀求，你〈便〉治愈了我。

4. 上主将我的性命从阴间提出，
他救了我免于堕入〈死〉坑。

5. 他〈即上主〉的虔诚者〈啊〉，
〈你们〉要向上主歌唱，称谢他的圣名。

6. 他〈虽〉短暂发怒，
他的〈本〉意〈却〉是〈长〉命，
〈受惩戒的人虽〉夜晚哭泣，到黎明〈却是〉欢歌。

7. 我在安宁时说，
我永远不会崩溃。

8. 上主〈啊〉，你的恩宠使我坚强立定，
〈当〉你向我掩了面，我〈便〉惊恐了。

9. 上主〈啊〉，我向你呼求，
向我的主恳求。

10. 我的死〈直译：血〉，我坠入灭亡〈于你〉何益，
尘土岂能称谢你，岂能诉说你的信实。

11. 上主〈啊〉，〈求你〉垂听，怜悯我，
上主〈啊〉，〈求你〉助佑我。

מזמור ל

א מִזְמ֡וֹר שִׁיר־חֲנֻכַּ֖ת הַבַּ֣יִת לְדָוִֽד׃ ליום שני

ב אֲרוֹמִמְךָ֣ יְ֭הוה כִּ֣י דִלִּיתָ֑נִי
וְלֹא־שִׂמַּ֖חְתָּ אֹיְבַ֣י לִֽי׃

ג יהו֥ה אֱלֹהָ֑י
שִׁוַּ֥עְתִּי אֵ֝לֶ֗יךָ וַתִּרְפָּאֵֽנִי׃

ד יְֽהוה֗ הֶֽעֱלִ֣יתָ מִן־שְׁא֣וֹל נַפְשִׁ֑י
חִ֝יִּיתַ֗נִי מיורדי־בֽוֹר׃ מִיָּֽרְדִי־

ה זַמְּר֣וּ לַיהו֣ה חֲסִידָ֑יו
וְ֝הוֹד֗וּ לְזֵ֣כֶר קָדְשֽׁוֹ׃

ו כִּ֤י רֶ֨גַע ׀ בְּאַפּוֹ֮ חַיִּ֪ים בִּרְצ֫וֹנ֥וֹ
בָּ֭עֶרֶב יָלִ֥ין בֶּ֗כִי וְלַבֹּ֥קֶר רִנָּֽה׃

ז וַ֭אֲנִי אָמַ֣רְתִּי בְשַׁלְוִ֑י
בַּל־אֶמּ֥וֹט לְעוֹלָֽם׃

ח יְֽהוה֗ בִּרְצוֹנְךָ֮ הֶעֱמַ֪דְתָּה לְֽהַרְרִ֫י עֹ֥ז
הִסְתַּ֥רְתָּ פָנֶ֗יךָ הָיִ֥יתִי נִבְהָֽל׃

ט אֵלֶ֣יךָ יהו֣ה אֶקְרָ֑א
וְאֶל־אֲ֝דֹנָ֗י אֶתְחַנָּֽן׃

י מַה־בֶּ֥צַע בְּדָמִי֮ בְּרִדְתִּ֪י אֶ֫ל שָׁ֥חַת
הֲיוֹדְךָ֥ עָפָ֑ר הֲיַגִּ֥יד אֲמִתֶּֽךָ׃

יא שְׁמַע־יהו֥ה וְחָנֵּ֑נִי
יְ֝הוה֗ הֱֽיֵה־עֹזֵ֥ר לִֽי׃

12. 你将我的悲哀化为欣喜，
你脱去了我的麻衣，以欢喜为我束〈腰〉。

13. 为此我要歌唱你的光荣，我不会沉默，
上主，我的上帝〈啊〉，我要永远感谢你。

יב הָפַכְתָּ מִסְפְּדִי לְמָחוֹל לִי
פִּתַּחְתָּ שַׂקִּי וַתְּאַזְּרֵנִי שִׂמְחָה׃

יג לְמַעַן ׀ יְזַמֶּרְךָ כָבוֹד וְלֹא יִדֹּם
יְהוָה אֱלֹהַי לְעוֹלָם אוֹדֶךָּ׃

第三十一首

1. 交予奏乐者，达威德之歌。

2. 上主，我投靠了你，〈求你〉不要让我永远受辱，
〈求你〉凭你的公义拯救我。

3. 〈求你〉侧耳〈垂听〉我，快来救我，
做我避难的磐石，拯救我的堡垒。

4. 因为你是我的磐石，我的堡垒，
求你为你名〈的缘故〉安置我，引导我。

5. 求你救我脱离他们为我暗设的罗网，
因为你是我的保障。

6. 我将我的灵魂交付你手，
〈求你〉救赎我，〈哦〉上主，信实的上帝。

7. 我憎恨持守虚妄的人，
我〈全心〉信靠了上主。

8. 我要欢欣喜悦于你的慈爱，
你看到了我的困苦，
知晓我身心〈直译：性命，灵魂〉的煎熬。

9. 你没有将我交予敌手，
你使我双脚立定。

10. 上主〈啊〉，〈求你〉怜悯我，因我在受苦，
我的双眼因愤怒而模糊，我的身心〈也憔悴〉。

מזמור לא

א לַמְנַצֵּחַ מִזְמוֹר לְדָוִד׃

ב בְּךָ־יְהוָה חָסִיתִי אַל־אֵבוֹשָׁה לְעוֹלָם
בְּצִדְקָתְךָ פַלְּטֵנִי׃

ג הַטֵּה אֵלַי ׀ אָזְנְךָ מְהֵרָה הַצִּילֵנִי
הֱיֵה לִי ׀ לְצוּר־מָעוֹז לְבֵית מְצוּדוֹת לְהוֹשִׁיעֵנִי׃

ד כִּי־סַלְעִי וּמְצוּדָתִי אָתָּה
וּלְמַעַן שִׁמְךָ תַּנְחֵנִי וּתְנַהֲלֵנִי׃

ה תּוֹצִיאֵנִי מֵרֶשֶׁת זוּ טָמְנוּ לִי
כִּי־אַתָּה מָעוּזִּי׃

ו בְּיָדְךָ אַפְקִיד רוּחִי
פָּדִיתָה אוֹתִי יְהוָה אֵל אֱמֶת׃

ז שָׂנֵאתִי הַשֹּׁמְרִים הַבְלֵי־שָׁוְא
וַאֲנִי אֶל־יְהוָה בָּטָחְתִּי׃

ח אָגִילָה וְאֶשְׂמְחָה בְּחַסְדֶּךָ
אֲשֶׁר רָאִיתָ אֶת־עָנְיִי
יָדַעְתָּ בְּצָרוֹת נַפְשִׁי׃

ט וְלֹא הִסְגַּרְתַּנִי בְּיַד־אוֹיֵב
הֶעֱמַדְתָּ בַמֶּרְחָב רַגְלָי׃

י חָנֵּנִי יְהוָה כִּי צַר לִי
עָשְׁשָׁה בְכַעַס עֵינִי נַפְשִׁי וּבִטְנִי׃

11. 我的生命毁于悲愁，我的岁月〈逝〉于痛苦，
我的精力衰于罪过，我的骨骸软弱。

12. 由于我的敌人〈所对我做的〉一切，我成了
〈人们的〉笑柄，对于我的近邻〈来说〉更甚，
我的熟人惧怕我，路上行人看到我避之不及。

13. 我被人遗忘，如同死人，
好像破碎的〈瓦〉器。

14. 我听见众人〈对我〉的诽谤，
周围〈人对我〉的恐吓，
那时他们合谋图取我的性命。

15. 我信靠了你，〈哦〉上主，我说了，
你是我的上帝。

16. 我的命运在你手中，
〈求你〉救我脱离敌手和迫害我的人。

17. 〈求你〉以你的面容光照你的仆人，
用你的慈爱〈来〉拯救我。

18. 上主〈啊〉，〈求你〉不要让我蒙羞，
因我呼唤了你，愿恶人受耻，
愿他们缄默坠入阴间。

19. 愿说谎的唇紧闭，
他们狂妄亵谩，恶言攻击义人。

20. 对于敬畏你的人，你为他们隐藏的佳美何其大，
对于避难于你的人，
你在人前给他们预备的〈佳美何其大〉。

21. 你将他们藏于你的仪容，免遭〈恶〉人的傲慢，
你把他们藏于〈你的〉荫下，免于饶舌中伤。

יא כִּ֤י כָל֥וּ בְיָג֡וֹן חַיַּ֗י וּשְׁנוֹתַ֗י בַּאֲנָ֫חָ֥ה
כָּשַׁ֣ל בַּעֲוֺנִ֣י כֹחִ֑י וַעֲצָמַ֥י עָשֵֽׁשׁוּ׃

יב מִכׇּל־צֹרְרַ֨י הָיִ֪יתִי חֶרְפָּ֡ה וְלִשְׁכֵנַ֨י ׀ מְאֹ֡ד
וּפַ֬חַד לִֽמְיֻדָּ֫עָ֥י
רֹאַ֥י בַּח֝֗וּץ נָדְד֥וּ מִמֶּֽנִּי׃

יג נִ֭שְׁכַּחְתִּי כְּמֵ֣ת מִלֵּ֑ב
הָ֝יִ֗יתִי כִּכְלִ֥י אֹבֵֽד׃

יד כִּ֤י שָׁמַ֨עְתִּי ׀ דִּבַּ֣ת רַבִּים֮ מָג֪וֹר מִסָּ֫בִ֥יב
בְּהִוָּסְדָ֣ם יַ֣חַד עָלָ֑י
לָקַ֖חַת נַפְשִׁ֣י זָמָֽמוּ׃

טו וַאֲנִ֤י ׀ עָלֶ֣יךָ בָטַ֣חְתִּי יְהֹוָ֑ה
אָ֝מַ֗רְתִּי אֱלֹהַ֥י אָֽתָּה׃

טז בְּיָדְךָ֥ עִתֹּתָ֑י
הַצִּ֘ילֵ֤נִי מִיַּד־א֝וֹיְבַ֗י וּמֵרֹדְפָֽי׃

יז הָאִ֣ירָה פָ֭נֶיךָ עַל־עַבְדֶּ֑ךָ
ה֝וֹשִׁיעֵ֥נִי בְחַסְדֶּֽךָ׃

יח יְֽהֹוָ֗ה אַל־אֵ֭בוֹשָׁה כִּ֣י קְרָאתִ֑יךָ
יֵבֹ֥שׁוּ ר֝שָׁעִ֗ים יִדְּמ֥וּ לִשְׁאֽוֹל׃

יט תֵּ֥אָלַ֗מְנָה שִׂפְתֵ֫י שָׁ֥קֶר
הַדֹּבְר֖וֹת עַל־צַדִּ֥יק עָתָ֗ק בְּגַאֲוָ֥ה וָבֽוּז׃

כ מָ֤ה רַ֥ב טוּבְךָ֮ אֲשֶׁר־צָפַ֪נְתָּ לִּירֵ֫אֶ֥יךָ
פָּ֭עַלְתָּ לַחֹסִ֣ים בָּ֑ךְ נֶ֝֗גֶד בְּנֵ֣י אָדָֽם׃

כא תַּסְתִּירֵ֤ם ׀ בְּסֵ֬תֶר פָּנֶ֗יךָ מֵֽרֻכְסֵ֫י אִ֥ישׁ
תִּ֭צְפְּנֵם בְּסֻכָּ֑ה מֵרִ֥יב לְשֹׁנֽוֹת׃

22. 赞美上主，
因在〈敌人把我〉困〈于〉城中〈之时〉，
他把他奇妙的慈爱赐予了我。

23. 我在惶恐中说，我从你眼前被剪除了，
但当我向你哀呼时，你确实俯听了我恳求的声音。

24. 所有虔信上主的人，〈你们〉要爱上主，
上主保护忠信的人，
〈却〉严惩傲慢的人。

25. 所有期盼上主的人，
〈你们〉要鼓起勇气，坚定你们的心。

כב בָּר֥וּךְ יְהוָ֑ה
כִּ֤י הִפְלִ֨יא חַסְדּ֥וֹ לִ֝֗י בְּעִ֣יר מָצֽוֹר׃

כג וַאֲנִ֤י ׀ אָ֘מַ֤רְתִּי בְחׇפְזִ֗י נִגְרַ֗זְתִּי מִנֶּ֪גֶד עֵ֫ינֶ֥יךָ
אָ֗כֵן שָׁ֭מַעְתָּ ק֣וֹל תַּחֲנוּנַ֑י בְּשַׁוְּעִ֥י אֵלֶֽיךָ׃

כד אֶֽהֱב֣וּ אֶת־יהוה֮ כׇּֽל־חֲסִ֫ידָ֥יו
אֱ֭מוּנִים נֹצֵ֣ר יְהוָ֑ה
וּמְשַׁלֵּ֥ם עַל־יֶ֝֗תֶר עֹשֵׂ֥ה גַאֲוָֽה׃

כה חִ֭זְקוּ וְיַאֲמֵ֣ץ לְבַבְכֶ֑ם
כׇּל־הַ֝מְיַחֲלִ֗ים לַיהוָֽה׃

第三十二首

1. 达威德的训诲，
罪过得蒙赦免的人〈真是〉有福。

2. 上主不以其有罪的人〈真是〉有福，
〈前提是〉他不故意欺诈。

3. 在我沉默不言〈拒绝认罪〉时，
我的身子骨因整日哀叹而憔悴。

4. 因为你的手日夜重压着我，
你的手通过炎热的夏风使我枯干，塞拉。

5. 我要向你承认我的过失，
我没有隐藏我的罪过，
我说了，我要对上主承认我的过犯，
你原谅了我的罪过，塞拉。

6. 所有忠信的人都要为此祈求你的眷顾，
纵有洪水向他袭来，
也碰不到〈他的毫毛〉。

7. 你是我的庇护，求你保护我脱离苦难，
拯救的歌声要环绕我，塞拉。

8. 我会赐给你聪明，我会教导你当行的路，
我的眼目会看顾你。

9. 你们不要像马匹一样愚蠢，
〈要〉靠缰绳勒住，才不会凑近〈来咬〉你。

מזמור לב

א לְדָוִד מַשְׂכִּיל
אַשְׁרֵי נְשׂוּי־פֶּשַׁע כְּסוּי חֲטָאָה׃
ב אַשְׁרֵי־אָדָם לֹא יַחְשֹׁב יְהוָה לוֹ עָוֹן
וְאֵין בְּרוּחוֹ רְמִיָּה׃
ג כִּי־הֶחֱרַשְׁתִּי בָּלוּ עֲצָמָי
בְּשַׁאֲגָתִי כָּל־הַיּוֹם׃
ד כִּי ׀ יוֹמָם וָלַיְלָה תִּכְבַּד עָלַי יָדֶךָ
נֶהְפַּךְ לְשַׁדִּי בְּחַרְבֹנֵי קַיִץ סֶלָה׃
ה חַטָּאתִי אוֹדִיעֲךָ
וַעֲוֺנִי לֹא־כִסִּיתִי
אָמַרְתִּי אוֹדֶה עֲלֵי פְשָׁעַי לַיהוָה
וְאַתָּה נָשָׂאתָ עֲוֺן חַטָּאתִי סֶלָה׃
ו עַל־זֹאת יִתְפַּלֵּל כָּל־חָסִיד ׀ אֵלֶיךָ לְעֵת מְצֹא
רַק לְשֵׁטֶף מַיִם רַבִּים
אֵלָיו לֹא יַגִּיעוּ׃
ז אַתָּה ׀ סֵתֶר לִי מִצַּר תִּצְּרֵנִי
רָנֵּי פַלֵּט תְּסוֹבְבֵנִי סֶלָה׃
ח אַשְׂכִּילְךָ ׀ וְאוֹרְךָ בְּדֶרֶךְ־זוּ תֵלֵךְ
אִיעֲצָה עָלֶיךָ עֵינִי׃
ט אַל־תִּהְיוּ ׀ כְּסוּס כְּפֶרֶד אֵין הָבִין
בְּמֶתֶג־וָרֶסֶן עֶדְיוֹ לִבְלוֹם בַּל קְרֹב אֵלֶיךָ׃

10. 恶人的折磨多多，
信靠上主的人，慈爱会围绕着他。

11. 〈你们〉要因上主而喜悦，义人要欢欣，
所有心地正直的人要歌唱。

י רַבִּ֥ים מַכְאוֹבִ֗ים לָ֫רָשָׁ֥ע
וְהַבּוֹטֵ֥חַ בַּיהוָ֑ה חֶ֝֗סֶד יְסוֹבְבֶֽנּוּ׃

יא שִׂמְח֬וּ בַיהוָ֣ה וְ֭גִילוּ צַדִּיקִ֑ים
וְ֝הַרְנִ֗ינוּ כָּל־יִשְׁרֵי־לֵֽב׃

第三十三首

1. 正义的人，〈你们〉要因上主而欢歌，
正直的人祈祷〈是多么〉优美〈啊〉。

2. 〈你们〉要弹琴称谢上主，
以十弦琴向他歌唱。

3. 〈你们〉要向他唱新歌，
〈你们〉要用优美有节奏的吹角声〈赞美他〉。

4. 因上主的言语正直，
他的作为都信实〈可靠〉。

5. 他〈即上主〉爱好正义与公正，
上主的仁慈充满大地。

6. 诸天因他的言语而造成，
〈天上〉万象藉他口中的气息〈而成〉。

7. 他将海水积聚成垒，
他将汪洋置于府库。

8. 全地都要敬畏上主，
世上所有居民都要因他而战兢。

9. 因他说〈有〉就有，
他命令就成。

10. 上主废除列国的策略，
〈上主〉挫败万民的计谋。

11. 上主的计划永远立定，
他心〈中〉谋略世代〈成行〉。

מזמור לג

א רַנְּנ֣וּ צַ֭דִּיקִים בַּיהוָ֑ה
לַ֝יְשָׁרִ֗ים נָאוָ֥ה תְהִלָּֽה׃
ב הוֹד֣וּ לַיהוָ֣ה בְּכִנּ֑וֹר
בְּנֵ֥בֶל עָ֝שׂ֗וֹר זַמְּרוּ־לֽוֹ׃
ג שִׁירוּ־ל֭וֹ שִׁ֣יר חָדָ֑שׁ
הֵיטִ֥יבוּ נַ֝גֵּ֗ן בִּתְרוּעָֽה׃
ד כִּֽי־יָשָׁ֥ר דְּבַר־יְהוָ֑ה
וְכָל־מַ֝עֲשֵׂ֗הוּ בֶּאֱמוּנָֽה׃
ה אֹ֭הֵב צְדָקָ֣ה וּמִשְׁפָּ֑ט
חֶ֥סֶד יְ֝הוָ֗ה מָלְאָ֥ה הָאָֽרֶץ׃
ו בִּדְבַ֣ר יְ֭הוָה שָׁמַ֣יִם נַעֲשׂ֑וּ
וּבְר֥וּחַ פִּ֝֗יו כָּל־צְבָאָֽם׃
ז כֹּנֵ֣ס כַּ֭נֵּד מֵ֣י הַיָּ֑ם
נֹתֵ֖ן בְּאֹצָר֣וֹת תְּהוֹמֽוֹת׃
ח יִֽירְא֣וּ מֵ֭יְהוָה כָּל־הָאָ֑רֶץ
מִמֶּ֥נּוּ יָ֝ג֗וּרוּ כָּל־יֹשְׁבֵ֥י תֵבֵֽל׃
ט כִּ֤י ה֣וּא אָמַ֣ר וַיֶּ֑הִי
הֽוּא־צִ֝וָּ֗ה וַֽיַּעֲמֹֽד׃
י יְֽהוָ֗ה הֵפִ֥יר עֲצַת־גּוֹיִ֑ם
הֵ֝נִ֗יא מַחְשְׁב֥וֹת עַמִּֽים׃
יא עֲצַ֣ת יְ֭הוָה לְעוֹלָ֣ם תַּעֲמֹ֑ד
מַחְשְׁב֥וֹת לִ֝בּ֗וֹ לְדֹ֣ר וָדֹֽר׃

12. 以上主为其上帝的民族〈真是〉有福，
〈被〉他选为其产业的百姓〈真是〉有福。

13. 上主从天上注视，
他看见了所有人。

14. 他从其居所监察地
〈上〉所有居民。

15. 塑造人心的是〈同〉一〈位〉，
他洞悉他们一举一动。

16. 君王非因军队强大而获胜〈直译：被拯救〉，
勇士不倚大力而取胜。

17. 骏马是虚假的拯救，
以他的大力不能保〈住骑士该死的〉命。

18. 看哪，上主的眼目关注敬畏他的人，
即那些盼望他慈爱的人。

19. 为要救他们的性命脱离死亡，
为要在饥荒时保他们存活。

20. 我们的心灵期待上主，
他是我们的扶助与保障。

21. 我们的内心因他而喜悦，
我们信靠他的圣名。

22. 上主〈啊〉，愿你的慈爱施于我们，
正如我们对你的期盼。

יב אַשְׁרֵ֣י הַ֭גּוֹי אֲשֶׁר־יְהוָ֣ה אֱלֹהָ֑יו
הָעָ֓ם ׀ בָּחַ֖ר לְנַחֲלָ֣ה לֽוֹ׃

יג מִ֭שָּׁמַיִם הִבִּ֣יט יְהוָ֑ה
רָ֝אָ֗ה אֶֽת־כׇּל־בְּנֵ֥י הָאָדָֽם׃

יד מִמְּכוֹן־שִׁבְתּ֥וֹ הִשְׁגִּ֑יחַ
אֶ֥ל כׇּל־יֹשְׁבֵ֥י הָאָֽרֶץ׃

טו הַיֹּצֵ֣ר יַ֣חַד לִבָּ֑ם
הַ֝מֵּבִ֗ין אֶל־כׇּל־מַעֲשֵׂיהֶֽם׃

טז אֵֽין־הַ֭מֶּלֶךְ נוֹשָׁ֣ע בְּרׇב־חָ֑יִל
גִּ֝בּ֗וֹר לֹא־יִנָּצֵ֥ל בְּרׇב־כֹּֽחַ׃

יז שֶׁ֣קֶר הַ֭סּוּס לִתְשׁוּעָ֑ה
וּבְרֹ֥ב חֵ֝יל֗וֹ לֹ֣א יְמַלֵּֽט׃

יח הִנֵּ֤ה עֵ֣ין יְ֭הוָה אֶל־יְרֵאָ֑יו
לַֽמְיַחֲלִ֥ים לְחַסְדּֽוֹ׃

יט לְהַצִּ֣יל מִמָּ֣וֶת נַפְשָׁ֑ם
וּ֝לְחַיּוֹתָ֗ם בָּרָעָֽב׃

כ נַ֭פְשֵׁנוּ חִכְּתָ֣ה לַיהוָ֑ה
עֶזְרֵ֖נוּ וּמָגִנֵּ֣נוּ הֽוּא׃

כא כִּי־ב֭וֹ יִשְׂמַ֣ח לִבֵּ֑נוּ
כִּ֤י בְשֵׁ֖ם קׇדְשׁ֣וֹ בָטָֽחְנוּ׃

כב יְהִי־חַסְדְּךָ֣ יְהוָ֣ה עָלֵ֑ינוּ
כַּ֝אֲשֶׁ֗ר יִחַ֥לְנוּ לָֽךְ׃

第三十四首

1. 达威德之〈歌〉，
那时他在阿维迈莱赫前装疯，
他〈即阿维迈莱赫〉驱赶他〈即达威德〉，
他〈即达威德〉就走了。

2. 我要时常赞美上主，
对他的赞誉常在我口中。

3. 我的心灵要赞美上主，
愿卑微的人听了〈我的赞美〉都要欢喜
〈于上主对我施行的拯救〉。

4. 〈你们〉要和我一起称颂上主的伟大，
齐〈声〉颂扬他的名。

5. 我求问了上主，他应允了我〈的祈求〉，
他将我从一切恐惧中救出。

6. 他们注视于他，〈他们的眼睛〉就明亮了，
他们的面容不会蒙羞。

7. 这受压迫的人〈或译：穷人〉一呼求，
上主便垂听，拯救他脱离了各样苦难。

8. 上主的使者在敬畏他的人周围扎营保护他们。

9. 他们尝到了并知晓上主〈的恩宠实在〉佳美，
避难于他〈即上主〉的人〈是多么〉有福。

10. 上主的圣〈民〉，敬畏他吧，
敬畏他的没有贫乏。

מזמור לד

א לְדָוִד
בְּשַׁנּוֹתוֹ אֶת־טַעְמוֹ לִפְנֵי אֲבִימֶלֶךְ
וַיְגָרְשֵׁהוּ וַיֵּלַךְ׃

ב אֲבָרְכָה אֶת־יְהוָה בְּכָל־עֵת
תָּמִיד תְּהִלָּתוֹ בְּפִי׃

ג בַּיהוָה תִּתְהַלֵּל נַפְשִׁי
יִשְׁמְעוּ עֲנָוִים וְיִשְׂמָחוּ׃

ד גַּדְּלוּ לַיהוָה אִתִּי
וּנְרוֹמְמָה שְׁמוֹ יַחְדָּו׃

ה דָּרַשְׁתִּי אֶת־יְהוָה וְעָנָנִי
וּמִכָּל־מְגוּרוֹתַי הִצִּילָנִי׃

ו הִבִּיטוּ אֵלָיו וְנָהָרוּ
וּפְנֵיהֶם אַל־יֶחְפָּרוּ׃

ז זֶה עָנִי קָרָא וַיהוָה שָׁמֵעַ
וּמִכָּל־צָרוֹתָיו הוֹשִׁיעוֹ׃

ח חֹנֶה מַלְאַךְ־יְהוָה סָבִיב לִירֵאָיו
וַיְחַלְּצֵם׃

ט טַעֲמוּ וּרְאוּ כִּי־טוֹב יְהוָה
אַשְׁרֵי הַגֶּבֶר יֶחֱסֶה־בּוֹ׃

י יְראוּ אֶת־יְהוָה קְדֹשָׁיו
כִּי־אֵין מַחְסוֹר לִירֵאָיו׃

11. 富人〈原文是幼狮〉受穷挨饿，
但寻求上主的人所有好事都不缺。

12. 来吧，孩子们，〈你们〉要听我指教，
我要教导你们敬畏上主。

13. 谁是那热爱生命的人，
喜欢一生看到美好。

14. 〈那就〉要管住你的舌头不说坏话，
你的唇〈也要〉不言欺诈。

15. 要弃恶行善，
要向往和平，追求和平。

16. 上主的眼关注正义的人，
上主的耳留意他们的哀呼。

17. 上主对作恶的人翻脸，
要将他们的名号从世上除灭。

18. 〈义人〉呼喊，上主俯听，
他救了他们脱离各样苦难。

19. 上主亲近心碎的人
，他必救助心痛的人。

20. 义人苦难〈虽〉多，
上主却会救他们脱离这一切。

21. 他保全他的筋骨，
〈连〉其中一〈根骨头也〉不会折断。

יא כְּפִירִים רָשׁוּ וְרָעֵבוּ
וְדֹרְשֵׁי יהוה לֹא־יַחְסְרוּ כָל־טוֹב׃

יב לְכוּ־בָנִים שִׁמְעוּ־לִי
יִרְאַת יהוה אֲלַמֶּדְכֶם׃

יג מִי־הָאִישׁ הֶחָפֵץ חַיִּים
אֹהֵב יָמִים לִרְאוֹת טוֹב׃

יד נְצֹר לְשׁוֹנְךָ מֵרָע
וּשְׂפָתֶיךָ מִדַּבֵּר מִרְמָה׃

טו סוּר מֵרָע וַעֲשֵׂה־טוֹב
בַּקֵּשׁ שָׁלוֹם וְרָדְפֵהוּ׃

טז עֵינֵי יהוה אֶל־צַדִּיקִים
וְאָזְנָיו אֶל־שַׁוְעָתָם׃

יז פְּנֵי יהוה בְּעֹשֵׂי רָע
לְהַכְרִית מֵאֶרֶץ זִכְרָם׃

יח צָעֲקוּ וַיהוה שָׁמֵעַ
וּמִכָּל־צָרוֹתָם הִצִּילָם׃

יט קָרוֹב יהוה לְנִשְׁבְּרֵי־לֵב
וְאֶת־דַּכְּאֵי־רוּחַ יוֹשִׁיעַ׃

כ רַבּוֹת רָעוֹת צַדִּיק
וּמִכֻּלָּם יַצִּילֶנּוּ יהוה׃

כא שֹׁמֵר כָּל־עַצְמוֹתָיו
אַחַת מֵהֵנָּה לֹא נִשְׁבָּרָה׃

22. 邪恶为坏人招来死亡，
仇恨义人的会受惩罚。

23. 上主救赎他仆人的性命，
凡投靠他的不会受罚。

כב תְּמוֹתֵ֣ת רָשָׁ֣ע רָעָ֑ה
וְשֹׂנְאֵ֖י צַדִּ֣יק יֶאְשָֽׁמוּ׃

כג פּוֹדֶ֣ה יְ֭הוה נֶ֣פֶשׁ עֲבָדָ֑יו
וְלֹ֥א יֶ֝אְשְׁמ֗וּ כָּֽל־הַחֹסִ֥ים בּֽוֹ׃

第三十五首

1. 达威德之〈歌〉，
上主，〈求你〉对付那与我争斗的人，
〈求你〉征战那攻打我的人。

2. 〈求你〉持盾穿甲，
起来助我。

3. 〈愿你〉拔剑〈出鞘〉，阻止追赶我的人，
〈愿你〉对我的灵魂说，我是你的救援。

4. 愿那些索我命的人蒙受耻辱，
愿那些谋害我的人含羞退后。

5. 愿他们像风中的谷糠，
〈愿〉上主的使者〈将他们〉驱散。

6. 愿他们的道路黑暗湿滑，
〈愿〉上主的使者追杀他们。

7. 因他们无故为我暗设网罗，
〈因他们〉无故陷害我。

8. 愿他无法预知的黑暗〈突然〉临到他，
愿他被自设的罗网缠住，
愿他在黑暗中坠入其中。

9. 我的心灵要因上主而喜悦，
因他的救恩而欢乐。

מזמור לה

ו לחודש

א לְדָוִ֨ד ׀
רִיבָ֣ה יְ֭הוָה אֶת־יְרִיבַ֑י
לְ֝חַ֗ם אֶת־לֹחֲמָֽי׃

ב הַחֲזֵ֣ק מָגֵ֣ן וְצִנָּ֑ה
וְ֝ק֗וּמָה בְּעֶזְרָתִֽי׃

ג וְהָ֘רֵ֤ק חֲנִ֣ית וּ֭סְגֹר לִקְרַ֣את רֹדְפָ֑י
אֱמֹ֥ר לְ֝נַפְשִׁ֗י יְשֻׁעָתֵ֥ךְ אָֽנִי׃

ד יֵבֹ֥שׁוּ וְיִכָּלְמוּ֮ מְבַקְשֵׁ֪י נַ֫פְשִׁ֥י
יִסֹּ֣גוּ אָח֣וֹר וְיַחְפְּר֑וּ חֹ֝שְׁבֵ֗י רָעָתִֽי׃

ה יִהְי֗וּ כְּמֹ֥ץ לִפְנֵי־ר֑וּחַ
וּמַלְאַ֖ךְ יְהוָ֣ה דּוֹחֶֽה׃

ו יְהִֽי־דַרְכָּ֗ם חֹ֥שֶׁךְ וַחֲלַקְלַקֹּ֑ת
וּמַלְאַ֥ךְ יְ֝הוָ֗ה רֹדְפָֽם׃

ז כִּֽי־חִנָּ֣ם טָֽמְנוּ־לִ֭י שַׁ֣חַת רִשְׁתָּ֑ם
חִ֝נָּ֗ם חָפְר֥וּ לְנַפְשִֽׁי׃

ח תְּבוֹאֵ֣הוּ שׁוֹאָה֮ לֹֽא־יֵ֫דָ֥ע
וְרִשְׁתּ֣וֹ אֲשֶׁר־טָמַ֣ן תִּלְכְּד֑וֹ
בְּ֝שׁוֹאָ֗ה יִפָּל־בָּֽהּ׃

ט וְ֭נַפְשִׁי תָּגִ֣יל בַּיהוָ֑ה
תָּ֝שִׂ֗ישׂ בִּישׁוּעָתֽוֹ׃

10. 我全身心都会说，
上主〈啊〉，谁能像你，
拯救弱小摆脱强权，
〈救助〉贫穷人脱离强盗。

11. 邪恶的证人起来〈陷害我〉，
他们质问我所不知道的事。

12. 他们对我以恶报善，
要害我的性命。

13. 〈然而〉在他们患病时，我身穿麻衣，
〈为他们〉守斋禁食，
但愿我〈为他们的康复而诚心所做〉
的祈祷回转到我自己〈直译：我胸怀〉。

14. 我如朋友兄弟般对待〈他们的不幸〉，
我〈为他们〉屈身悲泣，好像母亲哀悼
〈自己的女儿〉。

15. 当我患难时，他们〈却〉欢喜群集，
烂人聚集在我〈周围〉，我〈竟〉不知，
他们放肆地咧〈嘴嘲弄我〉。

16. 以轻蔑和嘲讽，〈为了〉一块饼，
他们对我咬牙切齿。

17. 我主〈啊〉，你要看我〈受苦〉多久呢，
求你救我免受他们的仇恨，
〈救〉我的性命脱离这些〈正身强力壮的〉
幼狮。

18. 我要在大会中称谢你，
我要在人数众多的民族中赞美你。

י כׇּל עַצְמוֹתַי ׀ תֹּאמַרְנָה
יהוה מִי כָמוֹךָ
מַצִּיל עָנִי מֵחָזָק מִמֶּנּוּ
וְעָנִי וְאֶבְיוֹן מִגֹּזְלוֹ׃

יא יְקוּמוּן עֵדֵי חָמָס
אֲשֶׁר לֹא־יָדַעְתִּי יִשְׁאָלוּנִי׃

יב יְשַׁלְּמוּנִי רָעָה תַּחַת טוֹבָה
שְׁכוֹל לְנַפְשִׁי׃

יג וַאֲנִי ׀ בַּחֲלוֹתָם לְבוּשִׁי שָׂק
עִנֵּיתִי בַצּוֹם נַפְשִׁי
וּתְפִלָּתִי עַל־חֵיקִי תָשׁוּב׃

יד כְּרֵעַ־כְּאָח לִי הִתְהַלָּכְתִּי
כַּאֲבֶל־אֵם קֹדֵר שַׁחוֹתִי׃

טו וּבְצַלְעִי שָׂמְחוּ וְנֶאֱסָפוּ
נֶאֶסְפוּ עָלַי נֵכִים וְלֹא יָדַעְתִּי
קָרְעוּ וְלֹא־דָמּוּ׃

טז בְּחַנְפֵי לַעֲגֵי מָעוֹג
חָרֹק עָלַי שִׁנֵּימוֹ׃

יז אֲדֹנָי כַּמָּה תִּרְאֶה
הָשִׁיבָה נַפְשִׁי מִשֹּׁאֵיהֶם
מִכְּפִירִים יְחִידָתִי׃

יח אוֹדְךָ בְּקָהָל רָב
בְּעַם עָצוּם אֲהַלְלֶךָּ׃

19. 不要让那些无端敌对我的人因我
〈倒霉〉而欢喜，
不要让那些无故仇恨我的人眉飞色舞。

20. 因他们所说不〈真〉是和平，
他们口蜜腹剑陷害各地〈百姓〉。

21. 他们信口〈直译：开口〉诽谤我说，
哈哈，我们亲眼看见了。

22. 上主〈啊〉你看见了〈他们如何对待我〉，
求你不要沉默，
我主〈啊〉，求你不要远离我。

23. 〈求你〉起来积极为我〈主持〉公道，
我的上帝，我主〈啊〉，〈求你〉为我申辩。

24. 〈求你〉按照你的公义判断我的无辜，
〈哦〉上主我的上帝，
不要让他们对我洋洋得意。

25. 不要让他们心里说，哈，我们好开心
〈看到他倒霉〉，
不要让他们说，我们整死了他〈即达威德〉。

26. 愿对我幸灾乐祸的人一起抱愧蒙羞，
愿傲慢待我的人蒙受耻辱。

27. 愿同情我正直的人欢欣歌唱，
愿他们常说，大哉，上主，
他喜悦他仆人平安。

28. 我的舌要讲述你的正义，
我要整日赞美你。

יט אַל־יִשְׂמְחוּ־לִ֣י אֹיְבַ֣י שֶׁ֑קֶר
שֹׂנְאַ֥י חִ֝נָּ֗ם יִקְרְצוּ־עָֽיִן׃

כ כִּ֤י לֹ֥א שָׁל֗וֹם יְדַ֫בֵּ֥רוּ
וְעַ֥ל רִגְעֵי־אֶ֑רֶץ דִּבְרֵ֥י מִ֝רְמ֗וֹת יַחֲשֹׁבֽוּן׃

כא וַיַּרְחִ֣יבוּ עָלַ֗י פִּ֫יהֶ֥ם
אָ֭מְרוּ הֶאָ֥ח ׀ הֶאָ֑ח רָאֲתָ֥ה עֵינֵֽנוּ׃

כב רָאִ֣יתָה יְ֭הוָה אַֽל־תֶּחֱרַ֑שׁ
אֲ֝דֹנָ֗י אַל־תִּרְחַ֥ק מִמֶּֽנִּי׃

כג הָעִ֣ירָה וְ֭הָקִיצָה לְמִשְׁפָּטִ֑י
אֱלֹהַ֖י וַאדֹנָ֣י לְרִיבִֽי׃

כד שָׁפְטֵ֣נִי כְ֭צִדְקְךָ יְהוָ֥ה אֱלֹהָ֗י
וְאַֽל־יִשְׂמְחוּ־לִֽי׃

כה אַל־יֹאמְר֣וּ בְ֭לִבָּם הֶאָ֣ח נַפְשֵׁ֑נוּ
אַל־יֹ֝אמְר֗וּ בִּלַּֽעֲנֽוּהוּ׃

כו יֵבֹ֤שׁוּ וְיַחְפְּר֨וּ ׀ יַחְדָּו֮ שְׂמֵחֵ֪י רָעָ֫תִ֥י
יִֽלְבְּשׁוּ־בֹ֥שֶׁת וּכְלִמָּ֑ה
הַֽמַּגְדִּילִ֥ים עָלָֽי׃

כז יָרֹ֣נּוּ וְיִשְׂמְחוּ֮ חֲפֵצֵ֪י צִ֫דְקִ֥י
וְיֹאמְר֣וּ תָ֭מִיד יִגְדַּ֣ל יְהוָ֑ה
הֶ֝חָפֵ֗ץ שְׁל֣וֹם עַבְדּֽוֹ׃

כח וּ֭לְשׁוֹנִי תֶּהְגֶּ֣ה צִדְקֶ֑ךָ
כָּל־הַ֝יּ֗וֹם תְּהִלָּתֶֽךָ׃

第三十六首

1. 交予奏乐者，上主的仆人达威德之〈歌〉。

2. 我心想，恶念引诱恶人，
〈以至于〉在他眼前没有对上帝的敬畏
〈即他狂妄傲慢，没有对上帝的敬畏〉。

3. 他自以为是，
留意不到自己的罪过。

4. 他〈满〉口阴谋与欺诈，
〈早就〉不能反省自新。

5. 他躺着会寻思作恶，
他站在路上不〈会行〉善，
他〈也〉不会厌弃罪恶。

6. 上主〈啊〉，你的慈爱在高天，
你的信实直到穹苍。

7. 你的正义似巍峨群山，
你的审判如淼淼深渊，
你拯救人畜，〈哦〉上主。

8. 你的慈爱何其宝贵，上帝〈啊〉，
他们在你羽翼的荫下〈寻求〉庇护。

9. 他们会享受你殿中的佳肴，
你会让他们饮用甘泉。

10. 因生命之源在你那里，
藉着你的光，我们得见光明。

מזמור לו

א לַמְנַצֵּ֬חַ ׀ לְעֶֽבֶד־יְהֹוָ֬ה לְדָוִֽד׃

ב נְאֻֽם־פֶּ֣שַׁע לָ֭רָשָׁע בְּקֶ֣רֶב לִבִּ֑י
אֵֽין־פַּ֥חַד אֱ֝לֹהִ֗ים לְנֶ֣גֶד עֵינָֽיו׃

ג כִּֽי־הֶחֱלִ֣יק אֵלָ֣יו בְּעֵינָ֑יו
לִמְצֹ֖א עֲוֺנ֣וֹ לִשְׂנֹֽא׃

ד דִּבְרֵי־פִ֭יו אָ֣וֶן וּמִרְמָ֑ה
חָדַ֖ל לְהַשְׂכִּ֣יל לְהֵיטִֽיב׃

ה אָ֤וֶן ׀ יַחְשֹׁ֗ב עַֽל־מִשְׁכָּ֫ב֥וֹ
יִ֭תְיַצֵּב עַל־דֶּ֣רֶךְ לֹא־ט֑וֹב
רָ֝֗ע לֹ֣א יִמְאָֽס׃

ו יְֽהֹוָ֭ה בְּהַשָּׁמַ֣יִם חַסְדֶּ֑ךָ
אֱ֝מֽוּנָתְךָ֗ עַד־שְׁחָקִֽים׃

ז צִדְקָתְךָ֙ ׀ כְּֽהַרְרֵי־אֵ֗ל
מִ֭שְׁפָּטֶךָ תְּה֣וֹם רַבָּ֑ה
אָ֤דָֽם וּבְהֵמָ֖ה תוֹשִׁ֣יעַ ׀ יְהֹוָֽה׃

ח מַה־יָּקָ֥ר חַסְדְּךָ֗ אֱלֹ֫הִ֥ים
וּבְנֵ֥י אָדָ֑ם בְּצֵ֥ל כְּ֝נָפֶ֗יךָ יֶחֱסָיֽוּן׃

ט יִ֭רְוְיֻן מִדֶּ֣שֶׁן בֵּיתֶ֑ךָ
וְנַ֖חַל עֲדָנֶ֣יךָ תַשְׁקֵֽם׃

י כִּֽי־עִ֭מְּךָ מְק֣וֹר חַיִּ֑ים
בְּ֝אוֹרְךָ֗ נִרְאֶה־אֽוֹר׃

11. 〈求你〉延伸你的慈爱至认识你的人，
〈求你延伸〉你的正义至心地正直的人。

12. 求你不要让高傲的脚践踏我，
不要让恶人的手染指我。

13. 作恶的人在那里倒下，
他们跌倒不能〈再〉起。

יא מְשֹׁךְ חַסְדְּךָ לְיֹדְעֶיךָ
וְצִדְקָתְךָ לְיִשְׁרֵי־לֵב:

יב אַל־תְּבוֹאֵנִי רֶגֶל גַּאֲוָה
וְיַד־רְשָׁעִים אַל־תְּנִדֵנִי:

יג שָׁם נָפְלוּ פֹּעֲלֵי אָוֶן
דֹּחוּ וְלֹא־יָכְלוּ קוּם:

第三十七首

1. 达威德之〈歌〉，
不要因恶人而不快，
不要嫉妒作恶之徒。

2. 因他们如青草很快就要干枯，
又如绿草行将枯萎。

3. 〈你〉当信靠上主，也当行善，
在地上安居，诚信谋生。

4. 你当以上主为喜乐，
他要满足你的心愿。

5. 要将你〈所有〉的道路交托于上主，
〈你〉要信靠他，他会成就。

6. 他会显明你的正义，
使你的公正如日中天。

7. 〈你〉应对上主静默，
你当盼望他，
不要因恶人昌盛而不快。

8. 〈你〉应控制怒火，远离怨恨，
不要烦恼，免致行恶。

9. 因作恶的将灭亡，
而寄望于上主的要承受土地。

מזמור לז

א לְדָוִ֨ד ׀
אַל־תִּתְחַ֥ר בַּמְּרֵעִ֑ים
אַל־תְּ֝קַנֵּ֗א בְּעֹשֵׂ֥י עַוְלָֽה׃

ב כִּ֣י כֶ֭חָצִיר מְהֵרָ֣ה יִמָּ֑לוּ
וּכְיֶ֥רֶק דֶּ֝֗שֶׁא יִבּוֹלֽוּן׃

ג בְּטַ֣ח בַּ֭יהוה וַעֲשֵׂה־ט֑וֹב
שְׁכָן־אֶ֝֗רֶץ וּרְעֵ֥ה אֱמוּנָֽה׃

ד וְהִתְעַנַּ֥ג עַל־יהוה
וְיִֽתֶּן־לְ֝ךָ֗ מִשְׁאֲלֹ֥ת לִבֶּֽךָ׃

ה גּ֣וֹל עַל־יהוה דַּרְכֶּ֑ךָ
וּבְטַ֥ח עָ֝לָ֗יו וְה֣וּא יַעֲשֶֽׂה׃

ו וְהוֹצִ֣יא כָא֣וֹר צִדְקֶ֑ךָ
וּ֝מִשְׁפָּטֶ֗ךָ כַּֽצָּהֳרָֽיִם׃

ז דּ֤וֹם ׀ לַיהוה֮ וְהִתְח֪וֹלֵֽ֫ל ל֥וֹ
אַל־תִּ֭תְחַר בְּמַצְלִ֣יחַ דַּרְכּ֑וֹ
בְּ֝אִ֗ישׁ עֹשֶׂ֥ה מְזִמּֽוֹת׃

ח הֶ֣רֶף מֵ֭אַף וַעֲזֹ֣ב חֵמָ֑ה
אַל־תִּ֝תְחַ֗ר אַךְ־לְהָרֵֽעַ׃

ט כִּֽי־מְרֵעִ֥ים יִכָּרֵת֑וּן
וְקֹוֵ֥י יְ֝הוה הֵ֗מָּה יִֽירְשׁוּ־אָֽרֶץ׃

10. 再过片刻，恶人要消失。
〈即使〉你详察他的所在，他也无〈影无踪〉。

11. 谦卑的人将继承土地，
他们要享受丰饶平安。

12. 恶人图谋〈陷害〉义人，
他〈即恶人〉对他〈即义人〉咬牙切齿，

13. 我主讥笑他〈即恶人〉，
因他〈即上主〉知道他〈即恶人〉的时日已到。

14. 恶人拔剑开弓，
要击杀贫困穷苦，
屠戮正道〈人士〉。

15. 他们的剑必刺入他们〈自己〉的心，
他们的弓必被折断。

16. 义人所拥有的〈虽〉少，
〈却〉胜过恶人的丰盛。

17. 因上主要粉碎恶人的权势〈直译：手臂〉，
上主扶持正直的人。

18. 上主眷顾〈直译：知晓〉义人的岁月，
他们的产业永在。

19. 患难时他们不会蒙羞，
饥馑日他们必得饱饫。

20. 恶人却被毁灭，
上主的敌人如羊的肥膘，
〈在祭坛上烧〉尽成烟。

י וְע֣וֹד מְ֭עַט וְאֵ֣ין רָשָׁ֑ע
וְהִתְבּוֹנַ֖נְתָּ עַל־מְקוֹמ֣וֹ וְאֵינֶֽנּוּ׃

יא וַעֲנָוִ֥ים יִֽירְשׁוּ־אָ֑רֶץ
וְ֝הִתְעַנְּג֗וּ עַל־רֹ֥ב שָׁלֽוֹם׃

יב זֹמֵ֣ם רָ֭שָׁע לַצַּדִּ֑יק
וְחֹרֵ֖ק עָלָ֣יו שִׁנָּֽיו׃

יג אֲדֹנָ֥י יִשְׂחַק־ל֑וֹ
כִּֽי־רָ֝אָ֗ה כִּי־יָבֹ֥א יוֹמֽוֹ׃

יד חֶ֤רֶב ׀ פָּֽתְח֣וּ רְשָׁעִים֮ וְדָרְכ֪וּ קַשְׁתָּ֥ם
לְ֭הַפִּיל עָנִ֣י וְאֶבְי֑וֹן
לִ֝טְב֗וֹחַ יִשְׁרֵי־דָֽרֶךְ׃

טו חַ֭רְבָּם תָּב֣וֹא בְלִבָּ֑ם
וְ֝קַשְּׁתוֹתָ֗ם תִּשָּׁבַֽרְנָה׃

טז טֽוֹב־מְ֭עַט לַצַּדִּ֑יק
מֵ֝הֲמ֗וֹן רְשָׁעִ֥ים רַבִּֽים׃

יז כִּ֤י זְרוֹע֣וֹת רְ֭שָׁעִים תִּשָּׁבַ֑רְנָה
וְסוֹמֵ֖ךְ צַדִּיקִ֣ים יהוה׃

יח יוֹדֵ֣עַ יהוה יְמֵ֣י תְמִימִ֑ם
וְ֝נַחֲלָתָ֗ם לְעוֹלָ֥ם תִּהְיֶֽה׃

יט לֹֽא־יֵ֭בֹשׁוּ בְּעֵ֣ת רָעָ֑ה
וּבִימֵ֖י רְעָב֣וֹן יִשְׂבָּֽעוּ׃

כ כִּ֤י רְשָׁעִ֨ים ׀ יֹאבֵ֗דוּ
וְאֹיְבֵ֣י יהוה כִּיקַ֣ר כָּרִ֑ים
כָּל֖וּ בֶעָשָׁ֣ן כָּֽלוּ׃

21. 恶人借〈钱〉而不偿还，
义人却乐善好施。

22. 他〈指上帝〉祝福的人要继承土地，
他诅咒的人要被剪除。

23. 上主预备了〈义〉人的脚步，
喜悦他的道路。

24. 他们或许会失足，却不致跌倒，
因上主拉着他的手。

25. 我曾年轻，也已年迈，
我未见过义人遭弃，
〈也未见过〉他的后裔行乞。

26. 他〈义人〉整日施恩放贷，
他的子孙蒙受祝福。

27. 〈你〉应弃恶行善，
永久〈安〉居。

28. 因上主喜爱护公正，
他不会抛弃自己的虔诚人，
他们永远都受保护，
〈而〉恶人的后裔要被铲除。

29. 义人将承受土地，
要永居其上。

30. 义人的口倾吐智慧，
他的舌头讲论公正。

31. 上帝的托辣在他心中，
他的脚步不会动摇。

כא לֹוֶ֣ה רָ֭שָׁע וְלֹ֣א יְשַׁלֵּ֑ם
וְ֝צַדִּ֗יק חוֹנֵ֥ן וְנוֹתֵֽן׃

כב כִּ֣י מְ֭בֹרָכָיו יִ֣ירְשׁוּ אָ֑רֶץ
וּ֝מְקֻלָּלָ֗יו יִכָּרֵֽתוּ׃

כג מֵ֭יְהוָה מִֽצְעֲדֵי־גֶ֥בֶר כּוֹנָ֗נוּ
וְדַרְכּ֥וֹ יֶחְפָּֽץ׃

כד כִּֽי־יִפֹּ֥ל לֹֽא־יוּטָ֑ל
כִּֽי־יְ֝הוָ֗ה סוֹמֵ֥ךְ יָדֽוֹ׃

כה נַ֤עַר ׀ הָיִ֗יתִי גַּם־זָ֫קַ֥נְתִּי
וְֽלֹא־רָ֭אִיתִי צַדִּ֣יק נֶעֱזָ֑ב
וְ֝זַרְע֗וֹ מְבַקֶּשׁ־לָֽחֶם׃

כו כָּל־הַ֭יּוֹם חוֹנֵ֣ן וּמַלְוֶ֑ה
וְ֝זַרְע֗וֹ לִבְרָכָֽה׃

כז ס֣וּר מֵ֭רָע וַעֲשֵׂה־ט֗וֹב
וּשְׁכֹ֥ן לְעוֹלָֽם׃

כח כִּ֤י יְהוָ֨ה ׀ אֹ֘הֵ֤ב מִשְׁפָּ֗ט
וְֽלֹא־יַעֲזֹ֣ב אֶת־חֲ֭סִידָיו
לְעוֹלָ֣ם נִשְׁמָ֑רוּ
וְזֶ֖רַע רְשָׁעִ֣ים נִכְרָֽת׃

כט צַדִּיקִ֥ים יִֽירְשׁוּ־אָ֑רֶץ
וְיִשְׁכְּנ֖וּ לָעַ֣ד עָלֶֽיהָ׃

ל פִּֽי־צַ֭דִּיק יֶהְגֶּ֣ה חָכְמָ֑ה
וּ֝לְשׁוֹנ֗וֹ תְּדַבֵּ֥ר מִשְׁפָּֽט׃

לא תּוֹרַ֣ת אֱלֹהָ֣יו בְּלִבּ֑וֹ
לֹ֖א תִמְעַ֣ד אֲשֻׁרָֽיו׃

32. 恶人窥视义人，
要伺〈机谋〉害他。

33. 上主不会让义人落入恶人之手，
在他〈即义人〉受审时不会定他有罪。

34. 〈你〉当期盼上主，遵从他的道路，
他必举扬你，让〈你〉继承土地，
你会看见恶人被铲除。

35. 我曾见过恶人强大，
根基〈雄厚〉如茂盛的树木。

36. 但时过境迁，看哪，他已不在，
我四处寻觅他，却不得寻见。

37. 〈你〉要注意纯全的人，
观看正直的人，
〈留意〉和平人的〈好〉归宿。

38. 罪人〈要〉一同被毁，
恶人的结局〈终究〉是灭亡。

39. 义人的得救来自上主，
他们患难时的保障。

40. 〈正如〉上主曾扶助解救他们，
他会解救他们脱离恶人，他会拯救他们，
因他们信赖他〈上主〉。

לב צוֹפֶה רָשָׁע לַצַּדִּיק
וּמְבַקֵּשׁ לַהֲמִיתוֹ׃

לג יְהוָה לֹא־יַעַזְבֶנּוּ בְיָדוֹ
וְלֹא יַרְשִׁיעֶנּוּ בְּהִשָּׁפְטוֹ׃

לד קַוֵּה אֶל־יְהוָה ׀ וּשְׁמֹר דַּרְכּוֹ
וִירוֹמִמְךָ לָרֶשֶׁת אָרֶץ
בְּהִכָּרֵת רְשָׁעִים תִּרְאֶה׃

לה רָאִיתִי רָשָׁע עָרִיץ
וּמִתְעָרֶה כְּאֶזְרָח רַעֲנָן׃

לו וַיַּעֲבֹר וְהִנֵּה אֵינֶנּוּ
וָאֲבַקְשֵׁהוּ וְלֹא נִמְצָא׃

לז שְׁמָר־תָּם וּרְאֵה יָשָׁר
כִּי־אַחֲרִית לְאִישׁ שָׁלוֹם׃

לח וּפֹשְׁעִים נִשְׁמְדוּ יַחְדָּו
אַחֲרִית רְשָׁעִים נִכְרָתָה׃

לט וּתְשׁוּעַת צַדִּיקִים מֵיְהוָה
מָעוּזָּם בְּעֵת צָרָה׃

מ וַיַּעְזְרֵם יְהוָה וַיְפַלְּטֵם
יְפַלְּטֵם מֵרְשָׁעִים וְיוֹשִׁיעֵם
כִּי־חָסוּ בוֹ׃

第三十八首

1. 达威德之歌，作为纪念。

2. 上主〈啊〉，求你不要在怒气中责备我，
求你不要在怒火中惩罚我，

3. 因你的箭扎入我〈身〉，
你的手压着我。

4. 因你的恼怒，我体无完肤，
因我的罪过，我的骨骸没有安宁。

5. 因我的罪过没过了我的头，
如我难以承受的重担。

6. 因我的愚昧，
我的创伤溃烂发臭。

7. 我的身躯极其佝偻，
整日我抑郁而行。

8. 我的腰肢满是焦灼，
我体无完肤。

9. 我筋疲力尽，情绪低落，
直到极致，我心悲气叹。

10. 我主〈啊〉，我的渴求都在你面前，
我的叹息不向你隐瞒。

11. 我的心被痛苦缠绕，我的气力离我而去，
我的眼神也不再清晰。

מזמור לח

א מִזְמ֖וֹר לְדָוִ֣ד לְהַזְכִּֽיר׃

ב יְהוָ֗ה אַל־בְּקֶצְפְּךָ֥ תוֹכִיחֵ֑נִי
וּֽבַחֲמָתְךָ֥ תְיַסְּרֵֽנִי׃

ג כִּֽי־חִ֭צֶּיךָ נִ֣חֲתוּ בִ֑י
וַתִּנְחַ֖ת עָלַ֣י יָדֶֽךָ׃

ד אֵין־מְתֹ֣ם בִּ֭בְשָׂרִי מִפְּנֵ֣י זַעְמֶ֑ךָ
אֵין־שָׁל֥וֹם בַּ֝עֲצָמַ֗י מִפְּנֵ֥י חַטָּאתִֽי׃

ה כִּ֣י עֲ֭וֺנֹתַי עָבְר֣וּ רֹאשִׁ֑י
כְּמַשָּׂ֥א כָ֝בֵ֗ד יִכְבְּד֥וּ מִמֶּֽנִּי׃

ו הִבְאִ֣ישׁוּ נָ֭מַקּוּ חַבּוּרֹתָ֑י
מִ֝פְּנֵ֗י אִוַּלְתִּֽי׃

ז נַעֲוֵ֣יתִי שַׁחֹ֣תִי עַד־מְאֹ֑ד
כָּל־הַ֝יּ֗וֹם קֹדֵ֥ר הִלָּֽכְתִּי׃

ח כִּֽי־כְ֭סָלַי מָלְא֣וּ נִקְלֶ֑ה
וְאֵ֥ין מְ֝תֹ֗ם בִּבְשָׂרִֽי׃

ט נְפוּג֣וֹתִי וְנִדְכֵּ֣יתִי עַד־מְאֹ֑ד
שָׁ֝אַ֗גְתִּי מִֽנַּהֲמַ֥ת לִבִּֽי׃

י אֲֽדֹנָ֗י נֶגְדְּךָ֥ כָל־תַּאֲוָתִ֑י
וְ֝אַנְחָתִ֗י מִמְּךָ֥ לֹא־נִסְתָּֽרָה׃

יא לִבִּ֣י סְ֭חַרְחַר עֲזָבַ֣נִי כֹחִ֑י
וְֽאוֹר־עֵינַ֥י גַּם־הֵ֝֗ם אֵ֣ין אִתִּֽי׃

12. 我的朋友站着旁观我难过，
我的近邻也站在远处。

13. 追索我命的设下罗网，
想要害我的口出诽谤，
整日图谋诡计。

14. 我如同聋子不能听，
如同哑巴张不开口。

15. 我好像〈有耳〉不能听，
有口不能辩的人。

16. 上主〈啊〉，我期盼你，
求你应允，〈哦〉我主，我的上帝，

17. 我说，不要让他们对我洋洋得意，
〈也不要让他们〉在我失足时向我趾高气昂。

18. 我几乎跌倒，
我的痛苦常伴。

19. 我要承认我的过错，
我要痛悔我的罪孽。

20. 我的敌人命硬，
无故恨我的人众多。

21. 他们〈对我〉以恶报善，
因我追求良善而与我作对。

22. 求你不要抛弃我，〈哦〉上主，
我的上帝〈啊〉，求你不要远离我。

23. 〈求你〉快来帮助我，
我主，我的拯救。

יב אֹהֲבַ֙י ׀ וְֽרֵעַ֗י מִנֶּ֣גֶד נִגְעִ֣י יַעֲמֹ֑דוּ
וּ֝קְרוֹבַ֗י מֵרָחֹ֥ק עָמָֽדוּ׃

יג וַיְנַקְשׁ֤וּ ׀ מְבַקְשֵׁ֬י נַפְשִׁ֗י
וְדֹרְשֵׁ֣י רָ֭עָתִי דִּבְּר֣וּ הַוּ֑וֹת
וּ֝מִרְמ֗וֹת כָּל־הַיּ֥וֹם יֶהְגּֽוּ׃

יד וַאֲנִ֣י כְ֭חֵרֵשׁ לֹ֣א אֶשְׁמָ֑ע
וּ֝כְאִלֵּ֗ם לֹ֣א יִפְתַּח־פִּֽיו׃

טו וָאֱהִ֗י כְּ֭אִישׁ אֲשֶׁ֣ר לֹא־שֹׁמֵ֑עַ
וְאֵ֥ין בְּ֝פִ֗יו תּוֹכָחֽוֹת׃

טז כִּֽי־לְךָ֣ יְהוָ֣ה הוֹחָ֑לְתִּי
אַתָּ֥ה תַ֝עֲנֶ֗ה אֲדֹנָ֥י אֱלֹהָֽי׃

יז כִּֽי־אָמַ֗רְתִּי פֶּן־יִשְׂמְחוּ־לִ֑י
בְּמ֥וֹט רַ֝גְלִ֗י עָלַ֥י הִגְדִּֽילוּ׃

יח כִּֽי־אֲ֭נִי לְצֶ֣לַע נָכ֑וֹן
וּמַכְאוֹבִ֖י נֶגְדִּ֣י תָמִֽיד׃

יט כִּֽי־עֲוֺנִ֥י אַגִּ֑יד
אֶ֝דְאַ֗ג מֵֽחַטָּאתִֽי׃

כ וְֽאֹיְבַ֣י חַיִּ֣ים עָצֵ֑מוּ
וְרַבּ֖וּ שֹׂנְאַ֣י שָֽׁקֶר׃

כא וּמְשַׁלְּמֵ֣י רָ֭עָה תַּ֣חַת טוֹבָ֑ה
יִ֝שְׂטְנ֗וּנִי תַּ֣חַת רדופי־טֽוֹב׃ רֹֽדְפִי־

כב אַל־תַּֽעַזְבֵ֥נִי יְהוָ֑ה
אֱ֝לֹהַ֗י אַל־תִּרְחַ֥ק מִמֶּֽנִּי׃

כג ח֥וּשָׁה לְעֶזְרָתִ֑י
אֲ֝דֹנָ֗י תְּשׁוּעָתִֽי׃

第三十九首

1. 交予演奏耶杜通〈乐器名〉者，达威德之歌。

2. 我〈心里〉说，
我要谨守我的道路，
不让我的口舌犯罪，
我要在恶人面前闭口不言。

3. 我沉默无语，〈虽然〉我不说好〈歹〉，
我的痛苦加剧。

4. 我的内心因意念焦灼，
我的话〈涌出好似〉火焰。

5. 请告诉我，〈哦〉上主，
我的日子有多长，
〈以便〉我知道何时我〈命〉终结。

6. 看哪，你给了我短暂的岁月，
我在你面前〈命〉终结好似无有，
所有人〈在今生〉的存在不过是
〈转瞬即逝的一口〉气，塞拉。

7. 人〈一生〉不过是在〈黑〉影中行走，
他们积攒〈钱财〉不过是〈转瞬即逝的一口〉气，
他聚集〈财富〉
却不知谁会收走他们〈指他聚集的财富〉。

8. 如今我〈能〉指望什么，〈哦〉上主，
我的盼望〈全都〉在你。

מזמור לט

ז לחודש

א לַמְנַצֵּ֣חַ לִֽידִית֗וּן מִזְמ֥וֹר לְדָוִֽד׃ לִֽידוּת֗וּן

ב אָמַ֗רְתִּי

אֶֽשְׁמְרָ֣ה דְרָכַי֮ מֵחֲט֪וֹא בִלְשׁ֫וֹנִ֥י

אֶשְׁמְרָ֥ה לְפִ֥י מַחְס֑וֹם

בְּעֹ֖ד רָשָׁ֣ע לְנֶגְדִּֽי׃

ג נֶאֱלַ֣מְתִּי ד֭וּמִיָּה הֶחֱשֵׁ֣יתִי מִטּ֑וֹב

וּכְאֵבִ֥י נֶעְכָּֽר׃

ד חַם־לִבִּ֨י ׀ בְּקִרְבִּ֗י

בַּהֲגִיגִ֥י תִבְעַר־אֵ֑שׁ

דִּ֝בַּ֗רְתִּי בִּלְשֽׁוֹנִי׃

ה הוֹדִ֘יעֵ֤נִי יהוה ׀ קִצִּ֗י

וּמִדַּ֣ת יָמַ֣י מַה־הִ֑יא

אֵ֝דְעָ֗ה מֶה־חָדֵ֥ל אָֽנִי׃

ו הִנֵּ֤ה טְפָח֨וֹת ׀ נָ֘תַ֤תָּה יָמַ֗י

וְחֶלְדִּ֣י כְאַ֣יִן נֶגְדֶּ֑ךָ

אַ֥ךְ־כָּל־הֶ֥בֶל כָּל־אָ֝דָ֗ם נִצָּ֥ב סֶֽלָה׃

ז אַךְ־בְּצֶ֤לֶם ׀ יִתְהַלֶּךְ־אִ֗ישׁ

אַךְ־הֶ֥בֶל יֶהֱמָי֑וּן

יִ֝צְבֹּ֗ר

וְֽלֹא־יֵדַ֥ע מִי־אֹסְפָֽם׃

ח וְעַתָּ֣ה מַה־קִּוִּ֣יתִי אֲדֹנָ֑י

תּ֝וֹחַלְתִּ֗י לְךָ֣ הִֽיא׃

9. 〈求你〉救我脱离我各样的罪过，
不要把愚人的羞耻加给我。

10. 我沉默不语，
因你所做〈全都公正〉。

11. 〈求你〉不要再惩罚我了，
由于你手的打击，我已奄奄一息。

12. 通过对〈人的〉罪孽的惩戒，
你教训了〈世〉人，
你使他所恋慕的消融，如蛀虫〈侵蚀〉，
所有人〈的结局〉
不过是〈一口转瞬即逝的〉气，塞拉。

13. 请听我的祈祷，〈哦〉上主，
〈求你〉垂听我的哀告，
求你不要对我的哭泣沉默不语，
因我在你面前是个寄居的过客，
如同我的列祖列宗。

14. 趁我尚未走向死亡，
〈求你〉撤去对我的〈打击〉，我就会
〈通过学习你的托辣变得〉强壮。

ט מִכָּל־פְּשָׁעַי הַצִּילֵנִי
חֶרְפַּת נָבָל אַל־תְּשִׂימֵנִי׃

י נֶאֱלַמְתִּי לֹא אֶפְתַּח־פִּי
כִּי אַתָּה עָשִׂיתָ׃

יא הָסֵר מֵעָלַי נִגְעֶךָ
מִתִּגְרַת יָדְךָ אֲנִי כָלִיתִי׃

יב בְּתוֹכָחוֹת עַל־עָוֺן ׀ יִסַּרְתָּ אִישׁ
וַתֶּמֶס כָּעָשׁ חֲמוּדוֹ
אַךְ הֶבֶל כָּל־אָדָם סֶלָה׃

יג שִׁמְעָה תְפִלָּתִי ׀ יהוה וְשַׁוְעָתִי ׀ הַאֲזִינָה
אֶל־דִּמְעָתִי אַל־תֶּחֱרַשׁ
כִּי גֵר אָנֹכִי עִמָּךְ
תּוֹשָׁב כְּכָל־אֲבוֹתָי׃

יד הָשַׁע מִמֶּנִּי וְאַבְלִיגָה
בְּטֶרֶם אֵלֵךְ וְאֵינֶנִּי׃

第四十首

1. 交予奏乐者，达威德之歌。

2. 我热忱期盼了上主，
他俯听了我的哀求。

3. 他将我从漆黑的坑中，从烂泥中拉出，
他使我立足于磐石之上，稳定了我的脚步。

4. 他将新歌，对我们上帝的赞美，放入了我口中，
〈当〉众人看见，他们会敬畏，
会信赖上主。

5. 信赖上主的人〈真是〉有福，
他没有转去〈依赖〉高傲和追随虚妄
〈指异教侍奉〉的人。

6. 你〈为我们〉所行〈的慈爱〉甚多，
〈哦〉上主我的上帝，你的奇事，
你的计划〈都是〉为了我们，
数量多到我无法向你描绘诉说。

7. 〈仅仅献上〉荤祭和素祭〈而没有诚心遵行托辣，
这〉非你所愿，
你开了我的耳朵〈为了我听从你的托辣〉，
〈仅仅献上〉高升祭与赎罪祭〈而没有诚心遵行
托辣，这〉非你所求〈你要的是我遵行你的诫
命〉。

8. 于是我说了，看哪，我来了，
为了履行〈托辣〉经卷中写给我的〈诫命〉。

9. 我的上帝〈啊〉，我喜爱遵行你的旨意，
〈我要持守〉你的托辣在我内〈心〉。

מזמור מ

א לַמְנַצֵּ֗חַ לְדָוִ֥ד מִזְמֽוֹר׃

ב קַוֺּ֣ה קִוִּ֣יתִי יְהוָ֑ה
וַיֵּ֥ט אֵ֝לַ֗י וַיִּשְׁמַ֥ע שַׁוְעָתִֽי׃

ג וַיַּעֲלֵ֤נִי ׀ מִבּ֬וֹר שָׁא֗וֹן מִטִּ֥יט הַיָּוֵ֑ן
וַיָּ֖קֶם עַל־סֶ֥לַע רַ֝גְלַ֗י כּוֹנֵ֥ן אֲשֻׁרָֽי׃

ד וַיִּתֵּ֬ן בְּפִ֨י ׀ שִׁ֥יר חָדָשׁ֮ תְּהִלָּ֪ה לֵֽאלֹ֫הֵ֥ינוּ
יִרְא֣וּ רַבִּ֣ים וְיִירָ֑אוּ
וְ֝יִבְטְח֗וּ בַּיהוָֽה׃

ה אַ֥שְֽׁרֵי־הַגֶּ֗בֶר אֲשֶׁר־שָׂ֣ם יְ֭הוָה מִבְטַח֑וֹ
וְֽלֹא־פָנָ֥ה אֶל־רְ֝הָבִ֗ים וְשָׂטֵ֥י כָזָֽב׃

ו רַבּ֤וֹת עָשִׂ֨יתָ ׀ אַתָּ֤ה ׀ יְהוָ֣ה אֱלֹהַי֮
נִֽפְלְאֹתֶ֥יךָ וּמַחְשְׁבֹתֶ֗יךָ אֵ֫לֵ֥ינוּ
אֵ֤ין ׀ עֲרֹ֬ךְ אֵלֶ֗יךָ אַגִּ֥ידָה וַאֲדַבֵּ֑רָה
עָ֝צְמ֗וּ מִסַּפֵּֽר׃

ז זֶ֤בַח וּמִנְחָ֨ה ׀ לֹֽא־חָפַ֗צְתָּ
אָ֭זְנַיִם כָּרִ֣יתָ לִּ֑י
ע֥וֹלָה וַ֝חֲטָאָ֗ה לֹ֣א שָׁאָֽלְתָּ׃

ח אָ֣ז אָ֭מַרְתִּי הִנֵּה־בָ֑אתִי
בִּמְגִלַּת־סֵ֝֗פֶר כָּת֥וּב עָלָֽי׃

ט לַעֲשֽׂוֹת־רְצוֹנְךָ֣ אֱלֹהַ֣י חָפָ֑צְתִּי
וְ֝ת֥וֹרָתְךָ֗ בְּת֣וֹךְ מֵעָֽי׃

10. 我在大会中宣扬了〈你的〉正义，
看哪，我不会闭口，
上主〈啊〉，〈这〉你已知道。

11. 我没有将你的正义〈仅仅〉藏在心间，
我宣告了你的信实与拯救，
我没有隐瞒你的慈爱，
〈没有〉向大众〈隐瞒〉你的忠信。

12. 你是上主，求你不要收回对我的怜悯，
愿你的慈爱与信实常常守护我。

13. 因为〈众多的〉苦难环绕了我，直到数不胜数，
我的罪过抓住了我，
〈以至于〉我不能看见，他们〈的数量〉
比我的头发还多，
我心力交瘁。

14. 上主〈啊〉，〈求你〉顾〈我〉救我，
上主〈啊〉，快来助我。

15. 愿图谋我性命的人蒙羞，
〈愿他们〉同归于尽，
愿〈那些〉乐于我遭难的人退后受辱。

16. 愿那些嘲笑我的人震惊于报应他们的耻辱。

17. 愿所有寻求你的人欢喜雀跃，
愿受你拯救的人常说，上主为大。

18. 〈尽管〉我贫穷，
我主〈仍〉顾念我，
你是我的帮助与救援，我的上帝，
求你不要迟延。

י בִּשַּׂ֤רְתִּי צֶ֨דֶק ׀ בְּקָ֘הָ֤ל רָ֗ב
הִנֵּ֣ה שְׂ֭פָתַי לֹ֣א אֶכְלָ֑א
יְ֝הוָ֗ה אַתָּ֥ה יָדָֽעְתָּ׃

יא צִדְקָתְךָ֬ לֹא־כִסִּ֨יתִי ׀ בְּת֬וֹךְ לִבִּ֗י
אֱמוּנָתְךָ֣ וּתְשׁוּעָתְךָ֣ אָמָ֑רְתִּי
לֹא־כִחַ֥דְתִּי חַסְדְּךָ֥ וַ֝אֲמִתְּךָ֗ לְקָהָ֥ל רָֽב׃

יב אַתָּ֤ה יְהוָ֗ה לֹא־תִכְלָ֣א רַחֲמֶ֣יךָ מִמֶּ֑נִּי
חַסְדְּךָ֥ וַ֝אֲמִתְּךָ֗ תָּמִ֥יד יִצְּרֽוּנִי׃

יג כִּ֤י אָפְפֽוּ־עָלַ֨י ׀ רָע֡וֹת עַד־אֵ֬ין מִסְפָּ֗ר
הִשִּׂיג֣וּנִי עֲ֭וֺנֹתַי
וְלֹא־יָכֹ֣לְתִּי לִרְא֑וֹת עָצְמ֥וּ מִשַּׂעֲר֥וֹת רֹ֝אשִׁ֗י
וְלִבִּ֥י עֲזָבָֽנִי׃

יד רְצֵ֣ה יְ֭הוָה לְהַצִּילֵ֑נִי
יְ֝הוָ֗ה לְעֶזְרָ֥תִי חֽוּשָׁה׃

טו יֵ֘בֹ֤שׁוּ וְיַחְפְּר֨וּ ׀ יַחַד֮
מְבַקְשֵׁ֥י נַפְשִׁ֗י לִסְפּ֫וֹתָ֥הּ
יִסֹּ֣גוּ אָ֭חוֹר וְיִכָּלְמ֑וּ חֲ֝פֵצֵ֗י רָעָתִֽי׃

טז יָ֭שֹׁמּוּ עַל־עֵ֣קֶב בָּשְׁתָּ֑ם
הָאֹמְרִ֥ים לִ֝֗י הֶ֘אָ֥ח ׀ הֶאָֽח׃

יז יָ֘שִׂ֤ישׂוּ וְיִשְׂמְח֨וּ ׀ בְּךָ֗ כָּֽל־מְבַ֫קְשֶׁ֥יךָ
יֹאמְר֣וּ תָ֭מִיד יִגְדַּ֣ל יְהוָ֑ה אֹ֝הֲבֵ֗י תְּשׁוּעָתֶֽךָ׃

יח וַאֲנִ֤י ׀ עָנִ֣י וְאֶבְיוֹן֮
אֲדֹנָ֪י יַחֲשָׁ֫ב לִ֥י
עֶזְרָתִ֣י וּמְפַלְטִ֣י אַ֑תָּה
אֱ֝לֹהַ֗י אַל־תְּאַחַֽר׃

第四十一首

1. 交予奏乐者，达威德之歌。

2. 善待穷人的〈多么〉有福，
在患难日，上主会救助他。

3. 上主会守护他，会复苏他，
〈他要〉在地上享福，
求你不要将他的性命交给他的敌人。

4. 他生病在床，上主会扶助他，
在他生病时，你照顾他。

5. 我曾说，上主〈啊〉，请怜悯我，
治愈我，尽管我得罪了你。

6. 我的仇敌恶言向我，
他什么时候死，他的名〈几时〉消失。

7. 如果〈有人〉前来探望，他会〈对我〉说假话，
他心怀叵测，
他会出去〈乱〉说。

8. 我的仇敌们都窃窃私语，
他们要设计陷害我。

9. 〈他们说〉愿他病入膏肓，
卧床不起。

10. 即使我所信赖，
我所供养的盟友，
他〈竟〉暗算我。

מזמור מא

א לַמְנַצֵּחַ מִזְמוֹר לְדָוִד׃

ב אַשְׁרֵי מַשְׂכִּיל אֶל־דָּל
בְּיוֹם רָעָה יְמַלְּטֵהוּ יְהוָה׃

ג יְהוָה ׀ יִשְׁמְרֵהוּ וִיחַיֵּהוּ יאשר בָּאָרֶץ וְאֻשַּׁר
וְאַל־תִּתְּנֵהוּ בְּנֶפֶשׁ אֹיְבָיו׃

ד יְהוָה יִסְעָדֶנּוּ עַל־עֶרֶשׂ דְּוָי
כָּל־מִשְׁכָּבוֹ הָפַכְתָּ בְחָלְיוֹ׃

ה אֲנִי־אָמַרְתִּי יְהוָה חָנֵּנִי
רְפָאָה נַפְשִׁי כִּי־חָטָאתִי לָךְ׃

ו אוֹיְבַי יֹאמְרוּ רַע לִי
מָתַי יָמוּת וְאָבַד שְׁמוֹ׃

ז וְאִם־בָּא לִרְאוֹת ׀ שָׁוְא יְדַבֵּר
לִבּוֹ יִקְבָּץ־אָוֶן לוֹ
יֵצֵא לַחוּץ יְדַבֵּר׃

ח יַחַד עָלַי יִתְלַחֲשׁוּ כָּל־שֹׂנְאָי
עָלַי ׀ יַחְשְׁבוּ רָעָה לִי׃

ט דְּבַר־בְּלִיַּעַל יָצוּק בּוֹ
וַאֲשֶׁר שָׁכַב לֹא־יוֹסִיף לָקוּם׃

י גַּם־אִישׁ שְׁלוֹמִי ׀ אֲשֶׁר־בָּטַחְתִּי בוֹ
אוֹכֵל לַחְמִי
הִגְדִּיל עָלַי עָקֵב׃

11. 你是上主，〈求你〉怜悯我，
支持我，我要报复他们。

12. 我的敌人不能〈欢喜地〉向我吹角〈炫耀〉，
由此我知晓你宠爱了我。

13. 你支持了我的纯洁，
你使我永远站立在你的面前。

14. 赞美上主，以色列的上帝，
从此世直到那世，阿们，阿们。

יא וְאַתָּ֤ה יְהוָ֗ה חׇנֵּ֥נִי וַהֲקִימֵ֑נִי
וַאֲשַׁלְּמָ֥ה לָהֶֽם׃

יב בְּזֹ֣את יָ֭דַעְתִּי כִּֽי־חָפַ֣צְתָּ בִּ֑י
כִּ֤י לֹֽא־יָרִ֖יעַ אֹיְבִ֣י עָלָֽי׃

יג וַאֲנִ֗י בְּ֭תֻמִּי תָּמַ֣כְתָּ בִּ֑י
וַתַּצִּיבֵ֖נִי לְפָנֶ֣יךָ לְעוֹלָֽם׃

יד בָּ֘ר֤וּךְ יְהוָ֨ה ׀ אֱלֹהֵ֬י יִשְׂרָאֵ֗ל
מֵֽהָעוֹלָם֮ וְעַ֪ד־הָ֫עוֹלָ֥ם אָ֝מֵ֗ן ׀ וְאָמֵֽן׃

第四十二首

1. 交予奏乐者，阔辣赫子孙的训诲〈诗〉。

2. 如鹿渴慕水流，
我真真渴慕你，〈哦〉上帝。

3. 我的心灵渴慕上帝，〈永〉生的上帝，
何时我才能来朝见上帝的仪容。

4. 我日日夜夜以泪洗面〈直译：以泪为粮〉，
因〈人们〉整日问我，你的上帝在哪里。

5. 我要追忆那〈往昔〉，我要倾心〈祈祷〉，
〈我想起〉昔日我坐着篷车旅行，
悠哉走到上帝的殿〈朝觐〉，
以欢呼和感谢，〈我和〉众人〈一同〉欢庆。

6. 我的心，妳为何叹息，为何忧伤，
妳要盼望上帝，我也要称谢他面〈前〉的拯救。

7. 我的上帝〈啊〉，我心叹息，
因为我记起你〈对我的好〉，〈一想起那时我〉
从雅尔登之地和赫尔孟群山，从米茨阿尔山
〈来朝觐你的日子里所受的恩宠，我就忍不住泪
流满面〉。

8. 〈这〉深渊〈的大水冲〉向〈那〉深渊，
你的水流轰响，你的波涛漫过了我。

9. 愿白天上主恩赐他的关爱，
夜间我〈向他〉歌唱，
向〈赐〉我生命的上帝祈祷。

מזמור מב

א לַמְנַצֵּ֗חַ מַשְׂכִּ֥יל לִבְנֵי־קֹֽרַח׃

ב כְּאַיָּל֮ תַּעֲרֹ֪ג עַל־אֲפִֽיקֵי־מָ֥יִם
כֵּ֤ן נַפְשִׁ֨י תַעֲרֹ֖ג אֵלֶ֣יךָ אֱלֹהִֽים׃

ג צָמְאָ֬ה נַפְשִׁ֨י ׀ לֵֽאלֹהִים֮ לְאֵ֪ל חָ֥י
מָתַ֥י אָב֑וֹא וְ֝אֵרָאֶ֗ה פְּנֵ֣י אֱלֹהִֽים׃

ד הָֽיְתָה־לִּ֬י דִמְעָתִ֣י לֶ֭חֶם יוֹמָ֣ם וָלָ֑יְלָה
בֶּאֱמֹ֥ר אֵלַ֥י כָּל־הַ֝יּ֗וֹם אַיֵּ֥ה אֱלֹהֶֽיךָ׃

ה אֵ֤לֶּה אֶזְכְּרָ֨ה ׀ וְאֶשְׁפְּכָ֬ה עָלַ֨י ׀ נַפְשִׁ֗י
כִּ֤י אֶֽעֱבֹ֨ר ׀ בַּסָּךְ֮ אֶדַּדֵּ֗ם עַד־בֵּ֥ית אֱלֹ֫הִ֥ים
בְּקוֹל־רִנָּ֥ה וְתוֹדָ֗ה הָמ֥וֹן חוֹגֵֽג׃

ו מַה־תִּשְׁתּ֬וֹחֲחִ֨י ׀ נַפְשִׁי֮ וַתֶּהֱמִ֪י עָ֫לָ֥י
הוֹחִ֣לִי לֵֽ֭אלֹהִים כִּי־ע֥וֹד א֝וֹדֶ֗נּוּ יְשׁוּע֥וֹת פָּנָֽיו׃

ז אֱֽלֹהַ֗י עָלַי֮ נַפְשִׁ֪י תִשְׁתּ֫וֹחָ֥ח
עַל־כֵּ֗ן אֶ֭זְכָּרְךָ מֵאֶ֣רֶץ יַרְדֵּ֑ן וְ֝חֶרְמוֹנִ֗ים מֵהַ֥ר מִצְעָֽר׃

ח תְּהוֹם־אֶל־תְּה֣וֹם ק֭וֹרֵא לְק֣וֹל צִנּוֹרֶ֑יךָ
כָּֽל־מִשְׁבָּרֶ֥יךָ וְ֝גַלֶּ֗יךָ עָלַ֥י עָבָֽרוּ׃

ט יוֹמָ֤ם ׀ יְצַוֶּ֬ה יְהוָ֨ה ׀ חַסְדּ֗וֹ
וּ֭בַלַּיְלָה שִׁירֹ֣ה עִמִּ֑י
תְּ֝פִלָּ֗ה לְאֵ֣ל חַיָּֽי׃

10. 我要对上帝，我的磐石说，
你为何忘记了我，
我为何要忧伤地走在敌人的压迫中。

11. 我痛得要死，我的仇敌讥笑我，
整日对我说，你的上帝在哪里。

12. 我的心啊，妳为何叹息，为何忧伤，
〈我的心啊〉妳要期盼上帝，我也要称谢他，
我面〈前〉的救赎，我的上帝。

י אוֹמְרָ֤ה ׀ לְאֵ֥ל סַלְעִי֮
לָמָ֪ה שְׁכַ֫חְתָּ֥נִי
לָֽמָּה־קֹדֵ֥ר אֵלֵ֗ךְ בְּלַ֣חַץ אוֹיֵֽב׃

יא בְּרֶ֤צַח ׀ בְּֽעַצְמוֹתַ֗י חֵרְפ֥וּנִי צוֹרְרָ֑י
בְּאָמְרָ֥ם אֵלַ֥י כׇּל־הַ֝יּ֗וֹם אַיֵּ֥ה אֱלֹהֶֽיךָ׃

יב מַה־תִּשְׁתּ֪וֹחֲחִ֡י ׀ נַפְשִׁי֮ וּֽמַה־תֶּהֱמִ֪י עָ֫לָ֥י
הוֹחִ֣ילִי לֵ֭אלֹהִים כִּי־ע֣וֹד אוֹדֶ֑נּוּ
יְשׁוּעֹ֥ת פָּ֝נַ֗י וֵֽאלֹהָֽי׃

第四十三首

1. 〈求你〉为我伸张正义，〈哦〉上帝，
〈求你〉为我主持〈公道〉，
求你〈救我〉脱离不虔敬的民，
脱离狡诈邪恶的人。

2. 因你是我的上帝，我的堡垒，
你为何舍弃了我，
我为何要在仇敌的压迫下走在黑暗〈中〉。

3. 请赐下你的光明和真理，
让他们引导我，
带领我前往你的圣山，
你的居所。

4. 我要前往上帝的祭坛，
〈走〉向〈使我〉欢喜的上帝，
我要弹琴称谢你，〈哦〉上帝，我的上帝。

5. 我的心灵啊，妳为何叹息，
为何忧伤，
妳要期盼上帝，
我也要称谢他，我面〈前〉的救赎，我的上帝。

מזמור מג

א שָׁפְטֵ֤נִי אֱלֹהִ֨ים ׀
וְרִ֥יבָה רִיבִ֗י מִגּ֥וֹי לֹא־חָסִ֑יד
מֵאִ֖ישׁ־מִרְמָ֖ה וְעַוְלָ֣ה תְפַלְּטֵֽנִי׃

ב כִּֽי־אַתָּ֤ה ׀ אֱלֹהֵ֣י מָעוּזִּי֮
לָמָ֪ה זְנַ֫חְתָּ֥נִי
לָֽמָּה־קֹדֵ֥ר אֶתְהַלֵּ֗ךְ בְּלַ֣חַץ אוֹיֵֽב׃

ג שְׁלַח־אוֹרְךָ֣ וַ֭אֲמִתְּךָ
הֵ֣מָּה יַנְח֑וּנִי
יְבִיא֥וּנִי אֶל־הַֽר־קָ֝דְשְׁךָ֗
וְאֶל־מִשְׁכְּנוֹתֶֽיךָ׃

ד וְאָב֤וֹאָה ׀ אֶל־מִזְבַּ֬ח אֱלֹהִ֗ים
אֶל־אֵל֮ שִׂמְחַ֪ת גִּ֫ילִ֥י
וְאוֹדְךָ֥ בְ֝כִנּ֗וֹר אֱלֹהִ֥ים אֱלֹהָֽי׃

ה מַה־תִּשְׁתּ֬וֹחֲחִ֨י ׀ נַפְשִׁי֮
וּמַה־תֶּהֱמִ֪י עָ֫לָ֥י
הוֹחִ֣ילִי לֵ֭אלֹהִים כִּי־ע֣וֹד אוֹדֶ֑נּוּ
יְשׁוּעֹ֥ת פָּ֝נַ֗י וֵאלֹהָֽי׃

第四十四首

1. 交予奏乐者，阔辣赫子孙的训诲〈诗〉。

2. 上帝〈啊〉，我们亲耳听到了，
我们的先祖告诉了我们，
你从前在他们的岁月里的所作所为。

3. 你〈以〉强力〈直译：你的手〉驱散了异民，
你安置了他们〈即我们的祖先〉，
你讨伐了异族，赶走了他们。

4. 因他们继承土地，并非凭着他们的刀剑，
他们的勇力拯救不了他们，
〈反而是〉由于你的右手，你的手臂，
你面容的光辉，因为你宠爱他们。

5. 你就是我的王，〈哦〉上帝，
〈求你〉下令拯救雅可乌。

6. 凭着你，我们要狙击我们的仇人，
凭着你的名，我们要击溃敌人。

7. 因我不会〈仅仅〉依靠我的弓箭，
救援我的也不会〈仅仅是〉我的刀剑。

8. 反而你拯救我们脱离了敌人，
你羞辱了我们的仇敌。

9. 我们整日歌颂上帝，
我们要永远称谢你的名，塞拉。

10. 然而你抛弃了我们，羞辱了我们，
你不再与我们军队一同出征。

מזמור מד

א לַמְנַצֵּ֬חַ לִבְנֵי־קֹ֬רַח מַשְׂכִּֽיל׃ ח לחודש

ב אֱלֹהִ֡ים ׀ בְּאָזְנֵ֬ינוּ שָׁמַ֗עְנוּ
אֲבוֹתֵ֥ינוּ סִפְּרוּ־לָ֑נוּ
פֹּ֥עַל־פָּעַ֥לְתָּ בִֽ֝ימֵיהֶ֗ם בִּ֣ימֵי קֶֽדֶם׃

ג אַתָּ֤ה ׀ יָדְךָ֡ גּוֹיִ֣ם ה֭וֹרַשְׁתָּ וַתִּטָּעֵ֑ם
תָּ֥רַע לְ֝אֻמִּ֗ים וַֽתְּשַׁלְּחֵֽם׃

ד כִּ֤י לֹ֪א בְחַרְבָּ֡ם יָ֣רְשׁוּ אָ֭רֶץ
וּזְרוֹעָ֗ם לֹא־הוֹשִׁ֪יעָ֫ה לָּ֥מוֹ
כִּֽי־יְמִינְךָ֣ וּ֭זְרוֹעֲךָ וְא֣וֹר פָּ֭נֶיךָ כִּ֣י רְצִיתָֽם׃

ה אַתָּה־ה֣וּא מַלְכִּ֣י אֱלֹהִ֑ים
צַ֝וֵּ֗ה יְשׁוּע֥וֹת יַעֲקֹֽב׃

ו בְּ֭ךָ צָרֵ֣ינוּ נְנַגֵּ֑חַ
בְּ֝שִׁמְךָ֗ נָב֥וּס קָמֵֽינוּ׃

ז כִּ֤י לֹ֣א בְקַשְׁתִּ֣י אֶבְטָ֑ח
וְ֝חַרְבִּ֗י לֹ֣א תוֹשִׁיעֵֽנִי׃

ח כִּ֣י ה֭וֹשַׁעְתָּנוּ מִצָּרֵ֑ינוּ
וּמְשַׂנְאֵ֥ינוּ הֱבִישֽׁוֹתָ׃

ט בֵּֽ֭אלֹהִים הִלַּ֣לְנוּ כָל־הַיּ֑וֹם
וְשִׁמְךָ֓ ׀ לְעוֹלָ֖ם נוֹדֶ֣ה סֶֽלָה׃

י אַף־זָ֭נַחְתָּ וַתַּכְלִימֵ֑נוּ
וְלֹא־תֵ֝צֵ֗א בְּצִבְאוֹתֵֽינוּ׃

11. 你使我们在敌人面前退却，
我们的仇人抢劫〈了我们的财产〉归他们
〈所有〉。

12. 你交付我们如同待宰的羊群，
你驱散我们到异民之中。

13. 你将你的民拱手交付〈直译：卖〉，
〈都〉没〈要〉钱，
你〈宁愿〉作贱他们。

14. 你使我们成为邻人的笑柄，
成为我们周围人讥讽〈的对象〉。

15. 你让我们做了异民的笑料，
异族摇头〈不屑的对象〉。

16. 我的羞辱整天在我眼前，
惭愧覆盖了我的脸面。

17. 〈这是〉由于敌人和仇人，
〈这是〉由于〈他们对我们的〉羞辱漫骂之声。

18. 尽管我们遭受所有这些，我们〈仍〉没有忘记你，
我们〈仍〉没有背叛你的盟约。

19. 我们的心没变，
我们的脚步也没有偏离你的道路。

20. 〈即便〉当你把我们抛在塔宁〈蛇名〉之地，
〈即便当〉你用死荫〈的黑暗〉笼罩我们
〈我们对你仍然坚贞〉。

21. 如果我们忘了我们上帝的名，
〈如果〉我们举手向异神〈祈祷〉。

22. 上帝岂不会明察，
因他知晓〈人〉心的隐秘。

יא תְּשִׁיבֵנוּ אָחוֹר מִנִּי־צָר
וּמְשַׂנְאֵינוּ שָׁסוּ לָמוֹ׃

יב תִּתְּנֵנוּ כְּצֹאן מַאֲכָל
וּבַגּוֹיִם זֵרִיתָנוּ׃

יג תִּמְכֹּר־עַמְּךָ בְלֹא־הוֹן
וְלֹא־רִבִּיתָ בִּמְחִירֵיהֶם׃

יד תְּשִׂימֵנוּ חֶרְפָּה לִשְׁכֵנֵינוּ
לַעַג וָקֶלֶס לִסְבִיבוֹתֵינוּ׃

טו תְּשִׂימֵנוּ מָשָׁל בַּגּוֹיִם
מְנוֹד־רֹאשׁ בַּלְאֻמִּים׃

טז כָּל־הַיּוֹם כְּלִמָּתִי נֶגְדִּי
וּבֹשֶׁת פָּנַי כִּסָּתְנִי׃

יז מִקּוֹל מְחָרֵף וּמְגַדֵּף
מִפְּנֵי אוֹיֵב וּמִתְנַקֵּם׃

יח כָּל־זֹאת בָּאַתְנוּ וְלֹא שְׁכַחֲנוּךָ
וְלֹא־שִׁקַּרְנוּ בִּבְרִיתֶךָ׃

יט לֹא־נָסוֹג אָחוֹר לִבֵּנוּ
וַתֵּט אֲשֻׁרֵינוּ מִנִּי אָרְחֶךָ׃

כ כִּי דִכִּיתָנוּ בִּמְקוֹם תַּנִּים
וַתְּכַס עָלֵינוּ בְצַלְמָוֶת׃

כא אִם־שָׁכַחְנוּ שֵׁם אֱלֹהֵינוּ
וַנִּפְרֹשׂ כַּפֵּינוּ לְאֵל זָר׃

כב הֲלֹא אֱלֹהִים יַחֲקָר־זֹאת
כִּי־הוּא יֹדֵעַ תַּעֲלֻמוֹת לֵב׃

23. 我们为你整天被杀戮，
我们被当做待宰的羊群。

24. 〈求你〉醒来，你为何沉睡，〈哦〉我主，
〈求你〉醒来，求你不要永远抛弃〈我们〉。

25. 为何你要隐藏你的面容，
〈为何〉你要忘记我们〈所受〉的苦难和压迫。

26. 我们屈身到尘土〈之中〉，
我们的肚皮贴着地面。

27. 〈求你〉起来帮助我们，
〈求你〉以你的仁慈拯救我们。

כג כִּֽי־עָ֭לֶיךָ הֹרַ֣גְנוּ כָל־הַיּ֑וֹם
נֶ֝חְשַׁ֗בְנוּ כְּצֹ֣אן טִבְחָֽה׃

כד ע֤וּרָה ׀ לָ֖מָּה תִישַׁ֥ן ׀ אֲדֹנָ֑י
הָ֝קִ֗יצָה אַל־תִּזְנַ֥ח לָנֶֽצַח׃

כה לָֽמָּה־פָנֶ֥יךָ תַסְתִּ֑יר
תִּשְׁכַּ֖ח עָנְיֵ֣נוּ וְֽלַחֲצֵֽנוּ׃

כו כִּ֤י שָׁ֣חָה לֶעָפָ֣ר נַפְשֵׁ֑נוּ
דָּבְקָ֖ה לָאָ֣רֶץ בִּטְנֵֽנוּ׃

כז ק֭וּמָה עֶזְרָ֣תָה לָּ֑נוּ
וּ֝פְדֵ֗נוּ לְמַ֣עַן חַסְדֶּֽךָ׃

第四十五首

1. 交予演奏首莎宁〈乐器名〉者，
阔辣赫子孙的训诲〈诗〉，〈一首〉爱歌。

2. 我的心涌动着美言，
向〈我的〉君王倾吐诗篇，
我的舌头〈好似〉文士流利的〈妙〉笔。

3. 你在世人〈直译：人子〉中最为英俊，
你的唇覆着恩宠，
因此上帝赐福你，直到永远。

4. 勇士〈啊〉，〈你〉要在腰间〈佩上〉
你的宝剑，〈这是〉你的荣耀庄严。

5. 愿你为真理，正义之谦而显赫驱驾，
〈愿〉你的右手教给你做惊人的〈奇事〉。

6. 〈由于〉你的弓箭锋利，
万邦扑倒于你〈的征服〉之下，
〈当他们见到〉敌视王的人〈被箭箭穿〉心。

7. 上帝〈啊〉，你的〈宝〉座〈存到〉
永永远远，你王权之杖是公正的〈权〉杖。

8. 你热爱正义，憎恨邪恶，
因此上帝，你的上帝膏你〈为王〉，
〈民众〉高兴喜悦〈地接受你为王〉，
胜过〈接受〉你的同伴〈指沙屋珥〉。

מזמור מה

א לַמְנַצֵּחַ עַל־שֹׁשַׁנִּים לִבְנֵי־קֹרַח
מַשְׂכִּיל שִׁיר יְדִידֹת׃

ב רָחַשׁ לִבִּי ׀ דָּבָר טוֹב
אֹמֵר אָנִי מַעֲשַׂי לְמֶלֶךְ
לְשׁוֹנִי עֵט ׀ סוֹפֵר מָהִיר׃

ג יׇפְיָפִיתָ מִבְּנֵי אָדָם
הוּצַק חֵן בְּשְׂפְתוֹתֶיךָ
עַל־כֵּן בֵּרַכְךָ אֱלֹהִים לְעוֹלָם׃

ד חֲגוֹר־חַרְבְּךָ עַל־יָרֵךְ גִּבּוֹר
הוֹדְךָ וַהֲדָרֶךָ׃

ה וַהֲדָרְךָ ׀ צְלַח רְכַב
עַל־דְּבַר־אֱמֶת וְעַנְוָה־צֶדֶק
וְתוֹרְךָ נוֹרָאוֹת יְמִינֶךָ׃

ו חִצֶּיךָ שְׁנוּנִים
עַמִּים תַּחְתֶּיךָ יִפְּלוּ
בְּלֵב אוֹיְבֵי הַמֶּלֶךְ׃

ז כִּסְאֲךָ אֱלֹהִים עוֹלָם וָעֶד
שֵׁבֶט מִישֹׁר שֵׁבֶט מַלְכוּתֶךָ׃

ח אָהַבְתָּ צֶּדֶק וַתִּשְׂנָא רֶשַׁע
עַל־כֵּן ׀ מְשָׁחֲךָ אֱלֹהִים אֱלֹהֶיךָ
שֶׁמֶן שָׂשׂוֹן מֵחֲבֵרֶךָ׃

9. 各种香料〈浸润了〉你全部衣袍，
在〈象〉牙宫中他们欢喜你〈坐上王位〉。

10. 列王的公主〈做〉你的仆役，
〈佩戴〉敖非尔金〈饰的美〉女在你右边侍立。

11. 女儿〈啊〉，妳要听，要看，要侧耳〈倾听〉，
要忘却妳的族人和妳的父家。

12. 愿君王恋慕妳的美貌，因为他是妳的主人，
妳要向他拜倒。

13. 辏尔的女儿盼望在你面前〈奉献〉礼品，
〈同样〉民〈间〉的富人〈也想得到你的恩宠〉。

14. 公主的全部荣耀在〈于得进王的〉内〈殿〉，
而非嵌金的服饰。

15. 她身著绣衣被引到君王〈面前〉，
童女们在她后边，
她的女伴〈也〉带到你〈面前〉。

16. 她们欢欢喜喜被带到王宫。

17. 你的儿子要继承你〈先〉父〈的王国〉，
你要安置他们做各地的长官。

18. 我将使你万世扬名，
以至于万民要称谢你，直到永永远远。

ט מֹר־וַאֲהָלוֹת קְצִיעוֹת כָּל־בִּגְדֹתֶיךָ
מִן־הֵיכְלֵי שֵׁן מִנִּי שִׂמְּחוּךָ׃

י בְּנוֹת מְלָכִים בְּיִקְּרוֹתֶיךָ
נִצְּבָה שֵׁגַל לִימִינְךָ בְּכֶתֶם אוֹפִיר׃

יא שִׁמְעִי־בַת וּרְאִי וְהַטִּי אָזְנֵךְ
וְשִׁכְחִי עַמֵּךְ וּבֵית אָבִיךְ׃

יב וְיִתְאָו הַמֶּלֶךְ יָפְיֵךְ
כִּי־הוּא אֲדֹנַיִךְ וְהִשְׁתַּחֲוִי־לוֹ׃

יג וּבַת־צֹר ׀ בְּמִנְחָה פָּנַיִךְ יְחַלּוּ עֲשִׁירֵי עָם׃

יד כָּל־כְּבוּדָּה בַת־מֶלֶךְ פְּנִימָה
מִמִּשְׁבְּצוֹת זָהָב לְבוּשָׁהּ׃

טו לִרְקָמוֹת תּוּבַל לַמֶּלֶךְ
בְּתוּלוֹת אַחֲרֶיהָ רֵעוֹתֶיהָ מוּבָאוֹת לָךְ׃

טז תּוּבַלְנָה בִּשְׂמָחֹת וָגִיל
תְּבֹאֶינָה בְּהֵיכַל מֶלֶךְ׃

יז תַּחַת אֲבֹתֶיךָ יִהְיוּ בָנֶיךָ
תְּשִׁיתֵמוֹ לְשָׂרִים בְּכָל־הָאָרֶץ׃

יח אַזְכִּירָה שִׁמְךָ בְּכָל־דֹּר וָדֹר
עַל־כֵּן עַמִּים יְהוֹדֻךָ לְעֹלָם וָעֶד׃

第四十六首

1. 交予演奏阿拉莫特〈乐器名〉者，
阔辣赫子孙之歌。

2. 上帝是我们的保障和力量，
〈是我们〉在苦难中常常的帮助。

3. 因此我们不怕大地倾覆，
高山坠入海心。

4. 海水要咆哮，卷起巨浪，
山岳要因其大力而轰响，塞拉。

5. 〈一条〉河流的分支令上帝之城
〈耶路撒冷〉欢乐，
即至高者居住的圣所。

6. 上帝在此〈城〉中，她〈即此城〉不会倾倒，
曙光临近，上帝要佑助她。

7. 万民骚动，列国倾覆，
他的声音撼动〈直译：融化〉大地。

8. 万军的上主与我们同在，
雅可乌的上帝是我们的堡垒，塞拉。

9. 来呀，看哪，上主的作为，
他在地上所置的荒凉。

10. 他结束战争，直到地级，
他折弓断矛，
焚毁战车。

מִזְמוֹר מו

א לַמְנַצֵּ֥חַ לִבְנֵי־קֹ֑רַח עַל־עֲלָמ֥וֹת שִֽׁיר׃

ב אֱלֹהִ֣ים לָ֭נוּ מַחֲסֶ֣ה וָעֹ֑ז
עֶזְרָ֥ה בְ֝צָר֗וֹת נִמְצָ֥א מְאֹֽד׃

ג עַל־כֵּ֣ן לֹא־נִ֭ירָא בְּהָמִ֣יר אָ֑רֶץ
וּבְמ֥וֹט הָ֝רִ֗ים בְּלֵ֣ב יַמִּֽים׃

ד יֶהֱמ֣וּ יֶחְמְר֣וּ מֵימָ֑יו
יִֽרְעֲשֽׁוּ־הָרִ֖ים בְּגַאֲוָת֣וֹ סֶֽלָה׃

ה נָהָ֗ר פְּלָגָ֗יו יְשַׂמְּח֥וּ עִיר־אֱלֹהִ֑ים
קְ֝דֹ֗שׁ מִשְׁכְּנֵ֥י עֶלְיֽוֹן׃

ו אֱלֹהִ֣ים בְּ֭קִרְבָּהּ בַּל־תִּמּ֑וֹט
יַעְזְרֶ֥הָ אֱ֝לֹהִ֗ים לִפְנ֥וֹת בֹּֽקֶר׃

ז הָמ֣וּ ג֭וֹיִם מָ֣טוּ מַמְלָכ֑וֹת
נָתַ֥ן בְּ֝קוֹל֗וֹ תָּמ֥וּג אָֽרֶץ׃

ח יְהוָ֣ה צְבָא֣וֹת עִמָּ֑נוּ
מִשְׂגָּֽב־לָ֝֗נוּ אֱלֹהֵ֖י יַעֲקֹ֣ב סֶֽלָה׃

ט לְֽכוּ־חֲ֭זוּ מִפְעֲל֣וֹת יְהוָ֑ה
אֲשֶׁר־שָׂ֖ם שַׁמּ֣וֹת בָּאָֽרֶץ׃

י מַשְׁבִּ֥ית מִלְחָמ֗וֹת עַד־קְצֵ֫ה הָאָ֥רֶץ
קֶ֣שֶׁת יְ֭שַׁבֵּר וְקִצֵּ֣ץ חֲנִ֑ית
עֲ֝גָל֗וֹת יִשְׂרֹ֥ף בָּאֵֽשׁ׃

11. 〈你们的手〉要软〈无力征战〉，
〈你们〉要知道我是上帝，
我必在万民中，在〈全〉地被尊崇。

12. 万军的上主与我们同在，
雅可乌的上帝是我们的堡垒，塞拉。

יא הַרְפּ֣וּ וּ֭דְעוּ כִּֽי־אָנֹכִ֣י אֱלֹהִ֑ים
אָר֥וּם בַּ֝גּוֹיִ֗ם אָר֥וּם בָּאָֽרֶץ׃

יב יְהוָ֥ה צְבָא֣וֹת עִמָּ֑נוּ
מִשְׂגָּֽב לָ֨נוּ אֱלֹהֵ֖י יַֽעֲקֹ֣ב סֶֽלָה׃

第四十七首

1. 交予奏乐者，阔辣赫子孙之歌。

2. 所有民族，你们要鼓掌，
你们要伴歌向上帝吹角。

3. 因上主至高至畏，
〈他是〉全地伟大的君王。

4. 他使众民向我们臣服，
让万国屈于我们脚下。

5. 他为我们选定了产业〈即以色列地〉，
〈选择了〉他所喜爱的雅可乌的荣耀〈即圣殿〉，
塞拉。

6. 上帝在欢呼声中上升，
上主在号角声中〈受尊崇〉。

7. 〈你们〉要尽情歌颂上帝，
〈你们〉要尽情歌颂我们的国王。

8. 因上帝是全地的君王，
〈你们〉要〈以〉明悟歌颂〈他〉。

9. 上帝统治万民，
上帝坐在他神圣的〈宝〉座上。

10. 万国的领袖聚集于阿乌辣罕的上帝的〈选〉民，
因为〈大〉地的王侯都属上帝，
他极其崇高。

מזמור מז

א לַמְנַצֵּ֬חַ לִבְנֵי־קֹ֬רַח מִזְמֽוֹר׃

ב כָּֽל־הָ֭עַמִּים תִּקְעוּ־כָ֑ף
הָרִ֥יעוּ לֵ֝אלֹהִ֗ים בְּק֣וֹל רִנָּֽה׃

ג כִּֽי־יהוה עֶלְי֣וֹן נוֹרָ֑א
מֶ֥לֶךְ גָּ֝ד֗וֹל עַל־כָּל־הָאָֽרֶץ׃

ד יַדְבֵּ֣ר עַמִּ֣ים תַּחְתֵּ֑ינוּ
וּ֝לְאֻמִּ֗ים תַּ֣חַת רַגְלֵֽינוּ׃

ה יִבְחַר־לָ֥נוּ אֶת־נַחֲלָתֵ֑נוּ
אֶ֥ת גְּא֨וֹן יַעֲקֹ֖ב אֲשֶׁר־אָהֵ֣ב סֶֽלָה׃

ו עָלָ֣ה אֱ֭לֹהִים בִּתְרוּעָ֑ה
יְ֝הוה בְּק֣וֹל שׁוֹפָֽר׃

ז זַמְּר֣וּ אֱלֹהִ֣ים זַמֵּ֑רוּ
זַמְּר֖וּ לְמַלְכֵּ֣נוּ זַמֵּֽרוּ׃

ח כִּ֤י מֶ֖לֶךְ כָּל־הָאָ֥רֶץ אֱלֹהִ֗ים
זַמְּר֥וּ מַשְׂכִּֽיל׃

ט מָלַ֣ךְ אֱ֭לֹהִים עַל־גּוֹיִ֑ם
אֱ֝לֹהִ֗ים יָשַׁ֤ב ׀ עַל־כִּסֵּ֬א קָדְשֽׁוֹ׃

י נְדִ֘יבֵ֤י עַמִּ֨ים ׀ נֶאֱסָ֗פוּ עַם֮ אֱלֹהֵ֪י אַבְרָ֫הָ֥ם
כִּ֣י לֵ֭אלֹהִים מָגִנֵּי־אֶ֗רֶץ
מְאֹ֣ד נַעֲלָֽה׃

第四十八首

1. 闾辣赫子孙的诗歌。

2. 上主〈至〉大，至尊，
在我们上帝的城〈耶路撒冷〉，
〈在〉他的圣山〈我们欢呼赞美上主〉。

3. 景致美丽，全地的欢喜，
〈这就是〉熙雍山，
〈坐落在〉大君的城邑〈耶路撒冷〉的北侧。

4. 上帝在她的殿中，
众所周知〈他是她〉的堡垒。

5. 看哪，众王齐聚，
一同进发。

6. 他们看到了〈这城〉，
他们惊奇，他们惊恐丧胆。

7. 在那里，他们浑身颤抖，
惊恐好似产妇。

8. 你要以东风击碎塔尔息施的船只。

9. 正如我们〈从列祖那里〉所听闻，
我们确实看到，
在万军上主的城，在我们上帝的城，
上帝必巩固她〈指耶路撒冷〉直至永恒，塞拉。

10. 上帝〈啊〉，我们在你的殿中默想你的仁慈。

מזמור מח

א שִׁיר מִזְמוֹר לִבְנֵי־קֹרַח:

ב גָּדוֹל יְהוָה וּמְהֻלָּל מְאֹד
בְּעִיר אֱלֹהֵינוּ הַר־קָדְשׁוֹ:

ג יְפֵה נוֹף מְשׂוֹשׂ כָּל־הָאָרֶץ
הַר־צִיּוֹן יַרְכְּתֵי צָפוֹן
קִרְיַת מֶלֶךְ רָב:

ד אֱלֹהִים בְּאַרְמְנוֹתֶיהָ
נוֹדַע לְמִשְׂגָּב:

ה כִּי־הִנֵּה הַמְּלָכִים נוֹעֲדוּ
עָבְרוּ יַחְדָּו:

ו הֵמָּה רָאוּ כֵּן תָּמָהוּ
נִבְהֲלוּ נֶחְפָּזוּ:

ז רְעָדָה אֲחָזָתַם שָׁם
חִיל כַּיּוֹלֵדָה:

ח בְּרוּחַ קָדִים
תְּשַׁבֵּר אֳנִיּוֹת תַּרְשִׁישׁ:

ט כַּאֲשֶׁר שָׁמַעְנוּ ׀ כֵּן רָאִינוּ
בְּעִיר־יְהוָה צְבָאוֹת בְּעִיר אֱלֹהֵינוּ
אֱלֹהִים יְכוֹנְנֶהָ עַד־עוֹלָם סֶלָה:

י דִּמִּינוּ אֱלֹהִים חַסְדֶּךָ
בְּקֶרֶב הֵיכָלֶךָ:

11. 上帝〈啊〉，像你的名一样，
对你的赞颂也直至地极，
你的右手满是正义。

12. 愿熙雍山，愿耶胡达女子〈即城邑〉
因你的公正而欢喜雀跃。

13. 〈你们〉要环走熙雍，
数点她的塔楼。

14. 〈你们〉要留心〈她的〉护墙，
察看她的宫殿，为了你们向后世讲述。

15. 即他是上帝，我们永永远远的上帝，
他要引导我们于无穷。

יא כְּשִׁמְךָ֤ ׀ אֱֽלֹהִ֗ים
כֵּ֣ן תְּ֭הִלָּתְךָ עַל־קַצְוֵי־אֶ֑רֶץ
צֶ֝֗דֶק מָלְאָ֥ה יְמִינֶֽךָ׃

יב יִשְׂמַ֤ח ׀ הַר־צִיּ֗וֹן תָּ֭גֵלְנָה בְּנ֣וֹת יְהוּדָ֑ה
לְ֝מַ֗עַן מִשְׁפָּטֶֽיךָ׃

יג סֹ֣בּוּ צִ֭יּוֹן וְהַקִּיפ֑וּהָ
סִ֝פְר֗וּ מִגְדָּלֶֽיהָ׃

יד שִׁ֤יתוּ לִבְּכֶ֨ם ׀ לְֽחֵילָ֗ה פַּסְּג֥וּ אַרְמְנוֹתֶ֑יהָ
לְמַ֥עַן תְּ֝סַפְּר֗וּ לְד֣וֹר אַחֲרֽוֹן׃

טו כִּ֤י זֶ֨ה ׀ אֱלֹהִ֣ים אֱ֭לֹהֵינוּ עוֹלָ֣ם וָעֶ֑ד
ה֖וּא יְנַהֲגֵ֣נוּ עַל־מֽוּת׃

第四十九首

1. 交予奏乐者，阔辣赫子孙之歌。

2. 万民〈啊〉，对此〈你们都〉要听，
世上一切居民，你们要侧耳。

3. 无论贵贱贫富〈都要聆听〉。

4. 我的口要宣讲智慧，
我的心要思考明哲。

5. 我要侧耳聆听比喻，
我要弹琴解开谜语。

6. 当罪孽缠绕我的脚跟，
我为何要惧怕苦难的日子。

7. 那些人倚恃自己的力量，
他们夸耀自己财产众多。

8. 人连〈自己的〉兄弟都不能赎回，
他岂能向上帝支付他的赎价。

9. 他们的性命赎价〈太〉贵，
〈他们〉永恒消亡。

10. 他〈自以为〉能活到永远，
他〈幻想〉见不到灭亡。

11. 因为他眼见智者和愚人一同死亡，
〈死后〉他们的财产遗留给别人。

מזמור מט

א לַמְנַצֵּחַ לִבְנֵי־קֹרַח מִזְמוֹר: ט לחודש

ב שִׁמְעוּ־זֹאת כָּל־הָעַמִּים
הַאֲזִינוּ כָּל־יֹשְׁבֵי חָלֶד:

ג גַּם־בְּנֵי אָדָם גַּם־בְּנֵי־אִישׁ
יַחַד עָשִׁיר וְאֶבְיוֹן:

ד פִּי יְדַבֵּר חָכְמוֹת
וְהָגוּת לִבִּי תְבוּנוֹת:

ה אַטֶּה לְמָשָׁל אָזְנִי
אֶפְתַּח בְּכִנּוֹר חִידָתִי:

ו לָמָּה אִירָא בִּימֵי רָע
עֲוֺן עֲקֵבַי יְסוּבֵּנִי:

ז הַבֹּטְחִים עַל־חֵילָם
וּבְרֹב עָשְׁרָם יִתְהַלָּלוּ:

ח אָח לֹא־פָדֹה יִפְדֶּה אִישׁ
לֹא־יִתֵּן לֵאלֹהִים כָּפְרוֹ:

ט וְיֵקַר פִּדְיוֹן נַפְשָׁם וְחָדַל לְעוֹלָם:

י וִיחִי־עוֹד לָנֶצַח
לֹא יִרְאֶה הַשָּׁחַת:

יא כִּי יִרְאֶה ׀ חֲכָמִים יָמוּתוּ
יַחַד כְּסִיל וָבַעַר יֹאבֵדוּ
וְעָזְבוּ לַאֲחֵרִים חֵילָם:

12. 他们在自己的房子中〈幻想能活到〉永恒，
〈以为〉他们的居所〈能存〉到世世代代，
这些地上的名人〈妄想不过是空〉。

13. 人不能长久风光，
他好像牲畜而亡。

14. 这就是蠢人的方式，
他们的后人也妄想永恒，塞拉。

15. 像待宰的羊群，死亡要关照他们，
晨曦〈即当救赎来到〉时正直人要辖制他们，
而他们的身体要在阴间烂尽。

16. 但是上帝必拯救我的灵魂脱离阴府之手，
因为他要护佑〈直译：抓取〉我，塞拉。

17. 你不要惧怕别人富有，
〈不要惧怕〉他家藏万贯。

18. 因为他死时都带不走〈直译：抓不住〉，
他的财富不能随他而去〈直译：降〉。

19. 因他一生〈只〉为自己求福，
〈如果你听劝〉他们会称赞你，
因为〈这是〉对你好。

20. 〈当〉你回到祖先那里，
〈你会明白〉到永远他们〈也〉见不到光明。

21. 人富有却无知，
如同死去的牲畜。

יב קִרְבָּ֤ם בָּתֵּ֨ימוֹ ׀ לְֽעוֹלָ֗ם מִ֭שְׁכְּנֹתָם לְדֹ֣ר וָדֹ֑ר
קָֽרְא֥וּ בִ֝שְׁמוֹתָ֗ם עֲלֵ֣י אֲדָמֽוֹת׃

יג וְאָדָ֣ם בִּ֭יקָר בַּל־יָלִ֑ין
נִמְשַׁ֥ל כַּבְּהֵמ֣וֹת נִדְמֽוּ׃

יד זֶ֣ה דַ֭רְכָּם כֵּ֣סֶל לָ֑מוֹ
וְאַחֲרֵיהֶ֓ם ׀ בְּפִיהֶ֖ם יִרְצ֣וּ סֶֽלָה׃

טו כַּצֹּ֤אן ׀ לִֽשְׁא֣וֹל שַׁתּוּ֮ מָ֤וֶת יִ֫רְעֵ֥ם
וַיִּרְדּ֬וּ בָ֨ם יְשָׁרִ֨ים ׀ לַבֹּ֗קֶר
וצירם לְבַלּ֥וֹת שְׁ֝א֗וֹל מִזְּבֻ֥ל לֽוֹ׃ וְֽצוּרָם

טז אַךְ־אֱלֹהִ֗ים יִפְדֶּ֣ה נַ֭פְשִׁי מִיַּ֣ד שְׁא֑וֹל
כִּ֖י יִקָּחֵ֣נִי סֶֽלָה׃

יז אַל־תִּ֭ירָא כִּֽי־יַעֲשִׁ֣ר אִ֑ישׁ
כִּֽי־יִ֝רְבֶּ֗ה כְּב֣וֹד בֵּיתֽוֹ׃

יח כִּ֤י לֹ֣א בְ֭מוֹתוֹ יִקַּ֣ח הַכֹּ֑ל
לֹא־יֵרֵ֖ד אַחֲרָ֣יו כְּבוֹדֽוֹ׃

יט כִּֽי־נַ֭פְשׁוֹ בְּחַיָּ֣יו יְבָרֵ֑ךְ
וְ֝יוֹדֻ֗ךָ כִּֽי־תֵיטִ֥יב לָֽךְ׃

כ תָּ֭בוֹא עַד־דּ֣וֹר אֲבוֹתָ֑יו
עַד־נֵ֝֗צַח לֹ֣א יִרְאוּ־אֽוֹר׃

כא אָדָ֣ם בִּ֭יקָר וְלֹ֣א יָבִ֑ין
נִמְשַׁ֥ל כַּבְּהֵמ֥וֹת נִדְמֽוּ׃

第五十首

1. 阿撒夫之歌，
〈至〉威〈至〉能的上主召令了〈全〉地，
从日出〈之处〉直到日落〈之地〉。

2. 从绝美的熙雍，上帝显明。

3. 上帝要来，他不会沉默，
在他面前〈有〉吞噬的火焰，
在他周围〈有〉极强的暴风。

4. 他要呼唤上天〈下〉地来审判他的子民。

5. 〈你们〉要为我聚集我的虔敬者，
〈即那些〉以祭献与我立约者。

6. 天〈上万军〉要诉说他的公义，
因为上帝是〈公正的〉判官，塞拉。

7. 我的子民当听，我要发言，
以色列〈啊〉，我要警诫你，
我是上帝，你的上帝。

8. 我要谴责你，〈并〉非由于你的祭献，
〈并非由于〉你常〈献〉在我面前的高升祭。

9. 我不必从你家中攫取公牛，
〈也不必〉从你羊圈中〈取用〉山羊。

10. 因为林中〈百〉兽，
群山上的牲畜，
全都属于我。

מזמור נ

א מִזְמ֗וֹר לְאָ֫סָ֥ף
אֵ֤ל ׀ אֱלֹהִ֡ים יְֽהוָ֗ה דִּבֶּ֥ר וַיִּקְרָא־אָ֑רֶץ
מִמִּזְרַח־שֶׁ֝֗מֶשׁ עַד־מְבֹאֽוֹ׃

ב מִצִּיּ֥וֹן מִכְלַל־יֹ֑פִי אֱלֹהִ֥ים הוֹפִֽיעַ׃

ג יָ֤בֹא אֱלֹהֵ֗ינוּ וְֽאַל־יֶ֫חֱרַ֥שׁ
אֵשׁ־לְפָנָ֥יו תֹּאכֵ֑ל וּ֝סְבִיבָ֗יו נִשְׂעֲרָ֥ה מְאֹֽד׃

ד יִקְרָ֣א אֶל־הַשָּׁמַ֣יִם מֵעָ֑ל
וְאֶל־הָ֝אָ֗רֶץ לָדִ֥ין עַמּֽוֹ׃

ה אִסְפוּ־לִ֥י חֲסִידָ֑י
כֹּרְתֵ֖י בְרִיתִ֣י עֲלֵי־זָֽבַח׃

ו וַיַּגִּ֣ידוּ שָׁמַ֣יִם צִדְק֑וֹ
כִּֽי־אֱלֹהִ֓ים ׀ שֹׁפֵ֖ט ה֣וּא סֶֽלָה׃

ז שִׁמְעָ֤ה עַמִּ֨י ׀ וַאֲדַבֵּ֗רָה
יִ֭שְׂרָאֵל וְאָעִ֣ידָה בָּ֑ךְ
אֱלֹהִ֖ים אֱלֹהֶ֣יךָ אָנֹֽכִי׃

ח לֹ֣א עַל־זְ֭בָחֶיךָ אוֹכִיחֶ֑ךָ
וְעוֹלֹתֶ֖יךָ לְנֶגְדִּ֣י תָמִֽיד׃

ט לֹא־אֶקַּ֣ח מִבֵּיתְךָ֣ פָ֑ר
מִ֝מִּכְלְאֹתֶ֗יךָ עַתּוּדִֽים׃

י כִּי־לִ֥י כָל־חַיְתוֹ־יָ֑עַר
בְּ֝הֵמ֗וֹת בְּהַרְרֵי־אָֽלֶף׃

11. 我认识山中所有飞鸟，
田间走兽都在我〈掌控之下〉。

12. 即便我会饿，我〈也〉不必说给你，
因为世界和其中一切〈都〉属于我。

13. 难道我〈需要〉吃壮牛的肉，
〈难道〉我〈需要〉喝山羊的血。

14. 〈你〉要向上帝献上感谢，
向至高者还你的誓愿。

15. 〈你〉当在患难日呼唤我，我必援救你，
〈而〉你要〈以感谢祭来〉光荣我。

16. 上帝对恶人说，
你为何要讲述我的律例，
你嘴上〈为何〉要提及我的盟约。

17. 〈明明〉你恼恨〈我的〉管教，
你把我的话抛在了〈身〉后。

18. 当你遇见了盗贼，你就与他合伙，
你〈选择了〉与奸人同份。

19. 你口出恶言，
你舌满奸诈。

20. 你〈一〉与兄弟同坐，你就说〈恶言〉，
你就侮辱你母亲的儿子。

21. 〈虽然〉你做了这些，我〈仍〉保持了沉默，
你〈便〉以为我像你一样，
我要斥责你，
我要〈把对你的控诉〉摆在你眼前。

יא יָדַעְתִּי כׇּל־עוֹף הָרִים
וְזִיז שָׂדַי עִמָּדִי׃

יב אִם־אֶרְעַב לֹא־אֹמַר לָךְ
כִּי־לִי תֵבֵל וּמְלֹאָהּ׃

יג הַאוֹכַל בְּשַׂר אַבִּירִים
וְדַם עַתּוּדִים אֶשְׁתֶּה׃

יד זְבַח לֵאלֹהִים תּוֹדָה
וְשַׁלֵּם לְעֶלְיוֹן נְדָרֶיךָ׃

טו וּקְרָאֵנִי בְּיוֹם צָרָה
אֲחַלֶּצְךָ וּתְכַבְּדֵנִי׃

טז וְלָרָשָׁע ׀ אָמַר אֱלֹהִים
מַה־לְּךָ לְסַפֵּר חֻקָּי
וַתִּשָּׂא בְרִיתִי עֲלֵי־פִיךָ׃

יז וְאַתָּה שָׂנֵאתָ מוּסָר
וַתַּשְׁלֵךְ דְּבָרַי אַחֲרֶיךָ׃

יח אִם־רָאִיתָ גַנָּב וַתִּרֶץ עִמּוֹ
וְעִם מְנָאֲפִים חֶלְקֶךָ׃

יט פִּיךָ שָׁלַחְתָּ בְרָעָה
וּלְשׁוֹנְךָ תַּצְמִיד מִרְמָה׃

כ תֵּשֵׁב בְּאָחִיךָ תְדַבֵּר
בְּבֶן־אִמְּךָ תִּתֶּן־דֹּפִי׃

כא אֵלֶּה עָשִׂיתָ ׀ וְהֶחֱרַשְׁתִּי
דִּמִּיתָ הֱיוֹת־אֶהְיֶה כָמוֹךָ
אוֹכִיחֲךָ וְאֶעֶרְכָה לְעֵינֶיךָ׃

22. 忘记上帝的人〈啊〉，如今〈你们〉要反省，
免得我撕碎〈你们〉，无人〈能〉搭救。

23. 奉献〈给我〉感恩祭〈就是〉光荣我，
遵循〈托辣之〉道的人，
我要向他显示上帝的拯救。

כב בִּֽינוּ־נָ֣א זֹ֭את שֹׁכְחֵ֣י אֱל֑וֹהַּ
פֶּן־֝אֶטְרֹ֗ף וְאֵ֣ין מַצִּֽיל׃

כג זֹבֵ֥חַ תּוֹדָ֗ה יְֽכַ֫בְּדָ֥נְנִי
וְשָׂ֥ם דֶּ֑רֶךְ
֝אַרְאֶ֗נּוּ בְּיֵ֣שַׁע אֱלֹהִֽים׃

第五十一首

1. 交予奏乐者，达威德之歌。

2. 那时谕者纳堂前来〈指责〉他娶了巴特晒娃。

3. 〈求你〉怜悯我，〈哦〉上帝，
〈求你〉以你的仁慈和丰富的怜爱，
抹去我的忤逆〈吧〉。

4. 〈求你〉洗刷我的咎责，
涤净我的过犯。

5. 因我承认我〈犯下〉的忤逆，
我的过犯常在我面前。

6. 我得罪的正是你，我做了你眼中的恶事，
〈求你赦免我〉以便〈彰显〉你所言不虚
〈你确实如你所说美善宽仁，富于饶恕〉，
〈以便彰显〉你的判决仁慈。

7. 哎，我在咎责中出生，
我母在过犯中孕育了我〈即我在娘胎里就被赋予了犯错的倾向，我一生下来就有了作恶的潜能〉。

8. 看哪，你喜爱的是心怀真理，
你〈意愿的是〉将智慧指示于〈我的〉内心。

9. 求你以洒水礼为我除罪，我就〈成为〉洁净，
求你洗涤我，我就比雪还白。

10. 请你让我〈只〉听到欢喜和快乐〈的消息〉，
愿〈被〉你〈的怒气〉所碾压的〈筋〉骨
〈感到〉欢愉。

מזמור נא

א לַמְנַצֵּחַ מִזְמוֹר לְדָוִד׃ ליום שלישי

ב בְּבוֹא־אֵלָיו נָתָן הַנָּבִיא
כַּאֲשֶׁר־בָּא אֶל־בַּת־שָׁבַע׃

ג חָנֵּנִי אֱלֹהִים כְּחַסְדֶּךָ
כְּרֹב רַחֲמֶיךָ מְחֵה פְשָׁעָי׃

ד הרבה כַּבְּסֵנִי מֵעֲוֺנִי הֶרֶב
וּמֵחַטָּאתִי טַהֲרֵנִי׃

ה כִּי־פְשָׁעַי אֲנִי אֵדָע
וְחַטָּאתִי נֶגְדִּי תָמִיד׃

ו לְךָ לְבַדְּךָ ׀ חָטָאתִי
וְהָרַע בְּעֵינֶיךָ עָשִׂיתִי
לְמַעַן תִּצְדַּק בְּדָבְרֶךָ
תִּזְכֶּה בְשָׁפְטֶךָ׃

ז הֵן־בְּעָווֹן חוֹלָלְתִּי
וּבְחֵטְא יֶחֱמַתְנִי אִמִּי׃

ח הֵן־אֱמֶת חָפַצְתָּ בַטֻּחוֹת
וּבְסָתֻם חָכְמָה תוֹדִיעֵנִי׃

ט תְּחַטְּאֵנִי בְאֵזוֹב וְאֶטְהָר
תְּכַבְּסֵנִי וּמִשֶּׁלֶג אַלְבִּין׃

י תַּשְׁמִיעֵנִי שָׂשׂוֹן וְשִׂמְחָה
תָּגֵלְנָה עֲצָמוֹת דִּכִּיתָ׃

11. 求你掩面不看我的过失，
〈求你〉除掉我一切的咎责。

12. 上帝为我创造了纯洁的心，
〈求你〉重新在我体内坚定〈我的〉精神。

13. 求你不要将我从你面前推开，
求你不要从我身上取走你神圣的灵魂。

14. 〈求你〉还给我你救赎的喜悦，
求你以自在的精神扶助我。

15. 我要教导恶人〈走〉你的〈正〉道，
愿罪人向你悔改。

16. 求你救我脱离血债〈即对谋杀的惩罚〉，
〈哦〉上帝，拯救我的上帝，
我的〈口〉舌要歌颂你的正义。

17. 我主〈啊〉，我要开口讲述〈对〉你的颂赞。

18. 因你要的不是我献上祭牲，
〈纵然我献上〉高升祭也不能讨你喜悦。

19. 上帝〈所要〉的祭品是痛悔的精神，
上帝〈啊〉，求你不要厌弃痛悔破碎的心。

20. 〈求你〉用恩宠善待熙雍，
求你〈重〉建耶路撒冷的城墙。

21. 那时你要悦纳恰当的祭品〈即〉高升全燔祭，
那时他们要将公牛奉献在你的祭坛上。

יא הַסְתֵּר פָּנֶיךָ מֵחֲטָאָי
וְכָל־עֲוֺנֹתַי מְחֵה׃

יב לֵב טָהוֹר בְּרָא־לִי אֱלֹהִים
וְרוּחַ נָכוֹן חַדֵּשׁ בְּקִרְבִּי׃

יג אַל־תַּשְׁלִיכֵנִי מִלְּפָנֶיךָ
וְרוּחַ קָדְשְׁךָ אַל־תִּקַּח מִמֶּנִּי׃

יד הָשִׁיבָה לִּי שְׂשׂוֹן יִשְׁעֶךָ
וְרוּחַ נְדִיבָה תִסְמְכֵנִי׃

טו אֲלַמְּדָה פֹשְׁעִים דְּרָכֶיךָ
וְחַטָּאִים אֵלֶיךָ יָשׁוּבוּ׃

טז הַצִּילֵנִי מִדָּמִים ׀ אֱלֹהִים
אֱלֹהֵי תְּשׁוּעָתִי
תְּרַנֵּן לְשׁוֹנִי צִדְקָתֶךָ׃

יז אֲדֹנָי שְׂפָתַי תִּפְתָּח
וּפִי יַגִּיד תְּהִלָּתֶךָ׃

יח כִּי ׀ לֹא־תַחְפֹּץ זֶבַח וְאֶתֵּנָה
עוֹלָה לֹא תִרְצֶה׃

יט זִבְחֵי אֱלֹהִים רוּחַ נִשְׁבָּרָה
לֵב־נִשְׁבָּר וְנִדְכֶּה
אֱלֹהִים לֹא תִבְזֶה׃

כ הֵיטִיבָה בִרְצוֹנְךָ אֶת־צִיּוֹן
תִּבְנֶה חוֹמוֹת יְרוּשָׁלִָם׃

כא אָז תַּחְפֹּץ זִבְחֵי־צֶדֶק עוֹלָה וְכָלִיל
אָז יַעֲלוּ עַל־מִזְבַּחֲךָ פָרִים׃

第五十二首

1. 交予奏乐者，达威德的训诲〈诗〉。

2. 〈达威德作诗时〉正当埃东人多埃格
前去报告沙屋珥，
告诉他达威德到了阿希迈赖赫家。

3. 强者〈多埃格啊〉，你为何要夸耀〈你的〉罪恶，
〈你应当夸赞的是〉上帝的慈爱整天〈护卫我〉。

4. 你心怀恶意，〈导致〉你口
〈出恶言，直译：舌〉，
〈你〉造谣中伤〈的舌〉像锋利的刀片。

5. 你喜爱恶甚于善，
〈你爱〉虚伪超过真言，塞拉。

6. 你喜爱各样诽谤谗言。

7. 为此上帝要毁灭你，直到永远，
他要将你从帐幕中消灭剪除，
他要将你从活人之地连根拔除，塞拉。

8. 义人见到〈你这个恶人的垮台〉会惊骇
〈于上帝的惩戒〉，
他们要嘲笑他〈即多埃格〉。

9. 看哪，这强人〈多埃格〉不以上帝为他的保障，
〈反而〉他依靠他众多的财富，
加倍作恶。

מזמור נב

א לַמְנַצֵּ֗חַ מַשְׂכִּ֥יל לְדָוִֽד׃

ב בְּב֤וֹא ׀ דּוֹאֵ֣ג הָאֲדֹמִי֮ וַיַּגֵּ֪ד לְשָׁ֫א֥וּל
וַיֹּ֥אמֶר ל֑וֹ
בָּ֥א דָ֝וִ֗ד אֶל־בֵּ֥ית אֲחִימֶֽלֶךְ׃

ג מַה־תִּתְהַלֵּ֣ל בְּ֭רָעָה הַגִּבּ֑וֹר
חֶ֥סֶד אֵ֝֗ל כָּל־הַיּֽוֹם׃

ד הַ֭וּוֹת תַּחְשֹׁ֣ב לְשׁוֹנֶ֑ךָ
כְּתַ֥עַר מְ֝לֻטָּ֗שׁ עֹשֵׂ֥ה רְמִיָּֽה׃

ה אָהַ֣בְתָּ רָּ֣ע מִטּ֑וֹב
שֶׁ֓קֶר ׀ מִדַּבֵּ֖ר צֶ֣דֶק סֶֽלָה׃

ו אָהַ֥בְתָּ כָל־דִּבְרֵי־בָ֗לַע
לְשׁ֣וֹן מִרְמָֽה׃

ז גַּם־אֵל֮ יִתָּצְךָ֪ לָ֫נֶ֥צַח
יַחְתְּךָ֣ וְיִסָּחֲךָ֣ מֵאֹ֑הֶל
וְשֵׁרֶשְׁךָ֨ מֵאֶ֖רֶץ חַיִּ֣ים סֶֽלָה׃

ח וְיִרְא֖וּ צַדִּיקִ֥ים וְיִירָ֗אוּ
וְעָלָ֥יו יִשְׂחָֽקוּ׃

ט הִנֵּ֤ה הַגֶּ֗בֶר לֹ֥א יָשִׂ֥ים אֱלֹהִ֗ים מָֽ֫עוּזּ֥וֹ
וַ֭יִּבְטַח בְּרֹ֣ב עָשְׁר֑וֹ
יָ֝עֹ֗ז בְּהַוָּתֽוֹ׃

10. 〈而〉我〈却〉如上帝殿中青翠的橄榄树，
我倚靠上帝的仁爱，永永远远。

11. 我要因你所行永远称谢你，
我要期盼你的〈圣〉名，因〈这〉对你的虔敬者
〈来说〉为善〈即我应当期盼你〉。

י וַאֲנִ֤י ׀ כְּזַ֣יִת רַ֭עֲנָן בְּבֵ֣ית אֱלֹהִ֑ים
בָּטַ֥חְתִּי בְחֶֽסֶד־אֱ֝לֹהִ֗ים עוֹלָ֥ם וָעֶֽד׃

יא אוֹדְךָ֣ לְ֭עוֹלָם כִּ֣י עָשִׂ֑יתָ
וַאֲקַוֶּ֖ה שִׁמְךָ֥ כִי־ט֝֗וֹב נֶ֣גֶד חֲסִידֶֽיךָ׃

第五十三首

1. 交予演奏玛哈拉特〈乐器名〉者，
达威德的训诲〈诗〉。

2. 行尸走肉〈更直译：死尸〉心里说没有上帝，
他们〈在〉邪恶〈中〉毁坏腐烂
〈为更强烈表达感情，可意译：
这堆恶臭的死尸怎样怎样〉，
〈却〉不行善。

3. 上帝从天上观察人子〈原文复数，指世人〉，
看是否有明智的，寻求上帝的人。

4. 〈可悲呀〉人统统走偏，他们〈真〉恶心，
没有行善的，〈连〉一个也没有。

5. 做恶的人岂不明白，
〈恶人〉吞噬我的百姓〈如同〉吞食面饼
〈他们抢劫压榨以色列，
用不当所得供他们享用〉，
他们〈指恶人〉不呼求上帝。

6. 〈在〉那里〈即他们荒宴的地方〉，当上帝抛散
了聚集到你〈那里的那些狐朋狗友〉的骨头，
他们〈就〉受到了不曾有过的惊恐，
当〈他们看到了〉上帝对他们〈感到〉恶心，
〈他们就倍感〉羞耻。

7. 甚愿他从熙雍赐予以色列拯救，
当上帝召回他被掳的百姓，
雅可乌要欢欣，以色列要喜悦。

מזמור נג

א לַמְנַצֵּחַ עַל־מָחֲלַת מַשְׂכִּיל לְדָוִד׃

ב אָמַר נָבָל בְּלִבּוֹ אֵין אֱלֹהִים
הִשְׁחִיתוּ וְהִתְעִיבוּ עָוֶל
אֵין עֹשֵׂה־טוֹב׃

ג אֱלֹהִים מִשָּׁמַיִם הִשְׁקִיף עַל־בְּנֵי־אָדָם
לִרְאוֹת הֲיֵשׁ מַשְׂכִּיל
דֹּרֵשׁ אֶת־אֱלֹהִים׃

ד כֻּלּוֹ סָג יַחְדָּו נֶאֱלָחוּ
אֵין עֹשֵׂה־טוֹב אֵין גַּם־אֶחָד׃

ה הֲלֹא יָדְעוּ פֹּעֲלֵי אָוֶן
אֹכְלֵי עַמִּי אָכְלוּ לֶחֶם
אֱלֹהִים לֹא קָרָאוּ׃

ו שָׁם ׀ פָּחֲדוּ־פַחַד לֹא־הָיָה פָחַד
כִּי־אֱלֹהִים פִּזַּר עַצְמוֹת חֹנָךְ
הֱבִשֹׁתָה כִּי־אֱלֹהִים מְאָסָם׃

ז מִי יִתֵּן מִצִּיּוֹן יְשֻׁעוֹת יִשְׂרָאֵל
בְּשׁוּב אֱלֹהִים שְׁבוּת עַמּוֹ
יָגֵל יַעֲקֹב יִשְׂמַח יִשְׂרָאֵל׃

第五十四首

1. 交予奏乐者，和以弦乐，达威德的训诲〈诗〉。

2. 〈达威德作诗时〉正当资弗〈地名〉人
来对沙屋珥说，
达威德岂不是藏在我们这里。

3. 上帝〈啊〉，〈求你〉用你的名拯救我，
求你用你的大能〈审判我的敌人〉为我申冤。

4. 上帝〈啊〉，〈求你〉垂听我的祈祷，
倾听我口中的话语。

5. 外人〈指恶人〉起来攻击我，
暴虐的人图谋我的命，
他们〈根本〉不在意上帝，塞拉。

6. 看哪，上帝助佑我，
我主扶持我的命。

7. 愿灾祸报应给我的仇敌，
〈求你〉凭你的信实让他们灭亡。

8. 我要甘心向你献祭，称谢你的名，
〈哦〉上主，因〈你本为〉善。

9. 因他解救我脱离了各样困境，
我亲眼看见我的仇敌〈遭到报应〉。

מזמור נד

א לַמְנַצֵּ֥חַ בִּנְגִינֹ֗ת מַשְׂכִּ֥יל לְדָוִֽד׃

ב בְּב֣וֹא הַ֭זִּיפִים וַיֹּאמְר֣וּ לְשָׁא֑וּל
הֲלֹ֥א דָ֝וִ֗ד מִסְתַּתֵּ֥ר עִמָּֽנוּ׃

ג אֱ‍ֽלֹהִ֗ים בְּשִׁמְךָ֥ הוֹשִׁיעֵ֑נִי
וּבִגְבוּרָתְךָ֥ תְדִינֵֽנִי׃

ד אֱ‍ֽלֹהִ֗ים שְׁמַ֣ע תְּפִלָּתִ֑י
הַ֝אֲזִ֗ינָה לְאִמְרֵי־פִֽי׃

ה כִּ֤י זָרִ֨ים ׀ קָ֤מוּ עָלַ֗י
וְֽעָרִיצִ֗ים בִּקְשׁ֣וּ נַפְשִׁ֑י
לֹ֤א שָׂ֨מוּ אֱלֹהִ֖ים לְנֶגְדָּ֣ם סֶֽלָה׃

ו הִנֵּ֣ה אֱ֭לֹהִים עֹזֵ֣ר לִ֑י
אֲ֝דֹנָ֗י בְּֽסֹמְכֵ֥י נַפְשִֽׁי׃

ז ישׁ֣וּב הָ֭רַע לְשֹׁרְרָ֑י יָשִׁ֣יב
בַּ֝אֲמִתְּךָ֗ הַצְמִיתֵֽם׃

ח בִּנְדָבָ֥ה אֶזְבְּחָה־לָּ֑ךְ
א֤וֹדֶ֖ה שִּׁמְךָ֖ יְהוָ֣ה כִּי־טֽוֹב׃

ט כִּ֣י מִכָּל־צָ֭רָה הִצִּילָ֑נִי
וּ֝בְאֹיְבַ֗י רָאֲתָ֥ה עֵינִֽי׃

第五十五首

1. 交予奏乐者，和以弦乐，达威德的训诲〈诗〉。

2. 上帝〈啊〉，〈求你〉聆听我的祈祷，
求你不要不顾我的恳求。

3. 〈求你〉留意我，俯允我，
我要呻吟，我要哀号。

4. 〈我哀叹是〉出于仇敌的〈恐吓〉叫嚣，
〈是出于〉恶人〈对我〉的压迫，
因他们图谋加害我，疯狂地迫害我。

5. 我的心在颤抖，
死亡的恐怖降临我身。

6. 惊骇和颤栗临到我，
恐惧淹没了我。

7. 我说，
甚愿我有鸽子般的羽翼，
我要飞走，我要〈安〉居〈他乡〉。

8. 看哪，我要流浪远方，
我要〈露〉宿荒野，塞拉。

9. 我要快逃，
躲避狂风扫荡。

10. 我主〈啊〉，求你搅乱他们的饶舌，
因我看到了城中的抢劫与纷争。

מזמור נה

א לַמְנַצֵּחַ בִּנְגִינֹת מַשְׂכִּיל לְדָוִד׃ י לחודש

ב הַאֲזִינָה אֱלֹהִים תְּפִלָּתִי
וְאַל־תִּתְעַלַּם מִתְּחִנָּתִי׃

ג הַקְשִׁיבָה לִּי וַעֲנֵנִי
אָרִיד בְּשִׂיחִי וְאָהִימָה׃

ד מִקּוֹל אוֹיֵב מִפְּנֵי עָקַת רָשָׁע
כִּי־יָמִיטוּ עָלַי אָוֶן וּבְאַף יִשְׂטְמוּנִי׃

ה לִבִּי יָחִיל בְּקִרְבִּי
וְאֵימוֹת מָוֶת נָפְלוּ עָלָי׃

ו יִרְאָה וָרַעַד יָבֹא בִי
וַתְּכַסֵּנִי פַּלָּצוּת׃

ז וָאֹמַר
מִי־יִתֶּן־לִּי אֵבֶר כַּיּוֹנָה
אָעוּפָה וְאֶשְׁכֹּנָה׃

ח הִנֵּה אַרְחִיק נְדֹד
אָלִין בַּמִּדְבָּר סֶלָה׃

ט אָחִישָׁה מִפְלָט לִי
מֵרוּחַ סֹעָה מִסָּעַר׃

י בַּלַּע אֲדֹנָי פַּלַּג לְשׁוֹנָם
כִּי־רָאִיתִי חָמָס וְרִיב בָּעִיר׃

11. 他们在城墙上昼夜巡行，
邪恶和暴虐在城中〈肆行〉。

12. 劫掠在其中〈即在城中〉，
在〈这城的〉街市中不断有暗算和诡计。

13. 因为我要承受的不是仇敌羞辱我，
〈也〉不是要躲避仇人对我嚣张。

14. 〈而竟是〉你，我所敬重的人，
我的重臣，我的知己。

15. 我们本要一同畅享〈托辣的〉奥秘，
我们本要在〈圣〉会中
〈携手同〉行在上帝的圣殿中。

16. 愿死亡降临他们，
愿他们活活堕入阴间，
因为在他们的住处，在他们的〈心〉中
〈满〉是恶毒。

17. 而我要向上帝呼求，
上主必将拯救我。

18. 黄昏，清晨和晌午，我要哀叹悲号，
他必听取我的声音。

19. 〈求你〉救赎我的性命〈得〉平安，
免得敌人就近〈害〉我，
因为攻击我的人甚多。

20. 愿上帝，〈即〉亘古居〈于高天〉者，
俯听〈我〉并挫败他们，塞拉，
他们没有转运，他们不敬畏上帝。

21. 他下手〈加害〉和平的人，
他背弃了盟约。

יא יוֹמָ֤ם וָלַ֗יְלָה יְסוֹבְבֻ֥הָ עַל־חוֹמֹתֶ֑יהָ
וְאָ֖וֶן וְעָמָ֣ל בְּקִרְבָּֽהּ׃
יב הַוּ֥וֹת בְּקִרְבָּ֑הּ
וְלֹֽא־יָמִ֥ישׁ מֵ֝רְחֹבָ֗הּ תֹּ֣ךְ וּמִרְמָֽה׃
יג כִּ֤י לֹֽא־אוֹיֵ֥ב יְחָרְפֵ֗נִי וְאֶ֫שָּׂ֥א
לֹֽא־מְ֭שַׂנְאִי עָלַ֣י הִגְדִּ֑יל וְאֶסָּתֵ֥ר מִמֶּֽנּוּ׃
יד וְאַתָּ֣ה אֱנ֣וֹשׁ כְּעֶרְכִּ֑י
אַ֝לּוּפִ֗י וּמְיֻדָּעִֽי׃
טו אֲשֶׁ֣ר יַ֭חְדָּו נַמְתִּ֣יק ס֑וֹד
בְּבֵ֥ית אֱ֝לֹהִ֗ים נְהַלֵּ֥ךְ בְּרָֽגֶשׁ׃
טז ישימות ׀ עָלֵ֗ימוֹ יַשִּׁ֣יא מָ֣וֶת
יֵרְד֣וּ שְׁא֣וֹל חַיִּ֑ים
כִּי־רָע֖וֹת בִּמְגוּרָ֣ם בְּקִרְבָּֽם׃
יז אֲ֭נִי אֶל־אֱלֹהִ֣ים אֶקְרָ֑א
וַ֝יהוָ֗ה יוֹשִׁיעֵֽנִי׃
יח עֶ֤רֶב וָבֹ֣קֶר וְ֭צָהֳרַיִם אָשִׂ֣יחָה וְאֶהֱמֶ֑ה
וַיִּשְׁמַ֥ע קוֹלִֽי׃
יט פָּ֘דָ֤ה בְשָׁל֣וֹם נַ֭פְשִׁי מִקֲּרָב־לִ֑י
כִּֽי־בְ֝רַבִּ֗ים הָי֥וּ עִמָּדִֽי׃
כ יִשְׁמַ֤ע ׀ אֵ֨ל ׀ וְיַעֲנֵ֡ם וְיֹ֤שֵׁ֥ב קֶ֗דֶם סֶ֑לָה
אֲשֶׁ֤ר אֵ֣ין חֲלִיפ֣וֹת לָ֑מוֹ
וְלֹ֖א יָרְא֣וּ אֱלֹהִֽים׃
כא שָׁלַ֣ח יָ֭דָיו בִּשְׁלֹמָ֗יו
חִלֵּ֥ל בְּרִיתֽוֹ׃

22. 他的口比奶油更滑润，他的心〈却谋划〉战争，
他的言语比油还柔和，
〈但实际上〉这些〈言语〉是利剑。

23. 望你把担子卸给上主，他会扶助你，
他不会让义人失足。

24. 你是上帝，求你让谋杀犯和奸人堕入灭亡深坑，
〈让〉他们活不到中年，
而我要信靠你。

כב חָֽלְק֨וּ ׀ מַחְמָאֹ֣ת פִּיו֮ וּֽקֲרָב־לִ֫בּ֥וֹ
רַכּ֣וּ דְבָרָ֣יו מִשֶּׁ֑מֶן
וְהֵ֗מָּה פְתִחֽוֹת׃

כג הַשְׁלֵ֤ךְ עַל־יְהוָ֙ה ׀ יְהָבְךָ֮ וְה֢וּא יְֽכַלְכְּ֫לֶ֥ךָ
לֹֽא־יִתֵּ֖ן לְעוֹלָ֥ם מ֗וֹט לַצַּדִּֽיק׃

כד וְאַתָּ֤ה אֱלֹהִ֨ים ׀ תּוֹרִדֵ֬ם ׀ לִבְאֵ֬ר שַׁ֗חַת
אַנְשֵׁ֤י דָמִ֣ים וּמִרְמָה֮ לֹא־יֶחֱצ֪וּ יְמֵיהֶ֥ם
וַ֝אֲנִ֗י אֶבְטַח־בָּֽךְ׃

第五十六首

1. 交予奏乐者，〈曲调用〉远方静鸽，
达威德的金〈歌〉，
那时泼赖晒特人在加特捉到他。

2. 上帝〈啊〉，〈求你〉怜悯我，
因为〈仇〉人〈想要〉吞噬我，
战士整日攻击我。

3. 我的敌人整日谋划〈生吞我〉，
攻击我的人甚多，
〈居于〉高天〈者，求你看顾〉。

4. 我惧怕时，
我要信靠你。

5. 我要赞美上帝的话语，
我信靠上帝，
我不会惧怕血肉〈之人〉能奈我如何。

6. 他们整日坏我的事
〈或译：他们一天到晚歪曲我的话，
这让我痛苦〉，所有他们对我的谋划都是恶。

7. 他们聚集密谋，窥探我的行踪，
伺机〈害〉我的性命。

8. 〈愿你〉因〈他们的〉罪恶取了他们〈的命〉，
〈求你〉在怒气中击倒众民，〈哦〉上帝。

9. 我数算了我流亡〈的次数〉，
〈请〉把我的泪滴收藏在你的囊袋中，
〈他们的数量〉确实在你的数算之中。

מזמור נו

א לַמְנַצֵּחַ ׀ עַל־יוֹנַת אֵלֶם רְחֹקִים לְדָוִד מִכְתָּם
בֶּאֱחֹז אֹתוֹ פְלִשְׁתִּים בְּגַת:

ב חָנֵּנִי אֱלֹהִים כִּי־שְׁאָפַנִי אֱנוֹשׁ
כָּל־הַיּוֹם לֹחֵם יִלְחָצֵנִי:

ג שָׁאֲפוּ שׁוֹרְרַי כָּל־הַיּוֹם
כִּי־רַבִּים לֹחֲמִים לִי מָרוֹם:

ד יוֹם אִירָא
אֲנִי אֵלֶיךָ אֶבְטָח:

ה בֵּאלֹהִים אֲהַלֵּל דְּבָרוֹ
בֵּאלֹהִים בָּטַחְתִּי לֹא אִירָא
מַה־יַּעֲשֶׂה בָשָׂר לִי:

ו כָּל־הַיּוֹם דְּבָרַי יְעַצֵּבוּ
עָלַי כָּל־מַחְשְׁבֹתָם לָרָע:

ז יָגוּרוּ ׀ יצפינו הֵמָּה עֲקֵבַי יִשְׁמֹרוּ יִצְפֹּנוּ
כַּאֲשֶׁר קִוּוּ נַפְשִׁי:

ח עַל־אָוֶן פַּלֶּט־לָמוֹ
בְּאַף עַמִּים ׀ הוֹרֵד אֱלֹהִים:

ט נֹדִי סָפַרְתָּה אָתָּה
שִׂימָה דִמְעָתִי בְנֹאדֶךָ
הֲלֹא בְּסִפְרָתֶךָ:

10. 于是当我呼求〈你救助〉时，
我的仇敌要转身〈退却〉，
〈由〉此我知道上帝为我〈的帮助〉。

11. 我要赞美上帝的拯救〈直译：言，事〉，
我要赞美上主的拯救。

12. 我信靠上帝，
我不畏惧血肉〈之人〉要奈我如何。

13. 上帝〈啊〉，我必〈遵守向〉你〈许〉的誓愿，
我要用感恩〈祭〉向你还愿。

14. 因你拯救了我的性命免于死亡，
〈你〉确实〈扶助了〉我的足免于跌倒，
使我〈能〉在生命之光中行走于上帝的面前。

י אָ֤ז ׀ יָ֘שׁ֤וּבוּ אוֹיְבַ֣י אָ֭חוֹר בְּי֣וֹם אֶקְרָ֑א
זֶה־יָ֝דַ֗עְתִּי כִּֽי־אֱלֹהִ֥ים לִֽי׃

יא בֵּֽ֭אלֹהִים אֲהַלֵּ֣ל דָּבָ֑ר
בַּ֝יהֹוָ֗ה אֲהַלֵּ֥ל דָּבָֽר׃

יב בֵּֽאלֹהִ֣ים בָּ֭טַחְתִּי לֹ֣א אִירָ֑א
מַה־יַּעֲשֶׂ֖ה אָדָ֣ם לִֽי׃

יג עָלַ֣י אֱלֹהִ֣ים נְדָרֶ֑יךָ
אֲשַׁלֵּ֖ם תּוֹדֹ֣ת לָֽךְ׃

יד כִּ֤י הִצַּ֪לְתָּ נַפְשִׁ֡י מִמָּ֗וֶת
הֲלֹ֥א רַגְלַ֗י מִ֫דֶּ֥חִי
לְ֭הִתְהַלֵּךְ לִפְנֵ֣י אֱלֹהִ֑ים בְּ֝א֗וֹר הַֽחַיִּֽים׃

第五十七首

1. 交予奏乐者，〈曲调用〉不要毁坏，
达威德的金〈诗〉，那时他在洞中躲避沙屋珥。

2. 〈求你〉怜悯我，〈哦〉上帝，〈求你〉怜悯我，
因你是我性命的避难所，
我要藏身在你的羽翼下，直到风险过去。

3. 我呼求至高者上帝，
〈呼求那〉成全我的上帝。

4. 愿他自〈高〉天救助我，
〈因为他们对我的〉羞辱吞没〈了我〉，塞拉，
愿上帝赐下他的仁慈和信实。

5. 〈我感觉〉我的性命〈仿佛〉倒卧在狮子〈的撕咬〉
之中，〈我躺卧在暴戾如〉火焰的人〈中间〉，
他们的牙齿〈好似锋利的〉箭和矛，
他们的舌头〈好似〉利剑。

6. 〈求你〉升上〈高〉天〈施行审判〉，
〈哦〉上帝，〈愿〉你的荣耀〈显现〉在全地之上。

7. 他们为我的脚设置了网罗，〈要〉害我的命，
他们在我面前〈的路上〉挖了坑〈要陷害我〉，
〈但〉他们〈自己却〉落入了其中，塞拉。

8. 我的心坚定，〈哦〉上帝，我的心坚定，
我要奏乐歌唱。

9. 醒来吧，我的心灵，醒来吧，七弦琴和竖琴，
我要唤醒清晨。

מזמור נז

א לַמְנַצֵּ֣חַ אַל־תַּ֭שְׁחֵת לְדָוִ֣ד מִכְתָּ֑ם
בְּבָרְח֥וֹ מִפְּנֵי־שָׁ֝א֗וּל בַּמְּעָרָֽה׃

ב חָנֵּ֤נִי אֱלֹהִ֨ים ׀ חָנֵּ֗נִי
כִּ֥י בְךָ֮ חָסָ֪יָה נַ֫פְשִׁ֥י
וּבְצֵל־כְּנָפֶ֥יךָ אֶחְסֶ֑ה עַ֝֗ד יַעֲבֹ֥ר הַוּֽוֹת׃

ג אֶ֭קְרָא לֵאלֹהִ֣ים עֶלְי֑וֹן
לָ֝אֵ֗ל גֹּמֵ֥ר עָלָֽי׃

ד יִשְׁלַ֤ח מִשָּׁמַ֨יִם ׀ וְֽיוֹשִׁיעֵ֗נִי חֵרֵ֣ף שֹׁאֲפִ֣י סֶ֑לָה
יִשְׁלַ֥ח אֱ֝לֹהִ֗ים חַסְדּ֥וֹ וַאֲמִתּֽוֹ׃

ה נַפְשִׁ֤י ׀ בְּת֬וֹךְ לְבָאִ֗ם אֶשְׁכְּבָ֥ה לֹהֲטִ֑ים
בְּֽנֵי־אָדָ֗ם שִׁ֭נֵּיהֶם חֲנִ֣ית וְחִצִּ֑ים
וּ֝לְשׁוֹנָ֗ם חֶ֣רֶב חַדָּֽה׃

ו ר֣וּמָה עַל־הַשָּׁמַ֣יִם אֱלֹהִ֑ים
עַ֖ל כָּל־הָאָ֣רֶץ כְּבוֹדֶֽךָ׃

ז רֶ֤שֶׁת ׀ הֵכִ֣ינוּ לִפְעָמַי֮ כָּפַ֪ף נַ֫פְשִׁ֥י
כָּר֣וּ לְפָנַ֣י שִׁיחָ֑ה
נָפְל֖וּ בְתוֹכָ֣הּ סֶֽלָה׃

ח נָכ֣וֹן לִבִּ֣י אֱ֭לֹהִים נָכ֣וֹן לִבִּ֑י
אָ֝שִׁ֗ירָה וַאֲזַמֵּֽרָה׃

ט ע֤וּרָה כְבוֹדִ֗י ע֣וּרָֽה הַנֵּ֣בֶל וְכִנּ֑וֹר
אָעִ֥ירָה שָּֽׁחַר׃

10. 我要在万民中称谢你，〈哦〉我主，
我要在众族中赞颂你。

11. 因你的慈爱宏大至〈高〉天，
你的信实〈宏大〉至〈高〉天。

12. 〈求你〉升上〈高〉天〈施行审判〉，〈哦〉上帝，
〈愿〉你的荣耀〈显现〉在全地之上。

י אוֹדְךָ בָעַמִּים ׀ אֲדֹנָי
אֲזַמֶּרְךָ בַּלְאֻמִּים:

יא כִּי־גָדֹל עַד־שָׁמַיִם חַסְדֶּךָ
וְעַד־שְׁחָקִים אֲמִתֶּךָ:

יב רוּמָה עַל־שָׁמַיִם אֱלֹהִים
עַל כָּל־הָאָרֶץ כְּבוֹדֶךָ:

第五十八首

1. 交予奏乐者，〈曲调用〉不要毁坏，
达威德的金〈诗〉。

2. 你们真要〈在向大众〉宣告〈时〉掩盖正义吗，
你们会公正审判人〈吗〉。

3. 〈你们不仅不会〉而且你们要凭着邪恶的心行事，
你们要亲手在地上抢劫。

4. 恶人从胎中〈就〉偏邪，
说谎的人〈一〉出〈母〉腹就走歪。

5. 他们的恶毒如同蛇毒，他要堵上他的耳朵，
好似听不见的〈毒〉蛇。

6. 他不会听窃窃的轻声，
〈即便出自〉最聪明的术士。

7. 上帝〈啊〉，〈求你〉打掉他们口中的牙齿，
〈求你〉打碎幼狮的尖牙，〈哦〉上主。

8. 愿他们如流水消逝，他一用箭对准〈他们〉，
他们立刻就崩溃。

9. 好似烂掉的蜗牛，〈又似〉流产的〈死〉胎，
他们看不到阳〈光〉。

10. 他们的刺尚未〈硬如〉荆棘，
他〈指上帝〉如狂风般愤怒地
将他们活活〈拔除〉。

מזמור נח

א לַמְנַצֵּ֣חַ אַל־תַּ֭שְׁחֵת לְדָוִ֣ד מִכְתָּֽם׃

ב הַאֻמְנָ֗ם אֵ֣לֶם צֶ֣דֶק תְּדַבֵּר֑וּן
מֵישָׁרִ֥ים תִּ֝שְׁפְּט֗וּ בְּנֵ֣י אָדָֽם׃

ג אַף־בְּלֵב֮ עוֹלֹ֪ת תִּֽפְעָ֫ל֥וּן
בָּאָ֗רֶץ חֲמַ֥ס יְ֝דֵיכֶ֗ם תְּפַלֵּֽסוּן׃

ד זֹ֣רוּ רְ֭שָׁעִים מֵרָ֑חֶם
תָּע֥וּ מִ֝בֶּ֗טֶן דֹּבְרֵ֥י כָזָֽב׃

ה חֲמַת־לָ֗מוֹ כִּדְמ֥וּת חֲמַת־נָחָ֑שׁ
כְּמוֹ־פֶ֥תֶן חֵ֝רֵ֗שׁ יַאְטֵ֥ם אָזְנֽוֹ׃

ו אֲשֶׁ֣ר לֹֽא־יִ֭שְׁמַע לְק֣וֹל מְלַחֲשִׁ֑ים
חוֹבֵ֖ר חֲבָרִ֣ים מְחֻכָּֽם׃

ז אֱֽלֹהִ֗ים הֲרָס־שִׁנֵּ֥ימוֹ בְּפִ֑ימוֹ
מַלְתְּע֥וֹת כְּ֝פִירִ֗ים נְתֹ֣ץ ׀ יְהוָֽה׃

ח יִמָּאֲס֣וּ כְמוֹ־מַ֭יִם יִתְהַלְּכוּ־לָ֑מוֹ
יִֽדְרֹ֥ךְ חִ֝צָּ֗ו כְּמ֣וֹ יִתְמֹלָֽלוּ׃

ט כְּמוֹ֣ שַׁ֭בְּלוּל תֶּ֣מֶס יַהֲלֹ֑ךְ
נֵ֥פֶל אֵ֝֗שֶׁת בַּל־חָ֥זוּ שָֽׁמֶשׁ׃

י בְּטֶ֣רֶם יָ֭בִינוּ סִּירֹתֵיכֶ֣ם אָטָ֑ד
כְּמוֹ־חַ֥י כְּמוֹ־חָ֝ר֗וֹן יִשְׂעָרֶֽנּוּ׃

11. 义人要欢喜，因为他看到了报应，
他要在恶人的血中浴足。

12. 〈世〉人要说，
义人确有福报，
世〈原文：地〉上确有上帝施行审判。

יא יִשְׂמַח צַדִּיק כִּי־חָזָה נָקָם
פְּעָמָיו יִרְחַץ בְּדַם הָרָשָׁע׃

יב וְיֹאמַר אָדָם
אַךְ־פְּרִי לַצַּדִּיק
אַךְ יֵשׁ־אֱלֹהִים שֹׁפְטִים בָּאָרֶץ׃

第五十九首

1. 交予奏乐者，〈曲调用〉不要毁坏，
达威德的金〈诗〉，
那时沙屋珥派人包围了〈达威德的〉寓所，
为要害死他〈即达威德〉。

2. 〈求你〉救助我免于敌〈手〉，〈哦〉我的上帝，
求你让我胜过起来攻击我的人。

3. 〈求你〉解救我免于作恶之徒，
〈求你〉拯救我免于杀人〈恶魔〉。

4. 看哪，他们设了埋伏要〈害〉我的命，
凶残之徒〈还是〉围堵了我，
〈尽管〉我没有犯罪做恶，〈哦〉上主。

5. 〈虽我手中〉没有罪过，他们仍要设计〈害我〉，
〈求你〉起来〈助〉我，
〈求你俯〉看〈我的困境〉。

6. 你是上主，万军的上帝，以色列的上帝，
〈求你〉兴起，去惩罚所有民族，
〈求〉你不要怜恤背信〈弃义〉的恶人，塞拉。

7. 黄昏时他们回来〈软禁我〉，
他们如豺狗般吠嚣，
包围〈这〉城〈免得我逃走〉。

8. 看哪，他们口吐〈凶言〉，
他们的舌上〈好似〉有〈利〉剑，
〈他们认为〉没人听到〈他们的恶言〉。

9. 〈但〉你，上主，你嘲笑他们，
你蔑视所有的民族。

מזמור נט

א לַמְנַצֵּ֣חַ אַל־תַּשְׁחֵת֮ לְדָוִ֪ד מִ֫כְתָּ֥ם
בִּשְׁלֹ֥חַ שָׁא֑וּל וַֽיִּשְׁמְר֥וּ אֶת־הַ֝בַּ֗יִת לַהֲמִיתֽוֹ׃

ב הַצִּילֵ֣נִי מֵאֹיְבַ֣י ׀ אֱלֹהָ֑י
מִּֽמִּתְקוֹמְמַ֥י תְּשַׂגְּבֵֽנִי׃

ג הַ֭צִּילֵנִי מִפֹּ֣עֲלֵי אָ֑וֶן
וּֽמֵאַנְשֵׁ֥י דָ֝מִ֗ים הוֹשִׁיעֵֽנִי׃

ד כִּ֤י הִנֵּ֪ה אָֽרְב֡וּ לְנַפְשִׁ֗י יָג֣וּרוּ עָלַ֣י עַזִּ֑ים
לֹֽא־פִשְׁעִ֖י וְלֹא־חַטָּאתִ֣י יהוֽה׃

ה בְּֽלִי־עָ֭וֺן יְרֻצ֣וּן וְיִכּוֹנָ֑נוּ
ע֖וּרָה לִקְרָאתִ֣י וּרְאֵֽה׃

ו וְאַתָּ֤ה יהוֽה־אֱלֹהִ֨ים ׀
צְבָא֡וֹת אֱלֹ֘הֵ֤י יִשְׂרָאֵ֗ל
הָקִ֗יצָה לִפְקֹ֥ד כָּל־הַגּוֹיִ֑ם
אַל־תָּ֝חֹ֗ן כָּל־בֹּ֥גְדֵי אָ֣וֶן סֶֽלָה׃

ז יָשׁ֣וּבוּ לָ֭עֶרֶב יֶהֱמ֥וּ כַכָּ֗לֶב
וִיס֥וֹבְבוּ עִֽיר׃

ח הִנֵּ֤ה ׀ יַבִּ֘יע֤וּן בְּפִיהֶ֗ם
חֲ֭רָבוֹת בְּשִׂפְתוֹתֵיהֶ֑ם
כִּי־מִ֥י שֹׁמֵֽעַ׃

ט וְאַתָּ֣ה י֭הוה תִּשְׂחַק־לָ֑מוֹ
תִּ֝לְעַ֗ג לְכָל־גּוֹיִֽם׃

10. 我期盼你，英勇者〈上帝〉，
因上帝是我的堡垒。

11. 我仁慈的上帝要速来〈救〉我，
上帝要垂顾我在敌人〈围困下的苦境〉。

12. 请你不要〈立刻〉处死他们，
免得我的民〈以色列〉忘记，
请用你的威能驱逐他们，使他们降卑，
〈哦〉我主，我们的护盾。

13. 〈由于〉他们的口〈唇〉之罪〈和〉他们的饶舌
〈妄言〉，他们要被他们的狂妄陷住，
〈这是〉由于他们的虚誓〈直译：诅咒〉
和他们所说的谎言。

14. 〈他们要〉在〈你的〉愤怒中灭亡，
灭亡〈到〉无影无踪，
〈然后所有人都〉要知道上帝是雅可乌的主宰，
直到地极，塞拉。

15. 黄昏时他们回来〈软禁我〉，
他们如豺狗般吠嚣，
包围〈这〉城〈免得我逃走〉。

16. 他们要〈到处〉游荡觅食，
却不得饱足安睡。

17. 〈而〉我要歌颂你的威能，
我要在清晨颂赞你的仁爱，
因为你是我的保障，我困苦时的避难所。

18. 我要歌颂你，〈你是〉我的力量，
因〈你是〉上帝，我的堡垒，我仁慈的上帝。

י עֻזּוֹ אֵלֶיךָ אֶשְׁמֹרָה
כִּי־אֱלֹהִים מִשְׂגַּבִּי׃

יא אֱלֹהֵי חסדו יְקַדְּמֵנִי חַסְדִּי
אֱלֹהִים יַרְאֵנִי בְשֹׁרְרָי׃

יב אַל־תַּהַרְגֵם ׀ פֶּן־יִשְׁכְּחוּ עַמִּי
הֲנִיעֵמוֹ בְחֵילְךָ וְהוֹרִידֵמוֹ
מָגִנֵּנוּ אֲדֹנָי׃

יג חַטַּאת־פִּימוֹ דְּבַר־שְׂפָתֵימוֹ
וְיִלָּכְדוּ בִגְאוֹנָם
וּמֵאָלָה וּמִכַּחַשׁ יְסַפֵּרוּ׃

יד כַּלֵּה בְחֵמָה כַּלֵּה וְאֵינֵמוֹ
וְיֵדְעוּ כִּי־אֱלֹהִים מֹשֵׁל בְּיַעֲקֹב
לְאַפְסֵי הָאָרֶץ סֶלָה׃

טו וְיָשֻׁבוּ לָעֶרֶב יֶהֱמוּ כַכָּלֶב
וִיסוֹבְבוּ עִיר׃

טז הֵמָּה ינועון לֶאֱכֹל יְנִיעוּן
אִם־לֹא יִשְׂבְּעוּ וַיָּלִינוּ׃

יז וַאֲנִי ׀ אָשִׁיר עֻזֶּךָ וַאֲרַנֵּן לַבֹּקֶר חַסְדֶּךָ
כִּי־הָיִיתָ מִשְׂגָּב לִי
וּמָנוֹס בְּיוֹם צַר־לִי׃

יח עֻזִּי אֵלֶיךָ אֲזַמֵּרָה
כִּי־אֱלֹהִים מִשְׂגַּבִּי אֱלֹהֵי חַסְדִּי׃

第六十首

1. 交予演奏舒珊〈乐器名〉者，〈用于〉作证，
达威德用来教导的金〈诗〉。

2. 那时他与两河〈间〉的阿兰和阿兰•挫瓦作战，
〈那时〉约阿乌归来，在盐谷杀了埃东
一万两千〈人〉。

3. 上帝〈啊〉，你放弃了我们，你打击了我们，
你〈向我们〉发怒了，
求你〈对我们〉回转〈心意〉。

4. 你震撼了〈大〉地，你使她〈指地〉崩裂，
〈求你〉修复她的裂痕，因为她〈快要〉垮了。

5. 你使你的民〈面对〉坚难，
〈好似〉你用毒酒灌了我们。

6. 〈求〉你为了〈你的〉信实将旌旗赐予敬畏你的
人来挥舞〈意思是让他们得胜〉，塞拉。

7. 以便你所爱的人能够脱险，
〈求你用〉你的右手拯救〈我〉，
〈求你〉垂允我〈的祈求〉。

8. 上帝以其神圣发言，我要欢喜，
我要分割世韩，我要度量苏扣特平原。

9. 吉珥阿德属我，梅纳晒属我，
埃弗辣因是我的头盔，
耶胡达是我的书记〈或译：臣卿，即做官的〉。

10. 摩阿乌〈的官长预备〉我的浴池，
我要把我的鞋甩给埃东，
泼赖晒特要向我吹角〈来表示臣服于我的王权〉。

מזמור ס

א לַמְנַצֵּ֥חַ עַל־שׁוּשַׁ֥ן עֵד֑וּת יא לחודש
מִכְתָּ֖ם לְדָוִ֣ד לְלַמֵּֽד׃

ב בְּהַצּוֹת֨וֹ ׀ אֶ֤ת אֲרַ֣ם נַהֲרַ֡יִם וְאֶת־אֲרַ֬ם צ֗וֹבָ֫ה
וַיָּ֤שָׁב יוֹאָ֗ב וַיַּ֣ךְ אֶת־אֱד֣וֹם בְּגֵיא־מֶ֑לַח
שְׁנֵ֖ים עָשָׂ֣ר אָֽלֶף׃

ג אֱ֭לֹהִים זְנַחְתָּ֣נוּ פְרַצְתָּ֑נוּ
אָ֝נַ֗פְתָּ תְּשׁ֣וֹבֵֽב לָֽנוּ׃

ד הִרְעַ֣שְׁתָּה אֶ֣רֶץ פְּצַמְתָּ֑הּ
רְפָ֖ה שְׁבָרֶ֣יהָ כִי־מָֽטָה׃

ה הִרְאִ֣יתָ עַמְּךָ֣ קָשָׁ֑ה
הִ֝שְׁקִיתָ֗נוּ יַ֣יִן תַּרְעֵלָֽה׃

ו נָתַ֤תָּה לִּירֵאֶ֣יךָ נֵּ֭ס לְהִתְנוֹסֵ֑ס
מִ֝פְּנֵ֗י קֹ֣שֶׁט סֶֽלָה׃

ז לְ֭מַעַן יֵחָלְצ֣וּן יְדִידֶ֑יךָ
הוֹשִׁ֖יעָה יְמִֽינְךָ֣ ועננו׃ ועֲנֵנִי

ח אֱלֹהִ֤ים ׀ דִּבֶּ֥ר בְּקָדְשׁ֗וֹ אֶ֫עְלֹ֥זָה
אֲחַלְּקָ֥ה שְׁכֶ֑ם וְעֵ֖מֶק סֻכּ֣וֹת אֲמַדֵּֽד׃

ט לִ֤י גִלְעָ֨ד ׀ וְלִ֬י מְנַשֶּׁ֗ה וְ֭אֶפְרַיִם מָע֣וֹז רֹאשִׁ֑י
יְ֝הוּדָ֗ה מְחֹקְקִֽי׃

י מוֹאָ֤ב ׀ סִ֬יר רַחְצִ֗י
עַל־אֱ֭דוֹם אַשְׁלִ֣יךְ נַעֲלִ֑י
עָ֝לַ֗י פְּלֶ֣שֶׁת הִתְרוֹעָֽעִי׃

11. 谁会领我〈攻克〉坚城，
谁会带我〈征服〉埃东。

12. 岂不是你，〈哦〉上帝，你抛弃了我们，
上帝不〈再〉同我们的军队〈一起〉出征。

13. 求你帮助我们抵御仇敌，
〈世〉人的拯救〈不过是〉虚枉。

14. 我们要凭上帝而战，
他要征服我们的仇敌。

יא מִ֣י י֖וֹבִלֵנִי עִ֣יר מָצ֑וֹר
מִ֖י נָחַ֣נִי עַד־אֱדֽוֹם׃

יב הֲלֹֽא־אַתָּ֣ה אֱ֭לֹהִים זְנַחְתָּ֑נוּ
וְֽלֹא־תֵצֵ֥א אֱ֝לֹהִ֗ים בְּצִבְאוֹתֵֽינוּ׃

יג הָֽבָה־לָּ֣נוּ עֶזְרָ֣ת מִצָּ֑ר
וְ֝שָׁ֗וְא תְּשׁוּעַ֥ת אָדָֽם׃

יד בֵּֽאלֹהִ֥ים נַעֲשֶׂה־חָ֑יִל
וְ֝ה֗וּא יָב֥וּס צָרֵֽינוּ׃

第六十一首

1. 交予演奏弦乐者，达威德之〈歌〉。

2. 上帝〈啊〉，请垂听我的恳求，
请留意我的祈祷。

3. 我以疲惫的心从地极〈或意译：天涯海角〉
向你呼告，
求你将我安置在高不可及的磐石。

4. 因你〈常〉是我的避难所，
〈我〉御敌的堡垒。

5. 我要永远住在你的帐中，
我要避难于你羽翼之下，塞拉。

6. 因你是上帝，你垂听了我的誓言，
你将产业赐予了敬畏你〈圣〉名的人。

7. 愿你添加君王的寿数〈直译：日子〉，
〈添加〉他的岁月如同代代〈无穷〉。

8. 他要永远〈安〉居在上帝面前，
〈求你〉命定慈爱与信实〈来〉保佑他。

9. 我要如此歌颂你的〈圣〉名，直到永远，
日日履行我的誓愿。

מזמור סא

א לַמְנַצֵּחַ ׀ עַל־נְגִינַת לְדָוִד:

ב שִׁמְעָה אֱלֹהִים רִנָּתִי
הַקְשִׁיבָה תְּפִלָּתִי:

ג מִקְצֵה הָאָרֶץ ׀ אֵלֶיךָ אֶקְרָא בַּעֲטֹף לִבִּי
בְּצוּר־יָרוּם מִמֶּנִּי תַנְחֵנִי:

ד כִּי־הָיִיתָ מַחְסֶה לִי
מִגְדַּל־עֹז מִפְּנֵי אוֹיֵב:

ה אָגוּרָה בְאָהָלְךָ עוֹלָמִים
אֶחֱסֶה בְסֵתֶר כְּנָפֶיךָ סֶּלָה:

ו כִּי־אַתָּה אֱלֹהִים שָׁמַעְתָּ לִנְדָרָי
נָתַתָּ יְרֻשַּׁת יִרְאֵי שְׁמֶךָ:

ז יָמִים עַל־יְמֵי־מֶלֶךְ תּוֹסִיף
שְׁנוֹתָיו כְּמוֹ־דֹר וָדֹר:

ח יֵשֵׁב עוֹלָם לִפְנֵי אֱלֹהִים
חֶסֶד וֶאֱמֶת מַן יִנְצְרֻהוּ:

ט כֵּן אֲזַמְּרָה שִׁמְךָ לָעַד
לְשַׁלְּמִי נְדָרַי יוֹם ׀ יוֹם:

第六十二首

1. 交予奏乐者，〈即雷威人〉耶杜通〈之子〉，
达威德之歌。

2. 我的心只向上帝静默〈期待〉，
我的拯救〈只〉来自他。

3. 只有他是我的磐石，我的拯救，
〈他是〉我的堡垒，我不会屡屡崩溃。

4. 你们祸害人要到何时，
愿你们都被〈死亡的洪流〉冲走，
你们都如倾斜的墙，推倒的篱笆。

5. 然而他们出于狂妄地要谋划推翻〈我〉，
他们喜爱谎言，
他们口上称颂，心中却诅咒，塞拉。

6. 我的心只向上帝静默〈期待〉，
因我的盼望来自他。

7. 只有他是我的磐石，我的拯救，
〈他是〉我的堡垒，我不会崩溃。

8. 我的拯救和荣耀在于上帝，
〈他是〉我坚强的磐石，我信赖上帝。

9. 〈我的〉民〈啊〉，〈你们〉要随时信赖他
〈即上帝〉，
〈你们〉要在他面前倾〈诉〉你们的心〈声〉，
上主是我们的堡垒，赛拉。

מזמור סב

א לַמְנַצֵּחַ עַל־יְדוּתוּן מִזְמוֹר לְדָוִד:

ב אַךְ אֶל־אֱלֹהִים דּוּמִיָּה נַפְשִׁי
מִמֶּנּוּ יְשׁוּעָתִי:

ג אַךְ־הוּא צוּרִי וִישׁוּעָתִי
מִשְׂגַּבִּי לֹא־אֶמּוֹט רַבָּה:

ד עַד־אָנָה ׀ תְּהוֹתְתוּ עַל־אִישׁ
תְּרָצְּחוּ כֻלְּכֶם
כְּקִיר נָטוּי גָּדֵר הַדְּחוּיָה:

ה אַךְ מִשְּׂאֵתוֹ ׀ יָעֲצוּ לְהַדִּיחַ יִרְצוּ כָזָב
בְּפִיו יְבָרֵכוּ
וּבְקִרְבָּם יְקַלְלוּ־סֶלָה:

ו אַךְ לֵאלֹהִים דּוֹמִּי נַפְשִׁי
כִּי־מִמֶּנּוּ תִּקְוָתִי:

ז אַךְ־הוּא צוּרִי וִישׁוּעָתִי
מִשְׂגַּבִּי לֹא אֶמּוֹט:

ח עַל־אֱלֹהִים יִשְׁעִי וּכְבוֹדִי
צוּר־עֻזִּי מַחְסִי בֵּאלֹהִים:

ט בִּטְחוּ בוֹ בְכָל־עֵת ׀ עָם
שִׁפְכוּ־לְפָנָיו לְבַבְכֶם
אֱלֹהִים מַחֲסֶה־לָּנוּ סֶלָה:

10. 〈世〉人不过是口气，人子〈不过〉是虚枉，
他们要在天平上〈称一称〉，
〈加在〉一起比口气〈还轻〉。

11. 你们不要依赖强取豪夺，你们不要妄求发
〈不义之〉财，
你们不要在意〈这些虚幻的财富〉。

12. 上帝说了一次，我听到了两次
〈意思是他说了一句，我从中学到了两个教训〉，
因威能属于上帝。

13. 我主〈啊〉，仁慈在你，
你必要依照人的行为报赏他。

י אַ֤ךְ ׀ הֶ֥בֶל בְּֽנֵי־אָדָם֮ כָּזָ֪ב בְּנֵ֫י אִ֥ישׁ
בְּמֹאזְנַ֥יִם לַעֲל֑וֹת
הֵ֝֗מָּה מֵהֶ֥בֶל יָֽחַד׃

יא אַל־תִּבְטְח֣וּ בְעֹשֶׁק֮ וּבְגָזֵ֪ל אַל־תֶּ֫הְבָּ֥לוּ
חַ֤יִל ׀ כִּֽי־יָנ֑וּב אַל־תָּשִׁ֥יתוּ לֵֽב׃

יב אַחַ֤ת ׀ דִּבֶּ֬ר אֱלֹהִ֗ים שְׁתַּֽיִם־ז֥וּ שָׁמָ֑עְתִּי
כִּ֥י עֹ֝֗ז לֵאלֹהִֽים׃

יג וּלְךָֽ־אֲדֹנָ֥י חָ֑סֶד
כִּֽי־אַתָּ֨ה תְשַׁלֵּ֖ם לְאִ֣ישׁ כְּֽמַעֲשֵֽׂהוּ׃

第六十三首

1. 达威德之歌，那时他〈藏〉在耶胡达旷野。

2. 上帝，你是我的力量〈也可译为：
你是我的上帝〉，我要寻求你，
我的灵魂渴求你，我的身体渴望你，
〈如同我走〉在干涸荒漠之地。

3. 我确曾在圣〈所〉见过你，
看到你的力量与荣耀。

4. 因你的慈爱胜过〈今世的〉生命，
我的〈口〉唇要赞美你。

5. 我一生定要赞美你，
我要向你的名举手〈祈祷〉。

6. 如同佳肴使我心爽，
我的口唇要歌颂赞美
〈意思是对你的赞美愉悦我的心灵〉。

7. 我躺卧时记得你，
夜间各时我要思考你〈的伟大〉。

8. 因你曾是我的助佑，
我要在你的羽翼下欢歌。

9. 我的灵魂系着你，
你的右手扶助我。

10. 他们图谋害我的命，
他们要坠入〈深深的〉地下。

מזמור סג

א מִזְמ֥וֹר לְדָוִ֑ד בִּ֝הְיוֹת֗וֹ בְּמִדְבַּ֥ר יְהוּדָֽה׃

ב אֱלֹהִ֤ים ׀ אֵלִ֣י אַתָּה֮ אֲֽשַׁ֫חֲ֥רֶ֥ךָּ
צָמְאָ֬ה לְךָ֨ ׀ נַפְשִׁ֗י כָּמַ֣הּ לְךָ֣ בְשָׂרִ֑י
בְּאֶֽרֶץ־צִיָּ֖ה וְעָיֵ֣ף בְּלִי־מָֽיִם׃

ג כֵּ֭ן בַּקֹּ֣דֶשׁ חֲזִיתִ֑ךָ
לִרְא֥וֹת עֻ֝זְּךָ֗ וּכְבוֹדֶֽךָ׃

ד כִּי־ט֣וֹב חַ֭סְדְּךָ מֵֽחַיִּ֗ים
שְׂפָתַ֥י יְשַׁבְּחֽוּנְךָ׃

ה כֵּ֣ן אֲבָרֶכְךָ֣ בְחַיָּ֑י
בְּ֝שִׁמְךָ֗ אֶשָּׂ֥א כַפָּֽי׃

ו כְּמ֤וֹ חֵ֣לֶב וָ֭דֶשֶׁן תִּשְׂבַּ֣ע נַפְשִׁ֑י
וְשִׂפְתֵ֥י רְ֝נָנ֗וֹת יְהַלֶּל־פִּֽי׃

ז אִם־זְכַרְתִּ֥יךָ עַל־יְצוּעָ֑י
בְּ֝אַשְׁמֻר֗וֹת אֶהְגֶּה־בָּֽךְ׃

ח כִּֽי־הָיִ֣יתָ עֶזְרָ֣תָה לִּ֑י
וּבְצֵ֖ל כְּנָפֶ֣יךָ אֲרַנֵּֽן׃

ט דָּבְקָ֣ה נַפְשִׁ֣י אַחֲרֶ֑יךָ
בִּ֝֗י תָּמְכָ֥ה יְמִינֶֽךָ׃

י וְהֵ֗מָּה לְ֭שׁוֹאָה יְבַקְשׁ֣וּ נַפְשִׁ֑י
יָ֝בֹ֗אוּ בְּֽתַחְתִּיּ֥וֹת הָאָֽרֶץ׃

11. 他要以剑血溅他们，
他们要成为野狗的食物。

12. 〈但〉君王〈达威德〉要因上帝
〈的拯救而〉欢喜，
所有以他〈的名〉起誓的都要赞美〈他〉，
因〈他〉要封闭说谎人的口。

יא יַגִּירֻהוּ עַל־יְדֵי־חָרֶב
מְנָת שֻׁעָלִים יִהְיוּ׃

יב וְהַמֶּלֶךְ יִשְׂמַח בֵּאלֹהִים
יִתְהַלֵּל כָּל־הַנִּשְׁבָּע בּוֹ
כִּי יִסָּכֵר פִּי דוֹבְרֵי־שָׁקֶר׃

第六十四首

1. 交予奏乐者，达威德之歌。

2. 上帝〈啊〉，请听我的声音，我的诉说，
求你保护我的生命免于仇人的恐吓。

3. 求你让我免于恶人的阴谋，
免于作恶之徒的聚会。

4. 他们磨快舌头好像〈利〉剑，
他们〈满口〉恶言犹如张满的〈弓〉箭。

5. 为要暗中射击纯全〈的人〉，
他们〈指恶人〉要突然射击他〈指好人〉，
他们不畏惧〈上帝〉。

6. 他们〈用〉恶言彼此怂恿，
商讨〈如何〉布下网罗，
他们说〈可意译：以为〉无人能看见他们
〈的恶行〉。

7. 他们要图谋诡计，
〈直到在〉人的内心，〈在〉心的深处再找不到
〈更毒的计谋〉。

8. 上主突然向他们射箭，
〈对〉他们的打击〈猝然而〉至。

9. 他们的舌头给他们招祸，
看到他们的都要震惊。

מזמור סד

א לַמְנַצֵּחַ מִזְמוֹר לְדָוִד׃

ב שְׁמַע־אֱלֹהִים קוֹלִי בְשִׂיחִי
מִפַּחַד אוֹיֵב תִּצֹּר חַיָּי׃

ג תַּסְתִּירֵנִי מִסּוֹד מְרֵעִים
מֵרִגְשַׁת פֹּעֲלֵי אָוֶן׃

ד אֲשֶׁר שָׁנְנוּ כַחֶרֶב לְשׁוֹנָם
דָּרְכוּ חִצָּם דָּבָר מָר׃

ה לִירוֹת בַּמִּסְתָּרִים תָּם
פִּתְאֹם יֹרֻהוּ וְלֹא יִירָאוּ׃

ו יְחַזְּקוּ־לָמוֹ ׀ דָּבָר רָע
יְסַפְּרוּ לִטְמוֹן מוֹקְשִׁים
אָמְרוּ מִי יִרְאֶה־לָּמוֹ׃

ז יַחְפְּשׂוּ־עוֹלֹת תַּמְנוּ חֵפֶשׂ מְחֻפָּשׂ
וְקֶרֶב אִישׁ וְלֵב עָמֹק׃

ח וַיֹּרֵם אֱלֹהִים
חֵץ פִּתְאוֹם
הָיוּ מַכּוֹתָם׃

ט וַיַּכְשִׁילֻהוּ עָלֵימוֹ לְשׁוֹנָם
יִתְנֹדְדוּ כָּל־רֹאֵה בָם׃

10. 人人都惊恐，并讲述上帝的作为，
〈由此〉他的作为使〈他们长教训〉明白
〈要远离罪恶〉。

11. 义人要因上主欢喜并信赖他，
心地正直的人都要赞美〈上主〉。

י וַיִּֽירְא֗וּ כָּל־אָ֫דָ֥ם
וַ֭יַּגִּידוּ פֹּ֣עַל אֱלֹהִ֑ים וּֽמַעֲשֵׂ֥הוּ הִשְׂכִּֽילוּ׃

יא יִשְׂמַ֬ח צַדִּ֣יק בַּֽיהוה֮ וְחָ֪סָה ב֥וֹ
וְ֝יִתְהַֽלְל֗וּ כָּל־יִשְׁרֵי־לֵֽב׃

第六十五首

1. 交予奏乐者，达威德的诗歌。

2. 〈你是居〉于熙雍的上帝，沉默对你〈来说胜过〉
赞美〈因无法以有限表达无限〉，
〈我们〉要向你还愿。

3. 〈上主〉倾听祈祷，
凡〈有血〉肉〈的人〉都要来到〈你这里祈求〉。

4. 诸般罪恶压得我不堪重负，
求你赦免我们的罪过。

5. 被你拣选，被你带来住在你〈圣殿〉院子〈中的
人真是〉有福，
愿我们饱享了你神圣殿宇的佳美。

6. 愿你以正义惊鸿地回允我们，
上帝〈是〉我们的拯救，
〈是〉天涯海角所有人的保障。

7. 他以〈大〉能〈为〉群山备好〈了充足的雨水〉，
〈水气〉包裹在〈你的〉力量之中。

8. 你平息了海洋波涛的巨响，
〈你平息了〉众民的喧嚣。

9. 〈大〉地〈四〉极的居民要因你的奇迹而惊恐，
你使早晚〈日出日落〉的光辉歌唱。

10. 你顾念〈大〉地，以充沛浇灌了她，使她肥沃，
上帝的水渠充满了〈清〉水，
你要为他们预备五谷〈丰登〉，
愿你如此成就她〈指使大地丰饶〉。

מזמור סה

א לַמְנַצֵּחַ מִזְמוֹר לְדָוִד שִׁיר׃

ב לְךָ דֻמִיָּה תְהִלָּה אֱלֹהִים בְּצִיּוֹן
וּלְךָ יְשֻׁלַּם־נֶדֶר׃

ג שֹׁמֵעַ תְּפִלָּה
עָדֶיךָ כָּל־בָּשָׂר יָבֹאוּ׃

ד דִּבְרֵי עֲוֺנֹת גָּבְרוּ מֶנִּי
פְּשָׁעֵינוּ אַתָּה תְכַפְּרֵם׃

ה אַשְׁרֵי ׀ תִּבְחַר וּתְקָרֵב יִשְׁכֹּן חֲצֵרֶיךָ
נִשְׂבְּעָה בְּטוּב בֵּיתֶךָ קְדֹשׁ הֵיכָלֶךָ׃

ו נוֹרָאוֹת ׀ בְּצֶדֶק תַּעֲנֵנוּ אֱלֹהֵי יִשְׁעֵנוּ
מִבְטָח כָּל־קַצְוֵי־אֶרֶץ וְיָם רְחֹקִים׃

ז מֵכִין הָרִים בְּכֹחוֹ
נֶאְזָר בִּגְבוּרָה׃

ח מַשְׁבִּיחַ ׀ שְׁאוֹן יַמִּים שְׁאוֹן גַּלֵּיהֶם
וַהֲמוֹן לְאֻמִּים׃

ט וַיִּירְאוּ ׀ יֹשְׁבֵי קְצָוֺת מֵאוֹתֹתֶיךָ
מוֹצָאֵי־בֹקֶר וָעֶרֶב תַּרְנִין׃

י פָּקַדְתָּ הָאָרֶץ ׀ וַתְּשֹׁקְקֶהָ
רַבַּת תַּעְשְׁרֶנָּה
פֶּלֶג אֱלֹהִים מָלֵא מָיִם
תָּכִין דְּגָנָם כִּי־כֵן תְּכִינֶהָ׃

11. 〈愿你使〉她的畦沟满盈，〈愿你降雨〉滋润田垄，
愿你以雨滴使她松软，
愿你祝福她的作物〈茁壮〉。

12. 你〈以〉佳美〈的出产〉装点了年〈月〉，
〈愿〉你的云朵降雨丰沛。

13. 愿雨降在旷野的草场，
愿你以茂盛装点山丘。

14. 〈愿〉平原遍布羊群，
〈愿〉山谷铺满谷物，
愿他们都欢呼歌唱。

יא תְּלָמֶיהָ רַוֵּה נַחֵת גְּדוּדֶהָ
בִּרְבִיבִים תְּמֹגְגֶנָּה
צִמְחָהּ תְּבָרֵךְ׃

יב עִטַּרְתָּ שְׁנַת טוֹבָתֶךָ
וּמַעְגָּלֶיךָ יִרְעֲפוּן דָּשֶׁן׃

יג יִרְעֲפוּ נְאוֹת מִדְבָּר
וְגִיל גְּבָעוֹת תַּחְגֹּרְנָה׃

יד לָבְשׁוּ כָרִים ׀ הַצֹּאן
וַעֲמָקִים יַעַטְפוּ־בָר
יִתְרוֹעֲעוּ אַף־יָשִׁירוּ׃

第六十六首

1. 交予奏乐者的诗歌，
全地〈的人〉都要向上帝欢呼。

2. 〈都要〉歌唱他〈圣〉名的荣耀，
颂扬他的光荣。

3. 〈你们〉要对上帝说，你的作为何等惊人，
由于你宏大的威能，你的仇敌要向你抵赖
〈他们的恶行。〉

4. 全地〈的人〉要拜倒在你〈面前〉，
他们要歌颂你，
歌颂你的〈圣〉名，塞拉。

5. 〈你们要〉来看上帝的作为，
为人子〈原文复数，解说为以色列民〉
所行的惊奇〈或译：令人惊恐的作为〉。

6. 他将〈苏弗〉海变为干地，
他们徒步走过〈雅尔登〉河〈床〉，
在那里我们欢喜于他〈的救赎〉。

7. 他以其威能统治〈全〉世界，
他的眼目鉴察列邦，
走上歧途的不得高昂，塞拉。

8. 万民要赞美我们的上帝，
他们当高声宣布对他的赞扬。

9. 他保全了我们的性命，
未将我们的足交予跌绊。

מזמור סו

א לַמְנַצֵּחַ שִׁיר מִזְמוֹר יב לחודש
הָרִיעוּ לֵאלֹהִים כָּל־הָאָרֶץ׃

ב זַמְּרוּ כְבוֹד־שְׁמוֹ
שִׂימוּ כָבוֹד תְּהִלָּתוֹ׃

ג אִמְרוּ לֵאלֹהִים מַה־נּוֹרָא מַעֲשֶׂיךָ
בְּרֹב עֻזְּךָ יְכַחֲשׁוּ־לְךָ אֹיְבֶיךָ׃

ד כָּל־הָאָרֶץ ׀ יִשְׁתַּחֲווּ לְךָ וִיזַמְּרוּ־לָךְ
יְזַמְּרוּ שִׁמְךָ סֶלָה׃

ה לְכוּ וּרְאוּ מִפְעֲלוֹת אֱלֹהִים
נוֹרָא עֲלִילָה עַל־בְּנֵי אָדָם׃

ו הָפַךְ יָם ׀ לְיַבָּשָׁה
בַּנָּהָר יַעַבְרוּ בְרָגֶל
שָׁם נִשְׂמְחָה־בּוֹ׃

ז מֹשֵׁל בִּגְבוּרָתוֹ ׀ עוֹלָם
עֵינָיו בַּגּוֹיִם תִּצְפֶּינָה
הַסּוֹרְרִים ׀ אַל־יָרִימוּ לָמוֹ סֶלָה׃ יָרוּמוּ

ח בָּרְכוּ עַמִּים ׀ אֱלֹהֵינוּ
וְהַשְׁמִיעוּ קוֹל תְּהִלָּתוֹ׃

ט הַשָּׂם נַפְשֵׁנוּ בַּחַיִּים
וְלֹא־נָתַן לַמּוֹט רַגְלֵנוּ׃

10. 因为你考验了我们，〈哦〉上帝，
你精炼了我们如同炼银。

11. 你使我们陷入罗网，
你困住了我们的腰身。

12. 你让〈异〉民骑在我们头上，
我们经历了水火〈的考验〉，你〈从密刺辣困〉
领出我们〈走〉向〈自由〉满足。

13. 我要带着高升祭来到你的圣殿，
我要向你还我的誓愿。

14. 就是我〈口〉唇所发的〈誓愿〉，
〈就是〉我困苦时口许的〈誓愿〉。

15. 我要向你献上肥美的高升祭，
伴以公绵羊馨香祭，
我要祭献公牛与山羊，塞拉。

16. 〈你们〉来听〈啊〉，我要向所有敬畏上帝的人
讲诉他对我的〈善〉行。

17. 我的口呼求了他，
我的舌下〈是对他的〉颂扬。

18. 如果我心怀恶念，
我主不会垂听〈我的祈求〉。

19. 上帝确实垂听了，
他留意了我的祷声。

20. 上帝当受赞美，他没有不顾我的祈祷，
他没有拒绝对我〈施行〉他的仁慈。

י כִּֽי־בְחַנְתָּ֥נוּ אֱלֹהִ֑ים
צְ֝רַפְתָּ֗נוּ כִּצְרָף־כָּֽסֶף׃

יא הֲבֵאתָ֥נוּ בַמְּצוּדָ֑ה
שַׂ֖מְתָּ מוּעָקָ֣ה בְמָתְנֵֽינוּ׃

יב הִרְכַּ֥בְתָּ אֱנ֗וֹשׁ לְרֹ֫אשֵׁ֥נוּ
בָּֽאנוּ־בָאֵ֥שׁ וּבַמַּ֑יִם וַ֝תּוֹצִיאֵ֗נוּ לָרְוָיָֽה׃

יג אָב֣וֹא בֵיתְךָ֣ בְעוֹל֑וֹת
אֲשַׁלֵּ֖ם לְךָ֣ נְדָרָֽי׃

יד אֲשֶׁר־פָּצ֥וּ שְׂפָתָ֑י
וְדִבֶּר־פִּ֝֗י בַּצַּר־לִֽי׃

טו עֹ֘ל֤וֹת מֵחִ֣ים אַעֲלֶה־לָּ֭ךְ עִם־קְטֹ֣רֶת אֵילִ֑ים
אֶעֱשֶׂ֖ה בָקָ֥ר עִם־עַתּוּדִ֣ים סֶֽלָה׃

טז לְכֽוּ־שִׁמְע֣וּ וַ֭אֲסַפְּרָה כָּל־יִרְאֵ֣י אֱלֹהִ֑ים
אֲשֶׁ֖ר עָשָׂ֣ה לְנַפְשִֽׁי׃

יז אֵלָ֥יו פִּֽי־קָרָ֑אתִי
וְ֝רוֹמַ֗ם תַּ֣חַת לְשׁוֹנִֽי׃

יח אָ֭וֶן אִם־רָאִ֣יתִי בְלִבִּ֑י
לֹ֖א יִשְׁמַ֣ע ׀ אֲדֹנָֽי׃

יט אָ֭כֵן שָׁמַ֣ע אֱלֹהִ֑ים
הִ֝קְשִׁ֗יב בְּק֣וֹל תְּפִלָּתִֽי׃

כ בָּר֥וּךְ אֱלֹהִ֑ים
אֲשֶׁ֤ר לֹֽא־הֵסִ֘יר תְּפִלָּתִ֥י וְ֝חַסְדּ֗וֹ מֵאִתִּֽי׃

第六十七首

1. 交予演奏乐器者的诗歌。

2. 愿上帝恩待我们，愿他祝福我们，
愿他的〈慈〉颜光照我们，塞拉。

3. 以便〈全〉地〈都〉知晓你的道路，
〈以便〉所有民族〈都知道〉你的拯救。

4. 众民要称谢你，〈哦〉上帝，
众民全都要称谢你〈称谢也可译为承认〉。

5. 各民族〈都〉要欣喜欢歌，
因为你要以公正审判列民，
你要引导地上各族，塞拉。

6. 众民要称谢〈承认〉你，〈哦〉上帝，
众民全都要称谢〈承认〉你。

7. 〈于是大〉地〈要〉献〈上〉出产，
愿上帝，我们的上帝，祝福我们。

8. 愿上帝祝福我们，
愿所有地极〈的人〉都敬畏他。

מזמור סז

א לַמְנַצֵּ֥חַ בִּנְגִינֹ֗ת מִזְמ֥וֹר שִֽׁיר׃

ב אֱלֹהִ֗ים יְחָנֵּ֥נוּ וִיבָרְכֵ֑נוּ
יָ֤אֵ֥ר פָּנָ֖יו אִתָּ֣נוּ סֶֽלָה׃

ג לָדַ֣עַת בָּאָ֣רֶץ דַּרְכֶּ֑ךָ
בְּכָל־גּ֝וֹיִ֗ם יְשׁוּעָתֶֽךָ׃

ד יוֹד֖וּךָ עַמִּ֥ים ׀ אֱלֹהִ֑ים
י֝וֹד֗וּךָ עַמִּ֥ים כֻּלָּֽם׃

ה יִ֥שְׂמְח֥וּ וִירַנְּנ֗וּ לְאֻ֫מִּ֥ים
כִּֽי־תִשְׁפֹּ֣ט עַמִּ֣ים מִישֹׁ֑ר
וּלְאֻמִּ֓ים ׀ בָּאָ֖רֶץ תַּנְחֵ֣ם סֶֽלָה׃

ו יוֹד֖וּךָ עַמִּ֥ים ׀ אֱלֹהִ֑ים
י֝וֹד֗וּךָ עַמִּ֥ים כֻּלָּֽם׃

ז אֶ֭רֶץ נָתְנָ֣ה יְבוּלָ֑הּ
יְ֝בָרְכֵ֗נוּ אֱלֹהִ֥ים אֱלֹהֵֽינוּ׃

ח יְבָרְכֵ֗נוּ אֱלֹהִ֑ים
וְיִֽירְא֥וּ א֝וֹת֗וֹ כָּל־אַפְסֵי־אָֽרֶץ׃

第六十八首

1. 交予奏乐者，达威德的诗歌。

2. 愿上主兴起，驱散他的仇敌，
愿敌视他的人从他面前逃窜。

3. 你要驱散〈他们〉如同烟消〈云〉散，
如蜡在火面前融化，
愿恶人在上帝面前〈如此〉灭亡。

4. 义人要喜乐，他们要在上帝面前欢悦，
愿他们欢欣喜乐。

5. 〈你们〉要向上帝歌唱，〈你们〉要奏乐〈赞美〉
他的〈圣〉名。
〈你们〉要赞扬那驾行高天〈“高天”也可译
为“旷野”〉者，〈你们要赞扬〉他的〈圣〉
名“雅”，
〈你们〉要在他面前欢喜。

6. 〈上帝是〉孤儿之父，
〈为〉寡妇〈申冤〉的法官，
上帝居于他的圣所。

7. 上帝将孤独者安置到家中，
他〈在恰当的时〉释放受囚禁者〈获得自由〉，
而悖逆之徒〈活该〉居住在干旱〈贫瘠之地〉。

8. 你出到民众面前时上帝伴随着你，
伴随你在荒野行进，塞拉。

9. 大地震动，诸天也在上帝面前垂下，
这〈情形是〉西奈在上帝，
以色列的上帝，的面前。

מזמור סח

א לַמְנַצֵּ֗חַ לְדָוִ֗ד מִזְמ֥וֹר שִֽׁיר׃

ב יָק֣וּם אֱ֭לֹהִים יָפ֣וּצוּ אוֹיְבָ֑יו
וְיָנ֥וּסוּ מְ֝שַׂנְאָ֗יו מִפָּנָֽיו׃

ג כְּהִנְדֹּ֥ף עָשָׁ֗ן תִּ֫נְדֹּ֥ף
כְּהִמֵּ֣ס ד֭וֹנַג מִפְּנֵי־אֵ֑שׁ
יֹאבְד֥וּ רְ֝שָׁעִ֗ים מִפְּנֵ֥י אֱלֹהִֽים׃

ד וְצַדִּיקִ֗ים יִשְׂמְח֣וּ יַ֭עַלְצוּ לִפְנֵ֥י אֱלֹהִ֗ים
וְיָשִׂ֥ישׂוּ בְשִׂמְחָֽה׃

ה שִׁ֤ירוּ ׀ לֵֽאלֹהִים֮ זַמְּר֢וּ שְׁ֫מ֥וֹ
סֹ֡לּוּ לָרֹכֵ֣ב בָּ֭עֲרָבוֹת בְּיָ֥הּ שְׁמ֗וֹ
וְעִלְז֥וּ לְפָנָֽיו׃

ו אֲבִ֣י יְ֭תוֹמִים וְדַיַּ֣ן אַלְמָנ֑וֹת
אֱ֝לֹהִ֗ים בִּמְע֥וֹן קָדְשֽׁוֹ׃

ז אֱלֹהִ֤ים ׀ מ֘וֹשִׁ֤יב יְחִידִ֨ים ׀ בַּ֗יְתָה
מוֹצִ֣יא אֲ֭סִירִים בַּכּוֹשָׁר֑וֹת
אַ֥ךְ ס֝וֹרְרִ֗ים שָׁכְנ֥וּ צְחִיחָֽה׃

ח אֱֽלֹהִ֗ים בְּ֭צֵאתְךָ לִפְנֵ֣י עַמֶּ֑ךָ
בְּצַעְדְּךָ֖ בִֽישִׁימ֣וֹן סֶֽלָה׃

ט אֶ֤רֶץ רָעָ֨שָׁה ׀ אַף־שָׁמַ֣יִם נָטְפוּ֮
מִפְּנֵ֪י אֱלֹ֫הִ֥ים
זֶ֥ה סִינַ֑י
מִפְּנֵ֥י אֱ֝לֹהִ֗ים אֱלֹהֵ֥י יִשְׂרָאֵֽל׃

10. 愿你沛洒甘霖，〈哦〉上帝，
你的产业〈指以色列〉倦怠，你坚定了她
〈指以色列〉。

11. 你的牧群〈安〉住在那里，
你要为穷人预备你的佳美，〈哦〉上帝。

12. 我主要宣告，
那向万众通报的〈要宣告〉。

13. 〈万民联〉军之诸王要逃窜，
他们要逃窜，而居家的〈指以色列〉
要分战利品。

14. 就算你躺卧在两边缘之间〈指放置烤锅的地方〉，
〈你也会像〉镀银的鸽翼，
她的羽毛闪耀着金光。

15. 当全能者驱散其中〈指入侵以色列地的〉列王时，
雪白〈的光〉要在幽暗中〈照亮〉。

16. 巴商山是上帝的山，
巴商山是巍峨的山。

17. 巍峨的群山〈啊〉，你们为何要跃动，
上帝所宠爱的山〈要〉作为他的居所，
即上主要〈在那儿〉永远居住。

18. 万千的天使是上主的座驾，
我主神圣地在他们中间〈降临于〉西奈。

19. 你升上了高天，你领回了俘虏，
你在〈世〉人中取了礼物
〈即你将以色列地赐予以色列民〉，
即使悖逆〈你的〉的人也〈馋涎〉住〈在其中〉，
〈哦〉上主上帝。

י גֶּ֣שֶׁם נְ֭דָבוֹת תָּנִ֣יף אֱלֹהִ֑ים
נַחֲלָתְךָ֥ וְ֝נִלְאָ֗ה אַתָּ֥ה כוֹנַנְתָּֽהּ׃

יא חַיָּתְךָ֥ יָֽשְׁבוּ־בָ֑הּ
תָּכִ֖ין בְּטוֹבָתְךָ֖ לֶעָנִ֣י אֱלֹהִֽים׃

יב אֲדֹנָ֥י יִתֶּן־אֹ֑מֶר
הַֽ֝מְבַשְּׂר֗וֹת צָבָ֥א רָֽב׃

יג מַלְכֵ֣י צְ֭בָאוֹת יִדֹּד֣וּן יִדֹּד֑וּן
וּנְוַת־בַּ֝֗יִת תְּחַלֵּ֥ק שָׁלָֽל׃

יד אִֽם־תִּשְׁכְּבוּן֮ בֵּ֤ין שְׁפַתָּ֫יִם
כַּנְפֵ֣י י֭וֹנָה נֶחְפָּ֣ה בַכֶּ֑סֶף
וְ֝אֶבְרוֹתֶ֗יהָ בִּירַקְרַ֥ק חָרֽוּץ׃

טו בְּפָרֵ֣שׂ שַׁ֭דַּי מְלָכִ֥ים בָּ֗הּ
תַּשְׁלֵ֥ג בְּצַלְמֽוֹן׃

טז הַר־אֱלֹהִ֥ים הַר־בָּשָׁ֑ן
הַ֥ר גַּ֝בְנֻנִּ֗ים הַר־בָּשָֽׁן׃

יז לָ֤מָּה ׀ תְּֽרַצְּדוּן֮ הָרִ֪ים גַּבְנֻ֫נִּ֥ים
הָהָ֣ר חָמַ֣ד אֱלֹהִ֣ים לְשִׁבְתּ֑וֹ
אַף־י֝הו֗ה יִשְׁכֹּ֥ן לָנֶֽצַח׃

יח רֶ֤כֶב אֱלֹהִ֗ים
רִבֹּתַ֣יִם אַלְפֵ֣י שִׁנְאָ֑ן
אֲדֹנָ֥י בָ֝֗ם סִינַ֥י בַּקֹּֽדֶשׁ׃

יט עָ֘לִ֤יתָ לַמָּר֨וֹם ׀ שָׁ֘בִ֤יתָ שֶּׁ֗בִי
לָקַ֣חְתָּ מַ֭תָּנוֹת בָּאָדָ֑ם
וְאַ֥ף ס֝וֹרְרִ֗ים לִשְׁכֹּ֤ן ׀ יָ֬הּ אֱלֹהִֽים׃

20. 赞美我主，他日日大方地赐〈福〉我们，
上帝〈是〉我们的拯救，塞拉。

21. 上帝是我们的〈上帝〉，
上帝是拯救〈我们〉的〈上帝〉，
我主上主有〈众多〉致死〈仇敌〉的方式。

22. 然而上帝要碾碎他仇敌的头颅，
〈碾碎〉执意做恶者的天灵盖
〈指长头发的头顶〉。

23. 我主说，
我要从巴商取回〈流亡的以色列民〉，
我要从海的深渊中取回〈流亡的以色列民〉。

24. 以使你在他们的血中浴足，
你的狗的舌头在仇敌〈的血中〉有份。

25. 他们看到了你在行进，〈哦〉上帝，
我的上帝在行进，神圣我王。

26. 歌咏者在前，奏乐者随后，
击鼓的少女〈行〉在中间。

27. 〈你们〉要在集会中赞美上帝，
〈所有〉源于以色列的〈都要赞美〉我主
〈即以色列的子孙都要如何如何〉。

28. 在那里最小的宾雅明辖制了他们，
耶胡达的官长石击了他们，
则屋隆的官长和纳弗塔的官长
〈也要这样对待他们〉。

29. 上帝命定了你的威能，
上帝〈啊〉，〈请你〉展示威能，
即你为我们所行的〈威能〉。

כ בָּר֥וּךְ אֲדֹנָי֮ י֤וֹם ׀ י֗וֹם
יַעֲמָס־לָ֫נוּ הָאֵ֥ל יְֽשׁוּעָתֵ֗נוּ סֶֽלָה׃

כא הָאֵ֤ל ׀ לָנוּ֮ אֵ֤ל לְמוֹשָׁ֫ע֥וֹת
וְלֱיהֹוִ֥ה אֲדֹנָ֑י לַ֝מָּ֗וֶת תּוֹצָאֽוֹת׃

כב אַךְ־אֱלֹהִ֗ים יִמְחַץ֮ רֹ֤אשׁ אֹ֫יְבָ֥יו
קָדְקֹ֥ד שֵׂעָ֑ר מִ֝תְהַלֵּ֗ךְ בַּאֲשָׁמָֽיו׃

כג אָמַ֣ר אֲ֭דֹנָי
מִבָּשָׁ֣ן אָשִׁ֑יב
אָ֝שִׁ֗יב מִמְּצֻל֥וֹת יָֽם׃

כד לְמַ֤עַן ׀ תִּֽמְחַ֥ץ רַגְלְךָ֗ בְּ֫דָ֥ם
לְשׁ֥וֹן כְּלָבֶ֑יךָ מֵאֹיְבִ֥ים מִנֵּֽהוּ׃

כה רָא֣וּ הֲלִיכוֹתֶ֣יךָ אֱלֹהִ֑ים
הֲלִ֘יכ֤וֹת אֵלִ֖י מַלְכִּ֣י בַקֹּֽדֶשׁ׃

כו קִדְּמ֣וּ שָׁ֭רִים אַחַ֣ר נֹגְנִ֑ים
בְּ֝ת֗וֹךְ עֲלָמ֥וֹת תּוֹפֵפֽוֹת׃

כז בְּֽמַקְהֵלוֹת בָּרְכ֣וּ אֱלֹהִ֑ים
אֲ֝דֹנָ֗י מִמְּק֥וֹר יִשְׂרָאֵֽל׃

כח שָׁ֤ם בִּנְיָמִ֨ן ׀ צָעִ֡יר רֹדֵ֗ם
שָׂרֵ֣י יְ֭הוּדָה רִגְמָתָ֑ם
שָׂרֵ֥י זְ֝בֻל֗וּן שָׂרֵ֥י נַפְתָּלִֽי׃

כט צִוָּ֣ה אֱלֹהֶיךָ֮ עֻ֫זֶּ֥ךָ
עוּזָּ֥ה אֱלֹהִ֑ים
ז֝֗וּ פָּעַ֥לְתָּ לָּֽנוּ׃

30. 由于你的圣殿高居耶路撒冷，
列王要〈前来〉向你供奉。

31. 苇草中的野兽咆哮，
还有群集的列民〈中的〉壮牛犊，
〈他们〉因贪爱银钱而屈服，
他驱散了列民，他们贪恋战争。

32. 贵胄要从密刺辣因而来，
库士要急忙双手向上帝〈献上礼物〉。

33. 地上众王国，〈你们〉要歌颂上帝，
〈你们要〉奏乐〈赞美〉我主，塞拉。

34. 〈赞美那〉自古驾驭高天者，看哪，
他要发威能之声。

35. 〈你们〉当将威能归于上帝，
他的尊严在以色列之上，他的威能〈显示〉在天。

36. 上帝〈啊〉，〈你的〉威严〈发〉自你的圣殿，
正是以色列的上帝将威能勇力
赐予〈他的〉百姓，
上帝当受赞美。

ל מֵֽ֭הֵיכָלֶךָ עַל־יְרוּשָׁלָ֑͏ִם
לְךָ֤ י֖וֹבִילוּ מְלָכִ֣ים שָֽׁי׃

לא גְּעַ֨ר חַיַּ֪ת קָנֶ֡ה
עֲדַ֤ת אַבִּירִ֨ים ׀ בְּעֶגְלֵ֬י עַמִּ֗ים
מִתְרַפֵּ֥ס בְּרַצֵּי־כָ֑סֶף
בִּזַּ֥ר עַ֝מִּ֗ים קְרָב֥וֹת יֶחְפָּֽצוּ׃

לב יֶאֱתָ֣יוּ חַ֭שְׁמַנִּים מִנִּ֣י מִצְרָ֑יִם
כּ֥וּשׁ תָּרִ֥יץ יָ֝דָ֗יו לֵאלֹהִֽים׃

לג מַמְלְכ֣וֹת הָ֭אָרֶץ שִׁ֥ירוּ לֵאלֹהִ֑ים
זַמְּר֖וּ אֲדֹנָ֣י סֶֽלָה׃

לד לָ֭רֹכֵב בִּשְׁמֵ֣י שְׁמֵי־קֶ֑דֶם
הֵ֥ן יִתֵּ֥ן בְּ֝קוֹל֗וֹ ק֣וֹל עֹֽז׃

לה תְּנ֥וּ עֹ֗ז לֵֽאלֹ֫הִ֥ים
עַֽל־יִשְׂרָאֵ֥ל גַּאֲוָת֑וֹ וְ֝עֻזּ֗וֹ בַּשְּׁחָקִֽים׃

לו נ֤וֹרָא אֱלֹהִ֗ים ׀ מִֽמִּקְדָּ֫שֶׁ֥יךָ
אֵ֤ל יִשְׂרָאֵ֗ל
ה֤וּא נֹתֵ֨ן ׀ עֹ֖ז וְתַעֲצֻמ֥וֹת לָעָ֗ם
בָּר֥וּךְ אֱלֹהִֽים׃

第六十九首

1. 交予演奏绶莎娜〈乐器名〉者，达威德之〈歌〉。

2. 〈求你〉拯救我，〈哦〉上帝，
因为〈大〉水已几乎要了我的命。

3. 我深陷泥沼，
无法站立，
我到了水的深处，
湍流冲走了我。

4. 我已声嘶力竭，我的喉咙〈早〉已干枯，
我对上帝望眼欲穿。

5. 无故恨我的比我的头发还多，
要砍死我的〈那些人〉甚众，
〈他们就是那些因〉谎言仇恨我的，
我从未抢夺反而我要偿还。

6. 上帝〈啊〉，你知晓我的愚蠢，
我的罪过躲不过你〈的鉴察〉。

7. 愿期盼你的不致因我羞惭，
我主，万军的上主〈啊〉，
愿寻找你的不致因我而受辱，
〈哦〉以色列的上帝。

8. 因你的缘故我承受了羞辱，
惭愧遮盖了我的脸。

9. 我成了我兄弟〈眼中〉的陌路，
我同胞〈眼中〉的外人。

מזמור סט

יג לחודש

א לַמְנַצֵּחַ עַל־שׁוֹשַׁנִּים לְדָוִד׃

ב הוֹשִׁיעֵנִי אֱלֹהִים
כִּי בָאוּ מַיִם עַד־נָפֶשׁ׃

ג טָבַעְתִּי ׀ בִּיוֵן מְצוּלָה
וְאֵין מָעֳמָד
בָּאתִי בְמַעֲמַקֵּי־מַיִם
וְשִׁבֹּלֶת שְׁטָפָתְנִי׃

ד יָגַעְתִּי בְקָרְאִי נִחַר גְּרוֹנִי
כָּלוּ עֵינַי מְיַחֵל לֵאלֹהָי׃

ה רַבּוּ ׀ מִשַּׂעֲרוֹת רֹאשִׁי שֹׂנְאַי חִנָּם
עָצְמוּ מַצְמִיתַי אֹיְבַי שֶׁקֶר
אֲשֶׁר לֹא־גָזַלְתִּי אָז אָשִׁיב׃

ו אֱלֹהִים אַתָּה יָדַעְתָּ לְאִוַּלְתִּי
וְאַשְׁמוֹתַי מִמְּךָ לֹא־נִכְחָדוּ׃

ז אַל־יֵבֹשׁוּ בִי ׀ קֹוֶיךָ אֲדֹנָי יֱהוִה צְבָאוֹת
אַל־יִכָּלְמוּ בִי מְבַקְשֶׁיךָ אֱלֹהֵי יִשְׂרָאֵל׃

ח כִּי־עָלֶיךָ נָשָׂאתִי חֶרְפָּה
כִּסְּתָה כְלִמָּה פָנָי׃

ט מוּזָר הָיִיתִי לְאֶחָי
וְנָכְרִי לִבְנֵי אִמִּי׃

10. 因对你圣殿的妒火吞噬了我，
〈人们〉对你的侮辱落在了我〈身上〉。

11. 我的心灵在禁食时哭泣，
这竟成了我的耻辱。

12. 我身穿麻衣，
我成了他们〈口中〉的笑柄。

13. 坐在城门口的人议论我，
〈他们〉作曲〈把我当作〉醉酒者〈来嘲弄〉。

14. 我向你祈祷，〈哦〉上主，
愿此时〈能蒙你〉悦纳，
上帝〈啊〉，以你丰盛的慈爱，
以你信实的拯救垂允我〈吧〉。

15. 〈求你〉救我出泥潭，免得我〈深〉陷，
愿我能得救，免于仇敌〈的陷害〉和深渊
〈的吞没〉。

16. 〈求你〉不要让湍流冲走我，
〈求你〉不要让深渊吞没我，
〈求你〉不要让地坑在我头上合口。

17. 〈求你〉应允我，〈哦〉上主，
因你美善宽仁，以你丰富的怜悯眷顾我〈吧〉。

18. 求你不要掩面不顾你的仆人，
因我〈好〉苦，〈求你〉速来垂允我。

19. 〈求你〉就近我的灵魂〈也可译为：性命〉，
〈求你〉拯救她〈指灵魂〉，〈求你〉救赎我，
〈不要〉让我的仇敌〈狂傲〉。

20. 你知道我〈受〉的各样羞辱，
迫害我的人全在你面前。

י כִּי־קִנְאַת בֵּיתְךָ אֲכָלָתְנִי
וְחֶרְפּוֹת חוֹרְפֶיךָ נָפְלוּ עָלָי׃

יא וָאֶבְכֶּה בַצּוֹם נַפְשִׁי
וַתְּהִי לַחֲרָפוֹת לִי׃

יב וָאֶתְּנָה לְבוּשִׁי שָׂק
וָאֱהִי לָהֶם לְמָשָׁל׃

יג יָשִׂיחוּ בִי יֹשְׁבֵי שָׁעַר
וּנְגִינוֹת שׁוֹתֵי שֵׁכָר׃

יד וַאֲנִי תְפִלָּתִי־לְךָ | יְהוָה עֵת רָצוֹן
אֱלֹהִים בְּרָב־חַסְדֶּךָ
עֲנֵנִי בֶּאֱמֶת יִשְׁעֶךָ׃

טו הַצִּילֵנִי מִטִּיט וְאַל־אֶטְבָּעָה
אִנָּצְלָה מִשֹּׂנְאַי וּמִמַּעֲמַקֵּי־מָיִם׃

טז אַל־תִּשְׁטְפֵנִי | שִׁבֹּלֶת מַיִם
וְאַל־תִּבְלָעֵנִי מְצוּלָה
וְאַל־תֶּאְטַר־עָלַי בְּאֵר פִּיהָ׃

יז עֲנֵנִי יְהוָה כִּי־טוֹב חַסְדֶּךָ
כְּרֹב רַחֲמֶיךָ פְּנֵה אֵלָי׃

יח וְאַל־תַּסְתֵּר פָּנֶיךָ מֵעַבְדֶּךָ
כִּי־צַר־לִי מַהֵר עֲנֵנִי׃

יט קָרְבָה אֶל־נַפְשִׁי גְאָלָהּ
לְמַעַן אֹיְבַי פְּדֵנִי׃

כ אַתָּה יָדַעְתָּ חֶרְפָּתִי וּבָשְׁתִּי וּכְלִמָּתִי
נֶגְדְּךָ כָּל־צוֹרְרָי׃

21. 耻辱压垮了我〈直译：击碎了我的心〉，
我〈深陷〉病痛〈我的心好苦呀〉，
我渴望同情，却没有〈得到〉，
〈我渴望有人〉安慰，我找不到〈这样的人呀〉。

22. 他们在我的餐中放置苦艾，
他们趁我口渴灌我〈生〉醋。

23. 愿他们的桌案在他们面前成为网罗，
〈愿他们对〉平安〈的期盼〉成为陷阱。

24. 愿他们的眼目昏暗失明，
〈愿〉他们的腰身不停颤抖。

25. 〈求你〉向他们倾泻你的盛怒，
愿你的怒火将他们吞没。

26. 愿他们的宫殿成为荒场，
愿他们的帐篷无人居住。

27. 因为你所击打的，他们〈更〉要迫害，
他们要讲诉你〈施加〉的致命伤痛。

28. 〈愿你〉让他们罪上加罪，
愿他们不得你正义〈的门道〉。

29. 愿他们从生命册中被抹去，
不要让他们与义人同录。

30. 我又苦又痛，
上帝〈啊〉，愿你的拯救举我高昂。

31. 我要歌唱赞美上帝的〈圣〉名，
我要以感谢尊他为大。

כא חֶרְפָּ֤ה ׀ שָׁ֥בְרָ֥ה לִבִּ֗י וָֽאָ֫נ֥וּשָׁה
וָאֲקַוֶּ֣ה לָנ֣וּד וָאַ֑יִן
וְ֝לַמְנַחֲמִ֗ים וְלֹ֣א מָצָֽאתִי׃

כב וַיִּתְּנ֣וּ בְּבָרוּתִ֣י רֹ֑אשׁ
וְ֝לִצְמָאִ֗י יַשְׁק֥וּנִי חֹֽמֶץ׃

כג יְהִֽי־שֻׁלְחָנָ֣ם לִפְנֵיהֶ֣ם לְפָ֑ח
וְלִשְׁלוֹמִ֥ים לְמוֹקֵֽשׁ׃

כד תֶּחְשַׁ֣כְנָה עֵ֭ינֵיהֶם מֵרְא֑וֹת
וּ֝מָתְנֵיהֶ֗ם תָּמִ֥יד הַמְעַֽד׃

כה שְׁפָךְ־עֲלֵיהֶ֥ם זַעְמֶ֑ךָ
וַחֲר֥וֹן אַ֝פְּךָ֗ יַשִּׂיגֵֽם׃

כו תְּהִי־טִֽירָתָ֥ם נְשַׁמָּ֑ה
בְּ֝אָהֳלֵיהֶ֗ם אַל־יְהִ֥י יֹשֵֽׁב׃

כז כִּֽי־אַתָּ֣ה אֲשֶׁר־הִ֭כִּיתָ רָדָ֑פוּ
וְאֶל־מַכְא֖וֹב חֲלָלֶ֣יךָ יְסַפֵּֽרוּ׃

כח תְּֽנָה־עָ֭וֺן עַל־עֲוֺנָ֑ם
וְאַל־יָ֝בֹ֗אוּ בְּצִדְקָתֶֽךָ׃

כט יִ֭מָּחוּ מִסֵּ֣פֶר חַיִּ֑ים
וְעִ֥ם צַ֝דִּיקִ֗ים אַל־יִכָּתֵֽבוּ׃

ל וַ֭אֲנִי עָנִ֣י וְכוֹאֵ֑ב
יְשׁוּעָתְךָ֖ אֱלֹהִ֣ים תְּשַׂגְּבֵֽנִי׃

לא אֲהַֽלְלָ֣ה שֵׁם־אֱלֹהִ֣ים בְּשִׁ֑יר
וַאֲגַדְּלֶ֥נּוּ בְתוֹדָֽה׃

32. 这要被上主悦纳，
胜过〈有〉蹄〈有〉角的公牛。

33. 谦卑人看见要欢喜，
寻求上帝的人，你们的心要复苏。

34. 因上主俯听穷困者〈的哀求〉，
他不蔑视〈为他而〉被囚的人。

35. 愿天地赞美他，
海洋和所有畅游其中的〈都要赞美他〉。

36. 因上帝是熙雍的拯救者，
他要建造耶胡达城邑，
他们要在那里居住在并继承她〈指城邑〉。

37. 你仆人的后裔要继承她为业，
爱你〈圣〉名的人要住在其中。

לב וְתִיטַ֣ב לַֽיהוָה מִשּׁ֣וֹר פָּ֑ר
מַקְרִ֥ן מַפְרִֽיס׃

לג רָא֣וּ עֲנָוִ֣ים יִשְׂמָ֑חוּ
דֹּרְשֵׁ֥י אֱ֝לֹהִ֗ים וִיחִ֥י לְבַבְכֶֽם׃

לד כִּֽי־שֹׁמֵ֣עַ אֶל־אֶבְיוֹנִ֣ים יְהוָ֑ה
וְאֶת־אֲ֝סִירָ֗יו לֹ֣א בָזָֽה׃

לה יְֽ֭הַלְלוּהוּ שָׁמַ֣יִם וָאָ֑רֶץ
יַ֝מִּ֗ים וְֽכָל־רֹמֵ֥שׂ בָּֽם׃

לו כִּ֤י אֱלֹהִ֨ים ׀ י֘וֹשִׁ֤יעַ צִיּ֗וֹן
וְ֭יִבְנֶה עָרֵ֣י יְהוּדָ֑ה
וְיָ֥שְׁבוּ שָׁ֝֗ם וִירֵשֽׁוּהָ׃

לז וְזֶ֣רַע עֲ֭בָדָיו יִנְחָל֑וּהָ
וְאֹהֲבֵ֥י שְׁ֝מ֗וֹ יִשְׁכְּנוּ־בָֽהּ׃

第七十首

1. 交予奏乐者，达威德之〈歌〉，用于纪念。

2. 上帝来救我〈啊〉，
上主，〈求你〉速来助我。

3. 愿那些索我性命的人蒙羞受辱，
愿那些喜欢我遭难的人丢脸退却。

4. 愿那些羞辱〈我的人〉因〈遭到〉报应而退却，
〈就是〉那些说哈哈〈意思是嘲笑我〉的人。

5. 愿所有寻觅你的人因你而欢欣喜乐，
愿爱慕你救恩的人常说“大哉上帝”。

6. 而我〈却〉贫困，
上帝〈啊〉，速来〈救〉我，
你是我的助佑与救援，
上主〈啊〉，求你不要迟延。

מזמור ע

א לַמְנַצֵּ֬חַ לְדָוִ֬ד לְהַזְכִּֽיר׃

ב אֱלֹהִ֥ים לְהַצִּילֵ֑נִי
יְ֝הוָ֗ה לְעֶזְרָ֥תִי חֽוּשָׁה׃

ג יֵבֹ֣שׁוּ וְיַחְפְּרוּ֮ מְבַקְשֵׁ֪י נַ֫פְשִׁ֥י
יִסֹּ֣גוּ אָ֭חוֹר וְיִכָּלְמ֑וּ חֲ֝פֵצֵ֗י רָעָתִֽי׃

ד יָשׁ֭וּבוּ עַל־עֵ֣קֶב בָּשְׁתָּ֑ם
הָ֝אֹמְרִ֗ים הֶ֣אָח ׀ הֶאָֽח׃

ה יָ֘שִׂ֤ישׂוּ וְיִשְׂמְח֨וּ ׀ בְּךָ֗ כָּֽל־מְבַ֫קְשֶׁ֥יךָ
וְיֹאמְר֣וּ תָ֭מִיד יִגְדַּ֣ל אֱלֹהִ֑ים אֹ֝הֲבֵ֗י יְשׁוּעָתֶֽךָ׃

ו וַאֲנִ֤י ׀ עָנִ֣י וְאֶבְי֡וֹן
אֱלֹהִ֪ים ח֫וּשָׁה לִּ֥י
עֶזְרִ֣י וּמְפַלְטִ֣י אַ֑תָּה
יְ֝הוָ֗ה אַל־תְּאַחַֽר׃

第七十一首

1. 上主〈啊〉，我信赖了你，
〈求你〉一次也不要让我蒙羞。

2. 求你以你的正义搭救我，
〈求你〉侧耳听我，拯救我。

3. 〈求你〉作我的磐石，
时常前往的居所，
你命定了对我的拯救，
因为你是我的磐石，我的堡垒。

4. 我的上帝〈啊〉，〈求你〉救我脱离恶人之手，
〈求你救我〉脱离歹徒与强盗的手掌。

5. 因为你是我的希望，
我主上主，〈你是〉我自幼的保障。

6. 自出〈母〉腹我就依赖你，
你使我脱离了母胎，
我时常赞美你。

7. 众人以我为怪兆，
你却是我坚固的堡垒。

8. 我的口要满是对你的赞美，
整日〈宣扬〉你的荣耀。

9. 〈我〉年老之时，求你不要遗弃我，
我力量衰竭之日，求你不要抛弃我。

מזמור עא

א בְּךָֽ־יְהוָ֥ה חָסִ֑יתִי
אַל־אֵב֥וֹשָׁה לְעוֹלָֽם׃

ב בְּצִדְקָתְךָ֗ תַּצִּילֵ֥נִי וּֽתְפַלְּטֵ֑נִי
הַטֵּֽה־אֵלַ֥י אָ֝זְנְךָ֗ וְהוֹשִׁיעֵֽנִי׃

ג הֱיֵ֤ה לִ֨י ׀ לְצ֥וּר מָע֡וֹן
לָב֗וֹא תָּמִ֗יד צִוִּ֥יתָ לְהוֹשִׁיעֵ֑נִי
כִּֽי־סַלְעִ֖י וּמְצוּדָתִ֣י אָֽתָּה׃

ד אֱלֹהַ֗י פַּ֭לְּטֵנִי מִיַּ֣ד רָשָׁ֑ע
מִכַּ֖ף מְעַוֵּ֣ל וְחוֹמֵֽץ׃

ה כִּֽי־אַתָּ֥ה תִקְוָתִ֑י
אֲדֹנָ֥י יֱ֝הוִ֗ה מִבְטַחִ֥י מִנְּעוּרָֽי׃

ו עָלֶ֤יךָ ׀ נִסְמַ֬כְתִּי מִבֶּ֗טֶן
מִמְּעֵ֣י אִ֭מִּי אַתָּ֣ה גוֹזִ֑י
בְּךָ֖ תְהִלָּתִ֣י תָמִֽיד׃

ז כְּ֭מוֹפֵת הָיִ֣יתִי לְרַבִּ֑ים
וְ֝אַתָּ֗ה מַחֲסִי־עֹֽז׃

ח יִמָּ֣לֵא פִ֭י תְּהִלָּתֶ֑ךָ
כָּל־הַ֝יּ֗וֹם תִּפְאַרְתֶּֽךָ׃

ט אַל־תַּ֭שְׁלִיכֵנִי לְעֵ֣ת זִקְנָ֑ה
כִּכְל֥וֹת כֹּ֝חִ֗י אַל־תַּעַזְבֵֽנִי׃

10. 因为我的仇敌中伤我，
觊觎我性命的一起〈密〉谋。

11. 〈他们〉说，上帝抛弃了他，
〈让我们来〉追击捉拿他，因〈他〉没有救援者。

12. 上帝〈啊〉，求你不要远离我，
我的上帝〈啊〉，〈求你〉速来救助我。

13. 愿仇恨我的人蒙羞而亡，
愿谋害我的人受辱蒙羞。

14. 我总要〈满〉怀希望，
加倍地赞美你。

15. 我的唇要讲述你的正义，整日〈传扬〉你的救恩，
因其数不胜数。

16. 我要凭着〈你的〉威能到来，〈哦〉我主上主，
我要纪念你独有的公义。

17. 上帝〈啊〉，自我幼时，你便教导了我，
现在我要宣扬你的奇迹。

18. 上帝〈啊〉，当我年老发白时，
求你不要离弃我，
〈让〉我能向〈后〉代宣扬你的勇力，
向所有后来人〈宣讲〉你的威能。

19. 上帝〈啊〉，你的公义〈上〉达高〈天〉，
你施行伟迹，
上帝〈啊〉，谁能像你。

י כִּֽי־אָמְר֣וּ אוֹיְבַ֣י לִ֑י
וְשֹׁמְרֵ֥י נַ֝פְשִׁ֗י נֽוֹעֲצ֥וּ יַחְדָּֽו׃

יא לֵ֭אמֹר אֱלֹהִ֣ים עֲזָב֑וֹ
רִֽדְפ֥וּ וְ֝תִפְשׂ֗וּהוּ כִּֽי־אֵ֥ין מַצִּֽיל׃

יב אֱֽלֹהִים אַל־תִּרְחַ֣ק מִמֶּ֑נִּי
אֱ֝לֹהַ֗י לְעֶזְרָ֥תִי חִֽישָֽׁה׃ חֽוּשָֽׁה

יג יֵבֹ֣שׁוּ יִכְלוּ֮ שֹׂטְנֵ֪י נַ֫פְשִׁ֥י
יַעֲט֣וּ חֶ֭רְפָּה וּכְלִמָּ֑ה מְ֝בַקְשֵׁ֗י רָעָתִֽי׃

יד וַ֭אֲנִי תָּמִ֣יד אֲיַחֵ֑ל
וְ֝הוֹסַפְתִּ֗י עַל־כָּל־תְּהִלָּתֶֽךָ׃

טו פִּ֤י ׀ יְסַפֵּ֬ר צִדְקָתֶ֗ךָ כָּל־הַיּ֥וֹם תְּשׁוּעָתֶ֑ךָ
כִּ֤י לֹ֖א יָדַ֣עְתִּי סְפֹרֽוֹת׃

טז אָב֗וֹא בִּ֭גְבֻרוֹת אֲדֹנָ֣י יֱהֹוִ֑ה
אַזְכִּ֖יר צִדְקָתְךָ֣ לְבַדֶּֽךָ׃

יז אֱ‍ֽלֹהִים לִמַּדְתַּ֥נִי מִנְּעוּרָ֑י
וְעַד־הֵ֝֗נָּה אַגִּ֥יד נִפְלְאוֹתֶֽיךָ׃

יח וְגַ֤ם עַד־זִקְנָ֨ה ׀ וְשֵׂיבָה֮
אֱלֹהִ֪ים אַל־תַּעַ֫זְבֵ֥נִי
עַד־אַגִּ֣יד זְרוֹעֲךָ֣ לְד֑וֹר
לְכָל־יָ֝ב֗וֹא גְּבוּרָתֶֽךָ׃

יט וְצִדְקָתְךָ֣ אֱלֹהִים֮ עַד־מָ֫ר֥וֹם
אֲשֶׁר־עָשִׂ֥יתָ גְדֹל֑וֹת
אֱ֝לֹהִ֗ים מִ֣י כָמֽוֹךָ׃

20. 你曾指示我许多困苦磨难，
你必将复苏我，
你必将我从地下深处提出。

21. 你将增加我的伟大，
你将扭转〈我的境遇〉，你将安慰我。

22. 我还要弹琴称谢你的信实，〈哦〉我的上帝，
我要鼓瑟歌颂你，〈哦〉以色列的圣者。

23. 当我赞美你时，我的双唇要欢歌，
你所救赎的我的灵魂〈也要欢呼〉。

24. 我的舌也要整日诉说你的公义，
因为图谋害我的人蒙受了耻辱。

כ אֲשֶׁ֤ר הראיתנו ׀ צָר֣וֹת רַבּ֣וֹת וְרָ֫ע֥וֹת הִ֭רְאִיתַנִי
תָּשׁ֥וּב תחיינו תְּחַיֵּ֑ינִי
וּֽמִתְּהוֹמ֥וֹת הָאָ֗רֶץ תָּשׁ֥וּב תעלנו׃ תַּעֲלֵֽנִי

כא תֶּ֤רֶב ׀ גְּֽדֻלָּתִ֗י
וְתִסֹּ֥ב תְּֽנַחֲמֵֽנִי׃

כב גַּם־אֲנִ֤י ׀ אוֹדְךָ֣ בִכְלִי־נֶ֭בֶל אֲמִתְּךָ֣ אֱלֹהָ֑י
אֲזַמְּרָ֥ה לְךָ֥ בְכִנּ֑וֹר קְ֝ד֗וֹשׁ יִשְׂרָאֵֽל׃

כג תְּרַנֵּ֣נָּה שְׂ֭פָתַי כִּ֣י אֲזַמְּרָה־לָּ֑ךְ
וְ֝נַפְשִׁ֗י אֲשֶׁ֣ר פָּדִֽיתָ׃

כד גַּם־לְשׁוֹנִ֗י כָּל־הַ֭יּוֹם תֶּהְגֶּ֣ה צִדְקָתֶ֑ךָ
כִּי־בֹ֥שׁוּ כִֽי־חָ֝פְר֗וּ מְבַקְשֵׁ֥י רָעָתִֽי׃

第七十二首

1. 致〈或译：关于〉舍罗默，
上帝〈啊〉，请将你〈公正〉的判断赐予君王，
〈将〉你的正义〈赐〉予王子。

2. 愿他以正义审判你的子民，
以〈公正〉判断你的平民〈因为贵胄欺压他们〉。

3. 愿群山带给人民和平，
〈愿〉诸丘凭正义〈带来安宁〉。

4. 愿他以公正审判子民中的穷人，拯救穷人的孩子，
打击压迫者。

5. 愿他们在日光之下敬畏你，
一代代在月光之下〈也要如此〉。

6. 愿他〈的训诲〉如雨露恩泽青蔬，
滋润大地。

7. 愿正义在他的岁月〈如鲜花〉绽放，
大享平安天长日久。

8. 愿他统治从〈这〉海到〈那〉海，
从〈泼辣特〉河〈即幼发拉底河〉直到地极。

9. 乘船〈从远方来〉的要在他面前屈膝，
他的敌人要舌舔尘埃。

10. 塔尔西施和群岛的众王要来进贡，
舍瓦和色瓦诸王要献上礼品。

מזמור עב

יד לחודש

א לִשְׁלֹמֹה ׀
אֱלֹהִים מִשְׁפָּטֶיךָ לְמֶלֶךְ תֵּן
וְצִדְקָתְךָ לְבֶן־מֶלֶךְ׃

ב יָדִין עַמְּךָ בְצֶדֶק
וַעֲנִיֶּיךָ בְמִשְׁפָּט׃

ג יִשְׂאוּ הָרִים שָׁלוֹם לָעָם
וּגְבָעוֹת בִּצְדָקָה׃

ד יִשְׁפֹּט ׀ עֲנִיֵּי־עָם יוֹשִׁיעַ לִבְנֵי אֶבְיוֹן
וִידַכֵּא עוֹשֵׁק׃

ה יִירָאוּךָ עִם־שָׁמֶשׁ
וְלִפְנֵי יָרֵחַ דּוֹר דּוֹרִים׃

ו יֵרֵד כְּמָטָר עַל־גֵּז
כִּרְבִיבִים זַרְזִיף אָרֶץ׃

ז יִפְרַח־בְּיָמָיו צַדִּיק
וְרֹב שָׁלוֹם עַד־בְּלִי יָרֵחַ׃

ח וְיֵרְדְּ מִיָּם עַד־יָם
וּמִנָּהָר עַד־אַפְסֵי־אָרֶץ׃

ט לְפָנָיו יִכְרְעוּ צִיִּים
וְאֹיְבָיו עָפָר יְלַחֵכוּ׃

י מַלְכֵי תַרְשִׁישׁ וְאִיִּים מִנְחָה יָשִׁיבוּ
מַלְכֵי שְׁבָא וּסְבָא אֶשְׁכָּר יַקְרִיבוּ׃

11. 所有的君王都要向他拜服，
万国都要侍奉他。

12. 因他要拯救哀号的苦人，
并无助的穷人。

13. 他要怜悯贫苦，
他要救助苦人的性命。

14. 他要救赎他们的性命脱离奸诈和暴戾，
他珍视他们的生命〈直译：血〉。

15. 〈被他救助的穷人〉要〈继续〉生活，
〈而且他要变得富有，然后〉他〈即这穷人〉
要献给他〈即救助穷人的那位〉舍瓦的黄金，
他会常常为他祈祷，
他会整日为他祝福。

16. 愿大地与山巅出产丰盛，
愿他的果实如勒瓦农〈的柏树在风中〉婆娑，
愿城中人丁兴旺，如同地上的青草。

17. 愿他的名在日光下长久，愿他的名统治〈四方〉，
愿万国都因他而蒙受祝福，愿他赞扬他。

18. 赞美上主上帝，以色列的上帝，
他独行奇事。

19. 他的光荣〈大〉名当永受赞美，
愿他的光荣充满全地，
阿们，阿们。

20. 伊沙伊之子达威德之祈祷辞终。

יא וְיִשְׁתַּחֲווּ־ל֥וֹ כׇל־מְלָכִ֑ים
כׇּל־גּ֝וֹיִ֗ם יַעַבְדֽוּהוּ׃

יב כִּֽי־יַ֭צִּיל אֶבְי֣וֹן מְשַׁוֵּ֑עַ
וְ֝עָנִ֗י וְֽאֵין־עֹזֵ֥ר לֽוֹ׃

יג יָ֭חֹס עַל־דַּ֣ל וְאֶבְי֑וֹן
וְנַפְשׁ֖וֹת אֶבְיוֹנִ֣ים יוֹשִֽׁיעַ׃

יד מִתּ֣וֹךְ וּ֭מֵחָמָס יִגְאַ֣ל נַפְשָׁ֑ם
וְיֵיקַ֖ר דָּמָ֣ם בְּעֵינָֽיו׃

טו וִיחִ֗י וְיִתֶּן־לוֹ֮ מִזְּהַ֢ב שְׁ֫בָ֥א
וְיִתְפַּלֵּ֣ל בַּעֲד֣וֹ תָמִ֑יד
כׇּל־הַ֝יּ֗וֹם יְבָרְכֶֽנְהֽוּ׃

טז יְהִ֤י פִסַּת־בַּ֨ר ׀ בָּאָרֶץ֮ בְּרֹ֪אשׁ הָ֫רִ֥ים
יִרְעַ֣שׁ כַּלְּבָנ֣וֹן פִּרְי֑וֹ
וְ֝יָצִ֗יצוּ מֵ֝עִ֗יר כְּעֵ֣שֶׂב הָאָֽרֶץ׃

יז יְהִ֤י שְׁמ֨וֹ ׀ לְֽעוֹלָם֮ לִֽפְנֵי־שֶׁ֗מֶשׁ ינין שְׁ֫מ֥וֹ יִנּ֫וֹן
וְיִתְבָּרְכוּ ב֑וֹ כׇּל־גּ֝וֹיִ֗ם יְאַשְּׁרֽוּהוּ׃

יח בָּר֤וּךְ ׀ יְהֹוָ֣ה אֱ֭לֹהִים אֱלֹהֵ֣י יִשְׂרָאֵ֑ל
עֹשֵׂ֖ה נִפְלָא֣וֹת לְבַדּֽוֹ׃

יט וּבָר֤וּךְ ׀ שֵׁ֥ם כְּבוֹד֗וֹ לְע֫וֹלָ֥ם
וְיִמָּלֵ֣א כְ֭בוֹדוֹ אֶת־כֹּ֥ל־הָאָ֗רֶץ
אָ֘מֵ֤ן ׀ וְאָמֵֽן׃

כ כָּלּ֥וּ תְפִלּ֑וֹת דָּ֝וִ֗ד בֶּן־יִשָֽׁי׃

第七十三首

1. 阿撒夫的诗歌，
上帝确实善待了以色列，〈善待了〉心〈地〉纯洁的人。

2. 而我却险些走偏，
我几乎失足跌倒。

3. 因为我眼见恶人平安，
我〈就〉嫉妒蠢人〈亨通〉。

4. 他们身体健康，
安然去世。

5. 他们未遭受人〈生〉的劳苦，
他们不像其他人〈那样〉遭受〈各种〉疾苦。

6. 为此，傲气是他们的项链，
暴戾是他们的衣裳。

7. 他们胖得眼睛突出，
他们心想事成。

8. 他们沉溺于恶言和压迫，
他们对〈至〉高〈者〉出言〈不逊〉。

9. 他们的口冒犯〈上〉天，
他们的舌横行〈下〉地。

10. 于是他的民要堕落〈直译：转向〉到他们〈的境地〉，
他们也要满满啜饮苦水。

מזמור עג

א מִזְמ֗וֹר לְאָ֫סָ֥ף ליום רביעי
אַ֤ךְ ט֣וֹב לְיִשְׂרָאֵ֣ל אֱלֹהִ֑ים לְבָרֵ֥י לֵבָֽב׃

ב וַאֲנִ֗י כִּ֭מְעַט נטוי רַגְלָ֑י נָטָ֣יוּ
כְּ֝אַ֗יִן שפכה אֲשֻׁרָֽי׃ שֻׁפְּכ֥וּ

ג כִּֽי־קִ֭נֵּאתִי בַּהוֹלְלִ֑ים
שְׁל֖וֹם רְשָׁעִ֣ים אֶרְאֶֽה׃

ד כִּ֤י אֵ֣ין חַרְצֻבּ֣וֹת לְמוֹתָ֑ם
וּבָרִ֥יא אוּלָֽם׃

ה בַּעֲמַ֣ל אֱנ֣וֹשׁ אֵינֵ֑מוֹ
וְעִם־אָ֝דָ֗ם לֹ֣א יְנֻגָּֽעוּ׃

ו לָ֭כֵן עֲנָקַ֣תְמוֹ גַאֲוָ֑ה
יַעֲטָף־שִׁ֝֗ית חָמָ֥ס לָֽמוֹ׃

ז יָ֭צָא מֵחֵ֣לֶב עֵינֵ֑מוֹ
עָ֝בְר֗וּ מַשְׂכִּיּ֥וֹת לֵבָֽב׃

ח יָמִ֤יקוּ ׀ וִידַבְּר֣וּ בְרָ֣ע עֹ֑שֶׁק
מִמָּר֥וֹם יְדַבֵּֽרוּ׃

ט שַׁתּ֣וּ בַשָּׁמַ֣יִם פִּיהֶ֑ם
וּ֝לְשׁוֹנָ֗ם תִּֽהֲלַ֥ךְ בָּאָֽרֶץ׃

י לָכֵ֤ן ׀ ישׁיב עַמּ֣וֹ הֲלֹ֑ם יָשׁ֣וּב
וּמֵ֥י מָ֝לֵ֗א יִמָּ֥צוּ לָֽמוֹ׃

11. 他们说，上帝怎能知晓，
至高者岂有意识。

12. 这些就是恶人〈的嘴脸〉，
他们自古〈享受〉安宁，攫取财富。

13. 我却徒然心清手洁。

14. 我整日遭罪，
晨晨受骂。

15. 如我实话实说，
看哪，连〈接受〉你的〈托辣的那〉一代子民
都不能容我。

16. 我思考为要理解〈恶人亨通〉这〈现象〉，
在我眼中这〈一切不过〉是〈人罪孽的〉劳苦。

17. 直到我接触了上帝的奥秘〈直译：我到了上帝的
圣所〉，
我才明白他们的下场〈不妙〉。

18. 你把他们放在了〈湿〉滑〈之处〉，
你让他们跌入毁灭。

19. 〈哎呀〉转眼间他们被毁，
在惊恐中彻底完结。

20. 像梦〈被惊〉醒，
我主〈啊〉，你会在城中羞辱他们的形象。

21. 因我的心要愤怒，
我的思考要敏锐。

22. 我〈知道自己〉愚昧无知，
我在你面前〈行事为人简直就〉是〈愚蠢的〉
畜牲。

יא וְֽאָמְר֗וּ אֵיכָ֥ה יָדַֽע־אֵ֑ל
וְיֵ֖שׁ דֵּעָ֣ה בְעֶלְיֽוֹן׃

יב הִנֵּה־אֵ֥לֶּה רְשָׁעִ֑ים
וְשַׁלְוֵ֥י ע֝וֹלָ֗ם הִשְׂגּוּ־חָֽיִל׃

יג אַךְ־רִ֭יק זִכִּ֣יתִי לְבָבִ֑י
וָאֶרְחַ֖ץ בְּנִקָּי֣וֹן כַּפָּֽי׃

יד וָאֱהִ֣י נָ֭גוּעַ כָּל־הַיּ֑וֹם
וְ֝תוֹכַחְתִּ֗י לַבְּקָרִֽים׃

טו אִם־אָ֭מַרְתִּי אֲסַפְּרָ֣ה כְמ֑וֹ
הִנֵּ֤ה ד֖וֹר בָּנֶ֣יךָ בָגָֽדְתִּי׃

טז וָֽ֭אֲחַשְּׁבָה לָדַ֣עַת זֹ֑את
עָמָ֖ל הִ֣יא בְעֵינָֽי׃ ה֣וּא

יז עַד־אָ֭בוֹא אֶל־מִקְדְּשֵׁי־אֵ֑ל
אָ֝בִ֗ינָה לְאַחֲרִיתָֽם׃

יח אַ֣ךְ בַּ֭חֲלָקוֹת תָּשִׁ֣ית לָ֑מוֹ
הִ֝פַּלְתָּ֗ם לְמַשּׁוּאֽוֹת׃

יט אֵ֤יךְ הָי֣וּ לְשַׁמָּ֣ה כְרָ֑גַע
סָ֥פוּ תַ֝֗מּוּ מִן־בַּלָּהֽוֹת׃

כ כַּחֲל֥וֹם מֵהָקִ֑יץ
אֲ֝דֹנָ֗י בָּעִ֤יר ׀ צַלְמָ֬ם תִּבְזֶֽה׃

כא כִּ֭י יִתְחַמֵּ֣ץ לְבָבִ֑י
וְ֝כִלְיוֹתַ֗י אֶשְׁתּוֹנָֽן׃

כב וַאֲנִי־בַ֭עַר וְלֹ֣א אֵדָ֑ע
בְּ֝הֵמ֗וֹת הָיִ֥יתִי עִמָּֽךְ׃

23. 〈尽管如此〉我一直和你在一起，
你握住了我的右手。

24. 你以训诲引导我，
之后你要提携我的灵魂。

25. 在〈高〉天〈除你〉我还有谁，
〈当我〉与你在一起我不恋慕地上〈一切〉。

26. 我身心憔悴，
上帝是〈那坚固〉我心的磐石，
是我永远的〈福〉份。

27. 因为远离你的必将消亡，
你毁灭一切背弃你的人。

28. 接近上帝对我〈来说才是真正的〉佳美，
我信赖我主上主，
〈我〉要讲述他所有的作为。

כג וַאֲנִ֣י תָמִ֣יד עִמָּ֑ךְ
אָ֝חַ֗זְתָּ בְּיַד־יְמִינִֽי׃

כד בַּעֲצָתְךָ֥ תַנְחֵ֑נִי
וְ֝אַחַ֗ר כָּב֥וֹד תִּקָּחֵֽנִי׃

כה מִי־לִ֥י בַשָּׁמָ֑יִם
וְ֝עִמְּךָ֗ לֹא־חָפַ֥צְתִּי בָאָֽרֶץ׃

כו כָּלָ֥ה שְׁאֵרִ֗י וּלְבָ֫בִ֥י
צוּר־לְבָבִ֥י וְחֶלְקִ֗י אֱלֹהִ֥ים לְעוֹלָֽם׃

כז כִּֽי־הִנֵּ֣ה רְחֵקֶ֣יךָ יֹאבֵ֑דוּ
הִ֝צְמַ֗תָּה כָּל־זוֹנֶ֥ה מִמֶּֽךָּ׃

כח וַאֲנִ֤י ׀ קִרֲבַ֥ת אֱלֹהִ֗ים לִ֫י ט֥וֹב
שַׁתִּ֤י ׀ בַּאדֹנָ֣י יֱהֹוִ֣ה מַחְסִ֑י
לְ֝סַפֵּ֗ר כָּל־מַלְאֲכוֹתֶֽיךָ׃

第七十四首

1. 阿撒夫的训诲〈诗〉，上帝〈啊〉，
你为何〈这么长时间〉舍弃了〈我们〉，
〈以至于看起来好像〉要到永远，
〈你为何〉要对你牧场〈上〉的羊群发怒。

2. 〈求你〉记念你〈自〉古时拣选的会众，
你〈从密刺辣因〉救赎了〈作〉你产业的部族，
〈你带领他们到达〉熙雍山，在那里你曾居住。

3. 〈求你〉举步去〈让仇敌〉永〈处〉黑暗，
〈报复〉仇敌在圣殿所做的一切破坏。

4. 压迫你的人在你的会所内咆哮，
他们设置了自己的标记为〈真理的〉标记。

5. 〈举〉斧伐木〈的樵夫〉知道〈这是〉向〈至〉
上〈者〉奉献〈礼物〉。

6. 如今他们竟然将〈圣所建筑物上的〉雕刻用斧
凿一并捣碎。

7. 他们纵火烧了你的圣殿，
亵渎了你〈圣〉名的居所，
〈他们摧毁了圣殿直〉到〈将其夷为平〉地。

8. 他们的官长一同心里说 〈原文中没有指出说了
什么〉，
他们将所有上帝的会所焚〈毁直〉 到〈夷为平〉
地。

9. 我们〈仍〉没有看到〈救赎〉我们的标记，
再没有谕者〈来向我们揭示拯救的时刻〉了，
我们不知道〈这样〉要到何时。

מזמור עד

א מַשְׂכִּיל לְאָסָף
לָמָה אֱלֹהִים זָנַחְתָּ לָנֶצַח
יֶעְשַׁן אַפְּךָ בְּצֹאן מַרְעִיתֶךָ׃

ב זְכֹר עֲדָתְךָ ׀ קָּנִיתָ קֶּדֶם
גָּאַלְתָּ שֵׁבֶט נַחֲלָתֶךָ
הַר־צִיּוֹן זֶה ׀ שָׁכַנְתָּ בּוֹ׃

ג הָרִימָה פְעָמֶיךָ לְמַשֻּׁאוֹת נֶצַח
כָּל־הֵרַע אוֹיֵב בַּקֹּדֶשׁ׃

ד שָׁאֲגוּ צֹרְרֶיךָ בְּקֶרֶב מוֹעֲדֶךָ
שָׂמוּ אוֹתֹתָם אֹתוֹת׃

ה יִוָּדַע כְּמֵבִיא לְמָעְלָה
בִּסֲבָךְ־עֵץ קַרְדֻּמּוֹת׃

ו וְעַתָּ פִּתּוּחֶיהָ יָּחַד
בְּכַשִּׁיל וְכֵילַפּוֹת יַהֲלֹמוּן׃

ז שִׁלְחוּ בָאֵשׁ מִקְדָּשֶׁךָ
לָאָרֶץ חִלְּלוּ מִשְׁכַּן־שְׁמֶךָ׃

ח אָמְרוּ בְלִבָּם נִינָם יָחַד
שָׂרְפוּ כָל־מוֹעֲדֵי־אֵל בָּאָרֶץ׃

ט אוֹתֹתֵינוּ לֹא־רָאִינוּ
אֵין־עוֹד נָבִיא וְלֹא־אִתָּנוּ יֹדֵעַ עַד־מָה׃

10. 上帝〈啊〉，〈向我们〉施虐的要辱骂到何时，
〈难道〉仇敌要永远辱骂你的〈圣〉名。

11. 你为何要收回你的右手，
〈求你〉从怀中〈伸出右手〉消灭〈仇敌〉。

12. 上帝自古就是我的王，
他在地上施行救赎。

13. 你曾以勇力劈开大海，
在水上击碎怪兽的头颅。

14. 你碾碎了利乌雅唐的头，
将他赐予〈走在〉荒地〈上的〉人作食物。

15. 你分开了水源和溪流，
你使汹涌的江河干涸。

16. 白昼和黑夜属于你，
你设置了亮光和太阳。

17. 你定立了所有土地的疆界，
你划分〈直译：制成〉了夏冬。

18. 〈求你〉对此记住，仇敌辱骂了上主，
愚顽的民众亵渎了你的〈圣〉名。

19. 求你不要将你的斑鸠〈是否应该翻译成鸽子，
有待考证圣经物种名〉的性命交给野兽，
不要永远忘记你穷苦人的生命。

20. 〈求你〉顾念那盟约，
因为地上的暗处满了暴徒的住处。

21. 〈求你〉不要再让受欺压的人蒙羞，
愿贫困穷乏者〈能〉赞美你的名。

י עַד־מָתַי אֱלֹהִים יְחָרֶף צָר
יְנָאֵץ אוֹיֵב שִׁמְךָ לָנֶצַח׃

יא לָמָּה תָשִׁיב יָדְךָ וִימִינֶךָ
מִקֶּרֶב חוקך כַלֵּה׃ חֵיקְךָ

יב וֵאלֹהִים מַלְכִּי מִקֶּדֶם
פֹּעֵל יְשׁוּעוֹת בְּקֶרֶב הָאָרֶץ׃

יג אַתָּה פוֹרַרְתָּ בְעָזְּךָ יָם
שִׁבַּרְתָּ רָאשֵׁי תַנִּינִים עַל־הַמָּיִם׃

יד אַתָּה רִצַּצְתָּ רָאשֵׁי לִוְיָתָן
תִּתְּנֶנּוּ מַאֲכָל לְעָם לְצִיִּים׃

טו אַתָּה בָקַעְתָּ מַעְיָן וָנָחַל
אַתָּה הוֹבַשְׁתָּ נַהֲרוֹת אֵיתָן׃

טז לְךָ יוֹם אַף־לְךָ לָיְלָה
אַתָּה הֲכִינוֹתָ מָאוֹר וָשָׁמֶשׁ׃

יז אַתָּה הִצַּבְתָּ כָּל־גְּבוּלוֹת אָרֶץ
קַיִץ וָחֹרֶף אַתָּה יְצַרְתָּם׃

יח זְכָר־זֹאת אוֹיֵב חֵרֵף ׀ יְהוָה
וְעַם־נָבָל נִאֲצוּ שְׁמֶךָ׃

יט אַל־תִּתֵּן לְחַיַּת נֶפֶשׁ תּוֹרֶךָ
חַיַּת עֲנִיֶּיךָ אַל־תִּשְׁכַּח לָנֶצַח׃

כ הַבֵּט לַבְּרִית
כִּי־מָלְאוּ מַחֲשַׁכֵּי־אֶרֶץ נְאוֹת חָמָס׃

כא אַל־יָשֹׁב דַּךְ נִכְלָם
עָנִי וְאֶבְיוֹן יְהַלְלוּ שְׁמֶךָ׃

22. 上帝〈啊〉，〈求你〉起来为自己力争，
〈求你〉切记愚顽人整日对你嘲笑。

23. 求你不要忘记你仇敌的喧哗，
违抗你的人不断叫嚣。

כב קוּמָ֣ה אֱ֭לֹהִים רִיבָ֣ה רִיבֶ֑ךָ
זְכֹ֥ר חֶרְפָּתְךָ֥ מִנִּי־נָ֝בָ֗ל כָּל־הַיּֽוֹם׃

כג אַל־תִּ֭שְׁכַּח ק֣וֹל צֹרְרֶ֑יךָ
שְׁא֥וֹן קָ֝מֶ֗יךָ עֹלֶ֥ה תָמִֽיד׃

第七十五首

1. 交予奏乐者，〈曲调用〉不要毁灭〈祈求上主怜悯国破家亡的以色列〉，阿撒夫的诗歌。

2. 我们承认〈或译：赞美〉你，〈哦〉上帝，
我们承认并就近你的〈大〉名，
他们〈向我们〉讲述了你的伟迹〈他们即以色列的祖先〉。

3. 当我选好时日，
我必公平审判。

4. 大地和其上所有居民〈都要〉崩溃〈因为众民拒绝了你的托辣〉，
〈但〉我〈通过接受托辣〉立定了她〈指大地〉的支柱，塞拉。

5. 我对〈迫害以色列的〉蠢人说，
你们不要再作〈读阴平声〉了，
〈我〉对恶人说，你们不要狂傲。

6. 你们不要对着上〈天〉狂傲，
你们〈不要〉硬着颈项
〈对着上天胡〉说〈八道〉。

7. 因〈救援〉不是来自〈日〉出〈的东方〉，
〈不是〉来自〈日落的〉西方，
也不是来自旷野，〈也不是来自〉群山。

8. 反而上帝〈才〉是〈终极〉审判者，
他要使这人降卑，使那人升高。

9. 因杯爵〈即惩罚〉在上主的手中，
〈其中是〉烈酒，满了调料，
他要从这〈杯向恶人〉倾倒，
地上所有的恶人甚至要喝尽她的残渣。

מזמור עה

א לַמְנַצֵּ֥חַ אַל־תַּשְׁחֵ֑ת
מִזְמ֖וֹר לְאָסָ֣ף שִֽׁיר׃

ב ה֘וֹדִ֤ינוּ לְּךָ֨ ׀ אֱֽלֹהִ֗ים
ה֭וֹדִינוּ וְקָר֣וֹב שְׁמֶ֑ךָ
סִ֝פְּר֗וּ נִפְלְאוֹתֶֽיךָ׃

ג כִּ֭י אֶקַּ֣ח מוֹעֵ֑ד
אֲ֝נִ֗י מֵישָׁרִ֥ים אֶשְׁפֹּֽט׃

ד נְמוֹגִ֣ים אֶ֭רֶץ וְכָל־יֹשְׁבֶ֑יהָ
אָ֨נֹכִ֥י תִכַּ֖נְתִּי עַמּוּדֶ֣יהָ סֶּֽלָה׃

ה אָמַ֣רְתִּי לַ֭הוֹלְלִים אַל־תָּהֹ֑לּוּ
וְ֝לָרְשָׁעִ֗ים אַל־תָּרִ֥ימוּ קָֽרֶן׃

ו אַל־תָּרִ֣ימוּ לַמָּר֣וֹם קַרְנְכֶ֑ם
תְּדַבְּר֖וּ בְצַוָּ֣אר עָתָֽק׃

ז כִּ֤י לֹ֣א מִ֭מּוֹצָא וּמִמַּעֲרָ֑ב
וְ֝לֹ֗א מִמִּדְבַּ֥ר הָרִֽים׃

ח כִּֽי־אֱלֹהִ֥ים שֹׁפֵ֑ט
זֶ֥ה יַ֝שְׁפִּ֗יל וְזֶ֣ה יָרִֽים׃

ט כִּ֤י כ֤וֹס בְּֽיַד־יְהוָ֡ה
וְ֘יַ֤יִן חָמַ֨ר ׀ מָ֥לֵא מֶסֶךְ֮
וַיַּגֵּ֢ר מִ֫זֶּ֥ה
אַךְ־שְׁ֭מָרֶיהָ יִמְצ֣וּ יִשְׁתּ֑וּ
כֹּ֝֗ל רִשְׁעֵי־אָֽרֶץ׃

10. 我要永远讲述，
我要歌颂雅可乌的上帝。

11. 我要砍倒恶人的骄傲，
义人的骄傲定要高昂。

י וַאֲנִי אַגִּיד לְעֹלָם
אֲזַמְּרָה לֵאלֹהֵי יַעֲקֹב׃

יא וְכָל־קַרְנֵי רְשָׁעִים אֲגַדֵּעַ
תְּרוֹמַמְנָה קַרְנוֹת צַדִּיק׃

第七十六首

1. 交予演奏乐器者，阿撒夫之歌。

2. 上帝在耶胡达之中为人所知，
他的名在以色列之中为大。

3. 他的帐幕曾〈建〉在〈耶路〉撒冷，
他的居所〈曾建〉在熙雍。

4. 他在那里折断了飞箭，
盾和矛，还有战争，塞拉。

5. 你光明强壮，胜于山〈间〉猛兽
〈暗指讨伐以色列的袁黑里乌王〉。

6. 勇敢的士兵丧了士气，他们昏睡〈死去〉，
所有的战士都无〈力举〉手。

7. 由于你的斥责，〈哦〉雅可乌的上帝，
他〈即率军前来的袁黑里乌王〉睡〈死〉过去，
并〈他的〉坐骑。

8. 你确实〈大而〉可畏，
你盛怒时，谁能在你面前站立。

9. 你从天上颁布判决，
大地惊恐静默。

10. 那时上帝起来审判，
拯救地上所有谦逊人，塞拉。

11. 于是〈世〉人〈对以色列〉的怒气〈最终要成全
以色列〉对你的赞美，
你〈也〉要消除剩下的怒火。

מזמור עו

א לַמְנַצֵּ֥חַ בִּנְגִינֹ֑ת מִזְמ֖וֹר לְאָסָ֣ף שִֽׁיר׃

ב נ֣וֹדָע בִּֽיהוּדָ֣ה אֱלֹהִ֑ים
בְּ֝יִשְׂרָאֵ֗ל גָּד֥וֹל שְׁמֽוֹ׃

ג וַיְהִ֣י בְשָׁלֵ֣ם סֻכּ֑וֹ
וּמְעוֹנָת֥וֹ בְצִיּֽוֹן׃

ד שָׁ֭מָּה שִׁבַּ֣ר רִשְׁפֵי־קָ֑שֶׁת
מָגֵ֖ן וְחֶ֖רֶב וּמִלְחָמָ֣ה סֶֽלָה׃

ה נָ֣אוֹר אַתָּ֑ה אַ֝דִּ֗יר מֵֽהַרְרֵי־טָֽרֶף׃

ו אֶשְׁתּוֹלְל֨וּ ׀ אַבִּ֣ירֵי לֵ֭ב נָמ֣וּ שְׁנָתָ֑ם
וְֽלֹא־מָצְא֥וּ כָל־אַנְשֵֽׁי־חַ֝֗יִל יְדֵיהֶֽם׃

ז מִ֭גַּעֲרָ֣תְךָ אֱלֹהֵ֣י יַעֲקֹ֑ב
נִ֝רְדָּ֗ם וְרֶ֣כֶב וָסֽוּס׃

ח אַתָּ֤ה ׀ נ֤וֹרָא אַ֗תָּה
וּמִֽי־יַעֲמֹ֥ד לְ֝פָנֶ֗יךָ מֵאָ֥ז אַפֶּֽךָ׃

ט מִ֭שָּׁמַיִם הִשְׁמַ֣עְתָּ דִּ֑ין
אֶ֖רֶץ יָֽרְאָ֣ה וְשָׁקָֽטָה׃

י בְּקוּם־לַמִּשְׁפָּ֣ט אֱלֹהִ֑ים
לְהוֹשִׁ֖יעַ כָּל־עַנְוֵי־אֶ֣רֶץ סֶֽלָה׃

יא כִּֽי־חֲמַ֣ת אָדָ֣ם תּוֹדֶ֑ךָּ
שְׁאֵרִ֖ית חֵמֹ֣ת תַּחְגֹּֽר׃

12. 〈你们〉要向上主你们的上帝许愿并还愿，
凡他周围的〈民族〉都要向〈大而〉
可畏者献上礼物。

13. 他要砍倒贵胄的气焰，
惊吓地上的众王。

יב נִדְר֣וּ וְשַׁלְמ֡וּ לַיהוָ֪ה אֱֽלֹהֵ֫יכֶ֥ם
כָֽל־סְבִיבָ֑יו יֹבִ֥ילוּ שַׁ֝֗י לַמוֹרָֽא׃

יג יִ֭בְצֹר ר֣וּחַ נְגִידִ֑ים
נ֝וֹרָ֗א לְמַלְכֵי־אָֽרֶץ׃

第七十七首

1. 交予奏乐者〈雷威人〉耶杜通〈的子孙〉，
阿撒夫之歌。

2. 我向上帝呼求，我要呼喊，
我向上帝呼求，愿他垂听，

3. 我在患难时寻求了我主，
我〈整〉夜〈举〉手〈祈祷〉，
不停流〈泪〉，
我的灵魂拒绝得到抚慰。

4. 我〈一〉记起上帝，我〈就〉叹息，
我〈一〉倾诉，我心神〈就〉憔悴，塞拉。

5. 你扯住了我的眼皮〈我无法入睡〉，
我伤心〈欲绝〉，我说不出话来。

6. 我思忖过去的日子，
往昔的岁月。

7. 在夜间我要追忆我〈在圣殿中弹奏〉的曲调，
我的心要叹息，
我的灵要反省。

8. 难道我主要永远舍弃〈我们〉，
〈难道〉他不再施恩。

9. 难道他的慈爱永远消失，
〈难道他安慰的〉言语永世废止。

10. 难道上帝忘记了怜爱，
难道他〈因〉愤怒锁闭了他的慈悲，塞拉。

מזמור עז

טו לחודש

א לַמְנַצֵּחַ עַל־יְדִיתוּן לְאָסָף מִזְמוֹר׃ יְדוּתוּן

ב קוֹלִי אֶל־אֱלֹהִים וְאֶצְעָקָה
קוֹלִי אֶל־אֱלֹהִים וְהַאֲזִין אֵלָי׃

ג בְּיוֹם צָרָתִי אֲדֹנָי דָּרָשְׁתִּי
יָדִי ׀ לַיְלָה נִגְּרָה וְלֹא תָפוּג
מֵאֲנָה הִנָּחֵם נַפְשִׁי׃

ד אֶזְכְּרָה אֱלֹהִים וְאֶהֱמָיָה
אָשִׂיחָה ׀ וְתִתְעַטֵּף רוּחִי סֶלָה׃

ה אָחַזְתָּ שְׁמֻרוֹת עֵינָי
נִפְעַמְתִּי וְלֹא אֲדַבֵּר׃

ו חִשַּׁבְתִּי יָמִים מִקֶּדֶם
שְׁנוֹת עוֹלָמִים׃

ז אֶזְכְּרָה נְגִינָתִי בַּלָּיְלָה
עִם־לְבָבִי אָשִׂיחָה
וַיְחַפֵּשׂ רוּחִי׃

ח הַלְעוֹלָמִים יִזְנַח ׀ אֲדֹנָי
וְלֹא־יֹסִיף לִרְצוֹת עוֹד׃

ט הֶאָפֵס לָנֶצַח חַסְדּוֹ
גָּמַר אֹמֶר לְדֹר וָדֹר׃

י הֲשָׁכַח חַנּוֹת אֵל
אִם־קָפַץ בְּאַף רַחֲמָיו סֶלָה׃

11. 我〈自言自语〉说，这让我颤抖，
至高者的右手变了〈意思是他不像从前那样助佑
我们了〉。

12. 我要追忆上主的作为，
我要追忆你从前的奇迹。

13. 我要默想你一切的行为，
我要讲述你的作为。

14. 上帝〈啊〉，你的道路圣洁，
有谁威能强大如〈我们的〉上帝。

15. 你是行奇迹的上帝，
你向万民彰显了你的威能。

16. 你以勇力搭救了你的百姓，
〈即〉雅可乌和约瑟夫的子孙，塞拉。

17. 〈苏弗海〉水看到了你，〈哦〉上帝，
〈大〉水看到了你，他们惊慌，
并且深渊〈见到你〉，他们颤抖。

18. 大雨〈从〉云中倾倒，
响声〈从〉天上发出，
还有你的〈利〉箭〈指闪电〉迸发。

19. 你在旋风中雷鸣，
〈你的闪电〉照亮了天地，
大地战兢咆哮。

20. 你的道路在〈苏弗〉海中，
你的路径在大水之中，
你的足迹无影无踪〈直译：不被知晓〉。

21. 你曾借摩西和阿哈隆之手，
如〈引领〉羊群般引领了你的百姓。

יא וָ֭אֹמַר חַלּ֣וֹתִי הִ֑יא
שְׁ֝נ֗וֹת יְמִ֣ין עֶלְיֽוֹן׃

יב אזכיר מַֽעַלְלֵי־יָ֑הּ אֶזְכּ֥וֹר
כִּֽי־אֶזְכְּרָ֖ה מִקֶּ֣דֶם פִּלְאֶֽךָ׃

יג וְהָגִ֥יתִי בְכָל־פָּעֳלֶ֑ךָ
וּ֝בַעֲלִ֥ילוֹתֶ֗יךָ אָשִֽׂיחָה׃

יד אֱ֭לֹהִים בַּקֹּ֣דֶשׁ דַּרְכֶּ֑ךָ
מִי־אֵ֥ל גָּ֝ד֗וֹל כֵּֽאלֹהִֽים׃

טו אַתָּ֣ה הָ֭אֵל עֹ֣שֵׂה פֶ֑לֶא
הוֹדַ֖עְתָּ בָעַמִּ֣ים עֻזֶּֽךָ׃

טז גָּאַ֣לְתָּ בִּזְר֣וֹעַ עַמֶּ֑ךָ
בְּנֵי־יַעֲקֹ֖ב וְיוֹסֵ֣ף סֶֽלָה׃

יז רָ֘א֤וּךָ מַּ֨יִם ׀ אֱֽלֹהִ֗ים
רָא֣וּךָ מַּ֣יִם יָחִ֑ילוּ
אַ֝֗ף יִרְגְּז֥וּ תְהֹמֽוֹת׃

יח זֹ֤רְמוּ מַ֨יִם ׀ עָב֗וֹת
ק֭וֹל נָתְנ֣וּ שְׁחָקִ֑ים
אַף־חֲ֝צָצֶ֗יךָ יִתְהַלָּֽכוּ׃

יט ק֤וֹל רַֽעַמְךָ֨ ׀ בַּגַּלְגַּ֗ל
הֵאִ֣ירוּ בְרָקִ֣ים תֵּבֵ֑ל
רָגְזָ֖ה וַתִּרְעַ֣שׁ הָאָֽרֶץ׃

כ בַּיָּ֤ם דַּרְכֶּ֗ךָ
ושביליך בְּמַ֣יִם רַבִּ֑ים וּֽשְׁבִֽילְךָ֗
וְ֝עִקְּבוֹתֶ֗יךָ לֹ֣א נֹדָֽעוּ׃

כא נָחִ֣יתָ כַצֹּ֣אן עַמֶּ֑ךָ
בְּֽיַד־מֹשֶׁ֥ה וְאַהֲרֹֽן׃

第七十八首

1. 阿撒夫的训诲〈诗〉，
我的百姓〈啊〉，你〈们〉要听我的托辣，
侧耳〈聆听〉我的口谕。

2. 我要开口〈讲〉比喻，
我要用暗喻讲述古时的事迹。

3. 即我们听到的和知道的，
〈即〉我们的祖先告诉我们的。

4. 我们不会对子孙后代掩盖，
〈定要〉诉说〈对〉上主的颂赞，
以及他所行的威能和奇迹。

5. 他曾在雅可乌中立了明证，
在以色列之中设了托辣，
他吩咐我们的列祖
〈将托辣〉晓谕给子孙〈后代〉。

6. 以便后代出生的子孙能够知道，
他们〈也〉要起来讲述给他们的子孙。

7. 他们要信靠上帝，
不忘记上帝的作为，
他们要遵守他的诫命。

8. 不会像他们的祖先〈那样〉
成为偏行悖逆的一代，
〈那〉一代心术不正，
其心没有忠于上帝。

מזמור עח

א מַשְׂכִּיל לְאָסָף
הַאֲזִינָה עַמִּי תּוֹרָתִי
הַטּוּ אָזְנְכֶם לְאִמְרֵי־פִי׃

ב אֶפְתְּחָה בְמָשָׁל פִּי
אַבִּיעָה חִידוֹת מִנִּי־קֶדֶם׃

ג אֲשֶׁר שָׁמַעְנוּ וַנֵּדָעֵם
וַאֲבוֹתֵינוּ סִפְּרוּ־לָנוּ׃

ד לֹא נְכַחֵד ׀ מִבְּנֵיהֶם
לְדוֹר אַחֲרוֹן מְסַפְּרִים תְּהִלּוֹת יְהוָה
וֶעֱזוּזוֹ וְנִפְלְאוֹתָיו אֲשֶׁר עָשָׂה׃

ה וַיָּקֶם עֵדוּת ׀ בְּיַעֲקֹב, וְתוֹרָה שָׂם בְּיִשְׂרָאֵל
אֲשֶׁר צִוָּה אֶת־אֲבוֹתֵינוּ
לְהוֹדִיעָם לִבְנֵיהֶם׃

ו לְמַעַן יֵדְעוּ ׀ דּוֹר אַחֲרוֹן
בָּנִים יִוָּלֵדוּ
יָקֻמוּ וִיסַפְּרוּ לִבְנֵיהֶם׃

ז וְיָשִׂימוּ בֵאלֹהִים כִּסְלָם
וְלֹא יִשְׁכְּחוּ מַעַלְלֵי־אֵל
וּמִצְוֹתָיו יִנְצֹרוּ׃

ח וְלֹא יִהְיוּ ׀ כַּאֲבוֹתָם, דּוֹר סוֹרֵר וּמֹרֶה
דּוֹר לֹא־הֵכִין לִבּוֹ
וְלֹא־נֶאֶמְנָה אֶת־אֵל רוּחוֹ׃

9. 埃弗辣因的子孙〈虽〉挽弓武装，
战时却转身〈败退〉。

10. 他们没有履行上帝的盟约，
拒绝遵行他的托辣。

11. 他们忘记了他的作为，
还有他显现给他们的奇事。

12. 他在他们祖先的眼前施行了奇迹，
在密刺辣因地，〈在〉佐安之野。

13. 他分开了〈苏弗〉海，领他们穿过，
他使〈海〉水直立如壁。

14. 白天他用云朵引领他们，
彻夜〈他〉以火光〈为他们引路〉。

15. 他在狂野中劈开岩石，
如丰沛深泉供他们饮水。

16. 他从岩石中引出水流，
〈水流〉冲下好似江河。

17. 他们却继续〈作恶〉得罪他，
在荒漠之中悖逆至高者。

18. 他们任性试探上帝，
索要食物〈满足〉他们的欲求。

19. 他们亵渎上帝说，
上帝岂能在荒漠中摆设宴席。

20. 看哪，他曾击石出水，流淌泛滥，
他还能赐食物，
给他的百姓预备肉吗。

ט בְּֽנֵי־אֶפְרַ֗יִם נ֭וֹשְׁקֵי רוֹמֵי־קָ֑שֶׁת
הָ֝פְכ֗וּ בְּי֣וֹם קְרָֽב׃

י לֹ֣א שָׁ֭מְרוּ בְּרִ֣ית אֱלֹהִ֑ים
וּ֝בְתוֹרָת֗וֹ מֵאֲנ֥וּ לָלֶֽכֶת׃

יא וַיִּשְׁכְּח֥וּ עֲלִילוֹתָ֑יו
וְ֝נִפְלְאוֹתָ֗יו אֲשֶׁ֣ר הֶרְאָֽם׃

יב נֶ֣גֶד אֲ֭בוֹתָם עָ֣שָׂה פֶ֑לֶא
בְּאֶ֖רֶץ מִצְרַ֣יִם שְׂדֵה־צֹֽעַן׃

יג בָּ֣קַע יָ֭ם וַיַּעֲבִירֵ֑ם
וַיַּצֶּב־מַ֥יִם כְּמוֹ־נֵֽד׃

יד וַיַּנְחֵ֣ם בֶּעָנָ֣ן יוֹמָ֑ם
וְכָל־הַ֝לַּ֗יְלָה בְּא֣וֹר אֵֽשׁ׃

טו יְבַקַּ֣ע צֻ֭רִים בַּמִּדְבָּ֑ר
וַ֝יַּ֗שְׁקְ כִּתְהֹמ֥וֹת רַבָּֽה׃

טז וַיּוֹצִ֣א נוֹזְלִ֣ים מִסָּ֑לַע
וַיּ֖וֹרֶד כַּנְּהָר֣וֹת מָֽיִם׃

יז וַיּוֹסִ֣יפוּ ע֭וֹד לַחֲטֹא־ל֑וֹ
לַֽמְר֥וֹת עֶ֝לְי֗וֹן בַּצִּיָּֽה׃

יח וַיְנַסּוּ־אֵ֥ל בִּלְבָבָ֑ם
לִֽשְׁאָל־אֹ֥כֶל לְנַפְשָֽׁם׃

יט וַֽיְדַבְּר֗וּ בֵּֽאלֹ֫הִ֥ים, אָ֭מְרוּ הֲי֣וּכַל אֵ֑ל
לַעֲרֹ֥ךְ שֻׁ֝לְחָ֗ן בַּמִּדְבָּֽר׃

כ הֵ֤ן הִכָּה־צ֨וּר ׀ וַיָּז֣וּבוּ מַיִם֮ וּנְחָלִ֢ים יִ֫שְׁטֹ֥פוּ
הֲגַם־לֶ֭חֶם י֣וּכַל תֵּ֑ת
אִם־יָכִ֖ין שְׁאֵ֣ר לְעַמּֽוֹ׃

21. 于是上主听见了〈大为〉愤怒，
〈烈〉火烧向雅可乌，
怒火飞扑以色列。

22. 因为他们不相信上帝，
他们也不倚赖他的拯救。

23. 〈尽管〉他已吩咐从天上〈降下玛纳〉，
他开启了天门〈降下食物〉。

24. 他为他们降下玛纳做食物，
他赐给他们天上的谷粮。

25. 〈凡〉人享用天粮，
他赐下食物使他们饱足。

26. 他在天空刮起东〈风〉，
他以其大能引导南〈风〉。

27. 他给他们降下〈鲜〉肉〈多〉如尘土，
〈又降下〉飞鸟〈多〉如海沙。

28. 他把〈这些〉撒落在他的营中，
环绕他的帐幕四周。

29. 他们吃了，十分饱足，
他们所欲求的，他给了他们。

30. 他们尚未吃顶，
食物还在他们口中。

31. 上帝的怒气临到他们，
他杀死了他们之中肥硕的，
他击倒了以色列的精英。

כא לָכֵ֤ן ׀ שָׁמַ֣ע יהוה֮ וַֽיִּתְעַ֫בָּ֥ר
וְ֭אֵשׁ נִשְּׂקָ֣ה בְיַעֲקֹ֑ב
וְגַם־אַ֝֗ף עָלָ֥ה בְיִשְׂרָאֵֽל׃

כב כִּ֣י לֹ֣א הֶ֭אֱמִינוּ בֵּאלֹהִ֑ים
וְלֹ֥א בָ֝טְח֗וּ בִּישׁוּעָתֽוֹ׃

כג וַיְצַ֣ו שְׁחָקִ֣ים מִמָּ֑עַל
וְדַלְתֵ֖י שָׁמַ֣יִם פָּתָֽח׃

כד וַיַּמְטֵ֬ר עֲלֵיהֶ֣ם מָ֣ן לֶֽאֱכֹ֑ל
וּדְגַן־שָׁ֝מַ֗יִם נָ֣תַן לָֽמוֹ׃

כה לֶ֣חֶם אַ֭בִּירִים אָ֣כַל אִ֑ישׁ
צֵידָ֬ה שָׁלַ֖ח לָהֶ֣ם לָשֹֽׂבַע׃

כו יַסַּ֣ע קָ֭דִים בַּשָּׁמָ֑יִם
וַיְנַהֵ֖ג בְּעֻזּ֣וֹ תֵימָֽן׃

כז וַיַּמְטֵ֬ר עֲלֵיהֶ֣ם כֶּעָפָ֣ר שְׁאֵ֑ר
וּֽכְח֥וֹל יַ֝מִּ֗ים ע֣וֹף כָּנָֽף׃

כח וַ֭יַּפֵּל בְּקֶ֣רֶב מַחֲנֵ֑הוּ
סָ֝בִ֗יב לְמִשְׁכְּנֹתָֽיו׃

כט וַיֹּאכְל֣וּ וַיִּשְׂבְּע֣וּ מְאֹ֑ד
וְ֝תַאֲוָתָ֗ם יָבִ֥א לָהֶֽם׃

ל לֹא־זָר֥וּ מִתַּאֲוָתָ֑ם
ע֝֗וֹד אָכְלָ֥ם בְּפִיהֶֽם׃

לא וְאַ֤ף אֱלֹהִ֨ים ׀ עָ֘לָ֤ה בָהֶ֗ם
וַֽ֭יַּהֲרֹג בְּמִשְׁמַנֵּיהֶ֑ם
וּבַחוּרֵ֖י יִשְׂרָאֵ֣ל הִכְרִֽיעַ׃

32. 尽管如此，他们仍继续犯罪，
他们不信他的奇事。

33. 〈于是〉他使他们的时日消逝成空，
〈他让〉他们的岁月〈处处〉惊恐。

34. 他击杀他们时，他们寻求他，
他们回〈心〉转〈意〉祈求上帝。

35. 他们记起了上帝是他们的磐石，
至高者是他们的拯救。

36. 但他们以口〈中谎言〉骗他，
以舌〈上巧言〉诈他。

37. 他们的心对他不诚，
不忠于他的盟约。

38. 而他〈却〉慈悲，饶恕了〈他们的〉罪过，
没有灭绝〈他们〉，
他屡次收回他的怒气，
没有兴起他全部的愤怒。

39. 他记起他们〈不过〉是〈血〉肉〈之躯〉，
〈只是一口〉去而不返的气。

40. 多少次，他们在旷野中悖逆了他，
〈多少次〉他们在荒漠使他悲伤，

41. 他们反复试探上帝，
〈向〉以色列的圣者索要迹象。

42. 他们不记得他〈救援〉的手，
那日他救赎他们脱离压迫。

לב בְּכׇל־זֹאת חָטְאוּ־עוֹד
וְלֹא הֶאֱמִינוּ בְּנִפְלְאוֹתָיו׃

לג וַיְכַל־בַּהֶבֶל יְמֵיהֶם
וּשְׁנוֹתָם בַּבֶּהָלָה׃

לד אִם־הֲרָגָם וּדְרָשׁוּהוּ
וְשָׁבוּ וְשִׁחֲרוּ־אֵל׃

לה וַיִּזְכְּרוּ כִּי־אֱלֹהִים צוּרָם
וְאֵל עֶלְיוֹן גֹּאֲלָם׃

לו וַיְפַתּוּהוּ בְּפִיהֶם
וּבִלְשׁוֹנָם יְכַזְּבוּ־לוֹ׃

לז וְלִבָּם לֹא־נָכוֹן עִמּוֹ
וְלֹא נֶאֶמְנוּ בִּבְרִיתוֹ׃

לח וְהוּא רַחוּם ׀ יְכַפֵּר עָוֺן וְלֹא־יַשְׁחִית
וְהִרְבָּה לְהָשִׁיב אַפּוֹ
וְלֹא־יָעִיר כׇּל־חֲמָתוֹ׃

לט וַיִּזְכֹּר כִּי־בָשָׂר הֵמָּה
רוּחַ הוֹלֵךְ וְלֹא יָשׁוּב׃

מ כַּמָּה יַמְרוּהוּ בַמִּדְבָּר
יַעֲצִיבוּהוּ בִּישִׁימוֹן׃

מא וַיָּשׁוּבוּ וַיְנַסּוּ אֵל
וּקְדוֹשׁ יִשְׂרָאֵל הִתְווּ׃

מב לֹא־זָכְרוּ אֶת־יָדוֹ
יוֹם אֲשֶׁר־פָּדָם מִנִּי־צָר׃

43. 〈也不再记得〉他在密刺辣因施显迹象，
在佐安之野〈显示〉的奇迹。

44. 他把他们的河流变为血〈水〉，
他们的溪流不能饮用。

45. 他派来兽群吞噬他们，
〈又叫〉青蛙毁灭他们。

46. 他把他们的庄稼交给蚱蜢，
〈又将〉他们劳作〈果实喂〉给蝗虫。

47. 他用冰雹摧毁了他们的葡萄，
〈以〉寒霜〈摧毁了〉他们的无花果树。

48. 他将他们的牲畜交给冰雹，
将他们的羊群〈交〉给火焰。

49. 他向他们遣下狂怒，
暴怒，愤怒和苦痛，
〈好似〉一队祸害天使。

50. 他倾倒他的愤怒，
不制止他们的死亡，
他把他们的生命交给瘟疫。

51. 他击杀了全密刺辣因的长子，
在含的帐幕内〈灭绝了人〉
年轻力壮〈时所生〉的头胎。

52. 他引领他的百姓如同羊群，
他在旷野中引导他们好似绵羊。

53. 他带领他们平安〈行进〉，
〈使〉他们无〈所〉畏惧，他把他们的仇敌〈用〉
海〈水〉淹没。

מג אֲשֶׁר־שָׂ֣ם בְּ֭מִצְרַיִם אֹתוֹתָ֑יו
וּ֝מוֹפְתָ֗יו בִּשְׂדֵה־צֹֽעַן׃

מד וַיַּהֲפֹ֣ךְ לְ֭דָם יְאֹרֵיהֶ֑ם
וְ֝נֹזְלֵיהֶ֗ם בַּל־יִשְׁתָּיֽוּן׃

מה יְשַׁלַּ֬ח בָּהֶ֣ם עָ֭רֹב וַיֹּאכְלֵ֑ם
וּ֝צְפַרְדֵּ֗עַ וַתַּשְׁחִיתֵֽם׃

מו וַיִּתֵּ֣ן לֶחָסִ֣יל יְבוּלָ֑ם
וִ֝יגִיעָ֗ם לָאַרְבֶּֽה׃

מז יַהֲרֹ֣ג בַּבָּרָ֣ד גַּפְנָ֑ם
וְ֝שִׁקְמוֹתָ֗ם בַּחֲנָמַֽל׃

מח וַיַּסְגֵּ֣ר לַבָּרָ֣ד בְּעִירָ֑ם
וּ֝מִקְנֵיהֶ֗ם לָרְשָׁפִֽים׃

מט יְשַׁלַּח־בָּ֨ם ׀ חֲר֬וֹן אַפּ֗וֹ
עֶבְרָ֣ה וָזַ֣עַם וְצָרָ֑ה
מִ֝שְׁלַ֗חַת מַלְאֲכֵ֥י רָעִֽים׃

נ יְפַלֵּ֣ס נָתִיב֮ לְאַ֫פּ֥וֹ
לֹא־חָשַׂ֣ךְ מִמָּ֣וֶת נַפְשָׁ֑ם
וְ֝חַיָּתָ֗ם לַדֶּ֥בֶר הִסְגִּֽיר׃

נא וַיַּ֣ךְ כָּל־בְּכ֣וֹר בְּמִצְרָ֑יִם
רֵאשִׁ֥ית א֝וֹנִ֗ים בְּאָהֳלֵי־חָֽם׃

נב וַיַּסַּ֣ע כַּצֹּ֣אן עַמּ֑וֹ
וַיְנַהֲגֵ֥ם כַּ֝עֵ֗דֶר בַּמִּדְבָּֽר׃

נג וַיַּנְחֵ֣ם לָ֭בֶטַח וְלֹ֣א פָחָ֑דוּ
וְאֶת־א֝וֹיְבֵיהֶ֗ם כִּסָּ֥ה הַיָּֽם׃

54. 他带他们到自己的圣〈地〉边界，
〈到达〉他右手所得的山岭。

55. 他在他们面前赶走了异族，
给他们分派产业，
他把以色列的支派安置进他们的帐篷。

56. 他们却试探悖逆了至高者上帝，
没有遵守他的明证〈诫命〉。

57. 他们像他们的祖先一样不忠，
他们奸诈如同扭曲的弓。

58. 他们以他们丘坛惹他发怒，
又以他们的偶像惹他嫉恨。

59. 上帝听到了〈他们的妄语〉而发怒，
他极其厌恶以色列〈的恶行〉。

60. 他抛弃了史罗的会幕，
他居于人间的帐幕。

61. 他把他的勇力交予掳掠，
他把他的荣耀交予敌手。

62. 他把他的百姓交予刀剑，
他向他的产业发泄烈怒。

63. 怒火吞噬了他的少年，
他的处女没有〈婚嫁〉喜庆。

64. 他的司祭葬身刀下，
他的寡妇不得哀哭。

נד וַיְבִיאֵם אֶל־גְּבוּל קָדְשׁוֹ
הַר־זֶה קָנְתָה יְמִינוֹ׃

נה וַיְגָרֶשׁ מִפְּנֵיהֶם ׀ גּוֹיִם
וַיַּפִּילֵם בְּחֶבֶל נַחֲלָה
וַיַּשְׁכֵּן בְּאָהֳלֵיהֶם שִׁבְטֵי יִשְׂרָאֵל׃

נו וַיְנַסּוּ וַיַּמְרוּ אֶת־אֱלֹהִים עֶלְיוֹן
וְעֵדוֹתָיו לֹא שָׁמָרוּ׃

נז וַיִּסֹּגוּ וַיִּבְגְּדוּ כַּאֲבוֹתָם
נֶהְפְּכוּ כְּקֶשֶׁת רְמִיָּה׃

נח וַיַּכְעִיסוּהוּ בְּבָמוֹתָם
וּבִפְסִילֵיהֶם יַקְנִיאוּהוּ׃

נט שָׁמַע אֱלֹהִים וַיִּתְעַבָּר
וַיִּמְאַס מְאֹד בְּיִשְׂרָאֵל׃

ס וַיִּטֹּשׁ מִשְׁכַּן שִׁלוֹ
אֹהֶל שִׁכֵּן בָּאָדָם׃

סא וַיִּתֵּן לַשְּׁבִי עֻזּוֹ
וְתִפְאַרְתּוֹ בְיַד־צָר׃

סב וַיַּסְגֵּר לַחֶרֶב עַמּוֹ
וּבְנַחֲלָתוֹ הִתְעַבָּר׃

סג בַּחוּרָיו אָכְלָה־אֵשׁ
וּבְתוּלֹתָיו לֹא הוּלָּלוּ׃

סד כֹּהֲנָיו בַּחֶרֶב נָפָלוּ
וְאַלְמְנֹתָיו לֹא תִבְכֶּינָה׃

65. 〈然后〉我主犹如睡醒，
犹如勇士被酒激动。

66. 他击杀敌人〈使他们〉退后，
令他们永远蒙羞。

67. 他厌弃了约瑟夫的帐篷，
不〈再〉拣选埃弗辣因支派。

68. 他选择了耶胡达支派，
〈选择了〉他所喜爱的熙雍〈圣〉山。

69. 他建造他的圣所如〈天〉高〈立〉，
他奠定了她如〈大〉地永〈固〉。

70. 他拣选了他的仆人达威德，
从羊圈中提携了他。

71. 他带他到了羔羊〈的身〉后，
去牧放他的百姓雅可乌，他的产业以色列。

72. 他以纯心牧养他们，
又用巧手引领他们。

סה וַיִּקַ֣ץ כְּיָשֵׁ֣ן ׀ אֲדֹנָ֑י
כְּ֝גִבּ֗וֹר מִתְרוֹנֵ֥ן מִיָּֽיִן׃

סו וַיַּךְ־צָרָ֥יו אָח֑וֹר
חֶרְפַּ֥ת ע֝וֹלָ֗ם נָ֣תַן לָֽמוֹ׃

סז וַ֭יִּמְאַס בְּאֹ֣הֶל יוֹסֵ֑ף
וּֽבְשֵׁ֥בֶט אֶ֝פְרַ֗יִם לֹ֣א בָחָֽר׃

סח וַ֭יִּבְחַר אֶת־שֵׁ֣בֶט יְהוּדָ֑ה
אֶֽת־הַ֥ר צִ֝יּ֗וֹן אֲשֶׁ֣ר אָהֵֽב׃

סט וַיִּ֣בֶן כְּמוֹ־רָ֭מִים מִקְדָּשׁ֑וֹ
כְּ֝אֶ֗רֶץ יְסָדָ֥הּ לְעוֹלָֽם׃

ע וַ֭יִּבְחַר בְּדָוִ֣ד עַבְדּ֑וֹ
וַ֝יִּקָּחֵ֗הוּ מִֽמִּכְלְאֹ֥ת צֹֽאן׃

עא מֵאַחַ֥ר עָל֗וֹת הֱֽבִיא֥וֹ
לִ֭רְעוֹת בְּיַעֲקֹ֣ב עַמּ֑וֹ וּ֝בְיִשְׂרָאֵ֗ל נַחֲלָתֽוֹ׃

עב וַ֭יִּרְעֵם כְּתֹ֣ם לְבָב֑וֹ
וּבִתְבוּנ֖וֹת כַּפָּ֣יו יַנְחֵֽם׃

第七十九首

1. 阿撒夫之歌，
上帝〈啊〉，异民入侵了你的产业，
亵渎了你的圣殿，
将耶路撒冷毁为废墟。

2. 他们把你仆人的尸〈首〉
交给天空的飞鸟〈做〉食物，
将你敬虔者的〈血〉肉〈喂给〉地上的野兽。

3. 他们〈指敌人〉在耶路撒冷周围倾流他们
〈指同胞〉的鲜血如同流水，
没人埋葬〈同胞的尸首〉。

4. 我们成为邻人〈指以色列周围的各民族〉的笑柄，
成为周围人羞辱的对象。

5. 上主〈啊〉，你〈这样〉对我们持久发怒要到何时，
你的妒〈火〉如〈烈〉焰燃烧〈要到何时〉。

6. 〈愿你〉将愤怒倾泄于不承认你的众邦，
和不呼求你名的列国。

7. 因为他〈们〉吞噬了雅可乌，
他们摧毁了他的住所。

8. 求你不要向我们追讨先前的罪恶，
愿你的仁慈快快临到我们，
因为我们极其困乏。

9. 上帝，我们的拯救〈啊〉，为了你名的荣耀，
〈求你〉帮助我们，〈求你〉援救我们，
为了你名的缘故饶恕我们的罪过。

מזמור עט

טז לחודש

מִזְמ֗וֹר לְאָ֫סָ֥ף

אֱלֹהִ֡ים בָּ֤אוּ גוֹיִ֨ם ׀ בְּֽנַחֲלָתֶ֗ךָ
טִ֭מְּאוּ אֶת־הֵיכַ֣ל קׇדְשֶׁ֑ךָ
שָׂ֖מוּ אֶת־יְרוּשָׁלַ֣͏ִם לְעִיִּֽים׃

עג נָֽתְנ֡וּ אֶת־נִבְלַ֬ת עֲבָדֶ֗יךָ
מַ֭אֲכָל לְע֣וֹף הַשָּׁמָ֑יִם
בְּשַׂ֥ר חֲ֝סִידֶ֗יךָ לְחַיְתוֹ־אָֽרֶץ׃

עד שָׁפְכ֤וּ דָמָ֨ם ׀ כַּמַּ֗יִם סְֽבִיב֥וֹת יְרוּשָׁלָ֗͏ִם
וְאֵ֣ין קוֹבֵֽר׃

עה הָיִ֣ינוּ חֶ֭רְפָּה לִשְׁכֵנֵ֑ינוּ
לַ֥עַג וָ֝קֶ֗לֶס לִסְבִיבוֹתֵֽינוּ׃

עו עַד־מָ֣ה יְ֭הוה תֶּאֱנַ֣ף לָנֶ֑צַח
תִּבְעַ֥ר כְּמוֹ־אֵ֝֗שׁ קִנְאָתֶֽךָ׃

עז שְׁפֹ֤ךְ חֲמָתְךָ֨ ׀ אֶֽל־הַגּוֹיִ֗ם אֲשֶׁ֣ר לֹֽא־יְדָ֫ע֥וּךָ
וְעַ֥ל מַמְלָכ֑וֹת אֲשֶׁ֥ר בְּ֝שִׁמְךָ֗ לֹ֣א קָרָֽאוּ׃

עח כִּ֭י אָכַ֣ל אֶֽת־יַעֲקֹ֑ב
וְאֶת־נָוֵ֥הוּ הֵשַֽׁמּוּ׃

עט אַל־תִּֽזְכׇּר־לָנוּ֮ עֲוֺנֹ֪ת רִאשֹׁ֫נִ֥ים
מַ֭הֵר יְקַדְּמ֣וּנוּ רַחֲמֶ֑יךָ
כִּ֖י דַלּ֣וֹנוּ מְאֹֽד׃

פ עׇזְרֵ֤נוּ ׀ אֱלֹ֘הֵ֤י יִשְׁעֵ֗נוּ עַל־דְּבַ֥ר כְּבֽוֹד־שְׁמֶ֑ךָ
וְהַצִּילֵ֥נוּ וְכַפֵּ֥ר עַל־חַ֝טֹּאתֵ֗ינוּ לְמַ֣עַן שְׁמֶֽךָ׃

10. 为何要〈让〉异邦说，他们的上帝在哪里，
愿异民在我们眼前了解到，
〈你为〉你仆人流的血复仇。

11. 愿囚徒〈指被掳掠的以色列民〉的哀号
〈上〉达你面前，
求你以你手臂的大〈能〉解救死囚。

12. 求你向我们近邻七倍〈加七倍，意思是很多倍〉
当面报复，
就是他们加给你的凌辱，〈哦〉我主。

13. 我们是你的子民，你牧场〈上〉的羊群，
我们要永远称谢你，
世代诉说〈对〉你的赞美。

פא לָ֤מָּה ׀ יֹאמְר֢וּ הַגּוֹיִם֮ אַיֵּ֪ה אֱלֹהֵ֫יהֶ֥ם
יִוָּדַ֣ע בגיים לְעֵינֵ֑ינוּ בַּגּוֹיִ֣ם
נִ֝קְמַ֗ת דַּם־עֲבָדֶ֥יךָ הַשָּׁפֽוּךְ׃

פב תָּב֤וֹא לְפָנֶ֗יךָ אֶנְקַ֫ת אָ֥סִ֥יר
כְּגֹ֥דֶל זְרוֹעֲךָ֑ ה֝וֹתֵ֗ר בְּנֵ֣י תְמוּתָֽה׃

פג וְהָשֵׁ֤ב לִשְׁכֵנֵ֣ינוּ שִׁ֭בְעָתַיִם אֶל־חֵיקָ֑ם
חֶ֝רְפָּתָ֗ם אֲשֶׁ֣ר חֵרְפ֣וּךָ אֲדֹנָֽי׃

פד וַאֲנַ֤חְנוּ עַמְּךָ֨ ׀ וְצֹ֤אן מַרְעִיתֶ֗ךָ
נ֣וֹדֶה לְּךָ֗ לְֽעוֹלָ֥ם
לְד֥וֹר וָדֹ֑ר נְ֝סַפֵּ֗ר תְּהִלָּתֶֽךָ׃

第八十首

1. 交予演奏首莎娜〈乐器名〉者，
阿撒夫的见证歌。

2. 以色列的牧人，
引领约瑟夫〈的子孙〉如〈领〉羊群者，
〈求你〉俯听，
坐于克鲁乌〈之上〉者，〈求你〉显扬。

3. 〈求你〉在埃弗辣因，宾雅明和梅纳晒面前
施展你的威能，
〈求你〉来拯救我们。

4. 上帝〈啊〉，〈求你〉召回我们，
显示你的慈容，使我们得救。

5. 上主，万军的上帝，
你不顾你百姓的祈祷要到何时。

6. 你以泪〈为〉食喂了他们，
你以涟涟〈或译：串串，字根：三，表示多〉
泪水灌了他们。

7. 你使我们与邻人争执，
〈又令〉我们的仇敌嘲笑他们〈此处有隐语〉。

8. 万军的上帝，求你召回我们，
显示你的慈容，使我们得救。

9. 你从密刺辣因移来一株葡萄树，
你将异邦赶走〈后〉将她栽种。

מזמור פ

א לַמְנַצֵּ֥חַ אֶל־שֹׁשַׁנִּ֑ים
עֵד֖וּת לְאָסָ֣ף מִזְמֽוֹר׃

ב רֹ֤עֵ֨ה יִשְׂרָאֵ֡ל ׀ הַאֲזִ֗ינָה
נֹהֵ֣ג כַּצֹּ֣אן יוֹסֵ֑ף
יֹשֵׁ֖ב הַכְּרוּבִ֣ים הוֹפִֽיעָה׃

ג לִפְנֵ֤י אֶפְרַ֨יִם ׀ וּבִנְיָ֬מִ֣ן וּמְנַשֶּׁ֗ה
עוֹרְרָ֥ה אֶת־גְּבוּרָתֶ֑ךָ
וּלְכָ֖ה לִֽישֻׁעָ֣תָה לָּֽנוּ׃

ד אֱלֹהִ֥ים הֲשִׁיבֵ֑נוּ
וְהָאֵ֥ר פָּ֝נֶ֗יךָ וְנִוָּשֵֽׁעָה׃

ה יְהֹוָ֣ה אֱלֹהִ֣ים צְבָא֑וֹת
עַד־מָתַ֥י עָ֝שַׁ֗נְתָּ בִּתְפִלַּ֥ת עַמֶּֽךָ׃

ו הֶ֣אֱכַלְתָּ֭ם לֶ֣חֶם דִּמְעָ֑ה
וַ֝תַּשְׁקֵ֗מוֹ בִּדְמָע֥וֹת שָׁלִֽישׁ׃

ז תְּשִׂימֵ֣נוּ מָ֭דוֹן לִשְׁכֵנֵ֑ינוּ
וְ֝אֹיְבֵ֗ינוּ יִלְעֲגוּ־לָֽמוֹ׃

ח אֱלֹהִ֣ים צְבָא֣וֹת הֲשִׁיבֵ֑נוּ
וְהָאֵ֥ר פָּ֝נֶ֗יךָ וְנִוָּשֵֽׁעָה׃

ט גֶּ֭פֶן מִמִּצְרַ֣יִם תַּסִּ֑יעַ
תְּגָרֵ֥שׁ גּ֝וֹיִ֗ם וַתִּטָּעֶֽהָ׃

10. 你在她面前清理了〈土地〉，
她扎根遍地。

11. 她的阴影遮蔽了群山，
她的枝条〈成为〉强壮的香柏。

12. 她的蔓藤伸展至海〈洋〉，
她的嫩枝〈绵延〉到〈泼辣特〉河
〈即幼发拉底河〉。

13. 你为何拆毁她的篱笆，
〈任凭〉过路人摘她〈的果实〉。

14. 〈任凭〉林中的野猪糟蹋她，
〈任凭〉田间的野兽啃食她。

15. 万军的上帝，〈求你〉现在〈就〉回转，
从天上垂看眷顾这〈株〉葡萄树。

16. 即你右手所栽种的，
你所支持的儿子。

17. 〈她〉被火焚烧，被伐倒〈移到别处〉，
他们因你〈铁〉面斥责而灭亡。

18. 愿你的手〈保护〉你右手〈所拯救〉的人，
〈即〉你所扶助的人子〈即上帝在万民中所拣选
的以色列〉。

19. 〈让〉我们〈永〉不背离你，
求你复苏我们，我要呼求你的名。

20. 上主，万军的上帝，〈求你〉召回我们，
显示你的慈容，使我们得救。

י פִּנִּ֥יתָ לְפָנֶ֑יהָ
וַתַּשְׁרֵ֥שׁ שָׁ֝רָשֶׁ֗יהָ וַתְּמַלֵּא־אָֽרֶץ׃

יא כָּסּ֣וּ הָרִ֣ים צִלָּ֑הּ
וַ֝עֲנָפֶ֗יהָ אַֽרְזֵי־אֵֽל׃

יב תְּשַׁלַּ֣ח קְצִירֶ֣הָ עַד־יָ֑ם
וְאֶל־נָ֝הָ֗ר יוֹנְקוֹתֶֽיהָ׃

יג לָ֣מָּה פָּ֭רַצְתָּ גְדֵרֶ֑יהָ
וְ֝אָר֗וּהָ כָּל־עֹ֥בְרֵי דָֽרֶךְ׃

יד יְכַרְסְמֶ֣נָּה חֲזִ֣יר מִיָּ֑עַר
וְזִ֖יז שָׂדַ֣י יִרְעֶֽנָּה׃

טו אֱלֹהִ֣ים צְבָאוֹת֮ שׁ֫וּב נָ֥א
הַבֵּ֣ט מִשָּׁמַ֣יִם וּרְאֵ֑ה
וּ֝פְקֹ֗ד גֶּ֣פֶן זֹֽאת׃

טז וְ֭כַנָּה אֲשֶׁר־נָטְעָ֣ה יְמִינֶ֑ךָ
וְעַל־בֵּ֝֗ן אִמַּ֥צְתָּה לָּֽךְ׃

יז שְׂרֻפָ֣ה בָאֵ֣שׁ כְּסוּחָ֑ה
מִגַּעֲרַ֖ת פָּנֶ֣יךָ יֹאבֵֽדוּ׃

יח תְּֽהִי־יָ֭דְךָ עַל־אִ֣ישׁ יְמִינֶ֑ךָ
עַל־בֶּן־אָ֝דָ֗ם אִמַּ֥צְתָּ לָּֽךְ׃

יט וְֽלֹא־נָס֥וֹג מִמֶּ֑ךָּ
תְּ֝חַיֵּ֗נוּ וּבְשִׁמְךָ֥ נִקְרָֽא׃

כ יְהוָ֤ה אֱלֹהִ֣ים צְבָא֣וֹת הֲשִׁיבֵ֑נוּ
הָ֥אֵ֥ר פָּ֝נֶ֗יךָ וְנִוָּשֵֽׁעָה׃

第八十一首

1. 交予演奏吉提特〈乐器名〉者，阿撒夫之歌。

2. 我们的力量〈啊〉，请向上帝欢乐地歌唱，
大声宣扬雅可乌的上帝。

3. 奏起乐来，击起鼓来，
美妙的琴〈声〉，和〈读去声〉以管笛。

4. 在新月时吹〈号〉角，
即在确定的欢庆日。

5. 因这是以色列的法则，
雅可乌上帝的规定。

6. 他将其设为约瑟夫的见证，
那时他在密刺辣因地出了〈牢狱〉，
我听见〈人说〉我不懂的语言。

7. 〈上帝说〉我卸下了他肩上的重担，
我除去了他手上的镣铐。

8. 你在悲痛时呼叫，我即拯救了你，
我以轰鸣回答了〈你〉在暗中〈的祈求〉，
我以梅里巴之水测试了你，塞拉。

9. 听〈啊〉，我的百姓，我要警告你，
以色列〈啊〉，甚愿你〈能〉听我。

10. 你不得有别神，
你不得向异神朝拜。

מזמור פא

א לַמְנַצֵּ֬חַ ׀ עַֽל־הַגִּתִּ֬ית לְאָסָֽף׃

ב הַ֭רְנִינוּ לֵאלֹהִ֣ים עוּזֵּ֑נוּ
הָ֝רִ֗יעוּ לֵאלֹהֵ֥י יַעֲקֹֽב׃

ג שְֽׂאוּ־זִ֭מְרָה וּתְנוּ־תֹ֑ף
כִּנּ֖וֹר נָעִ֣ים עִם־נָֽבֶל׃

ד תִּקְע֣וּ בַחֹ֣דֶשׁ שׁוֹפָ֑ר
בַּ֝כֵּ֗סֶה לְי֣וֹם חַגֵּֽנוּ׃

ה כִּ֤י חֹ֣ק לְיִשְׂרָאֵ֣ל ה֑וּא
מִ֝שְׁפָּ֗ט לֵאלֹהֵ֥י יַעֲקֹֽב׃

ו עֵ֤דוּת ׀ בִּיה֘וֹסֵ֤ף שָׂמ֗וֹ
בְּ֭צֵאתוֹ עַל־אֶ֣רֶץ מִצְרָ֑יִם
שְׂפַ֖ת לֹא־יָדַ֣עְתִּי אֶשְׁמָֽע׃

ז הֲסִיר֣וֹתִי מִסֵּ֣בֶל שִׁכְמ֑וֹ
כַּ֝פָּ֗יו מִדּ֥וּד תַּעֲבֹֽרְנָה׃

ח בַּצָּרָ֥ה קָרָ֗אתָ וָאֲחַ֫לְּצֶ֥ךָּ
אֶ֭עֶנְךָ בְּסֵ֣תֶר רַ֑עַם
אֶבְחָ֥נְךָ֘ עַל־מֵ֖י מְרִיבָ֣ה סֶֽלָה׃

ט שְׁמַ֣ע עַ֭מִּי וְאָעִ֣ידָה בָּ֑ךְ
יִ֝שְׂרָאֵ֗ל אִם־תִּשְׁמַֽע־לִֽי׃

י לֹא־יִהְיֶ֣ה בְ֭ךָ אֵ֣ל זָ֑ר
וְלֹ֥א תִ֝שְׁתַּחֲוֶ֗ה לְאֵ֣ל נֵכָֽר׃

11. 我是上主，你的上帝，〈是我〉领你出了密刺
辣因地，
张开你的嘴，我将填满他。

12. 但我的子民不听我的声音，
以色列不喜欢我。

13. 〈于是〉我让他们追求心中的妄想，
他们就追随自己的心意行事。

14. 甚愿我的子民〈能〉听从我，
〈甚愿〉以色列能走我的道。

15. 我〈就〉会马上降服他们的仇敌，
转手对付压迫他们的人。

16. 仇恨上主的人要欺骗他，
然而他们的〈好〉时候会到永远。

17. 我要以最丰满的小麦喂养他，
我要以蜜汁满足你。

יא אָֽנֹכִ֨י ׀ יְה֘וָ֤ה אֱלֹהֶ֗יךָ הַֽ֭מַּעַלְךָ מֵאֶ֣רֶץ מִצְרָ֑יִם
הַרְחֶב־פִּ֝֗יךָ וַאֲמַלְאֵֽהוּ׃

יב וְלֹא־שָׁמַ֣ע עַמִּ֣י לְקוֹלִ֑י
וְ֝יִשְׂרָאֵ֗ל לֹא־אָ֥בָה לִֽי׃

יג וָ֭אֲשַׁלְּחֵהוּ בִּשְׁרִיר֣וּת לִבָּ֑ם
יֵ֝לְכ֗וּ בְּֽמוֹעֲצוֹתֵיהֶֽם׃

יד ל֗וּ עַ֭מִּי שֹׁמֵ֣עַֽ לִ֑י
יִ֝שְׂרָאֵ֗ל בִּדְרָכַ֥י יְהַלֵּֽכוּ׃

טו כִּ֭מְעַט אוֹיְבֵיהֶ֣ם אַכְנִ֑יעַ
וְעַל־צָ֝רֵיהֶ֗ם אָשִׁ֥יב יָדִֽי׃

טז מְשַׂנְאֵ֣י יְ֭הוָה יְכַחֲשׁוּ־ל֑וֹ
וִיהִ֖י עִתָּ֣ם לְעוֹלָֽם׃

יז וַ֭יַּאֲכִילֵהוּ מֵחֵ֣לֶב חִטָּ֑ה
וּ֝מִצּ֗וּר דְּבַ֣שׁ אַשְׂבִּיעֶֽךָ׃

第八十二首

1. 阿撒夫之诗，
上帝立于神圣的会议，
他要在众法官中施行审判。

2. 你们审断不公，
偏袒恶人〈更直译：照顾恶人的情面〉
要到何时，塞拉。

3. 〈你们〉应为弱小和孤儿主持公正，
为贫苦与困乏之人伸张正义。

4. 〈你们〉当解救贫穷及困乏的人，
〈你们〉当恶人手中解救他们。

5. 他们既不知也不懂，他们在黑暗中行走，
大地的根基全都动摇。

6. 我曾说，你们〈如同〉天神〈般晓得善恶〉，
你们全都是至高者的儿子。

7. 〈但〉你们必将如〈世〉人般死亡，
你们要跌倒，如同〈欺压穷人的〉王侯中的一位。

8. 上帝〈啊〉，〈求你〉兴起，
审判〈全〉地，因万邦全都是你的产业。

מזמור פב

א מִזְמ֗וֹר לְאָ֫סָ֥ף
אֱֽלֹהִים נִצָּ֥ב בַּעֲדַת־אֵ֑ל
בְּקֶ֖רֶב אֱלֹהִ֣ים יִשְׁפֹּֽט׃

ב עַד־מָתַ֥י תִּשְׁפְּטוּ־עָ֑וֶל
וּפְנֵ֥י רְ֝שָׁעִ֗ים תִּשְׂאוּ־סֶֽלָה׃

ג שִׁפְטוּ־דַ֥ל וְיָת֑וֹם
עָנִ֖י וָרָ֣שׁ הַצְדִּֽיקוּ׃

ד פַּלְּטוּ־דַ֥ל וְאֶבְי֑וֹן
מִיַּ֖ד רְשָׁעִ֣ים הַצִּֽילוּ׃

ה לֹ֤א יָֽדְע֨וּ ׀ וְלֹ֥א יָבִ֗ינוּ בַּחֲשֵׁכָ֥ה יִתְהַלָּ֑כוּ
יִ֝מּ֗וֹטוּ כָּל־מ֥וֹסְדֵי אָֽרֶץ׃

ו אֲֽנִי־אָ֭מַרְתִּי אֱלֹהִ֣ים אַתֶּ֑ם
וּבְנֵ֖י עֶלְי֣וֹן כֻּלְּכֶֽם׃

ז אָ֭כֵן כְּאָדָ֣ם תְּמוּת֑וּן
וּכְאַחַ֖ד הַשָּׂרִ֣ים תִּפֹּֽלוּ׃

ח קוּמָ֣ה אֱ֭לֹהִים שָׁפְטָ֣ה הָאָ֑רֶץ
כִּֽי־אַתָּ֥ה תִ֝נְחַ֗ל בְּכָל־הַגּוֹיִֽם׃

第八十三首

1. 阿撒夫的诗歌。

2. 上帝〈啊〉，求你不要沉默，
求你不要装聋作哑，〈哦〉大能者〈上帝〉。

3. 看哪，你的仇敌〈多么〉嚣张，
恨你的人〈多么〉昂头〈气盛〉。

4. 他们密谋对付你的子民，
商讨迫害你所保护的人。

5. 他们说，来〈啊〉，让我们从〈众〉民中消灭他们，
使以色列的名字不再被〈人〉记起。

6. 他们同心合谋，
缔结盟约对付你。

7. 埃东的帐幕〈指其居民，因为他们住在帐篷中〉
和伊施玛埃珥人，摩阿乌及哈革尔人。

8. 革瓦珥，阿孟和阿玛累克，
泼赖晒特伙同撮尔的居民。

9. 还有阿舒尔和他们联合，
他们是罗特子孙的〈长〉臂〈指他们总是帮助罗特人〉，塞拉。

10. 〈求你〉对待他们如〈对待〉米德扬人，
如同在琪雄河〈边对待〉西斯辣和雅无英。

מזמור פג

א שִׁ֖יר מִזְמ֣וֹר לְאָסָֽף׃ יז לחודש

ב אֱלֹהִ֥ים אַל־דֳּמִי־לָ֑ךְ
אַל־תֶּחֱרַ֖שׁ וְאַל־תִּשְׁקֹ֣ט אֵֽל׃

ג כִּֽי־הִנֵּ֣ה א֭וֹיְבֶיךָ יֶהֱמָי֑וּן
וּ֝מְשַׂנְאֶ֗יךָ נָ֣שְׂאוּ רֹֽאשׁ׃

ד עַל־עַ֭מְּךָ יַעֲרִ֣ימוּ ס֑וֹד
וְ֝יִתְיָעֲצ֗וּ עַל־צְפוּנֶֽיךָ׃

ה אָמְר֗וּ לְ֭כוּ וְנַכְחִידֵ֣ם מִגּ֑וֹי
וְלֹֽא־יִזָּכֵ֖ר שֵֽׁם־יִשְׂרָאֵ֣ל עֽוֹד׃

ו כִּ֤י נוֹעֲצ֣וּ לֵ֣ב יַחְדָּ֑ו
עָ֝לֶ֗יךָ בְּרִ֣ית יִכְרֹֽתוּ׃

ז אָהֳלֵ֣י אֱ֭דוֹם וְיִשְׁמְעֵאלִ֗ים
מוֹאָ֥ב וְהַגְרִֽים׃

ח גְּבָ֣ל וְ֭עַמּוֹן וַעֲמָלֵ֑ק
פְּ֝לֶ֗שֶׁת עִם־יֹ֥שְׁבֵי צֽוֹר׃

ט גַּם־אַ֭שּׁוּר נִלְוָ֣ה עִמָּ֑ם
הָי֤וּ זְר֖וֹעַ לִבְנֵי־ל֣וֹט סֶֽלָה׃

י עֲשֵׂה־לָהֶ֥ם כְּמִדְיָ֑ן
כְּֽסִֽיסְרָ֥א כְ֝יָבִ֗ין בְּנַ֣חַל קִישֽׁוֹן׃

11. 他们在恩•多尔被除灭，
成了地〈上〉的粪土。

12. 〈求你〉使他们的贵胄如欧磊乌如泽埃乌，
〈求你使〉他们的王公如泽瓦赫和嚓玴穆纳。

13. 〈因为〉他们曾〈狂妄地〉说，
让我们去占领上帝的居所。

14. 我的上帝〈啊〉，〈求你〉使他们如〈旋〉
风前翻滚的〈草芥〉谷杆。

15. 如〈野〉火吞噬树林，
如烈焰焚烧山岭。

16. 求你用你的飓风驱逐他们，
用你的暴风惊吓他们。

17. 〈求你〉让他们满脸羞愧，
〈然后〉他们要寻求上主的〈圣〉名。

18. 让他们蒙羞战兢永永远远，
让他们受辱，让他们灭亡。

19. 〈然后〉他们要知晓唯你名为上主，
全地之上的至高〈主宰〉者。

יא נִשְׁמְדוּ בְעֵין־דֹּאר
הָיוּ דֹּמֶן לָאֲדָמָה:

יב שִׁיתֵמוֹ נְדִיבֵמוֹ כְּעֹרֵב וְכִזְאֵב
וּכְזֶבַח וּכְצַלְמֻנָּע כָּל־נְסִיכֵמוֹ:

יג אֲשֶׁר אָמְרוּ נִירְשָׁה לָּנוּ
אֵת נְאוֹת אֱלֹהִים:

יד אֱלֹהַי שִׁיתֵמוֹ כַגַּלְגַּל
כְּקַשׁ לִפְנֵי־רוּחַ:

טו כְּאֵשׁ תִּבְעַר־יָעַר
וּכְלֶהָבָה תְּלַהֵט הָרִים:

טז כֵּן תִּרְדְּפֵם בְּסַעֲרֶךָ
וּבְסוּפָתְךָ תְבַהֲלֵם:

יז מַלֵּא פְנֵיהֶם קָלוֹן
וִיבַקְשׁוּ שִׁמְךָ יְהוָה:

יח יֵבֹשׁוּ וְיִבָּהֲלוּ עֲדֵי־עַד
וְיַחְפְּרוּ וְיֹאבֵדוּ:

יט וְיֵדְעוּ כִּי־אַתָּה שִׁמְךָ יְהוָה לְבַדֶּךָ
עֶלְיוֹן עַל־כָּל־הָאָרֶץ:

第八十四首

1. 交予演奏吉提特〈乐器名〉者，阔辣赫子孙之歌。

2. 你的居所多么可爱，
〈哦〉万军的上主。

3. 我的灵魂渴慕上主的庭院，我的心〈神〉，
我的肉〈体〉向永生上帝欢呼。

4. 〈小〉鸟〈在废墟里〉找到了家，
飞鸟在你的祭坛边
〈筑〉巢安置了幼雏，
〈哦〉万军的上主，
我的王，我的上帝。

5. 住在你殿中的人〈真是〉有福，
他们不停地赞颂你，塞拉。

6. 以你为其力量的人〈真是〉有福，
〈朝圣的〉路径在他们心中。

7. 他们走过荆棘谷，
泉源为他们涌现，
指示充满祝福〈的道路〉。

8. 他们行走愈加有力，
要在熙雍朝见上帝。

9. 上主，万军的上帝，
请听我的祈祷，
雅可乌的上帝〈啊〉，〈求你〉侧耳倾听，
塞拉。

מזמור פד

א לַמְנַצֵּחַ עַל־הַגִּתִּית לִבְנֵי־קֹרַח מִזְמוֹר׃

ב מַה־יְּדִידוֹת מִשְׁכְּנוֹתֶיךָ
יְהוָה צְבָאוֹת׃

ג נִכְסְפָה וְגַם־כָּלְתָה ׀ נַפְשִׁי לְחַצְרוֹת יְהוָה
לִבִּי וּבְשָׂרִי יְרַנְּנוּ אֶל אֵל־חָי׃

ד גַּם־צִפּוֹר ׀ מָצְאָה בַיִת
וּדְרוֹר ׀ קֵן ׀ לָהּ
אֲשֶׁר־שָׁתָה אֶפְרֹחֶיהָ
אֶת־מִזְבְּחוֹתֶיךָ יְהוָה צְבָאוֹת
מַלְכִּי וֵאלֹהָי׃

ה אַשְׁרֵי יוֹשְׁבֵי בֵיתֶךָ
עוֹד יְהַלְלוּךָ סֶּלָה׃

ו אַשְׁרֵי אָדָם עוֹז־לוֹ בָךְ
מְסִלּוֹת בִּלְבָבָם׃

ז עֹבְרֵי ׀ בְּעֵמֶק הַבָּכָא
מַעְיָן יְשִׁיתוּהוּ
גַּם־בְּרָכוֹת יַעְטֶה מוֹרֶה׃

ח יֵלְכוּ מֵחַיִל אֶל־חָיִל
יֵרָאֶה אֶל־אֱלֹהִים בְּצִיּוֹן׃

ט יְהוָה אֱלֹהִים צְבָאוֹת
שִׁמְעָה תְפִלָּתִי
הַאֲזִינָה אֱלֹהֵי יַעֲקֹב סֶלָה׃

10. 〈求你〉垂顾我们的护盾，〈哦〉上帝，
〈求你〉定睛〈于〉你受膏者的面容。

11. 在你庭院中〈停留〉一天，
胜过〈在别处〉千〈日〉，
我宁可站在我的上帝的殿宇门口，
也不愿住进恶人的帐篷。

12. 因为上主上帝〈好似〉太阳和护盾，
上主赐〈下〉恩典和光荣，
对行为纯全的人，他不吝啬〈赐予他们〉佳美。

13. 万军的上主，
信靠你的人〈真是〉有福。

י מָגִנֵּנוּ רְאֵה אֱלֹהִים
וְהַבֵּט פְּנֵי מְשִׁיחֶךָ׃

יא כִּי טוֹב־יוֹם בַּחֲצֵרֶיךָ מֵאָלֶף
בָּחַרְתִּי הִסְתּוֹפֵף בְּבֵית אֱלֹהַי
מִדּוּר בְּאָהֳלֵי־רֶשַׁע׃

יב כִּי שֶׁמֶשׁ ׀ וּמָגֵן יהוה אֱלֹהִים
חֵן וְכָבוֹד יִתֵּן יהוה
לֹא יִמְנַע־טוֹב לַהֹלְכִים בְּתָמִים׃

יג יהוה צְבָאוֹת
אַשְׁרֵי אָדָם בֹּטֵחַ בָּךְ׃

第八十五首

1. 交予奏乐者，阔辣赫子孙之歌。

2. 上主〈啊〉，你宠爱了你的土地，
你召回了被掳掠的雅可乌。

3. 你赦免了你百姓的罪孽，
饶恕了他们所有的过犯，塞拉。

4. 你抑制了你全部的愤怒，
扭转了你的怒火。

5. 上帝〈啊〉，我们的救主，〈求你〉召回我们，
〈求你〉撤销对我们的愤怒。

6. 难道你要永远向我们发怒，
〈难道〉你的怒气要代代延续。

7. 难道你不〈曾保证过〉让我们复苏
〈指结束流亡〉，
〈难道你不愿〉你的百姓因你而欢欣。

8. 上主〈啊〉，〈求你〉显给我们你的慈爱，
求你赐给我们你的救恩。

9. 愿我能听到大能上主的谕旨，
因他向他的百姓，向他的敬虔者讲说和平，
他们不会重复蠢〈行〉。

10. 他的拯救确实接近敬畏他的人，
〈他的〉荣耀要住在我们的〈故土以色列〉地。

מזמור פה

א לַמְנַצֵּ֬חַ ׀ לִבְנֵי־קֹ֬רַח מִזְמֽוֹר׃

ב רָצִ֣יתָ יְהוָ֣ה אַרְצֶ֑ךָ
שַׁ֝֗בְתָּ שְׁב֣ות יַעֲקֹֽב׃ שְׁבִ֣ית

ג נָ֭שָׂאתָ עֲוֺ֣ן עַמֶּ֑ךָ
כִּסִּ֖יתָ כָל־חַטָּאתָ֣ם סֶֽלָה׃

ד אָסַ֥פְתָּ כָל־עֶבְרָתֶ֑ךָ
הֱ֝שִׁיב֗וֹתָ מֵחֲר֥וֹן אַפֶּֽךָ׃

ה שׁ֭וּבֵנוּ אֱלֹהֵ֣י יִשְׁעֵ֑נוּ
וְהָפֵ֖ר כַּעַסְךָ֣ עִמָּֽנוּ׃

ו הַלְעוֹלָ֥ם תֶּאֱנַף־בָּ֑נוּ
תִּמְשֹׁ֥ךְ אַ֝פְּךָ֗ לְדֹ֣ר וָדֹֽר׃

ז הֲלֹא־אַ֭תָּה תָּשׁ֣וּב תְּחַיֵּ֑נוּ
וְ֝עַמְּךָ֗ יִשְׂמְחוּ־בָֽךְ׃

ח הַרְאֵ֣נוּ יְהוָ֣ה חַסְדֶּ֑ךָ
וְ֝יֶשְׁעֲךָ֗ תִּתֶּן־לָֽנוּ׃

ט אֶשְׁמְעָ֗ה מַה־יְדַבֵּר֮ הָאֵ֪ל ׀ יְהוָ֥ה
כִּ֤י ׀ יְדַבֵּ֬ר שָׁל֗וֹם אֶל־עַמּ֥וֹ וְאֶל־חֲסִידָ֑יו
וְֽאַל־יָשׁ֥וּבוּ לְכִסְלָֽה׃

י אַ֤ךְ קָר֣וֹב לִירֵאָ֣יו יִשְׁע֑וֹ
לִשְׁכֹּ֖ן כָּב֣וֹד בְּאַרְצֵֽנוּ׃

11. 仁爱与信实相会，
正义与和平相吻，

12. 信实要生发在地，
正义要显现在天。

13. 上主也要赐下佳美，
我们的〈故〉地要有〈丰〉收。

14. 正义要在他面前行走，
他的脚步要踏上〈正〉途。

יא חֶֽסֶד־וֶאֱמֶ֥ת נִפְגָּ֑שׁוּ
צֶ֖דֶק וְשָׁל֣וֹם נָשָֽׁקוּ׃

יב אֱ֭מֶת מֵאֶ֣רֶץ תִּצְמָ֑ח
וְ֝צֶ֗דֶק מִשָּׁמַ֥יִם נִשְׁקָֽף׃

יג גַּם־יְ֭הוָה יִתֵּ֣ן הַטּ֑וֹב
וְ֝אַרְצֵ֗נוּ תִּתֵּ֥ן יְבוּלָֽהּ׃

יד צֶ֭דֶק לְפָנָ֣יו יְהַלֵּ֑ךְ
וְיָשֵׂ֖ם לְדֶ֣רֶךְ פְּעָמָֽיו׃

第八十六首

1. 达威德的祈祷，
上主〈啊〉，〈求你〉侧耳允听我，
因为我穷苦困乏。

2. 〈求你〉保守我的性命，因为我虔敬〈信你〉，
〈求你〉拯救你的仆人，你是我的上帝，
〈我〉信靠你。

3. 〈求你〉怜悯我，〈哦〉我主，
因我整日向你呼求。

4. 〈求你〉使你仆人的心灵欢畅，
因为我的心灵仰仗你，〈哦〉我主。

5. 因为你是我主，〈你〉美善宽仁，
〈你〉对所有求告你的人富有慈爱。

6. 上主〈啊〉，求你垂听我的祈祷，
〈求你〉留意我恳求的声音。

7. 在患难日我呼求你，
因为你会应允我。

8. 在强者中没有一个像你，〈哦〉我主，
没有〈一个〉能比你的作为。

9. 你所造的万邦都要来拜倒在你面前，
他们要荣耀你的〈圣〉名。

מזמור פו

א תְּפִלָּה לְדָוִד
הַטֵּה־יהוה אָזְנְךָ עֲנֵנִי
כִּי־עָנִי וְאֶבְיוֹן אָנִי׃

ב שָׁמְרָה נַפְשִׁי כִּי־חָסִיד אָנִי
הוֹשַׁע עַבְדְּךָ אַתָּה אֱלֹהַי
הַבּוֹטֵחַ אֵלֶיךָ׃

ג חָנֵּנִי אֲדֹנָי
כִּי־אֵלֶיךָ אֶקְרָא כָּל־הַיּוֹם׃

ד שַׂמֵּחַ נֶפֶשׁ עַבְדֶּךָ
כִּי־אֵלֶיךָ אֲדֹנָי נַפְשִׁי אֶשָּׂא׃

ה כִּי־אַתָּה אֲדֹנָי טוֹב וְסַלָּח
וְרַב־חֶסֶד לְכָל־קֹרְאֶיךָ׃

ו הַאֲזִינָה יהוה תְּפִלָּתִי
וְהַקְשִׁיבָה בְּקוֹל תַּחֲנוּנוֹתָי׃

ז בְּיוֹם צָרָתִי אֶקְרָאֶךָּ, כִּי תַעֲנֵנִי׃

ח אֵין־כָּמוֹךָ בָאֱלֹהִים ׀ אֲדֹנָי
וְאֵין כְּמַעֲשֶׂיךָ׃

ט כָּל־גּוֹיִם ׀ אֲשֶׁר עָשִׂיתָ
יָבוֹאוּ ׀ וְיִשְׁתַּחֲווּ לְפָנֶיךָ אֲדֹנָי
וִיכַבְּדוּ לִשְׁמֶךָ׃

10. 因为你伟大，〈你〉行奇事，
惟你是上帝。

11. 上主〈啊〉，〈求你〉教导我你的道路，
我要行走在你的真理中，
我要一心敬畏你的名。

12. 我主我的上帝〈啊〉，我要以我的全心称谢你，
我要永远荣耀你的〈圣〉名。

13. 因你对我〈所施〉仁爱浩大，
你拯救我的性命脱离了〈地〉下〈阴〉府。

14. 上帝〈啊〉，狂徒起来〈害〉我，
一群蛮横的人寻索我的性命，
他们不把你当回事儿。

15. 〈但〉你，我主，是怜悯仁慈的上帝，
〈你〉缓于发怒，富于慈爱信实。

16. 〈求你〉转向我，怜悯我，
将你的力量赐予你的仆人，
拯救你婢女的儿子。

17. 〈求你〉赐我恩宠的标志，
〈使〉我的敌人看见而羞愧，
因为你是上主，你帮助了我，你安慰了我。

י כִּי־גָדוֹל אַתָּה וְעֹשֵׂה נִפְלָאוֹת
אַתָּה אֱלֹהִים לְבַדֶּךָ׃

יא הוֹרֵנִי יהוה ׀ דַּרְכֶּךָ אֲהַלֵּךְ בַּאֲמִתֶּךָ
יַחֵד לְבָבִי לְיִרְאָה שְׁמֶךָ׃

יב אוֹדְךָ ׀ אֲדֹנָי אֱלֹהַי בְּכָל־לְבָבִי
וַאֲכַבְּדָה שִׁמְךָ לְעוֹלָם׃

יג כִּי־חַסְדְּךָ גָּדוֹל עָלָי
וְהִצַּלְתָּ נַפְשִׁי מִשְּׁאוֹל תַּחְתִּיָּה׃

יד אֱלֹהִים ׀ זֵדִים קָמוּ־עָלַי
וַעֲדַת עָרִיצִים בִּקְשׁוּ נַפְשִׁי
וְלֹא שָׂמוּךָ לְנֶגְדָּם׃

טו וְאַתָּה אֲדֹנָי אֵל־רַחוּם וְחַנּוּן
אֶרֶךְ אַפַּיִם וְרַב־חֶסֶד וֶאֱמֶת׃

טז פְּנֵה אֵלַי וְחָנֵּנִי
תְּנָה־עֻזְּךָ לְעַבְדֶּךָ
וְהוֹשִׁיעָה לְבֶן־אֲמָתֶךָ׃

יז עֲשֵׂה־עִמִּי אוֹת לְטוֹבָה
וְיִרְאוּ שֹׂנְאַי וְיֵבֹשׁוּ
כִּי־אַתָּה יהוה עֲזַרְתַּנִי וְנִחַמְתָּנִי׃

第八十七首

1. 阔辣赫子孙的歌咏，
他〈指这首歌〉源于〈直译：他的根基在于〉圣山〈指圣殿山和耶路撒冷的歌咏者〉。

2. 雅可乌所有的居〈民〉中，
上主最喜爱熙雍的城门〈处的居民〉。

3. 〈他们〉讲述你的荣耀，
上帝之城，塞拉。

4. 我要向认识我的人提起辣哈乌和巴威珥，
看哪，洑赖晒特和撮尔，还有雇士，
这〈位智者〉出生在那里。

5. 〈有人〉会〈这样〉说〈到〉熙雍，
一人又一人在她那里出生，
他建立了巍峨的她。

6. 上主要在册上数点众民，
这〈位〉出生在那里，塞拉。

7. 他们弹琴歌唱，
我所有的源泉在她。

מזמור פז

א לִבְנֵי־קֹ֭רַח מִזְמ֣וֹר שִׁ֑יר
יְ֝סוּדָת֗וֹ בְּהַרְרֵי־קֹֽדֶשׁ׃

ב אֹהֵ֣ב יְ֭הוָה שַׁעֲרֵ֣י צִיּ֑וֹן
מִ֝כֹּ֗ל מִשְׁכְּנ֥וֹת יַעֲקֹֽב׃

ג נִ֭כְבָּדוֹת מְדֻבָּ֣ר בָּ֑ךְ
עִ֖יר הָאֱלֹהִ֣ים סֶֽלָה׃

ד אַזְכִּ֤יר ׀ רַ֥הַב וּבָבֶ֗ל לְֽיֹדְ֫עָ֥י
הִנֵּ֤ה פְלֶ֣שֶׁת וְצ֣וֹר עִם־כּ֑וּשׁ
זֶ֝֗ה יֻלַּד־שָֽׁם׃

ה וּֽלְצִיּ֨וֹן ׀ יֵאָמַ֗ר אִ֣ישׁ וְ֭אִישׁ יֻלַּד־בָּ֑הּ
וְה֖וּא יְכוֹנְנֶ֣הָ עֶלְיֽוֹן׃

ו יְֽהוָ֗ה יִ֭סְפֹּר בִּכְת֣וֹב עַמִּ֑ים
זֶ֖ה יֻלַּד־שָׁ֣ם סֶֽלָה׃

ז וְשָׁרִ֥ים כְּחֹלְלִ֑ים
כָּֽל־מַעְיָנַ֥י בָּֽךְ׃

第八十八首

1. 阔辣赫子孙之歌，
交予演奏玛哈拉特〈乐器名〉者和〈读去声〉之，
埃兹辣希人黑芒的训诲。

2. 上主，拯救我的上帝〈啊〉，
白天黑夜我在你面前呼求。

3. 愿我的祈祷〈上〉达于你面前，
〈求你〉侧耳倾听我的祈求。

4. 因为我的性命饱尝苦难，
我的生命已临近死亡〈直译：到达阴间〉。

5. 我被算作与下坑〈死去的〉的人为伍，
我好像没有力气的男人〈指死人，
意思是人死了哪里还有什么力气〉。

6. 〈但愿我是终于〉解脱了的死人，
好像躺在坟墓中的尸体，
你不再记念他们，
你的手除灭了他们。

7. 你使我置于深坑，
〈置于〉极黑暗的深处。

8. 你的愤怒重压我，
你〈以各样〉惊涛骇浪冲击〈我〉，塞拉。

9. 你离间了我的挚友，
你使他们憎恶我，
我被囚禁，无法逃脱。

מזמור פח

א שִׁ֥יר מִזְמ֗וֹר לִבְנֵ֫י קֹ֥רַח יח לחודש
לַמְנַצֵּ֣חַ עַל־מָחֲלַ֣ת לְעַנּ֑וֹת
מַ֝שְׂכִּ֗יל לְהֵימָ֥ן הָאֶזְרָחִֽי׃

ב יְהוָ֗ה אֱלֹהֵ֥י יְשׁוּעָתִ֑י
יוֹם־צָעַ֖קְתִּי בַלַּ֣יְלָה נֶגְדֶּֽךָ׃

ג תָּב֣וֹא לְ֭פָנֶיךָ תְּפִלָּתִ֑י
הַטֵּ֥ה אָ֝זְנְךָ֗ לְרִנָּתִֽי׃

ד כִּֽי־שָׂבְעָ֣ה בְרָע֣וֹת נַפְשִׁ֑י
וְ֝חַיַּ֗י לִשְׁא֥וֹל הִגִּֽיעוּ׃

ה נֶ֭חְשַׁבְתִּי עִם־י֣וֹרְדֵי ב֑וֹר
הָ֝יִ֗יתִי כְּגֶ֣בֶר אֵֽין־אֱיָֽל׃

ו בַּמֵּתִ֗ים חָ֫פְשִׁ֥י
כְּמ֤וֹ חֲלָלִ֨ים ׀ שֹׁ֤כְבֵי קֶ֗בֶר
אֲשֶׁ֤ר לֹ֣א זְכַרְתָּ֣ם ע֑וֹד
וְ֝הֵ֗מָּה מִיָּדְךָ֥ נִגְזָֽרוּ׃

ז שַׁ֭תַּנִי בְּב֣וֹר תַּחְתִּיּ֑וֹת
בְּ֝מַחֲשַׁכִּ֗ים בִּמְצֹלֽוֹת׃

ח עָ֭לַי סָמְכָ֣ה חֲמָתֶ֑ךָ
וְכָל־מִ֝שְׁבָּרֶ֗יךָ עִנִּ֥יתָ סֶּֽלָה׃

ט הִרְחַ֥קְתָּ מְיֻדָּעַ֗י מִ֫מֶּ֥נִּי
שַׁתַּ֣נִי תוֹעֵב֣וֹת לָ֑מוֹ
כָּ֝לֻ֗א וְלֹ֣א אֵצֵֽא׃

10. 我的眼因苦难而悲伤，
上主〈啊〉，我整日呼求了你，
向你伸手〈祈祷〉。

11. 你的奇迹岂是做给死人，
尸首岂能起来称谢你，塞拉。

12. 在坟墓中岂会诉说你的慈爱，
在毁灭〈的坑〉中〈岂会诉说〉你的信实。

13. 你的奇迹岂会在黑暗中被知晓，
你的正义〈岂能〉在遗忘之地〈被明了〉。

14. 但是，上主〈啊〉，我向你哭号，
在清晨我向你祈祷。

15. 上主〈啊〉，你为何要舍弃我的性命，
你〈为何〉要对我掩面〈不顾〉。

16. 我自幼受苦，几近死亡，
我承受你的威吓，惊恐〈万分〉。

17. 你的愤怒临到我，
你的恐怖除灭了我。

18. 他们整日像〈洪〉水一样环绕我，
一起围困了我。

19. 你使〈我的〉亲朋好友离弃我，
〈到头来〉我的伙伴〈只是〉黑暗。

י עֵינִי דָאֲבָה מִנִּי עֹנִי
קְרָאתִיךָ יְהוָה בְּכָל־יוֹם
שִׁטַּחְתִּי אֵלֶיךָ כַפָּי׃

יא הֲלַמֵּתִים תַּעֲשֶׂה־פֶּלֶא
אִם־רְפָאִים יָקוּמוּ ׀ יוֹדוּךָ סֶּלָה׃

יב הַיְסֻפַּר בַּקֶּבֶר חַסְדֶּךָ
אֱמוּנָתְךָ בָּאֲבַדּוֹן׃

יג הֲיִוָּדַע בַּחֹשֶׁךְ פִּלְאֶךָ
וְצִדְקָתְךָ בְּאֶרֶץ נְשִׁיָּה׃

יד וַאֲנִי ׀ אֵלֶיךָ יְהוָה שִׁוַּעְתִּי
וּבַבֹּקֶר תְּפִלָּתִי תְקַדְּמֶךָּ׃

טו לָמָה יְהוָה תִּזְנַח נַפְשִׁי
תַּסְתִּיר פָּנֶיךָ מִמֶּנִּי׃

טז עָנִי אֲנִי וְגוֵֹעַ מִנֹּעַר
נָשָׂאתִי אֵמֶיךָ אָפוּנָה׃

יז עָלַי עָבְרוּ חֲרוֹנֶיךָ
בִּעוּתֶיךָ צִמְּתוּתֻנִי׃

יח סַבּוּנִי כַמַּיִם כָּל־הַיּוֹם
הִקִּיפוּ עָלַי יָחַד׃

יט הִרְחַקְתָּ מִמֶּנִּי אֹהֵב וָרֵעַ
מְיֻדָּעַי מַחְשָׁךְ׃

第八十九首

1. 埃兹辣黑人埃堂的训诲〈诗〉。

2. 我要永远歌唱上主的慈爱，
我口要代代宣扬你的信实。

3. 我说了你的慈爱会永远稳固，
你要在天〈上〉坚定你的信实。

4. 我同我所拣选的人订立了盟约，
我向我的仆人达威德起了誓言。

5. 我要坚立你的后裔直到永远，
我要代代巩固你的〈宝〉座，塞拉。

6. 诸天要称扬你的奇事，〈哦〉上主，
你的信实也〈要〉在圣会中〈被宣扬〉。

7. 在天空谁能与上主相比，
在天使〈直译：强者之子，原文复数〉
中谁能相似上主。

8. 在圣者的大会中，上帝受敬畏，
比所有他周围〈的天使〉更受敬畏。

9. 上主，万军的上帝，
谁能像你，强劲的上主，
你周围是〈天使见证〉你的信实。

10. 你统治汹涌的大海，
你平息他的巨浪。

מזמור פט

א מַ֝שְׂכִּ֗יל לְאֵיתָ֥ן הָאֶזְרָחִֽי׃

ב חַֽסְדֵ֣י יְ֭הוָה עוֹלָ֣ם אָשִׁ֑ירָה
לְדֹ֥ר וָדֹ֓ר ׀ אוֹדִ֖יעַ אֱמוּנָתְךָ֣ בְּפִֽי׃

ג כִּֽי־אָמַ֗רְתִּי ע֭וֹלָם חֶ֣סֶד יִבָּנֶ֑ה
שָׁמַ֓יִם ׀ תָּכִ֖ן אֱמוּנָתְךָ֣ בָהֶֽם׃

ד כָּרַ֣תִּי בְ֭רִית לִבְחִירִ֑י
נִ֝שְׁבַּ֗עְתִּי לְדָוִ֥ד עַבְדִּֽי׃

ה עַד־ע֭וֹלָם אָכִ֣ין זַרְעֶ֑ךָ
וּבָנִ֨יתִי לְדֹר־וָד֖וֹר כִּסְאֲךָ֣ סֶֽלָה׃

ו וְי֤וֹדוּ שָׁמַ֣יִם פִּלְאֲךָ֣ יְהוָ֑ה
אַף־אֱ֝מוּנָתְךָ֗ בִּקְהַ֥ל קְדֹשִֽׁים׃

ז כִּ֤י מִ֣י בַ֭שַּׁחַק יַעֲרֹ֣ךְ לַיהוָ֑ה
יִדְמֶ֥ה לַ֝יהוָ֗ה בִּבְנֵ֥י אֵלִֽים׃

ח אֵ֣ל נַ֭עֲרָץ בְּסוֹד־קְדֹשִׁ֣ים רַבָּ֑ה
וְ֝נוֹרָ֗א עַל־כׇּל־סְבִיבָֽיו׃

ט יְהוָ֤ה ׀ אֱלֹהֵ֬י צְבָא֗וֹת
מִֽי־כָמ֥וֹךָ חֲסִ֣ין ׀ יָ֑הּ
וֶ֝אֱמ֥וּנָתְךָ֗ סְבִיבוֹתֶֽיךָ׃

י אַתָּ֣ה מ֭וֹשֵׁל בְּגֵא֣וּת הַיָּ֑ם
בְּשׂ֥וֹא גַ֝לָּ֗יו אַתָּ֥ה תְשַׁבְּחֵֽם׃

11. 你碾碎〈高傲的〉辣哈乌好似〈碾碎〉死尸，
你用大能的手臂驱散了你的仇敌。

12. 天空属你，大地也属你，
你奠定了世界及其中所有。

13. 你创造了南北，
塔沃尔与赫尔孟要因你的名而欢欣。

14. 你的手臂有力，
你的右手强壮，你的右手高扬。

15. 公平正义是你〈宝〉座的根基，
仁爱与信实行在你的面前。

16. 知晓〈号〉角声的〈以色列〉民〈真是〉有福，
上主〈啊〉，他们要行走在你〈慈〉颜的光明中。

17. 他们要因你的名整日欢悦，
他们要凭你的正义而高昂。

18. 因你是他们力量的荣耀，
你以恩宠使我们的荣誉〈直译：角〉高昂。

19. 因我们的护盾属于上主，
我们的君王属于以色列的圣者。

20. 于是，你在异象中对说你的虔敬者说了，
你〈对他们〉说，我已将〈我的〉
助佑授予勇士，
我高举了从民中选出的〈那位〉。

21. 我找到了我的仆人达威德，
用我的圣油膏了他。

יא אַתָּה דִכִּאתָ כֶחָלָל רָהַב
בִּזְרוֹעַ עֻזְּךָ פִּזַּרְתָּ אוֹיְבֶיךָ׃

יב לְךָ שָׁמַיִם אַף־לְךָ אָרֶץ
תֵּבֵל וּמְלֹאָהּ אַתָּה יְסַדְתָּם׃

יג צָפוֹן וְיָמִין אַתָּה בְרָאתָם
תָּבוֹר וְחֶרְמוֹן בְּשִׁמְךָ יְרַנֵּנוּ׃

יד לְךָ זְרוֹעַ עִם־גְּבוּרָה
תָּעֹז יָדְךָ תָּרוּם יְמִינֶךָ׃

טו צֶדֶק וּמִשְׁפָּט מְכוֹן כִּסְאֶךָ
חֶסֶד וֶאֱמֶת יְקַדְּמוּ פָנֶיךָ׃

טז אַשְׁרֵי הָעָם יוֹדְעֵי תְרוּעָה
יהוה בְּאוֹר־פָּנֶיךָ יְהַלֵּכוּן׃

יז בְּשִׁמְךָ יְגִילוּן כָּל־הַיּוֹם
וּבְצִדְקָתְךָ יָרוּמוּ׃

יח כִּי־תִפְאֶרֶת עֻזָּמוֹ אָתָּה
וּבִרְצוֹנְךָ תרים קַרְנֵנוּ׃ תָּרוּם

יט כִּי לַיהוה מָגִנֵּנוּ
וְלִקְדוֹשׁ יִשְׂרָאֵל מַלְכֵּנוּ׃

כ אָז דִּבַּרְתָּ בְחָזוֹן לַחֲסִידֶיךָ
וַתֹּאמֶר שִׁוִּיתִי עֵזֶר עַל־גִּבּוֹר
הֲרִימוֹתִי בָחוּר מֵעָם׃

כא מָצָאתִי דָּוִד עַבְדִּי
בְּשֶׁמֶן קָדְשִׁי מְשַׁחְתִּיו׃

22. 我的手要扶持他，
我的手臂要给他力量。

23. 仇敌无法抢劫他，
歹人不能欺压他。

24. 我要在他面前粉碎他的仇敌，
我要击杀他的仇人。

25. 我的信实和慈爱与他同在，
因我的名他的荣誉要高扬。

26. 我要使他的手〈压〉在海〈上〉，
〈我要使〉他的右手〈压〉在河〈上〉。

27. 他要呼唤我，你是我父，
我的上帝，我的拯救的磐石。

28. 我还要立他为长子，
超越地上众王。

29. 我要为他永远保守我的慈爱，
我的盟约〈永远〉对他忠贞。

30. 我要永续他的后裔，
他的〈宝〉座如天长久。

31. 如果他的子孙背弃我的托辣，
不履行我的法度。

32. 如果他们作贱我的法律，
不遵守我的诫命。

33. 〈那么〉我〈就〉要用棍杖惩戒他们的罪行，
用瘟疫〈责罚〉他们的过犯。

כב אֲשֶׁ֣ר יָ֭דִי תִּכּ֣וֹן עִמּ֑וֹ
אַף־זְרוֹעִ֥י תְאַמְּצֶֽנּוּ׃

כג לֹא־יַשִּׁ֣א א֭וֹיֵב בּ֑וֹ
וּבֶן־עַ֝וְלָ֗ה לֹ֣א יְעַנֶּֽנּוּ׃

כד וְכַתּוֹתִ֣י מִפָּנָ֣יו צָרָ֑יו
וּמְשַׂנְאָ֥יו אֶגּֽוֹף׃

כה וֶאֱמוּנָתִ֣י וְחַסְדִּ֣י עִמּ֑וֹ
וּ֝בִשְׁמִ֗י תָּר֥וּם קַרְנֽוֹ׃

כו וְשַׂמְתִּ֣י בַיָּ֣ם יָד֑וֹ
וּבַנְּהָר֥וֹת יְמִינֽוֹ׃

כז ה֣וּא יִ֭קְרָאֵנִי אָ֣בִי אָ֑תָּה
אֵ֝לִ֗י וְצ֣וּר יְשׁוּעָתִֽי׃

כח אַף־אָ֭נִי בְּכ֣וֹר אֶתְּנֵ֑הוּ
עֶ֝לְי֗וֹן לְמַלְכֵי־אָֽרֶץ׃

כט לְ֭עוֹלָם אשמור־ל֣וֹ חַסְדִּ֑י אֶשְׁמָר־
וּ֝בְרִיתִ֗י נֶאֱמֶ֥נֶת לֽוֹ׃

ל וְשַׂמְתִּ֣י לָעַ֣ד זַרְע֑וֹ
וְ֝כִסְא֗וֹ כִּימֵ֥י שָׁמָֽיִם׃

לא אִם־יַֽעַזְב֣וּ בָ֭נָיו תּוֹרָתִ֑י
וּ֝בְמִשְׁפָּטַ֗י לֹ֣א יֵלֵכֽוּן׃

לב אִם־חֻקֹּתַ֥י יְחַלֵּ֑לוּ
וּ֝מִצְוֺתַ֗י לֹ֣א יִשְׁמֹֽרוּ׃

לג וּפָקַדְתִּ֣י בְשֵׁ֣בֶט פִּשְׁעָ֑ם
וּבִנְגָעִ֥ים עֲוֺנָֽם׃

34. 〈然而〉我会不撤销对他的慈爱，
也不会背离我的信实。

35. 我不会撕毁〈直译：亵渎〉我的盟约，
不会改变我的允诺。

36. 我以我的神圣起了一誓，
决不欺骗达威德。

37. 他的子孙要永续，
他的〈宝〉座如太阳在我面前〈恒久〉。

38. 如月亮般永存，
〈如〉天上的见证般确实，塞拉。

39. 但你却厌弃了你的受膏者，对他发怒。

40. 你解除了〈与〉你仆人的盟约，
将他的冠冕作贱〈掷〉于地上。

41. 你拆毁了他的墙垣，
令他的堡垒变为废墟。

42. 过路的人都掠劫了他，
他成了邻邦的笑柄。

43. 你高举了他仇敌的右手，
令他所有的敌人欢欣。

44. 你也收回了他的剑锋，
你没有在战役中坚镇他。

45. 你废止了他的光荣，
你把他的〈宝〉座掀翻在地。

לד וְחַסְדִּי לֹא־אָפִיר מֵעִמּוֹ
וְלֹא אֲשַׁקֵּר בֶּאֱמוּנָתִי׃

לה לֹא־אֲחַלֵּל בְּרִיתִי
וּמוֹצָא שְׂפָתַי לֹא אֲשַׁנֶּה׃

לו אַחַת נִשְׁבַּעְתִּי בְקָדְשִׁי
אִם־לְדָוִד אֲכַזֵּב׃

לז זַרְעוֹ לְעוֹלָם יִהְיֶה
וְכִסְאוֹ כַשֶּׁמֶשׁ נֶגְדִּי׃

לח כְּיָרֵחַ יִכּוֹן עוֹלָם
וְעֵד בַּשַּׁחַק נֶאֱמָן סֶלָה׃

לט וְאַתָּה זָנַחְתָּ וַתִּמְאָס
הִתְעַבַּרְתָּ עִם־מְשִׁיחֶךָ׃

מ נֵאַרְתָּה בְּרִית עַבְדֶּךָ
חִלַּלְתָּ לָאָרֶץ נִזְרוֹ׃

מא פָּרַצְתָּ כָל־גְּדֵרֹתָיו
שַׂמְתָּ מִבְצָרָיו מְחִתָּה׃

מב שַׁסֻּהוּ כָּל־עֹבְרֵי דָרֶךְ
הָיָה חֶרְפָּה לִשְׁכֵנָיו׃

מג הֲרִימוֹתָ יְמִין צָרָיו
הִשְׂמַחְתָּ כָּל־אוֹיְבָיו׃

מד אַף־תָּשִׁיב צוּר חַרְבּוֹ
וְלֹא הֲקֵמֹתוֹ בַּמִּלְחָמָה׃

מה הִשְׁבַּתָּ מִטְּהָרוֹ
וְכִסְאוֹ לָאָרֶץ מִגַּרְתָּה׃

46. 你缩短他壮年的时日，
你令他蒙羞，塞拉。

47. 上主〈啊〉，你〈这样〉隐藏〈似乎〉
到永远要到何时，
你的怒火要燃烧〈到几时〉。

48. 我记着〈我今生的〉时光何其〈短〉，
你所创造的全人类〈的命运〉何其虚幻。

49. 有谁能长生，不见死亡，
谁的命能逃脱阴府之手，塞拉。

50. 你先前的慈爱在哪里〈啊〉，我主，
〈就是〉你凭你的信实向达威德所起的誓。

51. 我主〈啊〉，〈求你〉记住你的仆人〈所受〉
的侮辱，
〈就是〉我胸怀所承受来自万民的各种〈侮辱〉。

52. 就是你仇敌的嘲弄，〈哦〉上主，
就是他们对你受膏者的嘲弄。

53. 愿上主永受赞美，阿们，阿们。

מו הִקְצַרְתָּ יְמֵי עֲלוּמָיו

הֶעֱטִיתָ עָלָיו בּוּשָׁה סֶלָה׃

מז עַד־מָה יְהוָה תִּסָּתֵר לָנֶצַח

תִּבְעַר כְּמוֹ־אֵשׁ חֲמָתֶךָ׃

מח זְכָר־אֲנִי מֶה־חָלֶד

עַל־מַה־שָּׁוְא בָּרָאתָ כָל־בְּנֵי־אָדָם׃

מט מִי גֶבֶר יִחְיֶה וְלֹא יִרְאֶה־מָּוֶת

יְמַלֵּט נַפְשׁוֹ מִיַּד־שְׁאוֹל סֶלָה׃

נ אַיֵּה ׀ חֲסָדֶיךָ הָרִאשֹׁנִים ׀ אֲדֹנָי

נִשְׁבַּעְתָּ לְדָוִד בֶּאֱמוּנָתֶךָ׃

נא זְכֹר אֲדֹנָי חֶרְפַּת עֲבָדֶיךָ

שְׂאֵתִי בְחֵיקִי כָּל־רַבִּים עַמִּים׃

נב אֲשֶׁר חֵרְפוּ אוֹיְבֶיךָ ׀ יְהוָה

אֲשֶׁר חֵרְפוּ עִקְּבוֹת מְשִׁיחֶךָ׃

נג בָּרוּךְ יְהוָה לְעוֹלָם אָמֵן ׀ וְאָמֵן׃

第九十首

1. 上帝的人摩西的祈祷，
我主〈啊〉，你是我们世世代代的居所。

2. 群山生出之前，大地寰宇成型之前，
从永恒到永恒，你是上帝。

3. 你令人〈由强壮〉重归羸弱，
你说，人子呀，悔改吧。

4. 因为千年〈光阴〉在你眼中
仿佛昨日消逝，
又好似夜间一更。

5. 你冲逝他们〈的岁月〉，他们
〈的一生好似南柯一〉梦，
到了黎明〈在他们年幼的时候，他们〉
如草新生。

6. 清晨繁盛，
傍晚即被砍倒枯萎。

7. 因你的怒气把我们吞噬，
因你的怒火让我们惊惶。

8. 你把我们的罪过摆在你面前，
你的脸光〈照得〉我们隐藏的〈过错暴露无遗〉。

9. 我们所有的日子在你的烈怒中消散，
我们的年岁流逝如同一声〈哀叹〉。

מזמור צ

יט לחודש
ליום חמישי

א תְּפִלָּ֗ה לְמֹשֶׁ֥ה אִישׁ־הָאֱלֹ֫הִ֥ים
אֲֽדֹנָ֗י מָע֣וֹן אַ֭תָּה הָיִ֥יתָ לָּ֗נוּ בְּדֹ֣ר וָדֹֽר׃

ב בְּטֶ֤רֶם ׀ הָ֘רִ֤ים יֻלָּ֗דוּ וַתְּח֣וֹלֵֽל אֶ֣רֶץ וְתֵבֵ֑ל
וּֽמֵעוֹלָ֥ם עַד־ע֝וֹלָ֗ם אַתָּ֥ה אֵֽל׃

ג תָּשֵׁ֣ב אֱ֭נוֹשׁ עַד־דַּכָּ֑א
וַ֝תֹּ֗אמֶר שׁ֣וּבוּ בְנֵי־אָדָֽם׃

ד כִּ֤י אֶ֪לֶף שָׁנִ֡ים בְּֽעֵינֶ֗יךָ
כְּי֣וֹם אֶ֭תְמוֹל כִּ֣י יַעֲבֹ֑ר
וְאַשְׁמוּרָ֥ה בַלָּֽיְלָה׃

ה זְ֭רַמְתָּם שֵׁנָ֣ה יִהְי֑וּ
בַּ֝בֹּ֗קֶר כֶּחָצִ֥יר יַחֲלֹֽף׃

ו בַּ֭בֹּקֶר יָצִ֣יץ וְחָלָ֑ף
לָ֝עֶ֗רֶב יְמוֹלֵ֥ל וְיָבֵֽשׁ׃

ז כִּֽי־כָלִ֥ינוּ בְאַפֶּ֑ךָ
וּֽבַחֲמָתְךָ֥ נִבְהָֽלְנוּ׃

ח שַׁתָּ֣ עֲוֺנֹתֵ֣ינוּ לְנֶגְדֶּ֑ךָ
עֲ֝לֻמֵ֗נוּ לִמְא֥וֹר פָּנֶֽיךָ׃

ט כִּ֣י כָל־יָ֭מֵינוּ פָּנ֣וּ בְעֶבְרָתֶ֑ךָ
כִּלִּ֥ינוּ שָׁ֝נֵ֗ינוּ כְמוֹ־הֶֽגֶה׃

10. 我们的年寿〈不过〉七十春秋，
若是强壮〈也只有〉八十寒暑，
他们的强壮〈只不过是为了〉劳苦，
忽地就断气飞逝。

11. 谁〈能〉知晓你的怒气的威力，
你的怒火如你的〈大而〉可畏〈一样向人隐藏〉。

12. 〈求你看在〉我们岁月短暂〈的份儿上〉启示
〈给我们你的道路〉，
〈求你〉让我们的心得智慧。

13. 上主〈啊〉，要到何时你〈才〉回转〈息怒〉，
〈求你〉怜悯你的仆人。

14. 〈求你〉在清晨〈以〉你的慈爱充实我们，
我们〈一生的〉岁月都要欢欣喜乐。

15. 〈求你〉按你苦待我们的日子，
〈即〉我们眼见祸害的年月，
〈也〉让我们欢喜〈吧〉。

16. 〈求你〉将你的作为显示给你的仆人，
〈愿你〉向他们的子孙〈显示〉你的荣耀。

17. 愿我主的甘饴归于我们，
〈愿他〉使我们所行顺利，
〈愿他〉使我们所行顺利。

י יְמֵֽי־שְׁנוֹתֵ֨ינוּ בָהֶ֥ם שִׁבְעִ֪ים שָׁנָ֡ה
וְאִ֤ם בִּגְבוּרֹ֨ת ׀ שְׁמ֘וֹנִ֤ים שָׁנָ֗ה
וְ֭רָהְבָּם עָמָ֣ל וָאָ֑וֶן
כִּי־גָ֥ז חִ֝֗ישׁ וַנָּעֻֽפָה׃

יא מִֽי־י֭וֹדֵעַ עֹ֣ז אַפֶּ֑ךָ
וּ֝כְיִרְאָתְךָ֗ עֶבְרָתֶֽךָ׃

יב לִמְנ֣וֹת יָ֭מֵינוּ כֵּ֣ן הוֹדַ֑ע
וְ֝נָבִ֗א לְבַ֣ב חָכְמָֽה׃

יג שׁוּבָ֣ה יְ֭הוה עַד־מָתָ֑י
וְ֝הִנָּחֵ֗ם עַל־עֲבָדֶֽיךָ׃

יד שַׂבְּעֵ֣נוּ בַבֹּ֣קֶר חַסְדֶּ֑ךָ
וּֽנְרַנְּנָ֥ה וְ֝נִשְׂמְחָ֗ה בְּכָל־יָמֵֽינוּ׃

טו שַׂ֭מְּחֵנוּ כִּימ֣וֹת עִנִּיתָ֑נוּ
שְׁ֝נ֗וֹת רָאִ֥ינוּ רָעָֽה׃

טז יֵרָאֶ֣ה אֶל־עֲבָדֶ֣יךָ פָעֳלֶ֑ךָ
וַ֝הֲדָרְךָ֗ עַל־בְּנֵיהֶֽם׃

יז וִיהִ֤י ׀ נֹ֤עַם אֲדֹנָ֬י אֱלֹהֵ֗ינוּ עָ֫לֵ֥ינוּ
וּמַעֲשֵׂ֣ה יָ֭דֵינוּ כּוֹנְנָ֥ה עָלֵ֑ינוּ
וּֽמַעֲשֵׂ֥ה יָ֝דֵ֗ינוּ כּוֹנְנֵֽהוּ׃

第九十一首

1. 〈那〉住在至高者的隐蔽处，
居于全能者的荫下〈即其保护下的人〉。

2. 我要对上主说，我的庇护，我的堡垒，
我信靠我的上帝。

3. 因他要救你脱离捕人的罗网，
脱离致命的瘟疫。

4. 他会用他的翅膀遮护你，
你要投靠于他的羽翼之下，
他的信实〈好似〉盾牌和盔甲。

5. 你不必害怕黑夜的恐怖，
白天的飞矢，

6. 〈你也不必害怕〉在黑〈夜悄〉行的瘟疫，
〈在〉正午肆虐的灾病。

7. 〈即使〉千人倒在你身边，
万人〈倒毙〉在你右边，
〈灾祸也〉不会触及及你。

8. 反而你要亲眼观看，
你要看到恶人遭报。

9. 因为你是上主，我的庇护，
你〈在〉至高处设置了你的居处。

10. 祸害不会临到你，
瘟疫也不会靠近你的帐幕。

מזמור צא

א ישֵׁ֭ב בְּסֵ֣תֶר עֶלְי֑וֹן
בְּצֵ֥ל שַׁ֝דַּ֗י יִתְלוֹנָֽן׃

ב אֹמַ֗ר לַֽ֭יהוה מַחְסִ֣י וּמְצוּדָתִ֑י
אֱ֝לֹהַ֗י אֶבְטַח־בּֽוֹ׃

ג כִּ֤י ה֣וּא יַ֭צִּֽילְךָ מִפַּ֥ח יָק֗וּשׁ
מִדֶּ֥בֶר הַוּֽוֹת׃

ד בְּאֶבְרָת֨וֹ ׀ יָ֤סֶךְ לָ֗ךְ
וְתַֽחַת־כְּנָפָ֥יו תֶּחְסֶ֑ה
צִנָּ֖ה וְֽסֹחֵרָ֣ה אֲמִתּֽוֹ׃

ה לֹא־תִ֭ירָא מִפַּ֣חַד לָ֑יְלָה
מֵ֝חֵ֗ץ יָע֥וּף יוֹמָֽם׃

ו מִ֭דֶּבֶר בָּאֹ֣פֶל יַהֲלֹ֑ךְ
מִ֝קֶּ֗טֶב יָשׁ֥וּד צָהֳרָֽיִם׃

ז יִפֹּ֤ל מִצִּדְּךָ֨ ׀ אֶ֗לֶף וּרְבָבָ֥ה מִימִינֶ֑ךָ
אֵ֝לֶ֗יךָ לֹ֣א יִגָּֽשׁ׃

ח רַ֭ק בְּעֵינֶ֣יךָ תַבִּ֑יט
וְשִׁלֻּמַ֖ת רְשָׁעִ֣ים תִּרְאֶֽה׃

ט כִּֽי־אַתָּ֣ה יהוה מַחְסִ֑י
עֶ֝לְי֗וֹן שַׂ֣מְתָּ מְעוֹנֶֽךָ׃

י לֹֽא־תְאֻנֶּ֣ה אֵלֶ֣יךָ רָעָ֑ה
וְ֝נֶ֗גַע לֹא־יִקְרַ֥ב בְּאָהֳלֶֽךָ׃

11. 因为他会为你命令他的使者，
在你〈行走的〉所有路上保护你。

12. 他们会用手掌托着你，
免得你的脚被石头伤到。

13. 你要踩在莎哈珥〈一种狮子〉和毒蛇之上，
你要践踏幼狮与塔宁〈一种蛇〉。

14. 因为他恋慕我，我要搭救他，
我要提携他，因他知道我的名。

15. 他要呼求我，我要应允他，在困境中我与他同在，
我要解救他，我要给他荣耀。

16. 我要让他得享长寿，
我要给他显现我的拯救。

יא כִּ֣י מַ֭לְאָכָיו יְצַוֶּה־לָּ֑ךְ
לִ֝שְׁמׇרְךָ֗ בְּכׇל־דְּרָכֶֽיךָ׃

יב עַל־כַּפַּ֥יִם יִשָּׂא֑וּנְךָ
פֶּן־תִּגֹּ֖ף בָּאֶ֣בֶן רַגְלֶֽךָ׃

יג עַל־שַׁ֣חַל וָפֶ֣תֶן תִּדְרֹ֑ךְ
תִּרְמֹ֖ס כְּפִ֣יר וְתַנִּֽין׃

יד כִּ֤י בִ֣י חָ֭שַׁק וַאֲפַלְּטֵ֑הוּ
אֲ֝שַׂגְּבֵ֗הוּ כִּֽי־יָדַ֥ע שְׁמִֽי׃

טו יִקְרָאֵ֨נִי ׀ וְֽאֶעֱנֵ֗הוּ עִמּֽוֹ־אָנֹכִ֥י בְצָרָ֑ה
אֲ֝חַלְּצֵ֗הוּ וַאֲכַבְּדֵֽהוּ׃

טז אֹ֣רֶךְ יָ֭מִים אַשְׂבִּיעֵ֑הוּ
וְ֝אַרְאֵ֗הוּ בִּישׁוּעָתִֽי׃

第九十二首

1. 安息日之歌咏。

2. 称谢上主，赞颂至高者的名，
〈这真〉美妙，

3. 在清晨讲述你的仁爱，
在夜晚〈传讲〉你的忠信。

4. 伴以十弦琴，伴以纳威珥〈一种琴〉，
伴以琪诺尔〈一种琴〉的旋律。

5. 因为你以你的行为使我喜悦，
〈哦〉上主，我要歌颂你手的作为。

6. 上主〈啊〉，你的作为多么伟大，
你的意念极其深邃。

7. 蠢人不会知晓，
蠢人对此不会明白。

8. 恶人〈虽一时〉繁茂如草，
所有作奸的人〈虽一时〉昌盛，
他们〈却〉要被销毁，直到永远。

9. 〈但〉你永〈享〉尊崇，〈哦〉上主。

10. 上主，看哪，你的仇敌，
看哪，你的仇敌必要毁灭，
所有作恶的人必将溃散。

מזמור צב

א מִזְמ֥וֹר שִׁ֗יר לְי֣וֹם הַשַּׁבָּֽת׃

ב ט֗וֹב לְהֹד֥וֹת לַיהוָ֑ה
וּלְזַמֵּ֖ר לְשִׁמְךָ֣ עֶלְיֽוֹן׃

ג לְהַגִּ֣יד בַּבֹּ֣קֶר חַסְדֶּ֑ךָ
וֶ֝אֱמ֥וּנָתְךָ֗ בַּלֵּילֽוֹת׃

ד עֲלֵי־עָ֭שׂוֹר וַעֲלֵי־נָ֑בֶל
עֲלֵ֖י הִגָּי֣וֹן בְּכִנּֽוֹר׃

ה כִּ֤י שִׂמַּחְתַּ֣נִי יְהוָ֣ה בְּפָעֳלֶ֑ךָ
בְּֽמַעֲשֵׂ֖י יָדֶ֣יךָ אֲרַנֵּֽן׃

ו מַה־גָּדְל֣וּ מַעֲשֶׂ֣יךָ יְהוָ֑ה
מְ֝אֹ֗ד עָמְק֥וּ מַחְשְׁבֹתֶֽיךָ׃

ז אִֽישׁ־בַּ֭עַר לֹ֣א יֵדָ֑ע
וּ֝כְסִ֗יל לֹא־יָבִ֥ין אֶת־זֹֽאת׃

ח בִּפְרֹ֤חַ רְשָׁעִ֨ים ׀ כְּמ֤וֹ עֵ֗שֶׂב
וַ֭יָּצִיצוּ כָּל־פֹּ֣עֲלֵי אָ֑וֶן
לְהִשָּֽׁמְדָ֥ם עֲדֵי־עַֽד׃

ט וְאַתָּ֥ה מָ֝ר֗וֹם לְעֹלָ֥ם יְהוָֽה׃

י כִּ֤י הִנֵּ֪ה אֹיְבֶ֡יךָ יְהוָ֗ה
כִּֽי־הִנֵּ֣ה אֹיְבֶ֣יךָ יֹאבֵ֑דוּ
יִ֝תְפָּרְד֗וּ כָּל־פֹּ֥עֲלֵי אָֽוֶן׃

11. 你高举了我如勒埃因〈似羚羊的动物〉的角〈高昂〉，
我受了新油滋润。

12. 当我亲眼看到起来害我的人〈衰败〉，
我要亲耳听到〈他们灭亡的消息〉。

13. 义人要如棕榈繁盛，
高耸如勒瓦农的香柏。

14. 〈他们〉栽植于上主的殿中，
他们要在我们上帝的庭院中繁茂。

15. 且他们年老时仍会结果，
他们还会青绿茂盛。

16. 〈他们〉要宣扬上主确实正直，
〈他是〉我的磐石，他没有不义。

יא וַתָּרֶם כִּרְאֵים קַרְנִי
בַּלֹּתִי בְּשֶׁמֶן רַעֲנָן׃

יב וַתַּבֵּט עֵינִי בְּשׁוּרָי
בַּקָּמִים עָלַי מְרֵעִים תִּשְׁמַעְנָה אָזְנָי׃

יג צַדִּיק כַּתָּמָר יִפְרָח
כְּאֶרֶז בַּלְּבָנוֹן יִשְׂגֶּה׃

יד שְׁתוּלִים בְּבֵית יְהוָה
בְּחַצְרוֹת אֱלֹהֵינוּ יַפְרִיחוּ׃

טו עוֹד יְנוּבוּן בְּשֵׂיבָה
דְּשֵׁנִים וְרַעֲנַנִּים יִהְיוּ׃

טז לְהַגִּיד כִּי־יָשָׁר יְהוָה
צוּרִי וְלֹא־עלתה בּוֹ׃ עולתה

第九十三首

1. 上主为王，〈以〉威严为衣，
上主〈威严以〉勇力束腰，
大地坚定，不会动摇。

2. 你的宝座从起初就稳固，
自远古你〈就已存在〉。

3. 上主〈啊〉，〈大〉河涛涛，
〈大〉河涛声飞扬，要扬起惊涛。

4. 比大水的声音更响，比惊涛骇浪更强，
上主威武在上。

5. 你〈托辣〉的证言极其信实，〈德〉配你的殿宇，
〈那是你〉神圣的居所，
〈哦〉上主，直到永远。

מזמור צג

א יְהֹוָ֣ה מָלָךְ֮ גֵּא֪וּת לָ֫בֵ֥שׁ
לָבֵ֣שׁ יְ֭הוה עֹ֣ז הִתְאַזָּ֑ר
אַף־תִּכּ֥וֹן תֵּ֝בֵ֗ל בַּל־תִּמּֽוֹט׃

ב נָכ֣וֹן כִּסְאֲךָ֣ מֵאָ֑ז
מֵעוֹלָ֣ם אָֽתָּה׃

ג נָשְׂא֤וּ נְהָר֨וֹת ׀ יְֽהוה נָשְׂא֣וּ נְהָר֣וֹת קוֹלָ֑ם
יִשְׂא֥וּ נְהָר֣וֹת דָּכְיָֽם׃

ד מִקֹּל֤וֹת ׀ מַ֤יִם רַבִּ֗ים אַדִּירִ֣ים מִשְׁבְּרֵי־יָ֑ם
אַדִּ֖יר בַּמָּר֣וֹם יְהוָֽה׃

ה עֵֽדֹתֶ֨יךָ ׀ נֶאֶמְנ֬וּ מְאֹ֗ד לְבֵיתְךָ֥ נַאֲוָה־קֹ֑דֶשׁ
יְ֝הוה לְאֹ֣רֶךְ יָמִֽים׃

第九十四首

1. 上主是〈施行〉报复的上帝，
〈施行〉报复的上帝〈啊〉，〈求你〉显〈扬〉。

2. 审判〈大〉地〈的主啊〉，〈求你显〉扬，
〈求你〉报应狂徒。

3. 恶人〈得意〉要到何日，〈哦〉上主，
恶人得意要到何时。

4. 他们乱语狂言，
所有作恶的人都夸口〈自大〉。

5. 上主〈啊〉，他们压迫你的百姓，
欺负你的子民〈直译：产业〉。

6. 他们杀害寡妇和旅客，
他们屠戮孤儿。

7. 他们说，上主不会看见，
雅可乌的上帝不会晓得。

8. 民中的蠢人，〈你们〉要明白，
你们〈这些〉愚人，何时才能聪慧。

9. 安置耳朵的，他岂会听不到，
造化了眼睛的，他岂会看不见。

10. 训诲众民的，他岂不会责备，
教给人知识的〈他岂不会惩戒〉。

מזמור צד

א אֵֽל־נְקָמ֥וֹת יְהֹוָ֑ה
אֵ֖ל נְקָמ֣וֹת הוֹפִֽיעַ׃

ב הִ֭נָּשֵׂא שֹׁפֵ֣ט הָאָ֑רֶץ
הָשֵׁ֥ב גְּ֝מ֗וּל עַל־גֵּאִֽים׃

ג עַד־מָתַ֖י רְשָׁעִ֥ים ׀ יְהֹוָ֑ה
עַד־מָ֝תַ֗י רְשָׁעִ֥ים יַעֲלֹֽזוּ׃

ד יַבִּ֣יעוּ יְדַבְּר֣וּ עָתָ֑ק
יִ֝תְאַמְּר֗וּ כׇּל־פֹּ֥עֲלֵי אָֽוֶן׃

ה עַמְּךָ֣ יְהֹוָ֣ה יְדַכְּא֑וּ
וְֽנַחֲלָתְךָ֥ יְעַנּֽוּ׃

ו אַלְמָנָ֣ה וְגֵ֣ר יַהֲרֹ֑גוּ
וִֽיתוֹמִ֣ים יְרַצֵּֽחוּ׃

ז וַ֭יֹּאמְרוּ לֹ֣א יִרְאֶה־יָּ֑הּ
וְלֹֽא־יָ֝בִ֗ין אֱלֹהֵ֥י יַעֲקֹֽב׃

ח בִּ֭ינוּ בֹּעֲרִ֣ים בָּעָ֑ם
וּ֝כְסִילִ֗ים מָתַ֥י תַּשְׂכִּֽילוּ׃

ט הֲנֹ֣טַֽע אֹ֭זֶן הֲלֹ֣א יִשְׁמָ֑ע
אִם־יֹ֥צֵֽר עַ֝֗יִן הֲלֹ֣א יַבִּֽיט׃

י הֲיֹסֵ֣ר גּ֭וֹיִם הֲלֹ֣א יוֹכִ֑יחַ
הַֽמְלַמֵּ֖ד אָדָ֣ם דָּֽעַת׃

11. 上主明了人的心思，
因为他们〈不过〉是〈口〉气。

12. 上主〈啊〉，你所惩戒的人是有福的，
你通过你的托辣教导他。

13. 在患难日你赐予他宁静，
未来〈他要看到〉灭亡〈的坑〉为恶人掘〈好〉。

14. 因为上主不会离弃他的百姓，
也不会抛弃他的产业。

15. 因为将来判决要回归正义，
所有心地正直的人都要追随他〈指公义〉。

16. 谁会为我起来抵抗歹徒，
谁会为我站起来对抗作恶的人。

17. 若非上主帮我，
我的性命早就沉寂。

18. 当我说，我的脚步跌滑了，
上主〈啊〉，你的仁慈便扶持了我。

19. 当我〈五〉内甚为忧伤，
你的怜悯便抚慰我的心灵。

20. 你岂能与毁灭之座相连，
即那些作奸犯科〈之辈〉。

21. 他们合谋攻击义人的性命，
他们陷害无辜的人。

יא יְהוָה יֹדֵעַ מַחְשְׁבוֹת אָדָם
כִּי־הֵמָּה הָבֶל׃

יב אַשְׁרֵי הַגֶּבֶר אֲשֶׁר־תְּיַסְּרֶנּוּ יָּהּ
וּמִתּוֹרָתְךָ תְלַמְּדֶנּוּ׃

יג לְהַשְׁקִיט לוֹ מִימֵי רָע
עַד יִכָּרֶה לָרָשָׁע שָׁחַת׃

יד כִּי ׀ לֹא־יִטֹּשׁ יְהוָה עַמּוֹ
וְנַחֲלָתוֹ לֹא יַעֲזֹב׃

טו כִּי־עַד־צֶדֶק יָשׁוּב מִשְׁפָּט
וְאַחֲרָיו כָּל־יִשְׁרֵי־לֵב׃

טז מִי־יָקוּם לִי עִם־מְרֵעִים
מִי־יִתְיַצֵּב לִי עִם־פֹּעֲלֵי אָוֶן׃

יז לוּלֵי יְהוָה עֶזְרָתָה לִּי
כִּמְעַט ׀ שָׁכְנָה דוּמָה נַפְשִׁי׃

יח אִם־אָמַרְתִּי מָטָה רַגְלִי
חַסְדְּךָ יְהוָה יִסְעָדֵנִי׃

יט בְּרֹב שַׂרְעַפַּי בְּקִרְבִּי
תַּנְחוּמֶיךָ יְשַׁעַשְׁעוּ נַפְשִׁי׃

כ הַיְחָבְרְךָ כִּסֵּא הַוּוֹת
יֹצֵר עָמָל עֲלֵי־חֹק׃

כא יָגוֹדּוּ עַל־נֶפֶשׁ צַדִּיק
וְדָם נָקִי יַרְשִׁיעוּ׃

22. 〈然而〉上主是我的堡垒，
我的上帝，是我的庇护磐石。

23. 他报应了他们的暴虐，
他要因他们的邪恶除灭他们，
上主，我们的上帝，要除灭他们。

כב וַיְהִ֬י יְהוָ֣ה לִ֣י לְמִשְׂגָּ֑ב
וֵ֝אלֹהַ֗י לְצ֣וּר מַחְסִֽי׃

כג וַיָּ֤שֶׁב עֲלֵיהֶ֨ם ׀ אֶת־אוֹנָ֗ם
וּבְרָעָתָ֥ם יַצְמִיתֵ֑ם
יַ֝צְמִיתֵ֗ם יְהוָ֥ה אֱלֹהֵֽינוּ׃

第九十五首

1. 来呀，让我们向上主欢歌，
向救赎我们的磐石〈注：磐石是比喻，终极者不可能是任何有形可见的物质，请读者避免偶像迷信〉欢呼。

2. 让我们以感谢来到他面前，
我们要伴着音乐向他欢呼。

3. 因为上主大能有力，
〈是〉超越所有权势的伟大君王。

4. 地之深渊在他手中，
山巅也属于他。

5. 〈大〉海为他所有，〈由〉他所造，
他亲手〈注：手是比喻，终极者不可能被有形可见的肢体所限定〉塑造了旱地。

6. 来啊，让我们屈身拜倒，
跪在上主我们的创造者面前。

7. 因他是我们的上帝，
我们是他草场〈上〉的百姓，
是他手〈下〉的羊群，
愿你们今日听从他的声音。

8. 你们不要像在梅哩瓦〈那样〉心硬，
〈不要〉像在旷野中玛撒〈注：本意是试探，用作有喻意的地名〉的那天。

9. 那时你们的祖先试探了我，
他们试验了我，尽管他们看到了我的作为。

מזמור צה

א לְכוּ נְרַנְּנָה לַיהוה
נָרִיעָה לְצוּר יִשְׁעֵנוּ׃

ב נְקַדְּמָה פָנָיו בְּתוֹדָה
בִּזְמִרוֹת נָרִיעַ לוֹ׃

ג כִּי אֵל גָּדוֹל יהוה
וּמֶלֶךְ גָּדוֹל עַל־כָּל־אֱלֹהִים׃

ד אֲשֶׁר בְּיָדוֹ מֶחְקְרֵי־אָרֶץ
וְתוֹעֲפוֹת הָרִים לוֹ׃

ה אֲשֶׁר־לוֹ הַיָּם וְהוּא עָשָׂהוּ
וְיַבֶּשֶׁת יָדָיו יָצָרוּ׃

ו בֹּאוּ נִשְׁתַּחֲוֶה וְנִכְרָעָה
נִבְרְכָה לִפְנֵי־יהוה עֹשֵׂנוּ׃

ז כִּי הוּא אֱלֹהֵינוּ
וַאֲנַחְנוּ ׀ עַם מַרְעִיתוֹ וְצֹאן יָדוֹ
הַיּוֹם אִם־בְּקֹלוֹ תִשְׁמָעוּ׃

ח אַל־תַּקְשׁוּ לְבַבְכֶם כִּמְרִיבָה
כְּיוֹם מַסָּה בַּמִּדְבָּר׃

ט אֲשֶׁר נִסּוּנִי אֲבוֹתֵיכֶם
בְּחָנוּנִי גַּם־רָאוּ פָעֳלִי׃

10. 四十年〈之久〉我与那代人争执，
〈然后〉我说，他们是心〈地〉歪斜的民众，
他们不晓得我的道路。

11. 以至于我在怒中起誓，
他们断不能进入我的安宁。

י אַרְבָּעִ֨ים שָׁנָ֡ה ׀ אָ֘ק֤וּט בְּד֗וֹר
וָאֹמַ֗ר עַ֤ם תֹּעֵ֣י לֵבָ֣ב הֵ֑ם
וְ֝הֵ֗ם לֹא־יָדְע֥וּ דְרָכָֽי׃

יא אֲשֶׁר־נִשְׁבַּ֥עְתִּי בְאַפִּ֑י
אִם־יְ֝בֹא֗וּן אֶל־מְנוּחָתִֽי׃

第九十六首

1. 〈你们〉要向上主唱新歌，
全地都要向上主歌唱。

2. 〈你们〉要向上主歌唱，
〈你们〉要赞美他的名，
〈你们〉要日日宣讲他的拯救。

3. 〈你们〉要在众邦中传颂他的光荣，
在所有民族中〈宣讲〉他的伟绩。

4. 因上主为大，极〈当〉受赞，
他〈威严〉可畏超越所有权势。

5. 因为万邦的神祇尽属虚假，
但上主创造了诸天。

6. 尊严与光荣在他面前，
权能与荣耀在他的圣所。

7. 众民众族，〈你们〉要归功于上主，
〈你们〉要将光荣和力量归于上主。

8. 〈你们〉要将尊名归于上主，
〈你们〉要举起礼祭走进他的庭院。

9. 〈你们〉要在上主的神圣荣耀中向他拜倒，
全地都要在他面前颤抖。

10. 〈你们〉要在列邦中传扬，上主为王，
他也奠定世界，她不至动荡，
他要以公正审判众民。

מזמור צו

א שִׁ֣ירוּ לַ֭יהוה שִׁ֣יר חָדָ֑שׁ
שִׁ֥ירוּ לַ֝יהוה כָּל־הָאָֽרֶץ׃

ב שִׁ֣ירוּ לַ֭יהוה בָּרְכ֣וּ שְׁמ֑וֹ
בַּשְּׂר֥וּ מִיּֽוֹם־לְ֝י֗וֹם יְשׁוּעָתֽוֹ׃

ג סַפְּר֣וּ בַגּוֹיִ֣ם כְּבוֹד֑וֹ
בְּכָל־הָ֝עַמִּ֗ים נִפְלְאוֹתָֽיו׃

ד כִּ֥י גָ֘ד֤וֹל יהו֣ה וּמְהֻלָּ֣ל מְאֹ֑ד
נוֹרָ֥א ה֝֗וּא עַל־כָּל־אֱלֹהִֽים׃

ה כִּ֤י ׀ כָּל־אֱלֹהֵ֣י הָעַמִּ֣ים אֱלִילִ֑ים
וַ֝יהוה שָׁמַ֥יִם עָשָֽׂה׃

ו הוֹד־וְהָדָ֥ר לְפָנָ֑יו
עֹ֥ז וְ֝תִפְאֶ֗רֶת בְּמִקְדָּשֽׁוֹ׃

ז הָב֣וּ לַ֭יהוה מִשְׁפְּח֣וֹת עַמִּ֑ים
הָב֥וּ לַ֝יהוה כָּב֥וֹד וָעֹֽז׃

ח הָב֣וּ לַ֭יהוה כְּב֣וֹד שְׁמ֑וֹ
שְׂאֽוּ־מִ֝נְחָ֗ה וּבֹ֥אוּ לְחַצְרוֹתָֽיו׃

ט הִשְׁתַּחֲו֣וּ לַ֭יהוה בְּהַדְרַת־קֹ֑דֶשׁ
חִ֥ילוּ מִ֝פָּנָ֗יו כָּל־הָאָֽרֶץ׃

י אִמְר֤וּ בַגּוֹיִ֨ם ׀ יהו֬ה מָלָ֗ךְ
אַף־תִּכּ֣וֹן תֵּ֭בֵל בַּל־תִּמּ֑וֹט
יָדִ֥ין עַ֝מִּ֗ים בְּמֵישָׁרִֽים׃

11. 诸天要欢喜，〈大〉地要欢欣，
海洋及其中一切〈都〉要欢腾。

12. 田野和其中所有要欢跃，
林中一切树木〈也〉要欢歌。

13. 因他来在上主面前，
他来审判大地，
他要以正义审判世界，
以他的信实〈审判〉众民。

יא יִשְׂמְח֣וּ הַ֭שָּׁמַיִם וְתָגֵ֣ל הָאָ֑רֶץ
יִֽרְעַ֥ם הַ֝יָּ֗ם וּמְלֹאֽוֹ׃

יב יַעֲלֹ֣ז שָׂ֭דַי וְכָל־אֲשֶׁר־בּ֑וֹ
אָ֥ז יְ֝רַנְּנ֗וּ כָּל־עֲצֵי־יָֽעַר׃

יג לִפְנֵ֤י יְהוָ֨ה ׀ כִּ֬י בָ֗א
כִּ֥י בָא֮ לִשְׁפֹּ֪ט הָ֫אָ֥רֶץ
יִשְׁפֹּֽט־תֵּבֵ֥ל בְּצֶ֑דֶק
וְ֝עַמִּ֗ים בֶּאֱמוּנָתֽוֹ׃

第九十七首

1. 上主为王，〈大〉地要欢欣，
众多的岛屿〈也〉要欢喜。

2. 云彩和幽暗环绕着他，
他的〈宝〉座建基于正义和公正。

3. 〈烈〉火要行在他面前，
要焚烧他周围的仇敌。

4. 他的闪电照耀了世界，
〈大〉地看到了〈禁不住〉颤抖。

5. 群山在上主的面前如蜡般溶化，
〈即〉在全地的主宰面前。

6. 诸天要宣讲他的正义，
所有民族〈都〉要看到他的光荣。

7. 所有侍奉偶像的人〈都〉要羞惭，
〈就是〉那些凭着假神夸耀的人，
所有的权能〈都〉要向他〈即上主〉拜倒。

8. 熙雍且听且喜，耶胡达女儿们〈指城邑〉欣喜，
因为你们的审判〈在于〉上主
〈他要为你们主持公道〉。

9. 因为你是超越全地的至高上主，
你极其崇高在所有权能之上。

10. 喜爱上主的人憎恨邪恶，
他保佑他虔敬者的性命，
把他们从仇敌手中救出。

מזמור צז

א יְהוָה מָלָךְ תָּגֵל הָאָרֶץ כ לחודש
יִשְׂמְחוּ אִיִּים רַבִּים:

ב עָנָן וַעֲרָפֶל סְבִיבָיו צֶדֶק
וּמִשְׁפָּט מְכוֹן כִּסְאוֹ:

ג אֵשׁ לְפָנָיו תֵּלֵךְ
וּתְלַהֵט סָבִיב צָרָיו:

ד הֵאִירוּ בְרָקָיו תֵּבֵל
רָאֲתָה וַתָּחֵל הָאָרֶץ:

ה הָרִים כַּדּוֹנַג נָמַסּוּ מִלִּפְנֵי יְהוָה
מִלִּפְנֵי אֲדוֹן כָּל־הָאָרֶץ:

ו הִגִּידוּ הַשָּׁמַיִם צִדְקוֹ
וְרָאוּ כָל־הָעַמִּים כְּבוֹדוֹ:

ז יֵבֹשׁוּ ׀ כָּל־עֹבְדֵי פֶסֶל הַמִּתְהַלְלִים בָּאֱלִילִים
הִשְׁתַּחֲווּ־לוֹ כָּל־אֱלֹהִים:

ח שָׁמְעָה וַתִּשְׂמַח ׀ צִיּוֹן וַתָּגֵלְנָה בְּנוֹת יְהוּדָה
לְמַעַן מִשְׁפָּטֶיךָ יְהוָה:

ט כִּי־אַתָּה יהוה עֶלְיוֹן עַל־כָּל־הָאָרֶץ
מְאֹד נַעֲלֵיתָ עַל־כָּל־אֱלֹהִים:

י אֹהֲבֵי יהוה שִׂנְאוּ רָע
שֹׁמֵר נַפְשׁוֹת חֲסִידָיו
מִיַּד רְשָׁעִים יַצִּילֵם:

11. 光明为义人照耀，
喜悦属于心〈地〉正直的人。

12. 义人们，你们要因上主而欢喜，
你们要赞美他的圣名〈直译：对他神圣的纪念〉。

יא אֽוֹר זָרֻ֣עַ לַצַּדִּ֑יק
וּֽלְיִשְׁרֵי־לֵ֥ב שִׂמְחָֽה׃

יב שִׂמְח֣וּ צַ֭דִּיקִים בַּיהֹוָ֑ה
וְ֝הוֹד֗וּ לְזֵ֣כֶר קָדְשֽׁוֹ׃

第九十八首

1. 歌〈一首〉，
〈你们〉要向上主唱新歌，
因为他行了奇事，
他的右手和他的圣臂〈注：手，臂都是比喻，
不要把终极者当做偶像来迷信〉为他施行了拯救。

2. 上主宣示了他的拯救，
在万邦眼前彰显了他的公义。

3. 他记起了他对以色列家〈所承诺〉的慈爱和信实，
所有地极〈的居民都〉看见了我们上帝的拯救。

4. 全地〈都〉要向上主欢呼，
〈都〉要开〈口〉歌唱鸣奏。

5. 〈你们〉要向上主弹琴奏乐，
以竖琴和乐声〈赞美上主〉。

6. 〈你们〉要以号角声
在〈我们的〉君王上主面前欢呼。

7. 愿〈大〉海及其中的一切轰鸣，
愿世界和其〈上〉居民〈欢呼〉。

8. 愿江河鼓掌，
与山岳一起歌唱。

9. 〈所有这一切都要行〉在上主面前，
因为他来审判〈全〉地，
他要以正义审判世界，
他要以公正〈审判〉众民。

מזמור צח

א מִזְמ֗וֹר
שִׁ֤ירוּ לַֽיהוָ֨ה ׀ שִׁ֣יר חָ֭דָשׁ
כִּֽי־נִפְלָא֣וֹת עָשָׂ֑ה
הוֹשִֽׁיעָה־לּ֥וֹ יְ֝מִינ֗וֹ וּזְר֥וֹעַ קָדְשֽׁוֹ׃

ב הוֹדִ֣יעַ יְ֭הוָה יְשׁוּעָת֑וֹ
לְעֵינֵ֥י הַ֝גּוֹיִ֗ם גִּלָּ֥ה צִדְקָתֽוֹ׃

ג זָ֘כַ֤ר חַסְדּ֨וֹ ׀ וֶ֥אֱֽמוּנָתוֹ֮ לְבֵ֢ית יִשְׂרָ֫אֵ֥ל
רָא֥וּ כָל־אַפְסֵי־אָ֑רֶץ אֵ֝֗ת יְשׁוּעַ֥ת אֱלֹהֵֽינוּ׃

ד הָרִ֣יעוּ לַ֭יהוָה כָּל־הָאָ֑רֶץ
פִּצְח֖וּ וְרַנְּנ֣וּ וְזַמֵּֽרוּ׃

ה זַמְּר֣וּ לַיהוָ֣ה בְּכִנּ֑וֹר
בְּ֝כִנּ֗וֹר וְק֣וֹל זִמְרָֽה׃

ו בַּחֲצֹ֣צְרוֹת וְק֣וֹל שׁוֹפָ֑ר
הָ֝רִ֗יעוּ לִפְנֵ֤י ׀ הַמֶּ֬לֶךְ יְהוָֽה׃

ז יִרְעַ֣ם הַ֭יָּם וּמְלֹא֑וֹ
תֵּ֝בֵ֗ל וְיֹ֣שְׁבֵי בָֽהּ׃

ח נְהָר֥וֹת יִמְחֲאוּ־כָ֑ף
יַ֝֗חַד הָרִ֥ים יְרַנֵּֽנוּ׃

ט לִֽפְנֵי־יְהוָ֗ה
כִּ֥י בָא֮ לִשְׁפֹּ֪ט הָ֫אָ֥רֶץ
יִשְׁפֹּֽט־תֵּבֵ֥ל בְּצֶ֑דֶק
וְ֝עַמִּ֗ים בְּמֵישָׁרִֽים׃

第九十九首

1. 上主为王，万邦战栗，
大地要〈在〉坐于克鲁乌〈宝座之上〉
者〈面前〉震动。

2. 上主在熙雍为大，
他超越所有众邦。

3. 他们要称赞你大而可畏的名，
他〈指你的名〉为圣。

4. 〈我们的〉君王强劲，
他热爱公平，你建立了正直，
你在雅可乌之中行了公平与正义。

5. 〈你们〉要赞扬上主我们的上帝，
〈你们〉要拜倒在他的脚凳，
他〈指上主〉为圣。

6. 摩西与阿哈隆在他的司祭中，
施慕埃珥在呼求他名的人之中，
他们呼求上主，他要回应他们。

7. 他在云柱中对他们说话，
他们持守了他的约证和他赐予他们的法律。

8. 上主我们的上帝〈啊〉，你应允了他们，
你对他们是宽容的上帝，
〈然而〉你也嫉恨〈并惩戒〉他们的罪过。

9. 〈你们〉要赞扬上主我们的上帝，
〈你们〉要拜倒在他的圣山，
因上主我们的上帝为圣。

מזמור צט

א יְהוָ֣ה מָ֭לָךְ יִרְגְּז֣וּ עַמִּ֑ים
יֹשֵׁ֥ב כְּ֝רוּבִ֗ים תָּנ֥וּט הָאָֽרֶץ׃

ב יְ֭הוָה בְּצִיּ֣וֹן גָּד֑וֹל
וְרָ֥ם ה֝֗וּא עַל־כָּל־הָעַמִּֽים׃

ג יוֹד֣וּ שִׁ֭מְךָ גָּד֥וֹל וְ֝נוֹרָ֗א
קָד֥וֹשׁ הֽוּא׃

ד וְעֹ֥ז מֶלֶךְ֮ מִשְׁפָּ֪ט אָ֫הֵ֥ב
אַ֭תָּה כּוֹנַ֣נְתָּ מֵישָׁרִ֑ים
מִשְׁפָּ֥ט וּ֝צְדָקָ֗ה בְּיַעֲקֹ֤ב ׀ אַתָּ֬ה עָשִֽׂיתָ׃

ה ר֥וֹמְמ֡וּ יְהוָ֬ה אֱלֹהֵ֗ינוּ
וְֽ֭הִשְׁתַּחֲווּ לַהֲדֹ֥ם רַגְלָ֗יו
קָד֥וֹשׁ הֽוּא׃

ו מֹ֘שֶׁ֤ה וְאַהֲרֹ֨ן ׀ בְּֽכֹהֲנָ֗יו
וּ֭שְׁמוּאֵל בְּקֹרְאֵ֣י שְׁמ֑וֹ
קֹרִ֥אים אֶל־יְ֝הוָ֗ה וְה֣וּא יַעֲנֵֽם׃

ז בְּעַמּ֣וּד עָ֭נָן יְדַבֵּ֣ר אֲלֵיהֶ֑ם
שָׁמְר֥וּ עֵ֝דֹתָ֗יו וְחֹ֣ק נָֽתַן־לָֽמוֹ׃

ח יְהוָ֥ה אֱלֹהֵ֗ינוּ אַתָּ֪ה עֲנִ֫יתָ֥ם
אֵ֣ל נֹ֭שֵׂא הָיִ֣יתָ לָהֶ֑ם וְ֝נֹקֵ֗ם עַל־עֲלִילוֹתָֽם׃

ט רוֹמְמ֡וּ יְהוָ֬ה אֱלֹהֵ֗ינוּ
וְֽ֭הִשְׁתַּחֲווּ לְהַ֣ר קָדְשׁ֑וֹ
כִּֽי־קָ֝ד֗וֹשׁ יְהוָ֥ה אֱלֹהֵֽינוּ׃

第一百首

1. 感恩之歌，
全地〈都〉要向上主欢呼。

2. 你们要以喜乐侍奉上主，
以歌唱来到他的面前。

3. 你们要知道他是上主，〈统治一切权能的〉上帝，
他造了我们，我们属他，
〈我们是〉他的民，他牧场上的羊群。

4. 〈你们〉要以称谢走进他〈圣殿〉的门，
〈要〉以赞美〈进入〉他的庭院，
〈你们〉要感谢他，赞颂他的名。

5. 因上主〈至〉善，他的慈爱永远〈长存〉，
他的信实直到万代。

מזמור ק

א מִזְמ֥וֹר לְתוֹדָ֑ה
הָרִ֥יעוּ לַ֝יהוָ֗ה כׇּל־הָאָֽרֶץ׃

ב עִבְד֣וּ אֶת־יְהוָ֣ה בְּשִׂמְחָ֑ה
בֹּ֥אוּ לְ֝פָנָ֗יו בִּרְנָנָֽה׃

ג דְּע֗וּ כִּֽי־יְהוָה֮ ה֤וּא אֱלֹ֫הִ֥ים
ה֣וּא עָ֭שָׂנוּ ולא אֲנַ֑חְנוּ וְל֣וֹ
עַ֝מּ֗וֹ וְצֹ֣אן מַרְעִיתֽוֹ׃

ד בֹּ֤אוּ שְׁעָרָ֨יו ׀ בְּתוֹדָ֗ה
חֲצֵרֹתָ֥יו בִּתְהִלָּ֑ה
ה֥וֹדוּ ל֝֗וֹ בָּרְכ֥וּ שְׁמֽוֹ׃

ה כִּי־ט֣וֹב יְ֭הוָה לְעוֹלָ֣ם חַסְדּ֑וֹ
וְעַד־דֹּ֥ר וָ֝דֹ֗ר אֱמוּנָתֽוֹ׃

第一百零一首

1. 达威德之歌，
我要歌唱〈你的〉慈爱与公正，
我要歌颂你，〈哦〉上主。

2. 我要在纯全的道中思考，你何时来到我〈这里〉，
我要心地单纯生活〈直译：走〉在我的家中。

3. 我不要把烂人的事摆在自己眼前，
我憎恶邪佞之徒，
不要他来沾染我。

4. 歪斜的心当远离我，
我不要知晓邪恶。

5. 暗中毁谤同胞的，我要铲除他，
眼傲心骄的，
我受不了他。

6. 我的眼在〈意〉地〈上〉的忠信人，
〈他们可以〉与我同住，
〈那〉走在纯全之道上的人，
他才可以侍奉我。

7. 奸诈之徒不可以住在我家中，
说谎之徒不得立在我眼前。

8. 〈每天〉清晨我要铲除地〈上〉的恶人，
从上主的城中剪除所有作恶的人。

מזמור קא

א לְדָוִ֗ד מִ֫זְמ֥וֹר
חֶֽסֶד־וּמִשְׁפָּ֥ט אָשִׁ֑ירָה
לְךָ֖ יְהוָ֣ה אֲזַמֵּֽרָה׃

ב אַשְׂכִּ֤ילָה ׀ בְּדֶ֬רֶךְ תָּמִ֗ים מָ֭תַי תָּב֣וֹא אֵלָ֑י
אֶתְהַלֵּ֥ךְ בְּתָם־לְ֝בָבִ֗י בְּקֶ֣רֶב בֵּיתִֽי׃

ג לֹֽא־אָשִׁ֨ית ׀ לְנֶ֣גֶד עֵ֭ינַי דְּבַר־בְּלִ֫יָּ֥עַל
עֲשֹׂה־סֵטִ֥ים שָׂנֵ֑אתִי
לֹ֖א יִדְבַּ֣ק בִּֽי׃

ד לֵבָ֣ב עִ֭קֵּשׁ יָס֣וּר מִמֶּ֑נִּי
רָ֝֗ע לֹ֣א אֵדָֽע׃

ה מלושני בַסֵּ֨תֶר ׀ רֵעֵ֗הוּ אוֹת֥וֹ אַ֫צְמִ֥ית מְלָשְׁנִ֤י
גְּבַהּ־עֵ֭ינַיִם וּרְחַ֣ב לֵבָ֑ב
אֹ֝ת֗וֹ לֹ֣א אוּכָֽל׃

ו עֵינַ֤י ׀ בְּנֶֽאֶמְנֵי־אֶ֡רֶץ לָשֶׁ֬בֶת עִמָּדִ֗י
הֹ֭לֵךְ בְּדֶ֣רֶךְ תָּמִ֑ים
ה֝֗וּא יְשָׁרְתֵֽנִי׃

ז לֹֽא־יֵשֵׁ֨ב ׀ בְּקֶ֥רֶב בֵּיתִי֮ עֹשֵׂ֪ה רְמִ֫יָּ֥ה
דֹּבֵ֥ר שְׁקָרִ֑ים
לֹֽא־יִ֝כּ֗וֹן לְנֶ֣גֶד עֵינָֽי׃

ח לַבְּקָרִ֗ים אַצְמִ֥ית כָּל־רִשְׁעֵי־אָ֑רֶץ
לְהַכְרִ֥ית מֵֽעִיר־יְ֝הוָ֗ה כָּל־פֹּ֥עֲלֵי אָֽוֶן׃

第一百零二首

1. 苦人忧伤时的祈祷，
他要在上主面前倾诉。

2. 上主〈啊〉，〈求你〉垂听我的祈祷，
愿我的哀哭〈上〉达于你。

3. 在我困苦之日，请你不要对我掩面，
〈求你〉侧耳〈俯〉听我，
我呼求之日，请速回允我。

4. 因我的岁月如烟逝去，
我的骨骸像被烧焦了一样。

5. 我心被〈太阳〉烘烤如草干枯，
我已不思饮食。

6. 我因哀叹〈过度〉
已皮包骨头。

7. 我好像旷野〈中〉的利科阿特〈鸟名〉，
我成了废墟〈里〉的科候斯〈鸟名〉。

8. 我迅速〈逃窜〉，
我成了屋顶上孤单的〈小〉鸟。

9. 我的仇敌整日辱骂我，
他们作贱我，诅咒〈我〉。

10. 我吃土几乎像〈吃〉粮食，
我掺着眼泪喝水。

מזמור קב

א תְּפִלָּה לְעָנִי כִי־יַעֲטֹף
וְלִפְנֵי יהוה יִשְׁפֹּךְ שִׂיחוֹ׃

ב יהוה שִׁמְעָה תְפִלָּתִי
וְשַׁוְעָתִי אֵלֶיךָ תָבוֹא׃

ג אַל־תַּסְתֵּר פָּנֶיךָ ׀ מִמֶּנִּי בְּיוֹם צַר לִי
הַטֵּה־אֵלַי אָזְנֶךָ
בְּיוֹם אֶקְרָא מַהֵר עֲנֵנִי׃

ד כִּי־כָלוּ בְעָשָׁן יָמָי
וְעַצְמוֹתַי כְּמוֹקֵד נִחָרוּ׃

ה הוּכָּה כָעֵשֶׂב וַיִּבַשׁ לִבִּי
כִּי־שָׁכַחְתִּי מֵאֲכֹל לַחְמִי׃

ו מִקּוֹל אַנְחָתִי
דָּבְקָה עַצְמִי לִבְשָׂרִי׃

ז דָּמִיתִי לִקְאַת מִדְבָּר
הָיִיתִי כְּכוֹס חֳרָבוֹת׃

ח שָׁקַדְתִּי וָאֶהְיֶה
כְּצִפּוֹר בּוֹדֵד עַל־גָּג׃

ט כָּל־הַיּוֹם חֵרְפוּנִי אוֹיְבָי
מְהוֹלָלַי בִּי נִשְׁבָּעוּ׃

י כִּי־אֵפֶר כַּלֶּחֶם אָכָלְתִּי
וְשִׁקֻּוַי בִּבְכִי מָסָכְתִּי׃

11. 因你愤怒与恼恨，
你把我举了起来丢弃。

12. 我的岁月像拉长的影子，
我好像草一样干枯。

13. 你是上主，你永远〈稳〉坐，
〈对〉你的记念代代〈相传〉。

14. 求你兴起，求你怜恤熙雍，
因为怜悯她的时候〈到了〉，时候到了。

15. 因为你的众仆珍爱她的石头，
他们怜悯她的尘土。

16. 万邦要敬畏上主的名，
地上众王都〈要敬仰〉你的荣耀。

17. 因为上主建造了熙雍，
他显现在自己的光荣中。

18. 他〈垂〉顾醒觉者的祈祷，
不藐视他们的祈求。

19. 愿这被写下〈传〉给后世，
新生〈直译：被造〉之民要赞美上主。

20. 因他从高〈天〉其圣〈所俯〉瞰〈人间〉，
上主从天上观看大地。

21. 为要〈俯〉听囚徒的哀叹，
为要解放死囚。

22. 为要在熙雍宣扬上主的名，
〈为要〉在耶路撒冷赞美他。

יא מִפְּנֵי־זַעַמְךָ וְקִצְפֶּךָ
כִּי נְשָׂאתַנִי וַתַּשְׁלִיכֵנִי׃

יב יָמַי כְּצֵל נָטוּי
וַאֲנִי כָּעֵשֶׂב אִיבָשׁ׃

יג וְאַתָּה יהוה לְעוֹלָם תֵּשֵׁב
וְזִכְרְךָ לְדֹר וָדֹר׃

יד אַתָּה תָקוּם תְּרַחֵם צִיּוֹן
כִּי־עֵת לְחֶנְנָהּ כִּי־בָא מוֹעֵד׃

טו כִּי־רָצוּ עֲבָדֶיךָ אֶת־אֲבָנֶיהָ
וְאֶת־עֲפָרָהּ יְחֹנֵנוּ׃

טז וְיִירְאוּ גוֹיִם אֶת־שֵׁם יְהוָה
וְכָל־מַלְכֵי הָאָרֶץ אֶת־כְּבוֹדֶךָ׃

יז כִּי־בָנָה יְהוָה צִיּוֹן
נִרְאָה בִּכְבוֹדוֹ׃

יח פָּנָה אֶל־תְּפִלַּת הָעַרְעָר
וְלֹא־בָזָה אֶת־תְּפִלָּתָם׃

יט תִּכָּתֶב זֹאת לְדוֹר אַחֲרוֹן
וְעַם נִבְרָא יְהַלֶּל־יָהּ׃

כ כִּי־הִשְׁקִיף מִמְּרוֹם קָדְשׁוֹ
יהוה מִשָּׁמַיִם ׀ אֶל־אֶרֶץ הִבִּיט׃

כא לִשְׁמֹעַ אֶנְקַת אָסִיר
לְפַתֵּחַ בְּנֵי תְמוּתָה׃

כב לְסַפֵּר בְּצִיּוֹן שֵׁם יְהוָה
וּתְהִלָּתוֹ בִּירוּשָׁלִָם׃

23. 那时万民聚在一起，
列国〈都〉要侍奉上主。

24. 他在〈我流亡〉途中削减了我的力量，
他缩短了我的岁月。

25. 我要〈祈祷〉说，我的上帝，
不要让我英年早逝，
在代代中你〈给我们定下了〉寿数。

26. 在起初你奠基了〈大〉地，
〈上〉天也是你手的作为。

27. 他们〈指天地〉会湮灭，你却永在，
他们都要像衣裳破旧，
你要更换他们〈指天地〉如〈换〉衣裳，
他们就被换掉。

28. 而你永存，
你的年月无穷无尽。

29. 你仆人的子孙要〈安〉居，
他们的后裔要〈永〉存在你面前。

כג בְּהִקָּבֵץ עַמִּים יַחְדָּו
וּמַמְלָכוֹת לַעֲבֹד אֶת־יְהוָה׃

כד עִנָּה בַדֶּרֶךְ כֹּחוֹ כֹּחִי
קִצַּר יָמָי׃

כה אֹמַר אֵלִי אַל־תַּעֲלֵנִי בַּחֲצִי יָמָי
בְּדוֹר דּוֹרִים שְׁנוֹתֶיךָ׃

כו לְפָנִים הָאָרֶץ יָסַדְתָּ
וּמַעֲשֵׂה יָדֶיךָ שָׁמָיִם׃

כז הֵמָּה ׀ יֹאבֵדוּ וְאַתָּה תַעֲמֹד
וְכֻלָּם כַּבֶּגֶד יִבְלוּ
כַּלְּבוּשׁ תַּחֲלִיפֵם וְיַחֲלֹפוּ׃

כח וְאַתָּה־הוּא
וּשְׁנוֹתֶיךָ לֹא יִתָּמּוּ׃

כט בְּנֵי־עֲבָדֶיךָ יִשְׁכּוֹנוּ
וְזַרְעָם לְפָנֶיךָ יִכּוֹן׃

第一百零三首

1. 达威德之〈歌〉，我的心灵〈啊〉，妳要赞美上主，
我的肺腑〈啊，你们〉都〈要赞美〉他的圣名。

2. 我的心灵〈啊〉，妳要赞美上主，
妳不可忘却他全部的恩惠。

3. 他宽恕妳一切罪过，
他治愈妳所有疾病。

4. 他救赎妳的生命脱离毁灭，
他以慈爱与怜恤作妳的冠冕。

5. 他让我口享受美〈食〉，
我青春要更新如鹰。

6. 上主施行正义，
为所有受压迫的人〈主持〉公道。

7. 他将他的道路晓谕给摩西，
〈将〉他的作为〈彰显〉给以色列子民。

8. 上主〈满有〉宠爱和怜悯，
缓于发怒，富于慈爱。

9. 他决不会长久争执，
也不会永远怀恨。

10. 他没有按我们的过失对待我们，
也没有照我们的罪过报应我们。

מזמור קג

א לְדָוִ֨ד ׀ בָּרְכִ֣י נַ֭פְשִׁי אֶת־יְהוָ֑ה
וְכָל־קְ֝רָבַ֗י אֶת־שֵׁ֥ם קָדְשֽׁוֹ׃

ב בָּרְכִ֣י נַ֭פְשִׁי אֶת־יְהוָ֑ה
וְאַל־תִּ֝שְׁכְּחִ֗י כָּל־גְּמוּלָֽיו׃

ג הַסֹּלֵ֥חַ לְכָל־עֲוֹנֵ֑כִי
הָ֝רֹפֵ֗א לְכָל־תַּחֲלוּאָֽיְכִי׃

ד הַגּוֹאֵ֣ל מִשַּׁ֣חַת חַיָּ֑יְכִי
הַֽ֝מְעַטְּרֵ֗כִי חֶ֣סֶד וְרַחֲמִֽים׃

ה הַמַּשְׂבִּ֣יעַ בַּטּ֣וֹב עֶדְיֵ֑ךְ
תִּתְחַדֵּ֖שׁ כַּנֶּ֣שֶׁר נְעוּרָֽיְכִי׃

ו עֹשֵׂ֣ה צְדָק֣וֹת יְהוָ֑ה
וּ֝מִשְׁפָּטִ֗ים לְכָל־עֲשׁוּקִֽים׃

ז יוֹדִ֣יעַ דְּרָכָ֣יו לְמֹשֶׁ֑ה
לִבְנֵ֥י יִ֝שְׂרָאֵ֗ל עֲלִילוֹתָֽיו׃

ח רַח֣וּם וְחַנּ֣וּן יְהוָ֑ה
אֶ֖רֶךְ אַפַּ֣יִם וְרַב־חָֽסֶד׃

ט לֹֽא־לָנֶ֥צַח יָרִ֑יב
וְלֹ֖א לְעוֹלָ֣ם יִטּֽוֹר׃

י לֹ֣א כַ֭חֲטָאֵינוּ עָ֣שָׂה לָ֑נוּ
וְלֹ֥א כַ֝עֲוֹנֹתֵ֗ינוּ גָּמַ֥ל עָלֵֽינוּ׃

11. 反而如天〈那般〉高于地，
对于敬畏他的人，他的慈爱〈也那般〉强烈。

12. 如东离西〈那么〉遥远，
他使我们的罪孽离我们〈也那么〉遥远。

13. 如同父亲怜爱子〈女〉，
上主怜爱敬畏他的人。

14. 因为他知道我们〈怎样〉形成，
也记得我们〈只〉是灰尘。

15. 〈世〉人的岁月如同青草，
他如田野繁茂〈一时〉。

16. 当风吹过，他就不在了，
他〈所在过〉的地方不再认得他。

17. 〈但〉对于对敬畏他的人，
上主的慈爱永永远远，
对于〈他们的〉子孙，他的公义〈也亘古不变〉。

18. 〈就是〉对于那些遵守他的盟约，
并记得履行他诫命的人。

19. 上主在天上立定自己的〈宝〉座，
他的王权统管一切。

20. 上主的众使者，
勇敢执行他的〈圣〉谕，听从他〈圣〉言的人，
〈你们〉要赞美上主。

21. 上主的万军，奉行他旨意的侍从，
〈你们〉要赞美上主。

22. 上主的一切受造物，在他统辖的所有地方，
〈你们〉要赞美上主，
我的心灵〈啊〉，妳要赞美上主。

יא כִּ֤י כִגְבֹ֣הַּ שָׁ֭מַיִם עַל־הָאָ֑רֶץ
גָּבַ֥ר חַ֝סְדּ֗וֹ עַל־יְרֵאָֽיו׃

יב כִּרְחֹ֣ק מִ֭זְרָח מִֽמַּעֲרָ֑ב
הִֽרְחִ֥יק מִ֝מֶּ֗נּוּ אֶת־פְּשָׁעֵֽינוּ׃

יג כְּרַחֵ֣ם אָ֭ב עַל־בָּנִ֑ים
רִחַ֥ם יְ֝הוָ֗ה עַל־יְרֵאָֽיו׃

יד כִּי־ה֭וּא יָדַ֣ע יִצְרֵ֑נוּ
זָ֝כ֗וּר כִּי־עָפָ֥ר אֲנָֽחְנוּ׃

טו אֱ֭נוֹשׁ כֶּחָצִ֣יר יָמָ֑יו
כְּצִ֥יץ הַ֝שָּׂדֶ֗ה כֵּ֣ן יָצִֽיץ׃

טז כִּ֤י ר֣וּחַ עָֽבְרָה־בּ֣וֹ וְאֵינֶ֑נּוּ
וְלֹא־יַכִּירֶ֖נּוּ ע֣וֹד מְקוֹמֽוֹ׃

יז וְחֶ֤סֶד יְהוָ֨ה ׀ מֵעוֹלָ֣ם וְעַד־ע֭וֹלָם עַל־יְרֵאָ֑יו
וְ֝צִדְקָת֗וֹ לִבְנֵ֥י בָנִֽים׃

יח לְשֹׁמְרֵ֥י בְרִית֑וֹ
וּלְזֹכְרֵ֥י פִ֝קֻּדָ֗יו לַעֲשׂוֹתָֽם׃

יט יְֽהוָ֗ה בַּ֭שָּׁמַיִם הֵכִ֣ין כִּסְא֑וֹ
וּ֝מַלְכוּת֗וֹ בַּכֹּ֥ל מָשָֽׁלָה׃

כ בָּרְכ֥וּ יְהוָ֗ה מַלְאָ֫כָ֥יו
גִּבֹּ֣רֵי כֹ֭חַ עֹשֵׂ֣י דְבָר֑וֹ
לִ֝שְׁמֹ֗עַ בְּק֣וֹל דְּבָרֽוֹ׃

כא בָּרְכ֣וּ יְ֭הוָה כָּל־צְבָאָ֑יו
מְ֝שָׁרְתָ֗יו עֹשֵׂ֥י רְצוֹנֽוֹ׃

כב בָּרְכ֤וּ יְהוָ֨ה ׀ כָּֽל־מַעֲשָׂ֗יו בְּכָל־מְקֹמ֥וֹת מֶמְשַׁלְתּ֑וֹ
בָּרְכִ֥י נַ֝פְשִׁ֗י אֶת־יְהוָֽה׃

第一百零四首

1. 我的心灵〈啊〉，妳要赞美上主，
上主我的上帝〈啊〉，你极其伟大，
你披戴庄严与荣耀。

2. 〈你就是那位，他〉穿戴光明如同外氅，
铺张苍天如同帷幕。

3. 〈他〉把高亭建在〈众〉水〈之上〉，
〈他〉以〈行〉云为其座驾，
行走在风的翅膀上。

4. 他以〈劲〉风为其使者，
以火焰为他的侍从。

5. 他奠定了大地的根基，
永不摇晃。

6. 〈你〉用众水〈遮蔽〉群山〈直译：众水立于群山之上〉，
好似你〈用〉衣裳遮蔽了深渊。

7. 他们因你的怒斥而奔逃，
因你的轰鸣声而逃窜。

8. 他们升上群山，他们落入众谷，
到达你为他们设定的地方。

9. 你制定了界限，他们不能越过，
他们不能再淹没大地。

מזמור קד

א בָּרְכִ֥י נַפְשִׁ֗י אֶת־יְה֫וָ֥ה כא לחודש
יְהוָ֣ה אֱ֭לֹהַי גָּדַ֣לְתָּ מְּאֹ֑ד
ה֖וֹד וְהָדָ֣ר לָבָֽשְׁתָּ׃

ב עֹֽטֶה־א֭וֹר כַּשַּׂלְמָ֑ה
נוֹטֶ֥ה שָׁ֝מַ֗יִם כַּיְרִיעָֽה׃

ג הַמְקָרֶ֥ה בַמַּ֗יִם עֲלִיּ֫וֹתָ֥יו
הַשָּׂם־עָבִ֥ים רְכוּב֑וֹ
הַ֝מְהַלֵּ֗ךְ עַל־כַּנְפֵי־רֽוּחַ׃

ד עֹשֶׂ֣ה מַלְאָכָ֣יו רוּח֑וֹת
מְ֝שָׁרְתָ֗יו אֵ֣שׁ לֹהֵֽט׃

ה יָֽסַד־אֶ֭רֶץ עַל־מְכוֹנֶ֑יהָ
בַּל־תִּ֝מּ֗וֹט עוֹלָ֥ם וָעֶֽד׃

ו תְּ֭הוֹם כַּלְּב֣וּשׁ כִּסִּית֑וֹ
עַל־הָ֝רִ֗ים יַֽעַמְדוּ־מָֽיִם׃

ז מִן־גַּעֲרָֽתְךָ֣ יְנוּס֑וּן
מִן־ק֥וֹל רַ֝עַמְךָ֗ יֵחָפֵזֽוּן׃

ח יַעֲל֣וּ הָ֭רִים יֵרְד֣וּ בְקָע֑וֹת
אֶל־מְ֝ק֗וֹם זֶ֤ה ׀ יָסַ֬דְתָּ לָהֶֽם׃

ט גְּבֽוּל־שַׂ֭מְתָּ בַּל־יַעֲבֹר֑וּן
בַּל־יְ֝שׁוּב֗וּן לְכַסּ֥וֹת הָאָֽרֶץ׃

10. 〈上主〉使泉〈水涌〉入溪流，
他们在山间流淌。

11. 供野地百兽饮用，
为野兽解渴。

12. 天空的飞鸟在他们〈指水泉〉上面筑巢
〈直译：居住〉，
他们在〈树丛〉枝条间叽喳。

13. 他从其〈天〉上的〈源泉〉灌溉群山，
你所创造的果实使大地丰饶
〈指供养地上众生〉。

14. 他为牲畜〈使大地〉生出青草，
〈通过〉人的劳作〈出产〉菜蔬，
使大地产出〈烤〉面饼〈所需的谷物〉。

15. 〈他使〉葡萄〈生出美〉酒畅快人心，
以橄榄油滋润〈人的〉面容，
〈以〉面饼养人〈强健我们的身心〉。

16. 上主的树林饱享〈雨水滋润〉，
〈即〉他栽种的勒瓦农的香柏。

17. 百鸟在那里筑巢，
哈西达〈鸟名，圣经中物种名的翻译有待研究〉
在贝洛欣〈树上〉安家。

18. 〈他造了〉高山供羚羊〈居住〉，
巨石做岩狸的庇护。

19. 他造了月亮来〈定〉节期，
太阳知道他的轨迹。

20. 你设置了黑暗，〈造〉成了夜晚，
在夜间林中百兽都〈四处〉爬行。

י הַֽמְשַׁלֵּ֣חַ מַ֭עְיָנִים בַּנְּחָלִ֑ים
בֵּ֥ין הָ֝רִ֗ים יְהַלֵּכֽוּן׃

יא יַ֭שְׁקוּ כָּל־חַיְת֣וֹ שָׂדָ֑י
יִשְׁבְּר֖וּ פְרָאִ֣ים צְמָאָֽם׃

יב עֲ֭לֵיהֶם עוֹף־הַשָּׁמַ֣יִם יִשְׁכּ֑וֹן
מִבֵּ֥ין עֳ֝פָאיִ֗ם יִתְּנוּ־קֽוֹל׃

יג מַשְׁקֶ֣ה הָ֭רִים מֵעֲלִיּוֹתָ֑יו
מִפְּרִ֥י מַ֝עֲשֶׂ֗יךָ תִּשְׂבַּ֥ע הָאָֽרֶץ׃

יד מַצְמִ֤יחַ חָצִ֨יר ׀ לַבְּהֵמָ֗ה
וְ֭עֵשֶׂב לַעֲבֹדַ֣ת הָאָדָ֑ם
לְהֽוֹצִיא־לֶ֝֗חֶם מִן־הָאָֽרֶץ׃

טו וְיַ֤יִן ׀ יְשַׂמַּ֬ח לְבַב־אֱנ֗וֹשׁ
לְהַצְהִ֣יל פָּנִ֣ים מִשָּׁ֑מֶן
וְ֝לֶ֗חֶם לְבַב־אֱנ֥וֹשׁ יִסְעָֽד׃

טז יִ֭שְׂבְּעוּ עֲצֵ֣י יְהֹוָ֑ה
אַֽרְזֵ֥י לְ֝בָנ֗וֹן אֲשֶׁ֣ר נָטָֽע׃

יז אֲשֶׁר־שָׁ֭ם צִפֳּרִ֣ים יְקַנֵּ֑נוּ
חֲ֝סִידָ֗ה בְּרוֹשִׁ֥ים בֵּיתָֽהּ׃

יח הָרִ֣ים הַ֭גְּבֹהִים לַיְּעֵלִ֑ים
סְ֝לָעִ֗ים מַחְסֶ֥ה לַשְׁפַנִּֽים׃

יט עָשָׂ֣ה יָ֭רֵחַ לְמוֹעֲדִ֑ים
שֶׁ֝֗מֶשׁ יָדַ֥ע מְבוֹאֽוֹ׃

כ תָּֽשֶׁת־חֹ֭שֶׁךְ וִ֣יהִי לָ֑יְלָה
בּֽוֹ־תִ֝רְמֹ֗שׂ כָּל־חַיְתוֹ־יָֽעַר׃

21. 幼狮向猎物咆哮，
向上帝索要他们的食物。

22. 〈东方〉日出破晓，
他们就躲回洞穴俯卧。

23. 〈然后〉人出来劳作，
做工直到黄昏。

24. 上主〈啊〉，你的作为多么宏大，
他们全都由你以智慧造成，
大地满布你的创作。

25. 这是浩淼的海洋，
那里游物大大小小，不可胜数。

26. 那里船只航行，
〈还有〉你造的利乌雅唐用来嬉戏。

27. 所有〈浩繁的生灵〉都仰赖你，
〈盼〉你按时赐予他们食粮。

28. 你赐予他们〈食物〉，他们就聚集〈过来〉，
你张开手〈喂养他们〉，
他们就享受美〈食〉。

29. 你掩面，他们就惊惶，
你收取他们的生灵，
他们就断气，归于尘土。

30. 你遣〈下〉生灵，他们就被造，
你更新地面〈万象〉。

כא הַ֭כְּפִירִים שֹׁאֲגִ֣ים לַטָּ֑רֶף
וּלְבַקֵּ֖שׁ מֵאֵ֣ל אׇכְלָֽם׃

כב תִּזְרַ֣ח הַ֭שֶּׁמֶשׁ יֵאָסֵפ֑וּן
וְאֶל־מְ֝עוֹנֹתָ֗ם יִרְבָּצֽוּן׃

כג יֵצֵ֣א אָדָ֣ם לְפׇעֳל֑וֹ
וְֽלַעֲבֹדָת֥וֹ עֲדֵי־עָֽרֶב׃

כד מָֽה־רַבּ֬וּ מַעֲשֶׂ֨יךָ ׀ יְהוָ֗ה
כֻּ֭לָּם בְּחׇכְמָ֣ה עָשִׂ֑יתָ
מָלְאָ֥ה הָ֝אָ֗רֶץ קִנְיָנֶֽךָ׃

כה זֶ֤ה ׀ הַיָּ֥ם גָּד֮וֹל וּרְחַ֪ב יָ֫דָ֥יִם
שָֽׁם־רֶ֭מֶשׂ וְאֵ֣ין מִסְפָּ֑ר
חַיּ֥וֹת קְ֝טַנּ֗וֹת עִם־גְּדֹלֽוֹת׃

כו שָׁ֭ם אֳנִיּ֣וֹת יְהַלֵּכ֑וּן
לִ֝וְיָתָ֗ן זֶה־יָצַ֥רְתָּ לְשַֽׂחֶק־בּֽוֹ׃

כז כֻּ֭לָּם אֵלֶ֣יךָ יְשַׂבֵּר֑וּן
לָתֵ֖ת אׇכְלָ֣ם בְּעִתּֽוֹ׃

כח תִּתֵּ֣ן לָ֭הֶם יִלְקֹט֑וּן
תִּפְתַּ֥ח יָ֝דְךָ֗ יִשְׂבְּע֥וּן טֽוֹב׃

כט תַּסְתִּ֥יר פָּנֶיךָ֮ יִֽבָּהֵ֫ל֥וּן
תֹּסֵ֣ף ר֭וּחָם יִגְוָע֑וּן
וְֽאֶל־עֲפָרָ֥ם יְשׁוּבֽוּן׃

ל תְּשַׁלַּ֣ח ר֭וּחֲךָ יִבָּרֵא֑וּן
וּ֝תְחַדֵּ֗שׁ פְּנֵ֣י אֲדָמָֽה׃

31. 愿上主的光荣长存，
愿上主欣赏他的造化。

32. 他〈垂〉视大地，她就震动，
他触及群山，他们就冒烟。

33. 我一生就要歌颂上主，
我活着就要颂赞上主。

34. 愿我的话语对他〈来说〉中听，
愿我能让上主欢欣。

35. 愿罪人从地上消失，
愿恶人也绝迹，
我的心灵〈呀〉，妳要赞美上主，
〈你们〉要赞美上主。

לא יְהִ֤י כְב֣וֹד יְהוָ֣ה לְעוֹלָ֑ם
יִשְׂמַ֖ח יְהוָ֣ה בְּמַעֲשָֽׂיו׃

לב הַמַּבִּ֣יט לָ֭אָרֶץ וַתִּרְעָ֑ד
יִגַּ֖ע בֶּהָרִ֣ים וְיֶעֱשָֽׁנוּ׃

לג אָשִׁ֣ירָה לַיהוָ֣ה בְּחַיָּ֑י
אֲזַמְּרָ֖ה לֵאלֹהַ֣י בְּעוֹדִֽי׃

לד יֶעֱרַ֣ב עָלָ֣יו שִׂיחִ֑י
אָ֝נֹכִ֗י אֶשְׂמַ֥ח בַּיהוָֽה׃

לה יִתַּ֤מּוּ חַטָּאִ֨ים ׀ מִן־הָאָ֡רֶץ
וּרְשָׁעִ֤ים ׀ ע֡וֹד אֵינָ֗ם
בָּרְכִ֣י נַ֭פְשִׁי אֶת־יְהוָ֗ה
הַֽלְלוּיָֽהּ׃

第一百零五首

1. 〈你们〉要称谢上主，呼求他的〈圣〉名，
在万邦中宣扬他的作为。

2. 〈你们〉要向他歌唱，向他奏乐，
讲述他的一切伟迹。

3. 〈你们〉要以他的圣名赞美他，
寻求上主者心〈里〉要欢喜。

4. 〈你们〉要寻求上主和他的力量，
要常常寻求他的面容。

5. 〈你们〉要记住他的奇妙作为，
他的神迹和他的审判
〈直译：他口的审判〉。

6. 他仆人阿乌辣罕的后裔，
〈是〉他所拣选的雅可乌的子孙。

7. 他是上主我们的上帝，
他的裁决〈遍〉及全地。

8. 他永远记得自己的盟约，
他向千代所做的承诺〈直译：吩咐〉。

9. 就是他与阿乌辣罕订立的〈盟约〉，
他向伊赐哈克〈许下〉的誓言。

10. 他为雅可乌确立了法度，
〈他〉向以色列〈立下了〉永久的盟约。

מזמור קה

א הוֹדוּ לַיהוה קִרְאוּ בִּשְׁמוֹ
הוֹדִיעוּ בָעַמִּים עֲלִילוֹתָיו:

ב שִׁירוּ־לוֹ זַמְּרוּ־לוֹ
שִׂיחוּ בְּכָל־נִפְלְאוֹתָיו:

ג הִתְהַלְלוּ בְּשֵׁם קָדְשׁוֹ
יִשְׂמַח לֵב ׀ מְבַקְשֵׁי יְהוָה:

ד דִּרְשׁוּ יְהוָה וְעֻזּוֹ
בַּקְּשׁוּ פָנָיו תָּמִיד:

ה זִכְרוּ נִפְלְאוֹתָיו אֲשֶׁר־עָשָׂה
מֹפְתָיו וּמִשְׁפְּטֵי־פִיו:

ו זֶרַע אַבְרָהָם עַבְדּוֹ
בְּנֵי יַעֲקֹב בְּחִירָיו:

ז הוּא יְהוָה אֱלֹהֵינוּ
בְּכָל־הָאָרֶץ מִשְׁפָּטָיו:

ח זָכַר לְעוֹלָם בְּרִיתוֹ
דָּבָר צִוָּה לְאֶלֶף דּוֹר:

ט אֲשֶׁר כָּרַת אֶת־אַבְרָהָם
וּשְׁבוּעָתוֹ לְיִשְׂחָק:

י וַיַּעֲמִידֶהָ לְיַעֲקֹב לְחֹק
לְיִשְׂרָאֵל בְּרִית עוֹלָם:

11. 〈他〉说，我要将克纳昂地赐给你，
作为你们的一份产业。

12. 那时他们人丁稀少，
客居于她〈那地〉。

13. 从这邦流浪到那邦，
从这国到那国。

14. 他不容人抢劫他们，
并为了他们警告了众王。

15. 你们不可触犯我的受膏者，
不可加害我的谕者。

16. 他在地上命定饥荒〈直译：地上发生了饥荒〉，
断绝了食粮供应。

17. 他从他们面前遣去一人，
即那被卖为奴的约瑟夫。

18. 他的脚为镣铐所困，
铁〈链〉锁着他的性命。

19. 直到他的话应验之时，
上主的旨意〈直译：言语〉精炼了他。

20. 国王派〈人〉释放了他，
众民的统治者释放了他。

21. 他委任他掌管王室，
管理他一起所有。

22. 让他凭己意囚禁王侯，
以智慧教导元老。

יא לֵאמֹ֗ר לְךָ֗ אֶתֵּ֥ן אֶת־אֶֽרֶץ־כְּנָ֑עַן
חֶ֝֗בֶל נַחֲלַתְכֶֽם׃

יב בִּֽהְיוֹתָ֣ם מְתֵ֣י מִסְפָּ֑ר
כִּ֝מְעַ֗ט וְגָרִ֥ים בָּֽהּ׃

יג וַֽ֭יִּתְהַלְּכוּ מִגּ֣וֹי אֶל־גּ֑וֹי
מִ֝מַּמְלָכָ֗ה אֶל־עַ֥ם אַחֵֽר׃

יד לֹא־הִנִּ֣יחַ אָדָ֣ם לְעָשְׁקָ֑ם
וַ֭יּוֹכַח עֲלֵיהֶ֣ם מְלָכִֽים׃

טו אַל־תִּגְּע֥וּ בִמְשִׁיחָ֑י
וְ֝לִנְבִיאַ֗י אַל־תָּרֵֽעוּ׃

טז וַיִּקְרָ֣א רָ֭עָב עַל־הָאָ֑רֶץ
כָּֽל־מַטֵּה־לֶ֥חֶם שָׁבָֽר׃

יז שָׁלַ֣ח לִפְנֵיהֶ֣ם אִ֑ישׁ
לְ֝עֶ֗בֶד נִמְכַּ֥ר יוֹסֵֽף׃

יח עִנּ֣וּ בַכֶּ֣בֶל רגל֑יו רַגְל֑וֹ
בַּ֝רְזֶ֗ל בָּ֣אָה נַפְשֽׁוֹ׃

יט עַד־עֵ֥ת בֹּֽא־דְבָר֑וֹ
אִמְרַ֖ת יְהוָ֣ה צְרָפָֽתְהוּ׃

כ שָׁ֣לַח מֶ֭לֶךְ וַיַּתִּירֵ֑הוּ
מֹשֵׁ֥ל עַ֝מִּ֗ים וַֽיְפַתְּחֵֽהוּ׃

כא שָׂמ֣וֹ אָד֣וֹן לְבֵית֑וֹ
וּ֝מֹשֵׁ֗ל בְּכָל־קִנְיָנֽוֹ׃

כב לֶאְסֹ֣ר שָׂרָ֣יו בְּנַפְשׁ֑וֹ
וּזְקֵנָ֥יו יְחַכֵּֽם׃

23. 〈然后〉以色列到了密刺辣因，
雅可乌在含地寄居。

24. 他使他的百姓繁衍极多，
比他们的压迫者更加强健。

25. 他反转他们的心去憎恨他的百姓，
去谋害他的众仆。

26. 他差遣了他的仆人摩西，
〈并〉他所拣选的阿哈隆。

27. 他们〈即摩西和阿哈隆〉在他们〈即密刺辣因人〉中显示了他〈即上帝〉的异像，
在含地〈施行了〉奇迹。

28. 他差遣了黑暗，黑暗就听命〈直译：就黑了〉，
他们〈即降给密刺辣因人的灾害〉没有违背他的话。

29. 他把他们的〈河〉水变为〈鲜〉血，
他弄死了他们的鱼类。

30. 他们的土地遍布蛤蟆，
〈甚至爬〉到他们国王的〈内〉室。

31. 他一发令〈直译：他说〉，
野兽就成群而来，跳蚤〈就充塞〉全境。

32. 他降下〈直译：赐〉冰雹做他们的〈时〉雨，
〈又使〉火焰焚烧他们的土地。

33. 他打击了他们的葡萄树和无花果树，
他击毁了他们境内的树木。

34. 他一开口〈直译：他说〉，
蝗虫就来到，还有蚱蜢无数。

כג וַיָּבֹ֣א יִשְׂרָאֵ֣ל מִצְרָ֑יִם
וְ֝יַעֲקֹ֗ב גָּ֣ר בְּאֶֽרֶץ־חָֽם׃

כד וַיֶּ֣פֶר אֶת־עַמּ֣וֹ מְאֹ֑ד
וַ֝יַּעֲצִמֵ֗הוּ מִצָּרָֽיו׃

כה הָפַ֣ךְ לִ֭בָּם לִשְׂנֹ֣א עַמּ֑וֹ
לְ֝הִתְנַכֵּ֗ל בַּעֲבָדָֽיו׃

כו שָׁ֭לַח מֹשֶׁ֣ה עַבְדּ֑וֹ
אַ֝הֲרֹ֗ן אֲשֶׁ֣ר בָּֽחַר־בּֽוֹ׃

כז שָֽׂמוּ־בָ֭ם דִּבְרֵ֣י אֹתוֹתָ֑יו
וּ֝מֹפְתִ֗ים בְּאֶ֣רֶץ חָֽם׃

כח שָׁ֣לַח חֹ֭שֶׁךְ וַיַּחְשִׁ֑ךְ
וְלֹֽא־מָ֝ר֗וּ אֶת־דבריו׃ דְּבָרֽוֹ

כט הָפַ֣ךְ אֶת־מֵימֵיהֶ֣ם לְדָ֑ם
וַ֝יָּ֗מֶת אֶת־דְּגָתָֽם׃

ל שָׁרַ֣ץ אַרְצָ֣ם צְפַרְדְּעִ֑ים
בְּ֝חַדְרֵ֗י מַלְכֵיהֶֽם׃

לא אָ֣מַר וַיָּבֹ֣א עָרֹ֑ב
כִּ֝נִּ֗ים בְּכָל־גְּבוּלָֽם׃

לב נָתַ֣ן גִּשְׁמֵיהֶ֣ם בָּרָ֑ד
אֵ֖שׁ לֶהָב֣וֹת בְּאַרְצָֽם׃

לג וַיַּ֣ךְ גַּ֭פְנָם וּתְאֵנָתָ֑ם
וַ֝יְשַׁבֵּ֗ר עֵ֣ץ גְּבוּלָֽם׃

לד אָ֣מַר וַיָּבֹ֣א אַרְבֶּ֑ה
וְ֝יֶ֗לֶק וְאֵ֣ין מִסְפָּֽר׃

35. 吃光了他们地〈里〉的草〈木〉，
吞噬了他们田地的果实。

36. 他打击了他们地上所有的头胎，
即所有他们强壮〈时所生〉的长子。

37. 他领出他们载金载银，
他的众支派中无一衰弱。

38. 他们离开时密刺辣因〈人〉欢喜，
因为对他们〈即以色列人〉的恐惧摄住了他们〈即密刺辣因人〉。

39. 他展布云彩来遮蔽〈以色列人〉，
〈他以〉火柱〈为以色列人〉照亮夜晚。

40. 他〈即以色列〉一恳求，鹌鹑〈或译：鸟肉〉就来到，
〈从〉天〈而来的食〉粮喂饱了他们。

41. 他〈劈〉开磐石，涌出泉水，
〈如同小〉河流经沙漠。

42. 因为他记得自己神圣的许诺〈直译：言，事〉，
〈即〉对他仆人阿乌辣罕〈的誓言〉。

43. 他引领他的百姓欣然离去，
以欢歌〈领出〉他所拣选的〈子民〉。

44. 他把异邦的土地赐给他们，
使他们继承异民的劳碌。

45. 为要他们谨守他的法度，
遵从他的托辣，
〈你们〉要赞美上主。

לה וַיֹּאכַל כָּל־עֵשֶׂב בְּאַרְצָם
וַיֹּאכַל פְּרִי אַדְמָתָם׃

לו וַיַּךְ כָּל־בְּכוֹר בְּאַרְצָם
רֵאשִׁית לְכָל־אוֹנָם׃

לז וַיּוֹצִיאֵם בְּכֶסֶף וְזָהָב
וְאֵין בִּשְׁבָטָיו כּוֹשֵׁל׃

לח שָׂמַח מִצְרַיִם בְּצֵאתָם
כִּי־נָפַל פַּחְדָּם עֲלֵיהֶם׃

לט פָּרַשׂ עָנָן לְמָסָךְ
וְאֵשׁ לְהָאִיר לָיְלָה׃

מ שָׁאַל וַיָּבֵא שְׂלָו
וְלֶחֶם שָׁמַיִם יַשְׂבִּיעֵם׃

מא פָּתַח צוּר וַיָּזוּבוּ מָיִם
הָלְכוּ בַּצִּיּוֹת נָהָר׃

מב כִּי־זָכַר אֶת־דְּבַר קָדְשׁוֹ
אֶת־אַבְרָהָם עַבְדּוֹ׃

מג וַיּוֹצִא עַמּוֹ בְשָׂשׂוֹן
בְּרִנָּה אֶת־בְּחִירָיו׃

מד וַיִּתֵּן לָהֶם אַרְצוֹת גּוֹיִם
וַעֲמַל לְאֻמִּים יִירָשׁוּ׃

מה בַּעֲבוּר ׀ יִשְׁמְרוּ חֻקָּיו
וְתוֹרֹתָיו יִנְצֹרוּ
הַלְלוּיָהּ׃

第一百零六首

1. 〈你们〉要赞美上主，〈你们〉要称谢上主，
因他美善，他的慈爱永远〈长存〉。

2. 谁能讲述上主的威武，
〈谁能〉宣扬所有〈对〉他的赞美。

3. 持守公正的人〈真是〉有福，
他总是履行正义。

4. 上主〈啊〉，当你善待你百姓时，〈求你〉记着我，
当你拯救时，求你眷顾我。

5. 让〈我〉看见你所拣选者〈原文复数〉的佳美，
分享你邦国的喜悦，
与你的产业一同赞美〈你〉。

6. 我们像祖先一样做错了，
我们犯了罪，我们行了恶。

7. 在密刺辣因〈即埃及〉我们的祖先没有思忖你的伟迹，
他们没有记着你丰盛的慈爱，
他们在苏弗海〈注：原文不是红海这个词，也有人译为芦苇海，至于其地理位置，有待考证〉边行了忤逆。

8. 〈然而〉他因自己的名拯救了他们，
〈这是〉为了彰显他的大能。

9. 他呵叱了苏弗海，他〈指苏弗海〉便干涸，
他引领他们〈走〉在海底，如〈履〉荒漠。

מזמור קו

א הַֽלְלוּיָ֨הּ ׀ הוֹד֣וּ לַיהֹוָ֣ה כִּי־ט֑וֹב כב לחודש
כִּ֖י לְעוֹלָ֣ם חַסְדּֽוֹ׃

ב מִ֗י יְ֭מַלֵּל גְּבוּר֣וֹת יְהֹוָ֑ה
יַ֝שְׁמִ֗יעַ כָּל־תְּהִלָּתֽוֹ׃

ג אַ֭שְׁרֵי שֹׁמְרֵ֣י מִשְׁפָּ֑ט
עֹשֵׂ֖ה צְדָקָ֣ה בְכָל־עֵֽת׃

ד זָכְרֵ֣נִי יהוה בִּרְצ֣וֹן עַמֶּ֑ךָ
פָּ֝קְדֵ֗נִי בִּישׁוּעָתֶֽךָ׃

ה לִרְא֤וֹת ׀ בְּט֬וֹבַ֣ת בְּחִירֶיךָ֮
לִ֭שְׂמֹחַ בְּשִׂמְחַ֣ת גּוֹיֶ֑ךָ
לְ֝הִתְהַלֵּ֗ל עִם־נַחֲלָתֶֽךָ׃

ו חָטָ֥אנוּ עִם־אֲבוֹתֵ֑ינוּ
הֶ֝עֱוִ֗ינוּ הִרְשָֽׁעְנוּ׃

ז אֲבוֹתֵ֬ינוּ בְמִצְרַ֨יִם ׀ לֹא־הִשְׂכִּ֬ילוּ נִפְלְאוֹתֶ֗יךָ
לֹ֣א זָ֭כְרוּ אֶת־רֹ֣ב חֲסָדֶ֑יךָ
וַיַּמְר֖וּ עַל־יָ֣ם בְּיַם־סֽוּף׃

ח וַ֭יּוֹשִׁיעֵם לְמַ֣עַן שְׁמ֑וֹ
לְ֝הוֹדִ֗יעַ אֶת־גְּבוּרָתֽוֹ׃

ט וַיִּגְעַ֣ר בְּיַם־ס֭וּף וַֽיֶּחֱרָ֑ב
וַיּוֹלִיכֵ֥ם בַּ֝תְּהֹמ֗וֹת כַּמִּדְבָּֽר׃

10. 他拯救他们脱离了敌手，
从仇人手中救赎了他们。

11. 海水淹没了迫害他们〈指以色列人〉的人，
他们〈指迫害者〉之中没〈人〉剩下。

12. 〈然后〉他们相信了他的话，
他们咏唱了〈对〉他的赞颂。

13. 他们迅速忘记了他的作为，
不〈再〉等候他的旨意。

14. 他们在旷野任性纵欲，
在荒野试探了上帝。

15. 他将他们所〈贪〉求的赐给了他们，
也给他们的性命派下干枯〈指要了他们的命〉。

16. 他们在营中嫉妒摩西，
〈和〉上主的圣者阿哈隆。

17. 〈于是〉土地裂开，吞噬了达堂，
埋葬〈直译：覆盖〉了阿维兰一党。

18. 烈火在这伙人中燃起，
烈焰焚烧了恶人。

19. 他们在何瑞乌〈铸〉造了牛犊，
他们拜倒于浇筑〈的偶像〉。

20. 他们以吃草之牛的形体，
替代了他们的荣耀〈指上帝〉。

21. 他们忘却了拯救他们的上帝，
〈即〉在密刺辣因〈即埃及〉行大事的那位。

י וַיּוֹשִׁיעֵם מִיַּד שׂוֹנֵא
וַיִּגְאָלֵם מִיַּד אוֹיֵב׃

יא וַיְכַסּוּ־מַיִם צָרֵיהֶם
אֶחָד מֵהֶם לֹא נוֹתָר׃

יב וַיַּאֲמִינוּ בִדְבָרָיו
יָשִׁירוּ תְּהִלָּתוֹ׃

יג מִהֲרוּ שָׁכְחוּ מַעֲשָׂיו
לֹא־חִכּוּ לַעֲצָתוֹ׃

יד וַיִּתְאַוּוּ תַאֲוָה בַּמִּדְבָּר
וַיְנַסּוּ־אֵל בִּישִׁימוֹן׃

טו וַיִּתֵּן לָהֶם שֶׁאֱלָתָם
וַיְשַׁלַּח רָזוֹן בְּנַפְשָׁם׃

טז וַיְקַנְאוּ לְמֹשֶׁה בַּמַּחֲנֶה
לְאַהֲרֹן קְדוֹשׁ יְהוָה׃

יז תִּפְתַּח־אֶרֶץ וַתִּבְלַע דָּתָן
וַתְּכַס עַל־עֲדַת אֲבִירָם׃

יח וַתִּבְעַר־אֵשׁ בַּעֲדָתָם
לֶהָבָה תְּלַהֵט רְשָׁעִים׃

יט יַעֲשׂוּ־עֵגֶל בְּחֹרֵב
וַיִּשְׁתַּחֲווּ לְמַסֵּכָה׃

כ וַיָּמִירוּ אֶת־כְּבוֹדָם
בְּתַבְנִית שׁוֹר אֹכֵל עֵשֶׂב׃

כא שָׁכְחוּ אֵל מוֹשִׁיעָם
עֹשֶׂה גְדֹלוֹת בְּמִצְרָיִם׃

22. 〈他〉在含地〈施展了〉奇迹，
在苏弗海〈行过令人〉恐惧的事。

23. 他说过要灭了他们，
幸亏他所拣选的摩西站在他面前的破裂处，
息了他的怒气，免于他毁灭〈他们〉。

24. 〈但是〉他们〈仍然〉藐视了可爱的〈应许之〉地，
不相信他的话。

25. 他们在帐篷内抱怨，
不听从上主的声音。

26. 〈于是〉他向他们举手〈发誓〉，
要让他们倒〈毙〉在旷野。

27. 把他们的子孙扔到列邦中，
把他们分散在各地。

28. 他们〈竟然〉与巴珥•培敖尔凑在一起，
享食〈给〉死〈鬼〉的祭品。

29. 他们的〈恶〉行惹怒了〈上主〉，
瘟疫就爆发在他们中间。

30. 丕乃哈斯起来做了决断，
瘟疫才得止息。

31. 这算作他的义〈举〉，
〈延及〉世世代代直到永远。

32. 他们在梅哩瓦水边激怒了〈上主〉，
摩西因他们而倒霉。

כב נִ֭פְלָאוֹת בְּאֶ֣רֶץ חָ֑ם
נ֝וֹרָא֗וֹת עַל־יַם־סֽוּף׃

כג וַיֹּ֗אמֶר לְֽהַשְׁמִ֫ידָ֥ם
לוּלֵ֡י מֹ֘שֶׁ֤ה בְחִיר֗וֹ עָמַ֣ד בַּפֶּ֣רֶץ לְפָנָ֑יו
לְהָשִׁ֥יב חֲ֝מָת֗וֹ מֵהַשְׁחִֽית׃

כד וַיִּמְאֲס֥וּ בְּאֶ֣רֶץ חֶמְדָּ֑ה
לֹא־הֶ֝אֱמִ֗ינוּ לִדְבָרֽוֹ׃

כה וַיֵּרָגְנ֥וּ בְאָהֳלֵיהֶ֑ם
לֹ֥א שָׁ֝מְע֗וּ בְּק֣וֹל יְהוָֽה׃

כו וַיִּשָּׂ֣א יָד֣וֹ לָהֶ֑ם
לְהַפִּ֥יל א֝וֹתָ֗ם בַּמִּדְבָּֽר׃

כז וּלְהַפִּ֣יל זַ֭רְעָם בַּגּוֹיִ֑ם
וּ֝לְזָרוֹתָ֗ם בָּאֲרָצֽוֹת׃

כח וַ֭יִּצָּמְדוּ לְבַ֣עַל פְּע֑וֹר
וַ֝יֹּאכְל֗וּ זִבְחֵ֥י מֵתִֽים׃

כט וַ֭יַּכְעִיסוּ בְּמַֽעַלְלֵיהֶ֑ם
וַתִּפְרָץ־בָּ֝֗ם מַגֵּפָֽה׃

ל וַיַּעֲמֹ֣ד פִּ֭ינְחָס וַיְפַלֵּ֑ל
וַ֝תֵּעָצַ֗ר הַמַּגֵּפָֽה׃

לא וַתֵּחָ֣שֶׁב ל֭וֹ לִצְדָקָ֑ה
לְדֹ֥ר וָ֝דֹ֗ר עַד־עוֹלָֽם׃

לב וַ֭יַּקְצִיפוּ עַל־מֵ֣י מְרִיבָ֑ה
וַיֵּ֥רַע לְ֝מֹשֶׁ֗ה בַּעֲבוּרָֽם׃

33. 因他们悖逆了他的灵，
他〈即摩西〉亲口〈斥责了他们〉。

34. 他们没有依照上主
所说的去毁灭〈那里的〉异族。

35. 〈反而〉他们与异族混杂，
学习他们的行为。

36. 他们〈即以色列民〉侍奉了他们的〈即异族的〉偶像，
他们中了圈套。

37. 他们把自己的儿女祭献给鬼怪。

38. 他们倾流了无辜〈者〉的〈鲜〉血，
和他们〈自己〉儿女的〈鲜〉血，
奉献给克纳昂的偶像，
那地就被血玷污。

39. 他们因自己的行为受到玷污，
他们偏行邪门。

40. 上主对自己的子民发怒，
厌恶自己的产业。

41. 他把他们交在异邦手中，
〈让〉他们的仇敌辖制他们。

42. 他们的敌人压迫他们，
他们〈指以色列民〉在他们〈指敌人〉的手下屈服。

43. 他多次解救了他，
〈但是〉他们〈仍然〉违抗他的旨意，
他们在自己的罪恶中衰微。

לג כִּי־הִמְרוּ אֶת־רוּחוֹ
וַיְבַטֵּא בִּשְׂפָתָיו:

לד לֹא־הִשְׁמִידוּ אֶת־הָעַמִּים
אֲשֶׁר אָמַר יְהוָה לָהֶם:

לה וַיִּתְעָרְבוּ בַגּוֹיִם
וַיִּלְמְדוּ מַעֲשֵׂיהֶם:

לו וַיַּעַבְדוּ אֶת־עֲצַבֵּיהֶם
וַיִּהְיוּ לָהֶם לְמוֹקֵשׁ:

לז וַיִּזְבְּחוּ אֶת־בְּנֵיהֶם וְאֶת־בְּנוֹתֵיהֶם לַשֵּׁדִים:

לח וַיִּשְׁפְּכוּ דָם נָקִי
דַּם־בְּנֵיהֶם וּבְנוֹתֵיהֶם
אֲשֶׁר זִבְּחוּ לַעֲצַבֵּי כְנָעַן
וַתֶּחֱנַף הָאָרֶץ בַּדָּמִים:

לט וַיִּטְמְאוּ בְמַעֲשֵׂיהֶם
וַיִּזְנוּ בְּמַעַלְלֵיהֶם:

מ וַיִּחַר־אַף יְהוָה בְּעַמּוֹ
וַיְתָעֵב אֶת־נַחֲלָתוֹ:

מא וַיִּתְּנֵם בְּיַד־גּוֹיִם
וַיִּמְשְׁלוּ בָהֶם שֹׂנְאֵיהֶם:

מב וַיִּלְחָצוּם אוֹיְבֵיהֶם
וַיִּכָּנְעוּ תַּחַת יָדָם:

מג פְּעָמִים רַבּוֹת יַצִּילֵם
וְהֵמָּה יַמְרוּ בַעֲצָתָם וַיָּמֹכּוּ בַּעֲוֹנָם:

44. 他看到了他们的苦难，
听到了他们的哀告。

45. 他忆起自己与他们〈所订立〉的盟约，
他以深厚的仁爱，怜悯了他们。

46. 在所有掳掠他们的人面前，
他使他们受了怜悯。

47. 〈求你〉拯救我们，〈哦〉上主我们的上帝，
〈求你〉从列邦中聚集我们，
〈使我们〉能称谢你神圣之名，
以〈对〉你的歌咏颂赞〈你〉。

48. 赞美上主以色列的上帝，
从〈今〉世直到〈来〉世，
愿所有的民众都说阿门，〈你们〉要赞美上主。

מד וַ֭יַּרְא בַּצַּ֣ר לָהֶ֑ם
בְּ֝שָׁמְע֗וֹ אֶת־רִנָּתָֽם׃

מה וַיִּזְכֹּ֣ר לָהֶ֣ם בְּרִית֑וֹ
וַ֝יִּנָּחֵ֗ם כְּרֹ֣ב חֲסָדָֽו׃

מו וַיִּתֵּ֣ן אוֹתָ֣ם לְרַחֲמִ֑ים
לִ֝פְנֵ֗י כָּל־שׁוֹבֵיהֶֽם׃

מז הוֹשִׁיעֵ֨נוּ ׀ יְהוָ֬ה אֱלֹהֵ֗ינוּ
וְקַבְּצֵנוּ֮ מִֽן־הַגּ֫וֹיִ֥ם
לְ֭הוֹדוֹת לְשֵׁ֣ם קָדְשֶׁ֑ךָ
לְ֝הִשְׁתַּבֵּ֗חַ בִּתְהִלָּתֶֽךָ׃

מח בָּֽרוּךְ יְהוָ֤ה ׀ אֱלֹהֵ֬י יִשְׂרָאֵ֡ל
מִן־הָעוֹלָ֨ם ׀ וְעַ֬ד הָעוֹלָ֗ם
וְאָמַ֣ר כָּל־הָעָ֣ם אָ֭מֵן הַֽלְלוּיָֽהּ׃

第一百零七首

1. 〈你们〉要感谢上主，因他美善，
因他的慈爱直到永远。

2. 上主所救赎的人要〈向上主〉说〈感谢的话〉，
即他由仇敌手中救出的人〈要说〉。

3. 他从各地聚集了他们，
从东从西，从北从南。

4. 他们在旷野在荒漠中迷了路，
找不到栖息的城邑。

5. 他们又饥又渴，
他们的性命奄奄一息。

6. 他们在苦楚中呼求上主，
他即拯救他们脱离了危难。

7. 他引领他们走上直路，
前往可安居的城邑。

8. 愿他们感谢上主的仁爱，
和他对人所行的奇事。

9. 因为他满足了干渴的灵魂，
又使饥饿的心灵饱享佳〈美〉。

10. 〈即那些〉生活在黑暗和死荫中的人，
被痛苦和铁〈铐〉所禁锢的人。

11. 因为他们悖逆了上帝的话语，
又藐视了至高者的旨意。

מזמור קז

א הֹד֣וּ לַיהוָ֣ה כִּי־ט֑וֹב ליום שישי
כִּ֖י לְעוֹלָ֣ם חַסְדּֽוֹ׃

ב יֹ֭אמְרוּ גְּאוּלֵ֣י יְהוָ֑ה
אֲשֶׁ֥ר גְּ֝אָלָ֗ם מִיַּד־צָֽר׃

ג וּֽמֵאֲרָצ֗וֹת קִ֫בְּצָ֥ם
מִמִּזְרָ֥ח וּמִֽמַּעֲרָ֑ב מִצָּפ֥וֹן וּמִיָּֽם׃

ד תָּע֣וּ בַ֭מִּדְבָּר בִּישִׁימ֣וֹן דָּ֑רֶךְ
עִ֥יר מ֝וֹשָׁ֗ב לֹ֣א מָצָֽאוּ׃

ה רְעֵבִ֥ים גַּם־צְמֵאִ֑ים
נַ֝פְשָׁ֗ם בָּהֶ֥ם תִּתְעַטָּֽף׃

ו וַיִּצְעֲק֣וּ אֶל־יְ֭הוָה בַּצַּ֣ר לָהֶ֑ם
מִ֝מְּצֽוּקוֹתֵיהֶ֗ם יַצִּילֵֽם׃

ז וַֽ֭יַּדְרִיכֵם בְּדֶ֣רֶךְ יְשָׁרָ֑ה
לָ֝לֶ֗כֶת אֶל־עִ֥יר מוֹשָֽׁב׃

ח יוֹד֣וּ לַיהוָ֣ה חַסְדּ֑וֹ
וְ֝נִפְלְאוֹתָ֗יו לִבְנֵ֥י אָדָֽם׃

ט כִּֽי־הִ֭שְׂבִּיעַ נֶ֣פֶשׁ שֹׁקֵקָ֑ה
וְנֶ֥פֶשׁ רְ֝עֵבָ֗ה מִלֵּא־טֽוֹב׃

י יֹ֣שְׁבֵי חֹ֣שֶׁךְ וְצַלְמָ֑וֶת
אֲסִירֵ֖י עֳנִ֣י וּבַרְזֶֽל׃

יא כִּֽי־הִמְר֥וּ אִמְרֵי־אֵ֑ל
וַעֲצַ֖ת עֶלְי֣וֹן נָאָֽצוּ׃

12. 他以劳苦使他们的心降卑，
他们绊倒却无人相助。

13. 〈于是〉他们在痛苦中呼求上主，
他〈才〉拯救他们脱离患难。

14. 他〈才〉带领他们出离黑暗与死影，
〈又〉折断他们的锁链。

15. 他们当感谢上主的仁爱，
和他对人行的奇事。

16. 因为他打破了铜门，
切断了铁闩。

17. 蠢人因他们的邪道
和过犯而遭罪。

18. 他们的心灵厌弃了各种食物，
他们到了死亡的门〈前〉。

19. 〈于是〉他们在痛苦中呼求上主，
他〈才〉拯救他们脱离患难。

20. 他发话治愈了他们，
解救他们脱离了毁灭。

21. 他们当感谢上主的仁爱，
和他对人行的奇事。

22. 他们当献上感恩祭，
用歌咏诉说他的作为。

23. 那些坐船下海，
在大洋中做工的。

יב וַיַּכְנַ֣ע בֶּעָמָ֣ל לִבָּ֑ם
כָּ֝שְׁל֗וּ וְאֵ֣ין עֹזֵֽר׃

יג וַיִּזְעֲק֣וּ אֶל־יְ֭הוָה בַּצַּ֣ר לָהֶ֑ם
מִ֝מְּצֻקוֹתֵיהֶ֗ם יוֹשִׁיעֵֽם׃

יד י֭וֹצִיאֵם מֵחֹ֣שֶׁךְ וְצַלְמָ֑וֶת
וּמוֹסְר֖וֹתֵיהֶ֣ם יְנַתֵּֽק׃

טו יוֹד֣וּ לַיהוָ֣ה חַסְדּ֑וֹ
וְ֝נִפְלְאוֹתָ֗יו לִבְנֵ֥י אָדָֽם׃

טז כִּֽי־שִׁ֭בַּר דַּלְת֣וֹת נְחֹ֑שֶׁת
וּבְרִיחֵ֖י בַרְזֶ֣ל גִּדֵּֽעַ׃

יז אֱ֭וִלִים מִדֶּ֣רֶךְ פִּשְׁעָ֑ם
וּ֝מֵעֲוֺנֹ֥תֵיהֶ֗ם יִתְעַנּֽוּ׃

יח כָּל־אֹ֭כֶל תְּתַעֵ֣ב נַפְשָׁ֑ם
וַ֝יַּגִּ֗יעוּ עַד־שַׁ֥עֲרֵי מָֽוֶת׃

יט וַיִּזְעֲק֣וּ אֶל־יְ֭הוָה בַּצַּ֣ר לָהֶ֑ם
מִ֝מְּצֻקוֹתֵיהֶ֗ם יוֹשִׁיעֵֽם׃

כ יִשְׁלַ֣ח דְּ֭בָרוֹ וְיִרְפָּאֵ֑ם
וִֽ֝ימַלֵּ֗ט מִשְּׁחִיתוֹתָֽם׃

כא יוֹד֣וּ לַיהוָ֣ה חַסְדּ֑וֹ
וְ֝נִפְלְאוֹתָ֗יו לִבְנֵ֥י אָדָֽם׃

כב וְ֭יִזְבְּחוּ זִבְחֵ֣י תוֹדָ֑ה
וִיסַפְּר֖וּ מַעֲשָׂ֣יו בְּרִנָּֽה׃ ׆

כג יוֹרְדֵ֣י הַ֭יָּם בָּאֳנִיּ֑וֹת
עֹשֵׂ֥י מְ֝לָאכָ֗ה בְּמַ֣יִם רַבִּֽים׃ ׆

24. 他们看见了上主的作为，
和他在深水中的奇迹。

25. 他一发令，风暴骤起，
惊涛骇浪。

26. 他们〈时而被冲〉上天，〈时而〉坠入深渊，
危难使他们的心神消散。

27. 他们跌撞如同醉汉，
他们的智慧全被吞掉。

28. 〈于是〉他们在痛苦中呼求上主，
他〈才〉带他们出离灾难。

29. 他使风暴息停，
使波涛平静。

30. 他们〈好生〉欣喜，
因为他们〈指波涛风暴〉平静了，
〈然后〉他带领他们到达他们想去的地方。

31. 他们当感谢上主的仁爱，
和他对人行的奇事。

32. 他们当在会众中颂扬他，
在长老的席间赞美他。

33. 他使河流变为旷野，
令水泉成为干地。

34. 沃野变成咸田，
〈这是〉由于其上居民的邪恶。

כד הֵ֣מָּה רָ֭אוּ מַעֲשֵׂ֣י יְהוָ֑ה
וְ֝נִפְלְאוֹתָ֗יו בִּמְצוּלָֽה׃ ׆

כה וַיֹּ֗אמֶר וַֽ֭יַּעֲמֵד ר֣וּחַ סְעָרָ֑ה
וַתְּרוֹמֵ֥ם גַּלָּֽיו׃ ׆

כו יַעֲל֣וּ שָׁ֭מַיִם יֵרְד֣וּ תְהוֹמ֑וֹת
נַ֝פְשָׁ֗ם בְּרָעָ֥ה תִתְמוֹגָֽג׃ ׆

כז יָח֣וֹגּוּ וְ֭יָנוּעוּ כַּשִּׁכּ֑וֹר
וְכָל־חָ֝כְמָתָ֗ם תִּתְבַּלָּֽע׃ ׆

כח וַיִּצְעֲק֣וּ אֶל־יְ֭הוָה בַּצַּ֣ר לָהֶ֑ם
וּ֝מִמְּצֽוּקֹתֵיהֶ֗ם יוֹצִיאֵֽם׃

כט יָקֵ֣ם סְ֭עָרָה לִדְמָמָ֑ה
וַ֝יֶּחֱשׁ֗וּ גַּלֵּיהֶֽם׃

ל וַיִּשְׂמְח֥וּ כִֽי־יִשְׁתֹּ֑קוּ
וַ֝יַּנְחֵ֗ם אֶל־מְח֥וֹז חֶפְצָֽם׃

לא יוֹד֣וּ לַיהוָ֣ה חַסְדּ֑וֹ
וְ֝נִפְלְאוֹתָ֗יו לִבְנֵ֥י אָדָֽם׃

לב וִֽירוֹמְמוּהוּ בִּקְהַל־עָ֑ם
וּבְמוֹשַׁ֖ב זְקֵנִ֣ים יְהַלְלֽוּהוּ׃

לג יָשֵׂ֣ם נְהָר֣וֹת לְמִדְבָּ֑ר
וּמֹצָ֥אֵי מַ֝֗יִם לְצִמָּאֽוֹן׃

לד אֶ֣רֶץ פְּ֭רִי לִמְלֵחָ֑ה
מֵ֝רָעַ֗ת י֣וֹשְׁבֵי בָֽהּ׃

35. 他〈也〉使旷野变为水潭，
令旱地成为水泉。

36. 他在那里安置了饥民，
他们兴建了居住的城邑。

37. 他们播种田地，栽种葡萄园，
获得果实〈与〉出产。

38. 他祝福了他们，他们繁衍极多，
他们的牲畜〈有增〉无减。

39. 他们却因迫害苦难和忧伤，
人少势微。

40. 他使贵胄受辱，
使他们在绝〈人〉迹的旷野流荡。

41. 他抬举苦人脱离穷困，
使他们的家庭如羊群〈繁盛〉。

42. 正直人见了要欢喜，
所有恶人〈却〉哑口〈无言〉。

43. 明智的人要留意这些，
要明白上主的仁爱。

לה יָשֵׂם מִדְבָּר לַאֲגַם־מַיִם
וְאֶרֶץ צִיָּה לְמֹצָאֵי מָיִם׃

לו וַיּוֹשֶׁב שָׁם רְעֵבִים
וַיְכוֹנְנוּ עִיר מוֹשָׁב׃

לז וַיִּזְרְעוּ שָׂדוֹת וַיִּטְּעוּ כְרָמִים
וַיַּעֲשׂוּ פְּרִי תְבוּאָה׃

לח וַיְבָרְכֵם וַיִּרְבּוּ מְאֹד
וּבְהֶמְתָּם לֹא יַמְעִיט׃

לט וַיִּמְעֲטוּ וַיָּשֹׁחוּ
מֵעֹצֶר רָעָה וְיָגוֹן׃ ׆

מ שֹׁפֵךְ בּוּז עַל־נְדִיבִים
וַיַּתְעֵם בְּתֹהוּ לֹא־דָרֶךְ׃

מא וַיְשַׂגֵּב אֶבְיוֹן מֵעוֹנִי
וַיָּשֶׂם כַּצֹּאן מִשְׁפָּחוֹת׃

מב יִרְאוּ יְשָׁרִים וְיִשְׂמָחוּ
וְכָל־עַוְלָה קָפְצָה פִּיהָ׃

מג מִי־חָכָם וְיִשְׁמָר־אֵלֶּה
וְיִתְבּוֹנְנוּ חַסְדֵי יְהוָה׃

第一百零八首

1. 达威德的诗歌。

2. 我的心端正，〈哦〉上帝，
我的灵也要弹琴歌唱。

3. 醒来〈啊〉，七弦琴和竖琴
〈注：乐器名有待考证〉，
我要唤醒黎明。

4. 我要在万邦中感谢你，
〈哦〉上主，我要在众民中歌颂你。

5. 因你的慈爱大过天，
你的信实〈远〉达高天。

6. 你高扬过天，〈哦〉上帝，
你的荣耀在全地之上。

7. 以便所爱的人得到救助，
〈以便〉你的右手拯救我们，应允我们。

8. 上帝以其神圣说，我要欢喜，
我要划分世韩〈地名，在以色列中央山区北部，
罗马人攻陷后起了个拉丁名，经由阿拉伯语和英
语的汉译名为那布鲁斯〉，
我要度量苏科特谷地。

9. 基珥阿得属我，梅纳晒属我，
埃弗辣因是我的头盔，
耶胡达是我的官吏。

10. 摩阿乌是我的浴池，
我要把我的鞋子丢向埃东，
我要向泼赖晒特〈怒〉吼。

מזמור קח

א שִׁ֖יר מִזְמ֣וֹר לְדָוִֽד׃ כג לחודש

ב נָכ֣וֹן לִבִּ֣י אֱלֹהִ֑ים
אָשִׁ֥ירָה וַ֝אֲזַמְּרָ֗ה אַף־כְּבוֹדִֽי׃

ג ע֭וּרָֽה הַנֵּ֥בֶל וְכִנּ֗וֹר
אָעִ֥ירָה שָּֽׁחַר׃

ד אוֹדְךָ֖ בָעַמִּ֥ים ׀ יְהוָ֑ה
וַ֝אֲזַמֶּרְךָ֗ בַּלְאֻמִּֽים׃

ה כִּֽי־גָד֣וֹל מֵעַל־שָׁמַ֣יִם חַסְדֶּ֑ךָ
וְעַד־שְׁחָקִ֥ים אֲמִתֶּֽךָ׃

ו ר֣וּמָה עַל־שָׁמַ֣יִם אֱלֹהִ֑ים
וְעַ֖ל כָּל־הָאָ֣רֶץ כְּבוֹדֶֽךָ׃

ז לְ֭מַעַן יֵחָלְצ֣וּן יְדִידֶ֑יךָ
הוֹשִׁ֖יעָה יְמִינְךָ֣ ועננו׃ וַעֲנֵֽנִי

ח אֱלֹהִ֤ים ׀ דִּבֶּ֥ר בְּקָדְשׁ֗וֹ אֶ֫עְלֹ֥זָה
אֲחַלְּקָ֥ה שְׁכֶ֑ם וְעֵ֖מֶק סֻכּ֣וֹת אֲמַדֵּֽד׃

ט לִ֤י גִלְעָ֨ד ׀ לִ֤י מְנַשֶּׁ֗ה
וְ֭אֶפְרַיִם מָע֣וֹז רֹאשִׁ֑י
יְ֝הוּדָ֗ה מְחֹקְקִֽי׃

י מוֹאָ֤ב ׀ סִ֬יר רַחְצִ֗י
עַל־אֱ֭דוֹם אַשְׁלִ֣יךְ נַעֲלִ֑י
עֲלֵי־פְ֝לֶ֗שֶׁת אֶתְרוֹעָֽע׃

11. 谁会带我〈进入〉坚城，
谁会领我〈征服〉埃东。

12. 上帝〈啊〉，难道你抛弃了我们，
上帝〈啊〉，难道你不再与我们的军队一起出〈征〉。

13. 求你帮助我们抵抗仇敌，
〈因仅凭〉人的拯救〈最终〉是空。

14. 凭着上帝我们要勇猛，
他会践踏我们的仇敌。

יא מִ֣י יֹ֭בִלֵנִי עִ֣יר מִבְצָ֑ר
מִ֖י נָחַ֣נִי עַד־אֱדֽוֹם׃

יב הֲלֹֽא־אֱלֹהִ֥ים זְנַחְתָּ֑נוּ
וְֽלֹא־תֵצֵ֥א אֱ֝לֹהִ֗ים בְּצִבְאֹתֵֽינוּ׃

יג הָֽבָה־לָּ֣נוּ עֶזְרָ֣ת מִצָּ֑ר
וְ֝שָׁ֗וְא תְּשׁוּעַ֥ת אָדָֽם׃

יד בֵּאלֹהִ֥ים נַעֲשֶׂה־חָ֑יִל
וְ֝ה֗וּא יָב֥וּס צָרֵֽינוּ׃

第一百零九首

1. 交予奏乐者，达威德之歌，
上帝〈啊〉，求你不要静默我的赞美。

2. 因为奸邪之人向我开口，
他们以谎言的舌头对我说话。

3. 恶言恶语环绕着我，
他们无缘无故攻击我。

4. 他们以诽谤回报我的爱，
我却〈仍然为他们〉祈祷。

5. 他们对我以恶报善，
以仇恨回报我的爱。

6. 〈求你〉指派恶人去对付他，
让指控者站在他的右边。

7. 愿他受审时被定罪，
愿他的恳求成为〈对他的〉罪过〈的提示〉。

8. 愿他时日无多，
愿别人得到他的位份。

9. 愿他的儿〈女〉成为孤儿，
〈愿〉他的妻子〈成为〉寡妇。

10. 愿他的儿〈女〉流浪行乞，
愿他们离开破败〈的家而去〉讨〈饭〉。

מזמור קט

א לַמְנַצֵּ֗חַ לְדָוִ֥ד מִזְמ֑וֹר
אֱלֹהֵ֥י תְ֝הִלָּתִ֗י אַֽל־תֶּחֱרַֽשׁ׃

ב כִּ֤י פִ֪י רָשָׁ֡ע וּֽפִי־מִ֭רְמָה עָלַ֣י פָּתָ֑חוּ
דִּבְּר֥וּ אִ֝תִּ֗י לְשׁ֣וֹן שָֽׁקֶר׃

ג וְדִבְרֵ֣י שִׂנְאָ֣ה סְבָב֑וּנִי
וַיִּֽלָּחֲמ֥וּנִי חִנָּֽם׃

ד תַּֽחַת־אַהֲבָתִ֥י יִשְׂטְנ֑וּנִי
וַאֲנִ֥י תְפִלָּֽה׃

ה וַיָּשִׂ֬ימוּ עָלַ֣י רָ֭עָה תַּ֣חַת טוֹבָ֑ה
וְ֝שִׂנְאָ֗ה תַּ֣חַת אַהֲבָתִֽי׃

ו הַפְקֵ֣ד עָלָ֣יו רָשָׁ֑ע
וְ֝שָׂטָ֗ן יַעֲמֹ֥ד עַל־יְמִינֽוֹ׃

ז בְּ֭הִשָּׁ֣פְטוֹ יֵצֵ֣א רָשָׁ֑ע
וּ֝תְפִלָּת֗וֹ תִּהְיֶ֥ה לַחֲטָאָֽה׃

ח יִֽהְיוּ־יָמָ֥יו מְעַטִּ֑ים
פְּ֝קֻדָּת֗וֹ יִקַּ֥ח אַחֵֽר׃

ט יִֽהְיוּ־בָנָ֥יו יְתוֹמִ֑ים
וְ֝אִשְׁתּ֗וֹ אַלְמָנָֽה׃

י וְנ֤וֹעַ יָנ֣וּעוּ בָנָ֣יו וְשִׁאֵ֑לוּ
וְ֝דָרְשׁ֗וּ מֵחָרְבוֹתֵיהֶֽם׃

11. 愿债主夺走他的一切，
愿外人抢掠他劳苦所得。

12. 愿无人向他施恩，
愿无人怜恤他的孤儿。

13. 愿他的后代灭绝，
愿他们的名从后代中抹去。

14. 愿他父亲的罪过被记在上主面前，
愿他母亲的过犯不得抹去。

15. 愿他们〈的罪〉永在上主面前，
愿〈对〉他们的纪念从地上灭绝。

16. 〈这是〉因为他从不记着行善，
他〈只知道去〉迫害贫困的人，
〈残害〉致死心碎的人。

17. 他〈既〉喜爱诅咒，她〈指诅咒，原文为阴性名词〉就临到他，
他〈既〉不爱祝福，她〈指祝福，原文为阴性名词〉就远离他，

18. 他披戴诅咒好似他的衣裳，
她〈即诅咒〉如水进入他的内脏，
如油渗入他的骨髓。

19. 愿她〈即诅咒〉成为他裹〈身〉的衣裳，
如他常常束着的腰带。

20. 这是从上主而来的报应，
〈报应〉我的对头和恶言对我的人。

21. 你是上主我主，
〈求你〉为了你的名〈恩〉待我，
因你的慈爱佳美，〈求你〉救我。

יא יְנַקֵּשׁ נוֹשֶׁה לְכָל־אֲשֶׁר־לוֹ
וְיָבֹזּוּ זָרִים יְגִיעוֹ׃

יב אַל־יְהִי־לוֹ מֹשֵׁךְ חָסֶד
וְאַל־יְהִי חוֹנֵן לִיתוֹמָיו׃

יג יְהִי־אַחֲרִיתוֹ לְהַכְרִית
בְּדוֹר אַחֵר יִמַּח שְׁמָם׃

יד יִזָּכֵר ׀ עֲוֺן אֲבֹתָיו אֶל־יְהוָה
וְחַטַּאת אִמּוֹ אַל־תִּמָּח׃

טו יִהְיוּ נֶגֶד־יְהוָה תָּמִיד
וְיַכְרֵת מֵאֶרֶץ זִכְרָם׃

טז יַעַן אֲשֶׁר ׀ לֹא זָכַר עֲשׂוֹת חָסֶד
וַיִּרְדֹּף אִישׁ־עָנִי וְאֶבְיוֹן
וְנִכְאֵה לֵבָב לְמוֹתֵת׃

יז וַיֶּאֱהַב קְלָלָה וַתְּבוֹאֵהוּ
וְלֹא־חָפֵץ בִּבְרָכָה וַתִּרְחַק מִמֶּנּוּ׃

יח וַיִּלְבַּשׁ קְלָלָה כְּמַדּוֹ
וַתָּבֹא כַמַּיִם בְּקִרְבּוֹ
וְכַשֶּׁמֶן בְּעַצְמוֹתָיו׃

יט תְּהִי־לוֹ כְּבֶגֶד יַעְטֶה
וּלְמֵזַח תָּמִיד יַחְגְּרֶהָ׃

כ זֹאת ׀ פְּעֻלַּת שֹׂטְנַי מֵאֵת יְהוָה
וְהַדֹּבְרִים רָע עַל־נַפְשִׁי׃

כא וְאַתָּה ׀ יֱהוִה אֲדֹנָי
עֲשֵׂה־אִתִּי לְמַעַן שְׁמֶךָ
כִּי־טוֹב חַסְדְּךָ הַצִּילֵנִי׃

22. 因我贫困，
我五内俱焚〈直译：我的心在体内死掉了〉。

23. 我逝去如影渐斜〈渐淡〉，
我被〈从一处〉抛〈到另一处〉如蝗虫〈跳窜〉。

24. 我的双膝因禁食而酸软，
我的身体消瘦〈不堪〉。

25. 我已成为他们的笑料，
他们看到我就会摇头。

26. 上主我的上帝〈啊〉，
〈求你〉助我，〈求你〉按你的仁慈拯救我。

27. 他们要知道这是你的手，
是上主你所做。

28. 由他们去诅咒，〈因〉你会赐福，
他们起来会蒙羞，而你的仆人会喜乐。

29. 愿我的对头穿戴耻辱，
愿他披裹羞愧如外袍。

30. 我要〈开〉口大大称谢上主，
我要在众人之中赞美他。

31. 因为他会站在困乏者的右边，
会拯救他的性命脱离〈恶人对他的死亡〉判决。

כב כִּֽי־עָנִ֣י וְאֶבְי֣וֹן אָנֹ֑כִי
וְ֝לִבִּ֗י חָלַ֥ל בְּקִרְבִּֽי׃

כג כְּצֵ֣ל כִּנְטוֹת֣וֹ נֶהֱלָ֑כְתִּי
נִ֝נְעַ֗רְתִּי כָּאַרְבֶּֽה׃

כד בִּ֭רְכַּי כָּשְׁל֣וּ מִצּ֑וֹם
וּ֝בְשָׂרִ֗י כָּחַ֥שׁ מִשָּֽׁמֶן׃

כה וַאֲנִ֤י ׀ הָיִ֣יתִי חֶרְפָּ֣ה לָהֶ֑ם
יִ֝רְא֗וּנִי יְנִיע֥וּן רֹאשָֽׁם׃

כו עָ֭זְרֵנִי יְהוָ֣ה אֱלֹהָ֑י
ה֝וֹשִׁיעֵ֗נִי כְחַסְדֶּֽךָ׃

כז וְֽ֭יֵדְעוּ כִּי־יָ֣דְךָ זֹּ֑את
אַתָּ֖ה יְהוָ֣ה עֲשִׂיתָֽהּ׃

כח יְקַלְלוּ־הֵמָּה֮ וְאַתָּ֪ה תְבָ֫רֵ֥ךְ
קָ֤מוּ ׀ וַ֭יֵּבֹשׁוּ וְעַבְדְּךָ֥ יִשְׂמָֽח׃

כט יִלְבְּשׁ֣וּ שׂוֹטְנַ֣י כְּלִמָּ֑ה
וְיַעֲט֖וּ כַמְעִ֣יל בָּשְׁתָּֽם׃

ל א֘וֹדֶ֤ה יְהוָ֣ה מְאֹ֣ד בְּפִ֑י
וּבְת֖וֹךְ רַבִּ֣ים אֲהַלְלֶֽנּוּ׃

לא כִּֽי־יַ֭עֲמֹד לִימִ֣ין אֶבְי֑וֹן
לְ֝הוֹשִׁ֗יעַ מִשֹּׁפְטֵ֥י נַפְשֽׁוֹ׃

第一百一十首

1. 关于达威德的歌，
上主〈原文是独一上帝的尊名〉对我主
〈指达威德王〉说，坐在我的右边，
直到我把你的仇敌做成你的脚凳。

2. 上主会从熙雍派遣你威能的杖，
在你的仇敌中〈要做〉统辖。

3. 在你征战的日子你的民自愿〈来到〉，
〈这是〉由于你从一开始〈就有〉的神圣荣耀，
你幼年的生机〈一直〉属你。

4. 上主起了誓，绝不反悔，
你永为司祭，
凭我的旨意〈你做〉正义君王。

5. 我主〈指上主，读音不同于第一节经文中的我主，
指代也不同〉在你的右边，
在他发怒的日子，他碾碎诸王。

6. 他要审判列国，〈直到那里〉满布尸首，
他要在大地上碾碎〈各位的〉头颅。

7. 他要从沿路溪流〈畅〉饮，
而后要抬头高昂。

מזמור קי

א לְדָוִד מִזְמוֹר
נְאֻם יהוה ׀ לַאדֹנִי שֵׁב לִימִינִי
עַד־אָשִׁית אֹיְבֶיךָ הֲדֹם לְרַגְלֶיךָ׃

ב מַטֵּה עֻזְּךָ יִשְׁלַח יהוה מִצִּיּוֹן
רְדֵה בְּקֶרֶב אֹיְבֶיךָ׃

ג עַמְּךָ נְדָבֹת בְּיוֹם חֵילֶךָ
בְּהַדְרֵי־קֹדֶשׁ מֵרֶחֶם מִשְׁחָר
לְךָ טַל יַלְדֻתֶיךָ׃

ד נִשְׁבַּע יהוה ׀ וְלֹא יִנָּחֵם
אַתָּה־כֹהֵן לְעוֹלָם
עַל־דִּבְרָתִי מַלְכִּי־צֶדֶק׃

ה אֲדֹנָי עַל־יְמִינְךָ
מָחַץ בְּיוֹם־אַפּוֹ מְלָכִים׃

ו יָדִין בַּגּוֹיִם מָלֵא גְוִיּוֹת
מָחַץ רֹאשׁ עַל־אֶרֶץ רַבָּה׃

ז מִנַּחַל בַּדֶּרֶךְ יִשְׁתֶּה
עַל־כֵּן יָרִים רֹאשׁ׃

第一百一十一首

1. 〈你们〉要赞美上主，在正直人的集会中，
我要全心称谢上主。

2. 上主的作为伟大，
所有愿意〈思考〉的都可以明白。

3. 他的作为尊荣辉煌，
他的公义存到永远。

4. 他为自己的伟迹做了〈用于〉纪念〈的标记〉，
〈以便人们知道〉上主慈爱怜悯。

5. 他赐食物给敬畏他的人，
他永远记着他的盟约。

6. 他向自己的百姓宣告他作为的威能，
赐给他们异邦的产业。

7. 他手所行的是真理和公正，
他的训诫全都信实。

8. 他们〈全都〉可靠，直到永永远远，
〈全都〉成就于真理与正直。

9. 他为自己的百姓派〈下〉救赎，
他命令他的盟约〈立〉到永远，
〈因为〉他的名神圣威严。

10. 敬畏上主是智慧的开端，
〈他赐〉上等〈直译：好〉明达给所有遵行他们〈指诫命〉的人，
〈对〉他的赞美存到永远。

מזמור קיא

א הַלְלוּיָהּ ׀ אוֹדֶה יהוה בְּכָל־לֵבָב
בְּסוֹד יְשָׁרִים וְעֵדָה׃

ב גְּדֹלִים מַעֲשֵׂי יהוה
דְּרוּשִׁים לְכָל־חֶפְצֵיהֶם׃

ג הוֹד־וְהָדָר פָּעֳלוֹ
וְצִדְקָתוֹ עֹמֶדֶת לָעַד׃

ד זֵכֶר עָשָׂה לְנִפְלְאֹתָיו
חַנּוּן וְרַחוּם יהוה׃

ה טֶרֶף נָתַן לִירֵאָיו
יִזְכֹּר לְעוֹלָם בְּרִיתוֹ׃

ו כֹּחַ מַעֲשָׂיו הִגִּיד לְעַמּוֹ
לָתֵת לָהֶם נַחֲלַת גּוֹיִם׃

ז מַעֲשֵׂי יָדָיו אֱמֶת וּמִשְׁפָּט
נֶאֱמָנִים כָּל־פִּקּוּדָיו׃

ח סְמוּכִים לָעַד לְעוֹלָם
עֲשׂוּיִם בֶּאֱמֶת וְיָשָׁר׃

ט פְּדוּת ׀ שָׁלַח לְעַמּוֹ
צִוָּה־לְעוֹלָם בְּרִיתוֹ
קָדוֹשׁ וְנוֹרָא שְׁמוֹ׃

י רֵאשִׁית חָכְמָה ׀ יִרְאַת יהוה
שֵׂכֶל טוֹב לְכָל־עֹשֵׂיהֶם
תְּהִלָּתוֹ עֹמֶדֶת לָעַד׃

第一百一十二首

1. 〈你们〉要赞美上主，
敬畏上主〈且〉真心喜欢〈遵行〉他诫命的人
〈多么〉有福。

2. 他的后裔要在地〈上〉强盛，
正直人的世代当受祝福。

3. 财富〈要汇聚〉在他家中，
他的正义存到永远。

4. 光明〈要〉在黑暗中为正直人照耀，
〈因〉他慈爱，怜悯，公正。

5. 慈悲借贷的人〈是多么〉佳美，
他以公正引导自己的行为。

6. 因为到永远他〈都〉不会动摇，
对义人的纪念要〈存〉到永远。

7. 他不会惧怕噩耗，
〈因为〉他的心坚定信赖于上主。

8. 他的心坚强，他不会畏惧，
直到他〈亲眼〉见到他仇敌〈的结局〉。

9. 他周济穷人，他的正义永存，
他的权威要在荣耀中高扬。

10. 恶人看见〈这一切，出于嫉恨〉会恼怒，
他会〈咬牙〉切齿，〈心神由于嫉恨而〉消化，
恶人的野心〈终〉将覆灭〈意思是恶人嫉恨义人，
图谋加害，但终将败亡〉。

מזמור קיב

א הַֽלְלוּיָ֨הּ ׀
אַשְׁרֵי־אִ֭ישׁ יָרֵ֣א אֶת־יְהֹוָ֑ה
בְּ֝מִצְוֺתָ֗יו חָפֵ֥ץ מְאֹֽד׃

ב גִּבּ֣וֹר בָּ֭אָרֶץ יִהְיֶ֣ה זַרְע֑וֹ
דּ֖וֹר יְשָׁרִ֣ים יְבֹרָֽךְ׃

ג הוֹן־וָעֹ֥שֶׁר בְּבֵית֑וֹ
וְ֝צִדְקָת֗וֹ עֹמֶ֥דֶת לָעַֽד׃

ד זָ֘רַ֤ח בַּחֹ֣שֶׁךְ א֭וֹר לַיְשָׁרִ֑ים
חַנּ֖וּן וְרַח֣וּם וְצַדִּֽיק׃

ה טֽוֹב־אִ֭ישׁ חוֹנֵ֣ן וּמַלְוֶ֑ה
יְכַלְכֵּ֖ל דְּבָרָ֣יו בְּמִשְׁפָּֽט׃

ו כִּֽי־לְעוֹלָ֥ם לֹֽא־יִמּ֑וֹט
לְזֵ֥כֶר ע֝וֹלָ֗ם יִהְיֶ֥ה צַדִּֽיק׃

ז מִשְּׁמוּעָ֣ה רָ֭עָה לֹ֣א יִירָ֑א
נָכ֥וֹן לִ֝בּ֗וֹ בָּטֻ֥חַ בַּיהֹוָֽה׃

ח סָמ֣וּךְ לִ֭בּוֹ לֹ֣א יִירָ֑א
עַ֖ד אֲשֶׁר־יִרְאֶ֣ה בְצָרָֽיו׃

ט פִּזַּ֤ר ׀ נָ֥תַ֪ן לָֽאֶבְיוֹנִ֗ים
צִ֭דְקָתוֹ עֹמֶ֣דֶת לָעַ֑ד
קַ֝רְנ֗וֹ תָּר֥וּם בְּכָבֽוֹד׃

י רָשָׁ֤ע יִרְאֶ֨ה ׀ וְכָעָ֗ס שִׁנָּ֣יו יַחֲרֹ֣ק וְנָמָ֑ס
תַּאֲוַ֖ת רְשָׁעִ֣ים תֹּאבֵֽד׃

第一百一十三首

1. 〈你们〉要赞美上主，
上主的仆人，〈你们〉要赞美，
〈你们〉要赞美上主的名。

2. 愿上主的名受赞颂，
从现今直到永远。

3. 从旭日东〈升〉直到〈日〉落，
上主的名〈当〉受赞美。

4. 上主高扬于万邦之上，
他的荣耀在天上。

5. 谁能像上主我们的上帝，
他坐于〈至〉高处。

6. 他俯视
天地。

7. 他从尘土中提携贫穷〈的人〉，
他从粪堆中举扬困乏〈的人〉。

8. 〈他〉使他们与贵胄同座，
与他百姓的贵胄同〈座〉。

9. 他使〈忧伤〉居家的不孕妇女，
〈成为〉子孙〈满堂〉的快乐母亲，
〈你们〉要赞美上主。

מזמור קיג

הַֽלְלוּיָ֨הּ ׀ א כד לחודש
הַ֭לְלוּ עַבְדֵ֣י יְהֹוָ֑ה
הַֽ֝לְלוּ אֶת־שֵׁ֥ם יְהֹוָֽה׃

יְהִ֤י שֵׁ֣ם יְהֹוָ֣ה מְבֹרָ֑ךְ ב
מֵ֝עַתָּ֗ה וְעַד־עוֹלָֽם׃

מִמִּזְרַח־שֶׁ֥מֶשׁ עַד־מְבוֹא֑וֹ ג
מְ֝הֻלָּ֗ל שֵׁ֣ם יְהֹוָֽה׃

רָ֖ם עַל־כׇּל־גּוֹיִ֥ם ׀ יְהֹוָ֑ה ד
עַ֖ל הַשָּׁמַ֣יִם כְּבוֹדֽוֹ׃

מִ֭י כַּיהֹוָ֣ה אֱלֹהֵ֑ינוּ ה
הַֽמַּגְבִּיהִ֥י לָשָֽׁבֶת׃

הַֽמַּשְׁפִּילִ֥י לִרְא֑וֹת ו
בַּשָּׁמַ֥יִם וּבָאָֽרֶץ׃

מְקִֽימִ֣י מֵעָפָ֣ר דָּ֑ל ז
מֵ֝אַשְׁפֹּ֗ת יָרִ֥ים אֶבְיֽוֹן׃

לְהוֹשִׁיבִ֥י עִם־נְדִיבִ֑ים ח
עִ֝֗ם נְדִיבֵ֥י עַמּֽוֹ׃

מֽוֹשִׁיבִ֨י ׀ עֲקֶ֬רֶת הַבַּ֗יִת ט
אֵֽם־הַבָּנִ֥ים שְׂמֵחָ֗ה
הַֽלְלוּיָֽהּ׃

第一百一十四首

1. 当以色列出离密刺辣因〈即埃及〉，
雅可乌家族〈离开〉异民之时。

2. 耶胡达成了他的圣所，
以色列成了他的领域。

3. 〈大〉海看到了逃窜〈指为以色列人分开海水〉，
雅尔登〈河为以色列人〉倒流。

4. 群山跳跃如公羊，
丘陵〈跳跃〉如羊羔〈指在西奈山颁布托辣时的壮观景象〉。

5. 大海，你为何逃窜，
雅尔登〈河〉，你为何倒流。

6. 群山，你们〈为何〉跳跃如公羊，
丘陵〈你们为何跳跃〉如羊羔。

7. 在主面前大地被造，
〈即〉在雅可乌的上帝面前。

8. 他使岩石变为水潭，
使坚石变为水泉。

מזמור קיד

א בְּצֵ֣את יִ֭שְׂרָאֵל מִמִּצְרָ֑יִם
בֵּ֥ית יַ֝עֲקֹ֗ב מֵעַ֥ם לֹעֵֽז׃

ב הָיְתָ֣ה יְהוּדָ֣ה לְקָדְשׁ֑וֹ
יִ֝שְׂרָאֵ֗ל מַמְשְׁלוֹתָֽיו׃

ג הַיָּ֣ם רָ֭אָה וַיָּנֹ֑ס
הַ֝יַּרְדֵּ֗ן יִסֹּ֥ב לְאָחֽוֹר׃

ד הֶֽהָרִ֗ים רָקְד֥וּ כְאֵילִ֑ים
גְּ֝בָע֗וֹת כִּבְנֵי־צֹֽאן׃

ה מַה־לְּךָ֣ הַ֭יָּם כִּ֣י תָנ֑וּס
הַ֝יַּרְדֵּ֗ן תִּסֹּ֥ב לְאָחֽוֹר׃

ו הֶֽהָרִ֗ים תִּרְקְד֥וּ כְאֵילִ֑ים
גְּ֝בָע֗וֹת כִּבְנֵי־צֹֽאן׃

ז מִלִּפְנֵ֣י אָ֭דוֹן ח֣וּלִי אָ֑רֶץ
מִ֝לִּפְנֵ֗י אֱל֥וֹהַּ יַעֲקֹֽב׃

ח הַהֹפְכִ֣י הַצּ֣וּר אֲגַם־מָ֑יִם
חַ֝לָּמִ֗ישׁ לְמַעְיְנוֹ־מָֽיִם׃

第一百一十五首

1. 上主〈啊〉，不是为了我们，
不是为了我们，而是为了你的名，
〈请你〉凭你的仁慈和信实赐予荣耀。

2. 为何要让异族说，
如今他们的上帝在哪里。

3. 我们的上帝在天上，
凡他所愿他都实现。

4. 他们的偶像是金银，
是人手所造。

5. 他们〈指偶像〉有嘴却不能言，
他们有眼却看不见。

6. 他们有耳却不能听，
他们有鼻却不能嗅。

7. 他们的手没有感觉，
他们脚不能行走，
他们的喉咙不能发声。

8. 造他们〈指偶像〉的也要像他们，
所有信靠他们的〈也要这样〉。

9. 以色列信靠上主，
他是他们〈指以色列民〉的助佑和护盾。

10. 阿哈隆的家族信赖上主，
他是他们的助佑和护盾。

מזמור קטו

א לֹ֤א לָ֥נוּ יהו֗ה לֹ֫א לָ֥נוּ
כִּֽי־לְ֭שִׁמְךָ תֵּ֣ן כָּב֑וֹד
עַל־חַ֝סְדְּךָ֗ עַל־אֲמִתֶּֽךָ׃

ב לָ֭מָּה יֹאמְר֣וּ הַגּוֹיִ֑ם
אַיֵּה־נָ֝֗א אֱלֹהֵיהֶֽם׃

ג וֵאלֹהֵ֥ינוּ בַשָּׁמָ֑יִם
כֹּ֖ל אֲשֶׁר־חָפֵ֣ץ עָשָֽׂה׃

ד עֲ֭צַבֵּיהֶם כֶּ֣סֶף וְזָהָ֑ב
מַ֝עֲשֵׂ֗ה יְדֵ֣י אָדָֽם׃

ה פֶּֽה־לָ֭הֶם וְלֹ֣א יְדַבֵּ֑רוּ
עֵינַ֥יִם לָ֝הֶ֗ם וְלֹ֣א יִרְאֽוּ׃

ו אָזְנַ֣יִם לָ֭הֶם וְלֹ֣א יִשְׁמָ֑עוּ
אַ֥ף לָ֝הֶ֗ם וְלֹ֣א יְרִיחֽוּן׃

ז יְדֵיהֶ֤ם ׀ וְלֹ֬א יְמִישׁ֗וּן
רַ֭גְלֵיהֶם וְלֹ֣א יְהַלֵּ֑כוּ
לֹֽא־יֶ֝הְגּ֗וּ בִּגְרוֹנָֽם׃

ח כְּ֭מוֹהֶם יִהְי֣וּ עֹשֵׂיהֶ֑ם
כֹּ֖ל אֲשֶׁר־בֹּטֵ֣חַ בָּהֶֽם׃

ט יִ֭שְׂרָאֵל בְּטַ֣ח בַּיהו֑ה
עֶזְרָ֖ם וּמָגִנָּ֣ם הֽוּא׃

י בֵּ֣ית אַ֭הֲרֹן בִּטְח֣וּ בַיהו֑ה
עֶזְרָ֖ם וּמָגִנָּ֣ם הֽוּא׃

11. 敬畏上主的人信赖上主，
他是他们的助佑和护盾。

12. 上主记得我们，他要祝福，
他要祝福以色列家族，
他要祝福阿哈隆家族。

13. 上主要祝福敬畏他的人，
大人和小孩〈都要获得祝福〉。

14. 愿上主加添对你们〈的祝福〉，
对你们和对你们子孙〈的祝福〉。

15. 〈愿〉你们为上主所祝福，
〈愿〉天地的创造者〈祝福你们〉。

16. 诸天属于上主，
他将大地赐给人类。

17. 死人不能赞美上主，
所有无声入土的都不能〈赞美上主〉。

18. 而我们要赞美上主，
从现在直到永远，
〈请众〉要赞美上主。

יא יִרְאֵ֣י יְ֭הוָה בִּטְח֣וּ בַיהוָ֑ה
עֶזְרָ֖ם וּמָגִנָּ֣ם הֽוּא׃

יב יְהוָ֥ה זְכָרָ֗נוּ יְבָ֫רֵ֥ךְ
יְ֭בָרֵךְ אֶת־בֵּ֣ית יִשְׂרָאֵ֑ל
יְ֝בָרֵ֗ךְ אֶת־בֵּ֥ית אַהֲרֹֽן׃

יג יְ֭בָרֵךְ יִרְאֵ֣י יְהוָ֑ה
הַ֝קְּטַנִּ֗ים עִם־הַגְּדֹלִֽים׃

יד יֹסֵ֣ף יְהוָ֣ה עֲלֵיכֶ֑ם
עֲ֝לֵיכֶ֗ם וְעַל־בְּנֵיכֶֽם׃

טו בְּרוּכִ֣ים אַ֭תֶּם לַיהוָ֑ה
עֹ֝שֵׂ֗ה שָׁמַ֥יִם וָאָֽרֶץ׃

טז הַשָּׁמַ֣יִם שָׁ֭מַיִם לַיהוָ֑ה
וְ֝הָאָ֗רֶץ נָתַ֥ן לִבְנֵי־אָדָֽם׃

יז לֹ֣א הַ֭מֵּתִים יְהַֽלְלוּ־יָ֑הּ
וְ֝לֹ֗א כָּל־יֹרְדֵ֥י דוּמָֽה׃

יח וַאֲנַ֤חְנוּ ׀ נְבָ֘רֵ֤ךְ יָ֗הּ
מֵעַתָּ֥ה וְעַד־עוֹלָ֗ם
הַֽלְלוּיָֽהּ׃

第一百一十六首

1. 我爱〈他〉，因上主会倾听
我恳求的声音。

2. 因为当我向他呼求时，
他向我侧耳。

3. 死亡的痛苦攫住了我，
阴府的罗网困住了我，
我变得哀伤抑郁。

4. 我呼求上主的〈圣〉名，
求你〈啦〉，上主，〈求你〉拯救我的生命。

5. 上主仁慈正义，
我们的上帝〈满怀〉怜悯。

6. 上主保护单纯的人，
我〈虽〉受了苦楚，〈但〉他会解救我。

7. 我的灵魂〈啊〉，妳要归于妳的安息，
因为上主恩待了妳。

8. 因你拯救了我的性命脱离死亡，
使我的眼不再流泪，
使我的脚不再跌绊。

9. 我要在活人的土地上，
行走在上主面前〈我们受够了世人的迫害和杀戮，上主啊，求你看顾我们的苦楚，求你带我们回到以色列故土，在那里生活，不再受外人践踏〉。

מזמור קטז

א אָהַ֗בְתִּי כִּֽי־יִשְׁמַ֥ע ׀ יְהוָ֑ה
אֶת־ק֝וֹלִ֗י תַּחֲנוּנָֽי׃

ב כִּֽי־הִטָּ֣ה אָזְנ֣וֹ לִ֑י
וּבְיָמַ֥י אֶקְרָֽא׃

ג אֲפָפ֤וּנִי ׀ חֶבְלֵי־מָ֗וֶת
וּמְצָרֵ֣י שְׁא֣וֹל מְצָא֑וּנִי
צָרָ֖ה וְיָג֣וֹן אֶמְצָֽא׃

ד וּבְשֵֽׁם־יְהוָ֥ה אֶקְרָ֑א
אָנָּ֥ה יְ֝הוָ֗ה מַלְּטָ֥ה נַפְשִֽׁי׃

ה חַנּ֣וּן יְהוָ֣ה וְצַדִּ֑יק
וֵ֖אלֹהֵ֣ינוּ מְרַחֵֽם׃

ו שֹׁמֵ֣ר פְּתָאיִ֣ם יְהוָ֑ה
דַּ֝לֹּתִ֗י וְלִ֣י יְהוֹשִֽׁיעַ׃

ז שׁוּבִ֣י נַ֭פְשִׁי לִמְנוּחָ֑יְכִי
כִּֽי־יְ֝הוָ֗ה גָּמַ֥ל עָלָֽיְכִי׃

ח כִּ֤י חִלַּ֥צְתָּ נַפְשִׁ֗י מִ֫מָּ֥וֶת
אֶת־עֵינִ֥י מִן־דִּמְעָ֑ה
אֶת־רַגְלִ֥י מִדֶּֽחִי׃

ט אֶ֭תְהַלֵּךְ לִפְנֵ֣י יְהוָ֑ה
בְּ֝אַרְצ֗וֹת הַחַיִּֽים׃

10. 当我说，我极其受苦，
我〈仍保持了对你的〉忠信，

11. 我曾在慌乱中说，
所有人都是骗子。

12. 我如何能回报上主，
〈回报〉所有他赐予我的恩惠。

13. 我要〈高〉举救赎的杯爵，
我呼求上主的〈圣〉名。

14. 我要向上主还愿，
现在就在他全体百姓面前。

15. 上主眼中重视的，
〈是〉他忠诚者的死亡。

16. 求你啦，上主，因我是你的仆人，
我是你的仆人，你婢女的儿子，
你为我解开了捆绑。

17. 我要向你献上感谢祭，
我要呼求上主的〈圣〉名。

18. 我要向上主还愿，
现在就他全体百姓面前。

19. 〈就〉在上主〈圣〉殿的庭院中，
在妳〈即在〉耶路撒冷中间，
〈你们〉要赞美上主。

י הֶאֱמַנְתִּי כִּי אֲדַבֵּר
אֲנִי עָנִיתִי מְאֹד׃

יא אֲנִי אָמַרְתִּי בְחָפְזִי
כָּל־הָאָדָם כֹּזֵב׃

יב מָה־אָשִׁיב לַיהוָה
כָּל־תַּגְמוּלוֹהִי עָלָי׃

יג כּוֹס־יְשׁוּעוֹת אֶשָּׂא
וּבְשֵׁם יְהוָה אֶקְרָא׃

יד נְדָרַי לַיהוָה אֲשַׁלֵּם
נֶגְדָה־נָּא לְכָל־עַמּוֹ׃

טו יָקָר בְּעֵינֵי יְהוָה
הַמָּוְתָה לַחֲסִידָיו׃

טז אָנָּה יְהוָה כִּי־אֲנִי עַבְדֶּךָ
אֲנִי־עַבְדְּךָ בֶּן־אֲמָתֶךָ
פִּתַּחְתָּ לְמוֹסֵרָי׃

יז לְךָ־אֶזְבַּח זֶבַח תּוֹדָה
וּבְשֵׁם יְהוָה אֶקְרָא׃

יח נְדָרַי לַיהוָה אֲשַׁלֵּם
נֶגְדָה־נָּא לְכָל־עַמּוֹ׃

יט בְּחַצְרוֹת ׀ בֵּית יְהוָה, בְּתוֹכֵכִי יְרוּשָׁלָםִ
הַלְלוּיָהּ׃

第一百一十七首

1. 列国〈啊〉，你们要赞美上主，
万民〈啊〉，你们要颂扬他

2. 因他向我们倾下慈爱，
上主信实直到永远，
〈你们〉要赞美上主。

מזמור קיז

א הַֽלְל֣וּ אֶת־יהו֭ה כׇּל־גּוֹיִ֑ם
שַׁ֝בְּח֗וּהוּ כׇּֽל־הָֽאֻמִּֽים׃

ב כִּ֤י גָ֘בַ֤ר עָלֵ֨ינוּ ׀ חַסְדּ֗וֹ
וֶֽאֱמֶת־יהו֥ה לְעוֹלָ֗ם
הַֽלְלוּיָֽהּ׃

第一百一十八首

1. 〈你们〉要称谢上主，因他美善，
因他的慈爱直到永远。

2. 如今以色列要说，
因他的慈爱直到永远。

3. 如今阿哈隆家要说，
因他的慈爱直到永远。

4. 如今敬畏上主的人要说，
因他的慈爱直到永远。

5. 在悲苦中，我呼求了上主，
〈求你〉以解放来回答我，〈哦〉上主。

6. 我有上主〈与我同在〉，
我不畏惧，人能对我做什么。

7. 有上主帮助我〈直译：上主在我的帮助者之中〉，
〈因此〉我会看到我的敌人〈遭到报应〉。

8. 避难于上主，
胜过信靠人。

9. 避难于上主，
胜过信靠贵胄。

10. 万邦包围了我，
凭上主的名，我要剪除他们。

מזמור קיח

א הוֹד֣וּ לַיהוָ֣ה כִּי־ט֑וֹב
כִּ֖י לְעוֹלָ֣ם חַסְדּֽוֹ׃

ב יֹֽאמַר־נָ֥א יִשְׂרָאֵ֑ל
כִּ֖י לְעוֹלָ֣ם חַסְדּֽוֹ׃

ג יֹאמְרוּ־נָ֥א בֵֽית־אַהֲרֹ֑ן
כִּ֖י לְעוֹלָ֣ם חַסְדּֽוֹ׃

ד יֹאמְרוּ־נָ֭א יִרְאֵ֣י יְהוָ֑ה
כִּ֖י לְעוֹלָ֣ם חַסְדּֽוֹ׃

ה מִֽן־הַ֭מֵּצַר קָרָ֣אתִי יָּ֑הּ
עָנָ֖נִי בַמֶּרְחָ֣ב יָֽהּ׃

ו יְהוָ֣ה לִ֭י לֹ֣א אִירָ֑א
מַה־יַּעֲשֶׂ֖ה לִ֣י אָדָֽם׃

ז יְהוָ֣ה לִ֭י בְּעֹזְרָ֑י
וַ֝אֲנִ֗י אֶרְאֶ֥ה בְשֹׂנְאָֽי׃

ח ט֗וֹב לַחֲס֥וֹת בַּיהוָ֑ה
מִ֝בְּטֹ֗חַ בָּאָדָֽם׃

ט ט֗וֹב לַחֲס֥וֹת בַּיהוָ֑ה
מִ֝בְּטֹ֗חַ בִּנְדִיבִֽים׃

י כָּל־גּוֹיִ֥ם סְבָב֑וּנִי
בְּשֵׁ֥ם יְ֝הוָ֗ה כִּ֣י אֲמִילַֽם׃

11. 他们层层包围了我，
凭上主的名，我要剪除他们。

12. 他们如蜂一般围住了我，
他们如荆棘燃烧殆尽，
凭上主的名，我要剪除他们。

13. 你使劲推搡了我，〈想〉让〈我〉倒下，
〈但〉上主扶助了我。

14. 上主是我的力量，
我的颂歌，他是我的拯救。

15. 欢歌与拯救之声〈响彻〉在义人的帐篷中，
上主的右手施行勇力。

16. 上主的右手高举，
上主的右手施行勇力。

17. 我不应死去，
因我要活着讲述上主的作为。

18. 上主严厉教训了我，
但没有将我交予死亡。

19. 正义的门户，请向我敞开，
我要从中进来称谢上主。

20. 这是上主的门户，
正义者要从中进入。

21. 我要感谢你，因你回答了我，
你是我的拯救。

יא סַבּ֥וּנִי גַם־סְבָב֑וּנִי
בְּשֵׁ֥ם יְ֝הוָ֗ה כִּ֣י אֲמִילַֽם׃

יב סַבּ֤וּנִי כִדְבוֹרִ֗ים
דֹּ֭עֲכוּ כְּאֵ֣שׁ קוֹצִ֑ים
בְּשֵׁ֥ם יְ֝הוָ֗ה כִּ֣י אֲמִילַֽם׃

יג דַּחֹ֣ה דְחִיתַ֣נִי לִנְפֹּ֑ל
וַֽיהוָ֥ה עֲזָרָֽנִי׃

יד עָזִּ֣י וְזִמְרָ֣ת יָ֑הּ
וַֽיְהִי־לִ֝֗י לִישׁוּעָֽה׃

טו ק֤וֹל ׀ רִנָּ֬ה וִֽישׁוּעָ֗ה בְּאׇהֳלֵ֥י צַדִּיקִ֑ים
יְמִ֥ין יְ֝הוָ֗ה עֹ֣שָׂה חָֽיִל׃

טז יְמִ֣ין יְ֭הוָה רוֹמֵמָ֑ה
יְמִ֥ין יְ֝הוָ֗ה עֹ֣שָׂה חָֽיִל׃

יז לֹֽא־אָמ֣וּת כִּֽי־אֶחְיֶ֑ה
וַ֝אֲסַפֵּ֗ר מַעֲשֵׂ֥י יָֽהּ׃

יח יַסֹּ֣ר יִסְּרַ֣נִּי יָּ֑הּ
וְ֝לַמָּ֗וֶת לֹ֣א נְתָנָֽנִי׃

יט פִּתְחוּ־לִ֥י שַׁעֲרֵי־צֶ֑דֶק
אָבֹא־בָ֝֗ם אוֹדֶ֥ה יָֽהּ׃

כ זֶה־הַשַּׁ֥עַר לַיהוָ֑ה
צַ֝דִּיקִ֗ים יָבֹ֥אוּ בֽוֹ׃

כא א֭וֹדְךָ כִּ֣י עֲנִיתָ֑נִי
וַתְּהִי־לִ֝֗י לִישׁוּעָֽה׃

22. 匠人们所厌弃的石头，
〈反而〉成了房角石。

23. 这出自上主，
在我们眼中为奇妙。

24. 这是上主所做的一天，
让我们在其中欢欣喜悦。

25. 上主〈啊〉，求你现在就拯救我们，
上主〈啊〉，求你现在就解救我们。

26. 凭上主之名而来的人当受赞美，
我们从上主的圣殿祝福你们。

27. 上主威能，他照耀了我们，
〈让我们〉用绳索绑好节庆〈的祭品〉，
直到〈将其奉献到〉祭坛的凸角。

28. 你是我的上帝，我要称谢你，
你是我的上帝，我要赞颂你。

29. 〈你们〉要称谢上主，因他美善，
因他的慈爱直到永远。

כב אֶ֭בֶן מָאֲס֣וּ הַבּוֹנִ֑ים
הָ֝יְתָ֗ה לְרֹ֣אשׁ פִּנָּֽה׃

כג מֵאֵ֣ת יְ֭הוה הָ֣יְתָה זֹּ֑את
הִ֖יא נִפְלָ֣את בְּעֵינֵֽינוּ׃

כד זֶה־הַ֭יּוֹם עָשָׂ֣ה יְהוָ֑ה
נָגִ֖ילָה וְנִשְׂמְחָ֣ה בֽוֹ׃

כה אָנָּ֣א יְ֭הוה הוֹשִׁ֘יעָ֥ה נָּ֑א
אָנָּ֥א יְ֝הוה הַצְלִ֘יחָ֥ה נָּֽא׃

כו בָּר֣וּךְ הַ֭בָּא בְּשֵׁ֣ם יְהוָ֑ה
בֵּ֝רַכְנוּכֶ֗ם מִבֵּ֥ית יְהוָֽה׃

כז אֵ֤ל ׀ יְהוָה֮ וַיָּ֪אֶר לָ֥נוּ
אִסְרוּ־חַ֥ג בַּעֲבֹתִ֑ים
עַד־קַ֝רְנ֗וֹת הַמִּזְבֵּֽחַ׃

כח אֵלִ֣י אַתָּ֣ה וְאוֹדֶ֑ךָּ
אֱ֝לֹהַ֗י אֲרוֹמְמֶֽךָּ׃

כט הוֹד֣וּ לַיהוָ֣ה כִּי־ט֑וֹב
כִּ֖י לְעוֹלָ֣ם חַסְדּֽוֹ׃

第一百一十九首

〈这首诗按希伯来字母分段，每段每节都以同一个字母开头，这是一首字母表藏头诗。〉

〈阿莱夫〉

1. 品行纯全，
遵行上主托辣的人〈真是〉有福。

2. 守护他的约证〈指遵守他的诫命〉，
全心追寻他的人〈真是〉有福。

3. 他们也不曾作恶，
他们〈只〉行走于他的道路。

4. 你颁布了诫命，
为了〈让我们〉谨守。

5. 我〈向上主〉祈求坚定我的道路，
为了〈让我〉遵守你的法度。

6. 当我定睛于你所有的诫命，
我不会蒙羞。

7. 当我学习你公正的法则，
我要以正直的心称谢你。

8. 我要遵从你的法度，
求你不要片刻离弃我。

〈贝特〉

9. 年青人怎样才能洁净他的品行，
〈通过〉遵守你的吩咐。

10. 我全心寻求了你，
求你不要让我疏忽你的诫命。

מזמור קיט

א

א אַ֭שְׁרֵי תְמִֽימֵי־דָ֑רֶךְ כה לחודש
הַ֝הֹלְכִ֗ים בְּת֣וֹרַת יְהוָֽה׃

ב אַ֭שְׁרֵי נֹצְרֵ֣י עֵדֹתָ֑יו
בְּכָל־לֵ֥ב יִדְרְשֽׁוּהוּ׃

ג אַ֭ף לֹא־פָעֲל֣וּ עַוְלָ֑ה
בִּדְרָכָ֥יו הָלָֽכוּ׃

ד אַ֭תָּה צִוִּ֣יתָה פִקֻּדֶ֑יךָ
לִשְׁמֹ֥ר מְאֹֽד׃

ה אַ֭חֲלַי יִכֹּ֣נוּ דְרָכָ֑י
לִשְׁמֹ֥ר חֻקֶּֽיךָ׃

ו אָ֥ז לֹא־אֵב֑וֹשׁ בְּ֝הַבִּיטִ֗י
אֶל־כָּל־מִצְוֺתֶֽיךָ׃

ז א֭וֹדְךָ בְּיֹ֣שֶׁר לֵבָ֑ב בְּ֝לָמְדִ֗י
מִשְׁפְּטֵ֥י צִדְקֶֽךָ׃

ח אֶת־חֻקֶּ֥יךָ אֶשְׁמֹ֑ר
אַל־תַּעַזְבֵ֥נִי עַד־מְאֹֽד׃

ב

ט בַּמֶּ֣ה יְזַכֶּה־נַּ֭עַר אֶת־אָרְח֑וֹ
לִ֝שְׁמֹ֗ר כִּדְבָרֶֽךָ׃

י בְּכָל־לִבִּ֥י דְרַשְׁתִּ֑יךָ
אַל־תַּ֝שְׁגֵּ֗נִי מִמִּצְוֺתֶֽיךָ׃

11. 我将你的话语〈珍〉藏在心里，
为了我不至于得罪你。

12. 上主，你当受赞美，
〈求你〉将你的法规教导我。

13. 以我的双唇，我讲述了
你〈直译：你口〉所有的法律。

14. 我欢喜于你见证的道〈即喜欢你的托辣〉，
如同〈欢喜于〉各样财富。

15. 我要讲谈你的法规，
我要定睛于你的道路
〈即你所教导的行事为人的方式〉。

16. 我要沉浸于你的法度，
我不会忘记你的话。

〈吉麦珥〉

17. 〈求你〉恩待你的仆人，
〈使〉我得以存活，得以遵从你的话。

18. 〈求你〉开启我眼，
〈让〉我能看出你托辣中的奇妙。

19. 我〈不过〉是地上的过客，
求你不要向我隐藏你的诫命。

20. 我的心因渴求而憔悴，
〈我〉时时〈渴慕〉你的法律。

21. 你斥责了故意〈违背你〉的人，
偏离你诫命的人〈真是〉可咒。

יא בְּלִבִּי צָפַנְתִּי אִמְרָתֶךָ
לְמַעַן לֹא אֶחֱטָא־לָךְ׃

יב בָּרוּךְ אַתָּה יהוה
לַמְּדֵנִי חֻקֶּיךָ׃

יג בִּשְׂפָתַי סִפַּרְתִּי
כֹּל מִשְׁפְּטֵי־פִיךָ׃

יד בְּדֶרֶךְ עֵדְוֺתֶיךָ שַׂשְׂתִּי
כְּעַל כָּל־הוֹן׃

טו בְּפִקּוּדֶיךָ אָשִׂיחָה
וְאַבִּיטָה אֹרְחֹתֶיךָ׃

טז בְּחֻקֹּתֶיךָ אֶשְׁתַּעֲשָׁע
לֹא אֶשְׁכַּח דְּבָרֶךָ׃

ג

יז גְּמֹל עַל־עַבְדְּךָ אֶחְיֶה
וְאֶשְׁמְרָה דְבָרֶךָ׃

יח גַּל־עֵינַי וְאַבִּיטָה
נִפְלָאוֹת מִתּוֹרָתֶךָ׃

יט גֵּר אָנֹכִי בָאָרֶץ
אַל־תַּסְתֵּר מִמֶּנִּי מִצְוֺתֶיךָ׃

כ גָּרְסָה נַפְשִׁי לְתַאֲבָה
אֶל־מִשְׁפָּטֶיךָ בְכָל־עֵת׃

כא גָּעַרְתָּ זֵדִים אֲרוּרִים
הַשֹּׁגִים מִמִּצְוֺתֶיךָ׃

22. 〈求你〉从我〈身〉上除去〈人们对我的〉
羞辱和藐视，
因为我持守了你的约证。

23. 纵然王公们〈团〉坐说我〈坏话〉，
你的仆人依然要讲说你的法度。

24. 你的约证是我的思绪，
我的谋士。

〈达莱特〉

25. 我的灵魂陷在〈直译：粘着于〉尘土〈之中〉，
〈求你〉照你的言语复苏我的生命。

26. 我陈述了我的道路，你回答了我，
〈求你〉将你的法度教给了我。

27. 〈求你〉让我明白你的法律，
我要谈论你的伟迹。

28. 我的心灵因忧伤而衰微，
〈求你〉照你的言语使我坚强。

29. 〈求你〉使我脱离欺诈的道路，
〈求你以〉你的托辣施恩于我。

30. 我选择了信实的道路，
我把你的法规摆在了〈眼前〉。

31. 我坚守〈直译：粘着〉你的约证，
上主〈啊〉，求你不要让我蒙羞。

32. 我要奔跑于你诫命的道路
〈即我要殷勤的履行你的诫命〉，
因为你使我的心宽广。

כב גַּל מֵעָלַי חֶרְפָּה וָבוּז
כִּי עֵדֹתֶיךָ נָצָרְתִּי׃

כג גַּם יָשְׁבוּ שָׂרִים בִּי נִדְבָּרוּ
עַבְדְּךָ יָשִׂיחַ בְּחֻקֶּיךָ׃

כד גַּם־עֵדֹתֶיךָ שַׁעֲשֻׁעָי
אַנְשֵׁי עֲצָתִי׃

ד

כה דָּבְקָה לֶעָפָר נַפְשִׁי
חַיֵּנִי כִּדְבָרֶךָ׃

כו דְּרָכַי סִפַּרְתִּי וַתַּעֲנֵנִי
לַמְּדֵנִי חֻקֶּיךָ׃

כז דֶּרֶךְ־פִּקּוּדֶיךָ הֲבִינֵנִי
וְאָשִׂיחָה בְּנִפְלְאוֹתֶיךָ׃

כח דָּלְפָה נַפְשִׁי מִתּוּגָה
קַיְּמֵנִי כִּדְבָרֶךָ׃

כט דֶּרֶךְ־שֶׁקֶר הָסֵר מִמֶּנִּי
וְתוֹרָתְךָ חָנֵּנִי׃

ל דֶּרֶךְ־אֱמוּנָה בָחָרְתִּי
מִשְׁפָּטֶיךָ שִׁוִּיתִי׃

לא דָּבַקְתִּי בְעֵדְוֹתֶיךָ
יהוה אַל־תְּבִישֵׁנִי׃

לב דֶּרֶךְ־מִצְוֺתֶיךָ אָרוּץ
כִּי תַרְחִיב לִבִּי׃

〈嘿〉

33. 上主〈啊〉，〈请〉将你的法度教导我，
我要持守她〈直到〉永远〈直译：脚跟，末后〉。

34. 〈求你〉赐我明达，
〈使〉我能持守你的托辣。

35. 求你引导我行于你诫命之途，
因为我喜爱他〈即你的道路〉。

36. 〈求你〉让我倾心于你的约证
〈即履行你的诫命〉，
不要〈让我倾心〉于贪欲〈钱财〉。

37. 〈求你〉让我的眼不看虚幻，
〈求你〉让我活在你的道中。

38. 〈求你〉实践对你仆人的〈诺〉言，
那〈使人〉对你敬畏。

39. 〈求你〉除去我所畏惧的羞辱，
因为你的判决〈公正〉佳美。

40. 看哪，我渴求你的法规，
〈求你〉让我活在你的正义中。

〈哇呜〉

41. 愿你的慈爱临到我，〈哦〉上主，
〈愿〉你的拯救依照你所说〈临到我〉。

42. 我要应答侮辱我的人，
因我信靠你〈诺〉言。

43. 求你不要将极真之言移离我口，
因我向往你的法度。

ה

לג הוֹרֵ֣נִי יְ֭הוה דֶּ֣רֶךְ חֻקֶּ֑יךָ
וְאֶצְּרֶ֥נָּה עֵֽקֶב׃

לד הֲ֭בִינֵנִי וְאֶצְּרָ֣ה תֽוֹרָתֶ֑ךָ
וְאֶשְׁמְרֶ֥נָּה בְכָל־לֵֽב׃

לה הַ֭דְרִיכֵנִי בִּנְתִ֣יב מִצְוֺתֶ֑יךָ
כִּי־ב֥וֹ חָפָֽצְתִּי׃

לו הַט־לִ֭בִּי אֶל־עֵדְוֺתֶ֗יךָ
וְאַ֣ל אֶל־בָּֽצַע׃

לז הַעֲבֵ֣ר עֵ֭ינַי מֵרְא֣וֹת שָׁ֑וְא
בִּדְרָכֶ֥ךָ חַיֵּֽנִי׃

לח הָקֵ֣ם לְ֭עַבְדְּךָ אִמְרָתֶ֑ךָ
אֲ֝שֶׁ֗ר לְיִרְאָתֶֽךָ׃

לט הַעֲבֵ֣ר חֶ֭רְפָּתִי אֲשֶׁ֣ר יָגֹ֑רְתִּי
כִּ֖י מִשְׁפָּטֶ֣יךָ טוֹבִֽים׃

מ הִ֭נֵּה תָּאַ֣בְתִּי לְפִקֻּדֶ֑יךָ
בְּצִדְקָתְךָ֥ חַיֵּֽנִי׃

ו

מא וִיבֹאֻ֣נִי חֲסָדֶ֣ךָ יהוָ֑ה
תְּ֝שׁ֥וּעָתְךָ֗ כְּאִמְרָתֶֽךָ׃

מב וְאֶעֱנֶ֣ה חֹרְפִ֣י דָבָ֑ר
כִּֽי־בָ֝טַ֗חְתִּי בִּדְבָרֶֽךָ׃

מג וְאַל־תַּצֵּ֬ל מִפִּ֣י דְבַר־אֱמֶ֣ת עַד־מְאֹ֑ד
כִּ֖י לְמִשְׁפָּטֶ֣ךָ יִחָֽלְתִּי׃

44. 我要时时持守你的托辣，
直到永永远远。

45. 我要行走于宽敞〈的大道，喻：明达〉，
因我追寻你的法则。

46. 我要对着列王宣讲你的约证，
我不会蒙羞。

47. 我要沉浸于你的诫命，
那是我所爱。

48. 我要举掌向你的诫命〈即我要履行你的诫命〉，
那是我所爱，我也要谈论你的法度。

〈咋英〉

49. 〈求你〉记住对你仆人的诺言，
那是我的期盼。

50. 那是我痛苦中的安慰，
因你的话赐予我生机。

51. 故意〈作恶〉的人尽情嘲笑我，
〈尽管如此〉我〈仍〉没有偏离你的托辣。

52. 我记起了你古时的判决，〈哦〉上主，
〈由此〉我得到了安慰。

53. 颤抖抓住了我，〈这是〉因为〈我厌恶〉恶人
〈的恶行〉，
〈即〉那些舍弃你托辣的人
〈意思是这些人让我非常恶心〉。

54. 在我居住的屋中，
你的法度是我的歌曲。

מד וְאֶשְׁמְרָ֣ה תוֹרָתְךָ֣ תָמִ֑יד
לְעוֹלָ֥ם וָעֶֽד׃

מה וְאֶתְהַלְּכָ֥ה בָרְחָבָ֑ה
כִּ֖י פִקֻּדֶ֣יךָ דָרָֽשְׁתִּי׃

מו וַאֲדַבְּרָ֣ה בְ֭עֵדֹתֶיךָ נֶ֥גֶד מְלָכִ֗ים
וְלֹ֣א אֵבֽוֹשׁ׃

מז וְאֶשְׁתַּעֲשַׁ֥ע בְּמִצְוֺתֶ֗יךָ
אֲשֶׁ֣ר אָהָֽבְתִּי׃

מח וְאֶשָּׂא־כַפַּ֗י אֶֽל־מִ֭צְוֺתֶיךָ אֲשֶׁ֥ר אָהָ֗בְתִּי
וְאָשִׂ֥יחָה בְחֻקֶּֽיךָ׃

ז

מט זְכָר־דָּבָ֥ר לְעַבְדֶּ֑ךָ
עַ֝֗ל אֲשֶׁ֣ר יִֽחַלְתָּֽנִי׃

נ זֹ֣את נֶחָמָתִ֣י בְעָנְיִ֑י
כִּ֖י אִמְרָתְךָ֣ חִיָּֽתְנִי׃

נא זֵדִים֮ הֱלִיצֻ֪נִי עַד־מְאֹ֑ד
מִ֝תּֽוֹרָתְךָ֗ לֹ֣א נָטִֽיתִי׃

נב זָכַ֬רְתִּי מִשְׁפָּטֶ֖יךָ מֵעוֹלָ֥ם ׀ יְהוָ֗ה
וָֽאֶתְנֶחָֽם׃

נג זַלְעָפָ֣ה אֲ֭חָזַתְנִי מֵרְשָׁעִ֑ים
עֹ֝זְבֵ֗י תּוֹרָתֶֽךָ׃

נד זְ֭מִרוֹת הָֽיוּ־לִ֥י חֻקֶּ֗יךָ
בְּבֵ֣ית מְגוּרָֽי׃

55. 在夜里我记着你的名，〈哦〉上主，
我遵守了你的托辣。

56. 这就是我的〈美德〉，
因为我持守了你的法度。

〈嘿特〉

57. 上主是我的〈福〉份，
我说了要遵守你的话语。

58. 我全心祈求你的〈慈〉颜，
〈求你〉依你的〈诺〉言恩待我。

59. 我省察了自己的行为〈直译：道路〉，
我转回了脚步〈趋〉向你的约证〈即谨守你的
诫命〉。

60. 我兢兢业业没有拖延，
〈是〉为了遵守你的诫命。

61. 恶人党劫掠了我，
〈尽管如此〉我〈仍〉没有忘记你的托辣。

62. 我要半夜起来称谢你，
〈称谢〉你的公平正义。

63. 我与所有敬畏你的人为友，
〈即〉与遵守你法度的人〈为伴〉。

64. 上主〈啊〉，你的仁爱充满〈大〉地，
〈求你〉教导我你的律例。

〈泰特〉

65. 你善待了你的仆人，〈哦〉上主，
〈这正〉如你的〈诺〉言。

נה זָכַ֣רְתִּי בַלַּ֣יְלָה שִׁמְךָ֣ יְהֹוָ֑ה
וָֽ֝אֶשְׁמְרָ֗ה תּֽוֹרָתֶֽךָ׃

נו זֹ֥את הָֽיְתָה־לִּ֑י
כִּ֖י פִקֻּדֶ֣יךָ נָצָֽרְתִּי׃

ח

נז חֶלְקִ֖י יְהֹוָ֥ה אָ֝מַ֗רְתִּי
לִשְׁמֹ֥ר דְּבָרֶֽיךָ׃

נח חִלִּ֣יתִי פָנֶ֣יךָ בְכׇל־לֵ֑ב
חׇ֝נֵּ֗נִי כְּאִמְרָתֶֽךָ׃

נט חִשַּׁ֥בְתִּי דְרָכָ֑י
וָאָשִׁ֥יבָה רַ֝גְלַ֗י אֶל־עֵדֹתֶֽיךָ׃

ס חַ֭שְׁתִּי וְלֹ֣א הִתְמַהְמָ֑הְתִּי
לִ֝שְׁמֹ֗ר מִצְוֺתֶֽיךָ׃

סא חֶבְלֵ֣י רְשָׁעִ֣ים עִוְּדֻ֑נִי
תּ֝וֹרָתְךָ֗ לֹ֣א שָׁכָֽחְתִּי׃

סב חֲצֽוֹת־לַ֗יְלָה אָ֭קוּם לְהוֹד֣וֹת לָ֑ךְ
עַ֝֗ל מִשְׁפְּטֵ֥י צִדְקֶֽךָ׃

סג חָבֵ֣ר אָ֭נִי לְכׇל־אֲשֶׁ֣ר יְרֵא֑וּךָ
וּ֝לְשֹׁמְרֵ֗י פִּקּוּדֶֽיךָ׃

סד חַסְדְּךָ֣ יְ֭הוָה מָלְאָ֣ה הָאָ֑רֶץ
חֻקֶּ֥יךָ לַמְּדֵֽנִי׃

ט

סה ט֭וֹב עָשִׂ֣יתָ עִֽם־עַבְדְּךָ֑
יְ֝הוָ֗ה כִּדְבָרֶֽךָ׃

66. 求你教给我知识与明辨之妙，
因我忠实于你的诫命。

67. 我受苦前有过失，
如今我遵从了你的言辞。

68. 你美善好〈读去声〉仁，
〈求你〉教给我你的法度。

69. 故意〈违背你诫命〉的人诽谤了我，
〈尽管如此〉我〈仍〉要全心持守你的律令。

70. 他们的心愚蠢如肥膘，
〈而〉我沉浸于你的托辣。

71. 我受磨难，对我有益，
为要我研习你的律例。

72. 你口〈中〉的托辣对我有益，
〈远〉胜过千〈万〉金银。

〈优德〉

73. 你的手造了我，你预备了我，
〈求你〉赐我明达，〈以便〉我能研习你的诫命。

74. 敬畏你的人见到我要快乐，
因我盼望你的话语。

75. 上主〈啊〉，我知道你的判决公正，
你〈凭着〉信实惩戒了我。

76. 如今愿你的慈爱安慰我，
正如你对你仆人的许诺。

סו טוּב טַעַם וָדַעַת לַמְּדֵנִי
כִּי בְמִצְוֺתֶיךָ הֶאֱמָנְתִּי:

סז טֶרֶם אֶעֱנֶה אֲנִי שֹׁגֵג
וְעַתָּה אִמְרָתְךָ שָׁמָרְתִּי:

סח טוֹב־אַתָּה וּמֵטִיב
לַמְּדֵנִי חֻקֶּיךָ:

סט טָפְלוּ עָלַי שֶׁקֶר זֵדִים
אֲנִי בְּכָל־לֵב ׀ אֱצֹּר פִּקּוּדֶיךָ:

ע טָפַשׁ כַּחֵלֶב לִבָּם
אֲנִי תּוֹרָתְךָ שִׁעֲשָׁעְתִּי:

עא טוֹב־לִי כִי־עֻנֵּיתִי
לְמַעַן אֶלְמַד חֻקֶּיךָ:

עב טוֹב־לִי תוֹרַת־פִּיךָ
מֵאַלְפֵי זָהָב וָכָסֶף:

י

עג יָדֶיךָ עָשׂוּנִי וַיְכוֹנְנוּנִי
הֲבִינֵנִי וְאֶלְמְדָה מִצְוֺתֶיךָ:

עד יְרֵאֶיךָ יִרְאוּנִי וְיִשְׂמָחוּ
כִּי לִדְבָרְךָ יִחָלְתִּי:

עה יָדַעְתִּי יהוה כִּי־צֶדֶק מִשְׁפָּטֶיךָ
וֶאֱמוּנָה עִנִּיתָנִי:

עו יְהִי־נָא חַסְדְּךָ לְנַחֲמֵנִי
כְּאִמְרָתְךָ לְעַבְדֶּךָ:

77. 愿你的慈爱临到我，〈使〉我得以存活，
因为你的托辣是我〈全部〉的心思
〈或译：娱乐〉。

78. 愿故意〈违背你〉的人蒙羞，
因为他们以谎言欺压了我，
〈而〉我要谈论你的法度。

79. 愿敬畏你的人归向我，
〈也愿〉知晓你约证的人〈归向我〉。

80. 愿我的心谙熟你的律例，
使我不至蒙羞。

〈卡夫〉

81. 我的心灵渴求你的拯救，
我期盼你的话语。

82. 对于你的诺言，我望眼欲穿，
〈我〉说，何时你〈才〉会安慰我。

83. 纵然我〈心憔悴〉已像用烟〈熏干〉的〈酒〉囊，
我〈仍〉未曾忘记你的典章。

84. 你的仆人〈才有〉多少岁月，
何时你〈才〉报应迫害我的人。

85. 故意〈违抗你〉的人已给我挖了坑，
他们不〈遵〉从你的托辣。

86. 你所有的诫命都信实，
他们〈以〉谎言迫害我，〈求你〉助我。

87. 他们几乎将我从地上消灭，
我却〈依然〉没有舍弃你的法律。

עז יְבֹא֣וּנִי רַחֲמֶ֣יךָ וְאֶֽחְיֶ֑ה
כִּֽי־ת֝וֹרָתְךָ֗ שַֽׁעֲשֻׁעָֽי׃

עח יֵבֹ֣שׁוּ זֵ֭דִים כִּי־שֶׁ֣קֶר עִוְּת֑וּנִי
אֲ֝נִ֗י אָשִׂ֥יחַ בְּפִקּוּדֶֽיךָ׃

עט יָשׁ֣וּבוּ לִ֣י יְרֵאֶ֑יךָ
ו֝ידעו עֵדֹתֶֽיךָ׃ וְיֹדְעֵי

פ יְהִֽי־לִבִּ֣י תָמִ֣ים בְּחֻקֶּ֑יךָ
לְ֝מַ֗עַן לֹ֣א אֵבֽוֹשׁ׃

כ

פא כָּלְתָ֣ה לִתְשׁוּעָתְךָ֣ נַפְשִׁ֑י
לִדְבָרְךָ֥ יִחָֽלְתִּי׃

פב כָּל֣וּ עֵ֭ינַי לְאִמְרָתֶ֑ךָ
לֵ֝אמֹ֗ר מָתַ֥י תְּֽנַחֲמֵֽנִי׃

פג כִּֽי־הָ֭יִיתִי כְּנֹ֣אד בְּקִיט֑וֹר
חֻ֝קֶּ֗יךָ לֹ֣א שָׁכָֽחְתִּי׃

פד כַּמָּ֥ה יְמֵֽי־עַבְדֶּ֑ךָ
מָתַ֬י תַּעֲשֶׂ֖ה בְרֹדְפַ֣י מִשְׁפָּֽט׃

פה כָּֽרוּ־לִ֣י זֵדִ֣ים שִׁיח֑וֹת
אֲ֝שֶׁ֗ר לֹ֣א כְתוֹרָתֶֽךָ׃

פו כָּל־מִצְוֺתֶ֥יךָ אֱמוּנָ֑ה
שֶׁ֖קֶר רְדָפ֣וּנִי עָזְרֵֽנִי׃

פז כִּ֭מְעַט כִּלּ֣וּנִי בָאָ֑רֶץ
וַ֝אֲנִ֗י לֹא־עָזַ֥בְתִּי פִקֻּדֶֽיךָ׃

88. 〈求你〉依照你的仁慈保守我的生命，
我要遵守你口的约证〈即遵守你的诫命〉。

〈拉麦德〉

89. 上主〈啊〉，你的话永远
坚定在天。

90. 你的信实代代〈相传〉，
〈如〉你建造了大地，她就立定。

91. 他们日〈日〉存在〈是〉为了〈去执行〉
你的旨意〈直译：判决，审判〉，
因为一切都是你的仆役。

92. 若不是我沉思〈或译：享受〉于你的托辣，
我早就在痛苦中丧亡。

93. 我永不会忘记你的律例，
因为你藉此保存了我的生命。

94. 我属于你，〈求你〉拯救我，
因为我寻求你的旨意。

95. 恶人盼着毁灭我，
我〈仍〉要思考你的约证。

96. 我看到了万事的终极，
〈但〉你的诫命宽广无垠。

〈曼〉

97. 我好爱你的托辣，
她是我整日的交谈。

פח כְּחַסְדְּךָ חַיֵּנִי וְאֶשְׁמְרָה
עֵדוּת פִּיךָ׃

ל

פט לְעוֹלָם יְהוָה דְּבָרְךָ
נִצָּב בַּשָּׁמָיִם׃

צ לְדֹר וָדֹר אֱמוּנָתֶךָ
כּוֹנַנְתָּ אֶרֶץ וַתַּעֲמֹד׃

צא לְמִשְׁפָּטֶיךָ עָמְדוּ הַיּוֹם
כִּי הַכֹּל עֲבָדֶיךָ׃

צב לוּלֵי תוֹרָתְךָ שַׁעֲשֻׁעָי
אָז אָבַדְתִּי בְעָנְיִי׃

צג לְעוֹלָם לֹא־אֶשְׁכַּח פִּקּוּדֶיךָ
כִּי־בָם חִיִּיתָנִי׃

צד לְךָ־אֲנִי הוֹשִׁיעֵנִי
כִּי פִקּוּדֶיךָ דָרָשְׁתִּי׃

צה לִי קִוּוּ רְשָׁעִים לְאַבְּדֵנִי
עֵדֹתֶיךָ אֶתְבּוֹנָן׃

צו לְכָל־תִּכְלָה רָאִיתִי קֵץ
רְחָבָה מִצְוָתְךָ מְאֹד׃

מ

צז מָה־אָהַבְתִּי תוֹרָתֶךָ כו לחודש
כָּל־הַיּוֹם הִיא שִׂיחָתִי׃

98. 你的诫命使我聪明，
胜过我的仇敌〈即我比这些恶人更有智慧〉，
因她永远属于我〈即我总是持守你的诫命〉。

99. 我比我所有的教师更明悟，
因我谈论你的约言。

100. 我比年长者更明智，
因我遵守了你的旨意。

101. 我的脚躲避一切邪路，
使我能遵从你的话语。

102. 我没有偏离你的裁决，
因为〈是〉你教导了我。

103. 你的话语对我来说多么甘甜，
在我的口中比蜜〈还甜〉。

104. 通过你的法度我得以明达，
因此我憎恶所有〈歪门〉邪道。

〈农〉

105. 你的话语是〈引导〉我脚步的灯，
是〈照亮〉我路途的光。

106. 我已发誓，
我必要谨守你公正的律例。

107. 我极其受苦，
〈哦〉上主，〈求你〉按你的话语保守我的生命。

108. 愿我口〈中〉的祭献如今蒙〈你〉
悦纳，〈哦〉上主，
〈求你〉教导我你的律例。

צח מֵאֹיְבַי תְּחַכְּמֵנִי מִצְוֺתֶךָ
כִּי לְעוֹלָם הִיא־לִי׃

צט מִכׇּל־מְלַמְּדַי הִשְׂכַּלְתִּי
כִּי עֵדְוֺתֶיךָ שִׂיחָה לִי׃

ק מִזְּקֵנִים אֶתְבּוֹנָן
כִּי פִקּוּדֶיךָ נָצָרְתִּי׃

קא מִכׇּל־אֹרַח רָע כָּלִאתִי רַגְלָי
לְמַעַן אֶשְׁמֹר דְּבָרֶךָ׃

קב מִמִּשְׁפָּטֶיךָ לֹא־סָרְתִּי
כִּי־אַתָּה הוֹרֵתָנִי׃

קג מַה־נִּמְלְצוּ לְחִכִּי אִמְרָתֶךָ
מִדְּבַשׁ לְפִי׃

קד מִפִּקּוּדֶיךָ אֶתְבּוֹנָן
עַל־כֵּן שָׂנֵאתִי ׀ כׇּל־אֹרַח שָׁקֶר׃

נ

קה נֵר־לְרַגְלִי דְבָרֶךָ
וְאוֹר לִנְתִיבָתִי׃

קו נִשְׁבַּעְתִּי וָאֲקַיֵּמָה
לִשְׁמֹר מִשְׁפְּטֵי צִדְקֶךָ׃

קז נַעֲנֵיתִי עַד־מְאֹד
יהוה חַיֵּנִי כִדְבָרֶךָ׃

קח נִדְבוֹת פִּי רְצֵה־נָא יהוה
וּמִשְׁפָּטֶיךָ לַמְּדֵנִי׃

109.〈尽管〉我命在旦夕，
我也没有忘记你的托辣。

110. 恶人为我设置了网罗，
我〈却〉没有偏离你的律令。

111. 你的约证是我永久的产业，
因为他们是我的心喜。

112. 我倾心于永远执行你的法律，
〈直到〉终极〈直译：脚跟，末后〉。

〈撒麦赫〉

113. 我憎恶心怀恶念的人，
我喜爱你的托辣。

114. 你是我的庇护，
我的盾牌，我盼望你的话语。

115. 作恶的人，〈你们〉要远离我，
我要谨守我上帝的诫命。

116.〈求你〉依你的诺言〈来〉扶持我，
〈使〉我得以存活，
求你不要让我因希望而受辱。

117.〈求你〉支持我，使我得救，
我要恒常履行你的律令。

118. 你压制所有疏忽你律例的人，
因为〈你知道〉他们的诡计〈都〉是虚妄。

119. 你焚烧地上所有恶人〈如同〉渣滓，
因此我爱慕你的约证。

קט נַפְשִׁי בְכַפִּי תָמִיד
וְתוֹרָתְךָ לֹא שָׁכָחְתִּי׃

קי נָתְנוּ רְשָׁעִים פַּח לִי
וּמִפִּקּוּדֶיךָ לֹא תָעִיתִי׃

קיא נָחַלְתִּי עֵדְוֺתֶיךָ לְעוֹלָם
כִּי־שְׂשׂוֹן לִבִּי הֵמָּה׃

קיב נָטִיתִי לִבִּי לַעֲשׂוֹת חֻקֶּיךָ
לְעוֹלָם עֵקֶב׃

ס

קיג סֵעֲפִים שָׂנֵאתִי
וְתוֹרָתְךָ אָהָבְתִּי׃

קיד סִתְרִי וּמָגִנִּי אָתָּה
לִדְבָרְךָ יִחָלְתִּי׃

קטו סוּרוּ מִמֶּנִּי מְרֵעִים
וְאֶצְּרָה מִצְוֺת אֱלֹהָי׃

קטז סָמְכֵנִי כְאִמְרָתְךָ וְאֶחְיֶה
וְאַל־תְּבִישֵׁנִי מִשִּׂבְרִי׃

קיז סְעָדֵנִי וְאִוָּשֵׁעָה
וְאֶשְׁעָה בְחֻקֶּיךָ תָמִיד׃

קיח סָלִיתָ כָּל־שׁוֹגִים מֵחֻקֶּיךָ
כִּי־שֶׁקֶר תַּרְמִיתָם׃

קיט סִגִים הִשְׁבַּתָּ כָל־רִשְׁעֵי־אָרֶץ
לָכֵן אָהַבְתִּי עֵדֹתֶיךָ׃

120. 我的肌肤因惧怕你而〈汗毛〉乍栗，
我敬畏你的判决。

〈阿英〉

121. 我履行了公平和正义，
求你不要把我交付给〈那些〉欺压我的人。

122. 〈求你〉改善你的仆人，
不要让故意〈作恶〉的人欺压我。

123. 对于你的拯救，我望眼欲穿，
〈我〉等待你正义诺言〈的实现〉。

124. 〈求你〉依你的仁慈对待你的仆人，
〈求你〉教导我你的律例。

125. 我是你的仆人，〈求你〉让我明悟，
〈使〉我能知晓你的训诲〈直译：约证〉。

126. 〈这是〉为上主〈的荣耀〉而行动的时刻，
〈因为〉他们违抗了你的托辣。

127. 有鉴于此，我热爱你的诫律胜过〈爱〉黄金，
胜过〈爱〉精金。

128. 有鉴于此，我忠实履行你所有的命令，
我憎恶所有〈歪门〉邪道。

〈佩〉

129. 你的训诲〈直译：约证〉奇妙，
因此我的心谨守了他们。

130. 你的言语〈从〉起初就点亮〈人心〉，
使愚昧人〈有〉明智。

קכ סָמַ֣ר מִפַּחְדְּךָ֣ בְשָׂרִ֑י
וּֽמִמִּשְׁפָּטֶ֥יךָ יָרֵֽאתִי׃

ע

קכא עָ֭שִׂיתִי מִשְׁפָּ֣ט וָצֶ֑דֶק
בַּל־תַּ֝נִּיחֵ֗נִי לְעֹשְׁקָֽי׃

קכב עֲרֹ֣ב עַבְדְּךָ֣ לְט֑וֹב
אַל־יַעַשְׁקֻ֥נִי זֵדִֽים׃

קכג עֵ֭ינַי כָּל֣וּ לִישׁוּעָתֶ֑ךָ
וּלְאִמְרַ֥ת צִדְקֶֽךָ׃

קכד עֲשֵׂ֖ה עִם־עַבְדְּךָ֣ כְחַסְדֶּ֑ךָ
וְחֻקֶּ֥יךָ לַמְּדֵֽנִי׃

קכה עַבְדְּךָ־אָ֥נִי הֲבִינֵ֑נִי
וְ֝אֵדְעָ֗ה עֵדֹתֶֽיךָ׃

קכו עֵ֭ת לַעֲשׂ֣וֹת לַיהוָ֑ה
הֵ֝פֵ֗רוּ תּוֹרָתֶֽךָ׃

קכז עַל־כֵּ֭ן אָהַ֣בְתִּי מִצְוֺתֶ֑יךָ
מִזָּהָ֥ב וּמִפָּֽז׃

קכח עַל־כֵּ֤ן ׀ כָּל־פִּקּ֣וּדֵי כֹ֣ל יִשָּׁ֑רְתִּי
כָּל־אֹ֖רַח שֶׁ֣קֶר שָׂנֵֽאתִי׃

פ

קכט פְּלָא֥וֹת עֵדְוֺתֶ֑יךָ
עַל־כֵּ֝ן נְצָרָ֗תַם נַפְשִֽׁי׃

קל פֵּ֖תַח דְּבָרֶ֣יךָ יָאִ֑יר
מֵבִ֥ין פְּתָיִֽים׃

131. 我开口呼吸〈你的托辣〉，
因我渴慕你的诫命。

132. 〈求你〉转向我，恩待我，
如〈你〉对待爱慕你名的人。

133. 〈求你〉以你的话语引导我的脚步，
求你不要让各样邪恶辖制我。

134. 〈求你〉救赎我免于人的欺压，
〈使〉我能持守你的命令。

135. 〈求你以〉你的〈慈〉颜光照你的仆人，
〈求你〉教导我你的法律。

136. 我泪如泉涌，
因为他们没有遵守你的托辣。

〈嚓迪〉

137. 你是公义的，〈哦〉上主，
你的判决是公正的。

138. 你〈以〉正义颁布了你的训诲〈直译：约证〉，
她极其信实。

139. 我嫉恶如仇，
因我的敌人无视你的话语。

140. 你的话语极其精炼，
你的仆人喜爱她〈指你的话语〉。

141. 我〈虽〉卑微〈直译：年轻〉，被人蔑视，
我〈却〉没有忘记你的训诫。

קלא פִּי־פָעַרְתִּי וָאֶשְׁאָפָה
כִּי לְמִצְוֺתֶיךָ יָאָבְתִּי׃

קלב פְּנֵה־אֵלַי וְחָנֵּנִי כְּמִשְׁפָּט
לְאֹהֲבֵי שְׁמֶךָ׃

קלג פְּעָמַי הָכֵן בְּאִמְרָתֶךָ
וְאַל־תַּשְׁלֶט־בִּי כָל־אָוֶן׃

קלד פְּדֵנִי מֵעֹשֶׁק אָדָם
וְאֶשְׁמְרָה פִּקּוּדֶיךָ׃

קלה פָּנֶיךָ הָאֵר בְּעַבְדֶּךָ
וְלַמְּדֵנִי אֶת־חֻקֶּיךָ׃

קלו פַּלְגֵי־מַיִם יָרְדוּ עֵינָי
עַל לֹא־שָׁמְרוּ תוֹרָתֶךָ׃

צ

קלז צַדִּיק אַתָּה יְהוָה
וְיָשָׁר מִשְׁפָּטֶיךָ׃

קלח צִוִּיתָ צֶדֶק עֵדֹתֶיךָ
וֶאֱמוּנָה מְאֹד׃

קלט צִמְּתַתְנִי קִנְאָתִי
כִּי־שָׁכְחוּ דְבָרֶיךָ צָרָי׃

קמ צְרוּפָה אִמְרָתְךָ מְאֹד
וְעַבְדְּךָ אֲהֵבָהּ׃

קמא צָעִיר אָנֹכִי וְנִבְזֶה
פִּקֻּדֶיךָ לֹא שָׁכָחְתִּי׃

142. 你的正义永远〈长存〉，
你的托辣〈永远〉信实。

143. 困苦忧伤临到我，
你的诫命是我的喜乐。

144. 你的训诲〈直译：约证〉永恒公正，
〈求你〉赐我明达，〈使〉我得以存活。

〈库夫〉

145. 我全心呼唤，〈求你〉回应我，〈哦〉上主，
我要持守你的律令。

146. 我呼求你，〈求你〉拯救我，
我要遵守你的训诲〈直译：约证〉。

147. 天不亮我便起身呼求，
我盼望你的话语。

148. 我半夜就警醒，
思忖〈直译：谈论〉你的话语。

149. 〈求你〉以你的慈爱〈俯〉听我的声音，
〈哦〉上主，〈求你〉依你的公正使我存活。

150. 迫害我的人临近〈要作〉奸〈犯科〉，
他们远离了你的托辣。

151. 上主〈啊〉，你〈就在〉近〈处〉，
你所有的诫命都信实。

152. 之前我就知晓了你的训诲，
因为你坚定他们直到永远。

קמב צִדְקָתְךָ צֶדֶק לְעוֹלָם
וְתוֹרָתְךָ אֱמֶת׃

קמג צַר־וּמָצוֹק מְצָאוּנִי
מִצְוֹתֶיךָ שַׁעֲשֻׁעָי׃

קמד צֶדֶק עֵדְוֺתֶיךָ לְעוֹלָם
הֲבִינֵנִי וְאֶחְיֶה׃

ק

קמה קָרָאתִי בְכָל־לֵב עֲנֵנִי יהוה
חֻקֶּיךָ אֶצֹּרָה׃

קמו קְרָאתִיךָ הוֹשִׁיעֵנִי
וְאֶשְׁמְרָה עֵדֹתֶיךָ׃

קמז קִדַּמְתִּי בַנֶּשֶׁף וָאֲשַׁוֵּעָה
לדבריך יִחָלְתִּי׃ לִדְבָרְךָ

קמח קִדְּמוּ עֵינַי אַשְׁמֻרוֹת
לָשִׂיחַ בְּאִמְרָתֶךָ׃

קמט קוֹלִי שִׁמְעָה כְחַסְדֶּךָ
יהוה כְּמִשְׁפָּטֶךָ חַיֵּנִי׃

קנ קָרְבוּ רֹדְפֵי זִמָּה
מִתּוֹרָתְךָ רָחָקוּ׃

קנא קָרוֹב אַתָּה יהוה
וְכָל־מִצְוֹתֶיךָ אֱמֶת׃

קנב קֶדֶם יָדַעְתִּי מֵעֵדֹתֶיךָ
כִּי לְעוֹלָם יְסַדְתָּם׃

〈磊士〉

153. 〈求你〉看顾我的苦楚，〈求你〉搭救我，
因我不曾忘记你的托辣。

154. 〈求你〉为我申辩，〈求你〉救赎我，
〈求你〉依你的诺言保存我的生命。

155. 拯救远离恶人，
因为他们不寻求你的法律。

156. 你富于怜悯，〈哦〉上主，
〈求你〉依你的公正使我存活。

157. 我的敌人和迫害我的人众多，
〈尽管如此〉我〈仍〉没有偏离你的训诲
〈直译：约证〉。

158. 我看见了背叛〈你托辣〉的人我就〈与他们〉
争辩，
他们没有遵守你的谕令〈直译：话语〉。

159. 看哪，我爱你的律例，
上主〈啊〉，〈求你〉依你的仁慈使我存活。

160. 你话语的起首是真理，
你所有的判决永远正义。

〈欣〉

161. 王侯们无故迫害我，
〈尽管如此〉我的心〈依然〉敬畏你的话语。

162. 我〈那么〉喜欢你的话语，
好似找到了大财。

163. 我憎恶虚妄，
我爱你的托辣。

ר

קנג רְאֵה־עׇנְיִי וְחַלְּצֵנִי
כִּי־תוֹרָתְךָ לֹא שָׁכָחְתִּי׃

קנד רִיבָה רִיבִי וּגְאָלֵנִי
לְאִמְרָתְךָ חַיֵּנִי׃

קנה רָחוֹק מֵרְשָׁעִים יְשׁוּעָה
כִּי־חֻקֶּיךָ לֹא דָרָשׁוּ׃

קנו רַחֲמֶיךָ רַבִּים ׀ יְהֹוָה
כְּמִשְׁפָּטֶיךָ חַיֵּנִי׃

קנז רַבִּים רֹדְפַי וְצָרָי
מֵעֵדְוֺתֶיךָ לֹא נָטִיתִי׃

קנח רָאִיתִי בֹגְדִים וָאֶתְקוֹטָטָה
אֲשֶׁר אִמְרָתְךָ לֹא שָׁמָרוּ׃

קנט רְאֵה כִּי־פִקּוּדֶיךָ אָהָבְתִּי
יְהֹוָה כְּחַסְדְּךָ חַיֵּנִי׃

קס רֹאשׁ־דְּבָרְךָ אֱמֶת
וּלְעוֹלָם כׇּל־מִשְׁפַּט צִדְקֶךָ׃

ש

קסא שָׂרִים רְדָפוּנִי חִנָּם
ומדבריך פָּחַד לִבִּי׃ וּמִדְּבָרְךָ

קסב שָׂשׂ אָנֹכִי עַל־אִמְרָתֶךָ
כְּמוֹצֵא שָׁלָל רָב׃

קסג שֶׁקֶר שָׂנֵאתִי וָאֲתַעֵבָה
תּוֹרָתְךָ אָהָבְתִּי׃

164. 我每天七次〈即多次〉赞美你，
〈赞美〉你公正的审判。

165.〈愿〉爱你托辣的人大〈享〉平安，
〈愿〉他们遇不到跌绊。

166. 我期待你的拯救，〈哦〉上主，
我〈总是〉执行你的诫命。

167. 我的心灵持守你的训诲〈直译：约证〉，
我极其珍爱他们。

168. 我遵守了你的律例和训诲〈直译：约证〉，
因为〈我知道〉我所有的道路〈意译：我的一切作为〉都在你的面前。

〈塔乌〉

169. 愿我的祈祷就近你的面前，〈哦〉上主，
〈求你〉依你所说使我明白。

170. 愿我的恳求〈上〉达你的面前，
〈求你〉依你的〈诺〉言搭救我。

171. 愿我的双唇倾吐〈对你的〉赞美，
因为你教导我你的法律。

172. 愿我的舌传述你的话语，
因为你所有的诫命都是正义。

173. 愿你〈伸〉手助我，
因为我选择了你的法令。

174. 我渴慕你的拯救，〈哦〉上主，
你的托辣是我的快乐。

קסד שֶׁבַע בַּיּוֹם הִלַּלְתִּיךָ
עַל מִשְׁפְּטֵי צִדְקֶֽךָ׃

קסה שָׁלוֹם רָב לְאֹהֲבֵי תוֹרָתֶךָ
וְאֵין־לָמוֹ מִכְשׁוֹל׃

קסו שִׂבַּרְתִּי לִישׁוּעָתְךָ יהוָה
וּמִצְוֹתֶיךָ עָשִֽׂיתִי׃

קסז שָׁמְרָה נַפְשִׁי עֵדֹתֶיךָ
וָאֹהֲבֵם מְאֹד׃

קסח שָׁמַרְתִּי פִקּוּדֶיךָ וְעֵדֹתֶיךָ
כִּי כָל־דְּרָכַי נֶגְדֶּֽךָ׃

ת

קסט תִּקְרַב רִנָּתִי לְפָנֶיךָ יהוָה
כִּדְבָרְךָ הֲבִינֵֽנִי׃

קע תָּבוֹא תְּחִנָּתִי לְפָנֶיךָ
כְּאִמְרָתְךָ הַצִּילֵֽנִי׃

קעא תַּבַּעְנָה שְׂפָתַי תְּהִלָּה
כִּי תְלַמְּדֵנִי חֻקֶּֽיךָ׃

קעב תַּעַן לְשׁוֹנִי אִמְרָתֶךָ
כִּי כָל־מִצְוֹתֶיךָ צֶּֽדֶק׃

קעג תְּהִי־יָדְךָ לְעָזְרֵנִי
כִּי פִקּוּדֶיךָ בָחָֽרְתִּי׃

קעד תָּאַבְתִּי לִישׁוּעָתְךָ יהוָה
וְתוֹרָתְךָ שַׁעֲשֻׁעָֽי׃

175. 愿我的性命得以存活，
她〈指我的性命〉要赞美你，
愿你的公义助我。

176. 我如羔羊迷路丧亡，
〈求你〉寻找你〈迷路〉的仆人，
因我没有忘记你的诫命。

קעה תְּֽחִי־נַפְשִׁי וּֽתְהַלְלֶ֑ךָּ
וּֽמִשְׁפָּטֶ֥ךָ יַעֲזְרֻֽנִי׃

קעו תָּעִיתִי כְּשֶׂ֣ה אֹ֭בֵד בַּקֵּ֣שׁ עַבְדֶּ֑ךָ
כִּ֥י מִ֝צְוֺתֶ֗יךָ לֹ֣א שָׁכָֽחְתִּי׃

第一百二十首

1. 登高〈朝拜〉之歌，
我在困苦时〈呼求〉上主，
我呼求他，他回应了我。

2. 上主〈啊〉，〈求你〉救我的性命脱离
谎言之唇，欺诈之舌。

3. 欺诈之舌，
真对你有什么益处吗〈直译：能给你什么，
能添给你什么〉。

4. 〈其危害好似〉武士的利箭，
〈又如〉燃烧的火炭。

5. 我有祸了，因为我住〈在〉麦晒赫
〈指与雅菲特人同住〉，
〈因为〉我住在刻达尔帐篷
〈指与伊施玛埃珥人同住〉。

6. 我与憎恨和平的人同住，
久矣。

7. 我讲说和平，
他们〈却挑拨〉战争。

מזמור קכ

כו לחודש
ליום השבת

א שִׁיר הַמַּעֲלוֹת
אֶל־יְהוָה בַּצָּרָתָה לִּי
קָרָאתִי וַיַּעֲנֵנִי׃

ב יְהוָה הַצִּילָה נַפְשִׁי מִשְּׂפַת־שֶׁקֶר
מִלָּשׁוֹן רְמִיָּה׃

ג מַה־יִּתֵּן לְךָ וּמַה־יֹּסִיף לָךְ
לָשׁוֹן רְמִיָּה׃

ד חִצֵּי גִבּוֹר שְׁנוּנִים
עִם גַּחֲלֵי רְתָמִים׃

ה אוֹיָה־לִי כִּי־גַרְתִּי מֶשֶׁךְ
שָׁכַנְתִּי עִם־אָהֳלֵי קֵדָר׃

ו רַבַּת שָׁכְנָה־לָּהּ נַפְשִׁי
עִם שׂוֹנֵא שָׁלוֹם׃

ז אֲנִי־שָׁלוֹם וְכִי אֲדַבֵּר
הֵמָּה לַמִּלְחָמָה׃

第一百二十一首

1. 登高之歌，
我要向众山举目，
〈翘望〉我的帮助会从何而来。

2. 我的帮助来自上主，
他创造了天地。

3. 他不会让你失足跌倒，
守护你的〈那位〉他不会打盹。

4. 看哪，护佑以色列的〈那位〉，
他既不打盹也不睡觉。

5. 上主是你的守护，
他在你右边荫庇你。

6. 白天日头不会烤你，
夜晚月亮〈不会伤你〉。

7. 上主会守护你免于所有祸害，
他会保护你的性命。

8. 上主会保佑你出入〈平安〉，
从现今直到永远。

מזמור קכא

א שִׁיר לַמַּעֲלוֹת

אֶשָּׂא עֵינַי אֶל־הֶהָרִים

מֵאַיִן יָבֹא עֶזְרִי:

ב עֶזְרִי מֵעִם יְהוָה

עֹשֵׂה שָׁמַיִם וָאָרֶץ:

ג אַל־יִתֵּן לַמּוֹט רַגְלֶךָ

אַל־יָנוּם שֹׁמְרֶךָ:

ד הִנֵּה לֹא־יָנוּם וְלֹא יִישָׁן

שׁוֹמֵר יִשְׂרָאֵל:

ה יְהוָה שֹׁמְרֶךָ

יְהוָה צִלְּךָ עַל־יַד יְמִינֶךָ:

ו יוֹמָם הַשֶּׁמֶשׁ לֹא־יַכֶּכָּה

וְיָרֵחַ בַּלָּיְלָה:

ז יְהוָה יִשְׁמָרְךָ מִכָּל־רָע

יִשְׁמֹר אֶת־נַפְשֶׁךָ:

ח יְהוָה יִשְׁמָר־צֵאתְךָ וּבוֹאֶךָ

מֵעַתָּה וְעַד־עוֹלָם:

第一百二十二首

1. 达威德登高之歌，
我〈心〉欢喜，那时他们对我说，
让我们去到上主的殿宇。

2. 我们的脚站在了妳的门口，
〈哦〉耶路撒冷。

3. 耶路撒冷被建造成一座城，
〈所有以色列民都〉与她连在一起。

4. 在那里，众支派都上来〈朝觐〉，
〈他们是〉上主的支派，〈聚成〉以色列的会众，
来称谢上主的名。

5. 因为那里坐落着公正的
法庭〈直译：审判的席位〉，
〈还有〉达威德〈王〉室的〈宝〉座。

6. 你们要祈求耶路撒冷的和平，
愿爱妳的人享平安。

7. 愿妳的城墙内有和平，
愿妳的宫殿中有平安。

8. 〈这是〉为了我的兄弟和友人，
我现在要为妳祈祷〈直译：讲〉和平。

9. 为了上主我们上帝的圣殿，
我为妳祈求美善。

מזמור קכב

א שִׁ֥יר הַֽמַּעֲל֗וֹת לְדָ֫וִ֥ד
שָׂ֭מַחְתִּי בְּאֹמְרִ֣ים לִ֑י
בֵּ֖ית יְהֹוָ֣ה נֵלֵֽךְ׃

ב עֹ֭מְדוֹת הָי֣וּ רַגְלֵ֑ינוּ
בִּ֝שְׁעָרַ֗יִךְ יְרוּשָׁלָֽם׃

ג יְרוּשָׁלַ֥ם הַבְּנוּיָ֑ה
כְּ֝עִ֗יר שֶׁחֻבְּרָה־לָּ֥הּ יַחְדָּֽו׃

ד שֶׁשָּׁ֨ם עָל֪וּ שְׁבָטִ֡ים שִׁבְטֵי־יָ֭הּ עֵד֣וּת לְיִשְׂרָאֵ֑ל
לְ֝הֹד֗וֹת לְשֵׁ֣ם יְהֹוָֽה׃

ה כִּ֤י שָׁ֨מָּה ׀ יָשְׁב֣וּ כִסְא֣וֹת לְמִשְׁפָּ֑ט
כִּ֝סְא֗וֹת לְבֵ֣ית דָּוִֽד׃

ו שַׁ֭אֲלוּ שְׁל֣וֹם יְרוּשָׁלָ֑ם
יִ֝שְׁלָ֗יוּ אֹהֲבָֽיִךְ׃

ז יְהִי־שָׁל֥וֹם בְּחֵילֵ֑ךְ
שַׁ֝לְוָ֗ה בְּאַרְמְנוֹתָֽיִךְ׃

ח לְמַ֣עַן אַחַ֣י וְרֵעָ֑י
אֲדַבְּרָה־נָּ֖א שָׁל֣וֹם בָּֽךְ׃

ט לְ֭מַעַן בֵּית־יְהֹוָ֣ה אֱלֹהֵ֑ינוּ
אֲבַקְשָׁ֖ה ט֣וֹב לָֽךְ׃

第一百二十三首

1. 登高之歌，我向你举目，
〈你是〉居于〈高〉天的那位。

2. 看哪，如同仆人眼望主人的手〈势〉，
如同女仆眼望女主人的手〈势〉，
如此我们眼望上主我们的上帝，
直到他恩待我们。

3. 〈求你〉恩待我们，〈哦〉上主，
〈求你〉恩待我们，因为我们饱受屈辱。

4. 我们的心灵饱受仇人的讥讽，
〈我们受够了〉狂妄者的凌辱。

מזמור קכג

א שִׁ֗יר הַֽמַּֽ֫עֲל֥וֹת
אֵ֭לֶיךָ נָשָׂ֣אתִי אֶת־עֵינַ֑י
הַ֝יֹּשְׁבִ֗י בַּשָּׁמָֽיִם׃

ב הִנֵּ֨ה כְעֵינֵ֪י עֲבָדִ֡ים אֶל־יַ֬ד אֲֽדוֹנֵיהֶ֗ם
כְּעֵינֵ֣י שִׁפְחָה֮ אֶל־יַ֪ד גְּבִ֫רְתָּ֥הּ
כֵּ֣ן עֵ֭ינֵינוּ אֶל־יְהֹוָ֣ה אֱלֹהֵ֑ינוּ עַ֝֗ד שֶׁיְּחָנֵּֽנוּ׃

ג חָנֵּ֣נוּ יְהֹוָ֣ה חָנֵּ֑נוּ
כִּֽי־רַ֝֗ב שָׂבַ֥עְנוּ בֽוּז׃

ד רַבַּ֗ת שָֽׂבְעָה־לָּ֥הּ נַֽפְשֵׁ֑נוּ
הַלַּ֥עַג הַשַּׁאֲנַנִּ֑ים הַ֝בּ֗וּז לגאיונים׃ לִגְאֵ֥י יוֹנִֽים

第一百二十四首

1. 达威德登高之歌，
若不是上主〈护佑〉我们，
愿以色列如今〈这样〉说。

2. 当人起来〈攻击〉我们，
若不是上主〈护佑〉我们。

3. 那么他们〈早就〉生吞了我们，
他们的怒火〈早就吞噬了〉我们。

4. 那么他们〈早就如〉洪水〈一样〉冲走了我们，
〈又像〉河流漫过了我们。

5. 那么歹人的〈大〉水〈指他们的迫害〉
早就漫过了我们。

6. 赞美上主，
他没有任由他们的〈利〉齿撕咬我们。

7. 我们性命就如鸟儿逃脱了捕鸟人的罗网，
罗网破裂了，我们〈才〉得以逃脱。

8. 我们的助佑在于上主的名，
他创造了天地。

מזמור קכד

א שִׁיר הַמַּעֲלוֹת לְדָוִד
לוּלֵי יהוה שֶׁהָיָה לָנוּ
יֹאמַר־נָא יִשְׂרָאֵל׃

ב לוּלֵי יהוה שֶׁהָיָה לָנוּ
בְּקוּם עָלֵינוּ אָדָם׃

ג אֲזַי חַיִּים בְּלָעוּנוּ
בַּחֲרוֹת אַפָּם בָּנוּ׃

ד אֲזַי הַמַּיִם שְׁטָפוּנוּ
נַחְלָה עָבַר עַל־נַפְשֵׁנוּ׃

ה אֲזַי עָבַר עַל־נַפְשֵׁנוּ
הַמַּיִם הַזֵּידוֹנִים׃

ו בָּרוּךְ יהוָה
שֶׁלֹּא נְתָנָנוּ טֶרֶף לְשִׁנֵּיהֶם׃

ז נַפְשֵׁנוּ כְּצִפּוֹר נִמְלְטָה מִפַּח יוֹקְשִׁים
הַפַּח נִשְׁבָּר וַאֲנַחְנוּ נִמְלָטְנוּ׃

ח עֶזְרֵנוּ בְּשֵׁם יהוָה
עֹשֵׂה שָׁמַיִם וָאָרֶץ׃

第一百二十五首

1. 登高之歌，
信赖上主的人有如熙雍山，
无可动摇，永远稳坐。

2. 〈如〉群山围绕着耶路撒冷，
上主〈也同样〉围〈护〉着他的百姓，
从现在直到永远。

3. 他不会由着恶人杖欺压义人的份，
免得他们的贼手辖制义人。

4. 上主〈啊〉，〈求你〉善待善人，
〈求你善待〉心地正直的人。

5. 对于那些偏行邪路的人，
上主要领他们与作恶的人〈一同灭亡〉，
〈愿〉以色列平安。

מזמור קכה

א שִׁ֗יר הַֽמַּ֫עֲל֥וֹת
הַבֹּטְחִ֥ים בַּיהוָ֑ה
כְּֽהַר־צִיּ֥וֹן לֹא־יִ֝מּ֗וֹט לְעוֹלָ֥ם יֵשֵֽׁב׃

ב יְֽרוּשָׁלִַ֗ם הָרִ֪ים סָ֫בִ֥יב לָ֥הּ
וַֽיהוה֮ סָבִ֪יב לְעַ֫מּ֥וֹ מֵֽ֝עַתָּ֗ה וְעַד־עוֹלָֽם׃

ג כִּ֤י לֹ֪א יָנ֡וּחַ שֵׁ֤בֶט הָרֶ֗שַׁע עַל֮ גּוֹרַ֪ל הַֽצַּדִּ֫יקִ֥ים
לְמַ֡עַן לֹא־יִשְׁלְח֬וּ הַצַּדִּיקִ֬ים ׀ בְּעַוְלָ֬תָה יְדֵיהֶֽם׃

ד הֵיטִ֣יבָה יְ֭הוה לַטּוֹבִ֑ים
וְ֝לִישָׁרִ֗ים בְּלִבּוֹתָֽם׃

ה וְהַמַּטִּ֤ים עֲקַלְקַלּוֹתָ֗ם
יוֹלִיכֵ֣ם יְ֭הוה אֶת־פֹּעֲלֵ֣י הָאָ֑וֶן
שָׁ֝ל֗וֹם עַל־יִשְׂרָאֵֽל׃

第一百二十六首

1. 登高之歌，
当上主带〈我们这些〉流亡的人回到熙雍，
我们好似在做梦。

2. 那时我们满口欢笑，
我们〈满〉口〈直译：舌〉歌声，
那时异邦〈纷纷〉诉说，
上主为这些人所做的，〈真是〉伟大。

3. 上主为我们所做的，〈真是〉伟大，
我们〈真〉高兴。

4. 上主〈啊〉，〈求你〉召回我们〈这些〉流亡者，
如同溪流〈突然流淌〉在南部〈沙漠〉。

5. 那些含泪播种的人，
愿他们在歌声中收获。

6. 那〈边〉哭〈边〉扛着种籽袋去〈播种的人〉，
愿他在歌声中扛着〈收获的〉禾捆归来。

מזמור קכו

א שִׁ֗יר הַֽמַּ֫עֲל֥וֹת
בְּשׁ֣וּב יְ֭הוה אֶת־שִׁיבַ֣ת צִיּ֑וֹן
הָ֝יִ֗ינוּ כְּחֹלְמִֽים׃

ב אָ֤ז יִמָּלֵ֪א שְׂח֡וֹק פִּינוּ֮ וּלְשׁוֹנֵ֪נוּ רִ֫נָּ֥ה
אָ֭ז יֹאמְר֣וּ בַגּוֹיִ֑ם
הִגְדִּ֥יל יְ֝הוה לַעֲשׂ֥וֹת עִם־אֵֽלֶּה׃

ג הִגְדִּ֣יל יְ֭הוה לַעֲשׂ֣וֹת עִמָּ֑נוּ
הָ֝יִ֗ינוּ שְׂמֵחִֽים׃

ד שׁוּבָ֣ה יְ֭הוה אֶת־שבות֑נו שְׁבִיתֵ֑נוּ
כַּאֲפִיקִ֥ים בַּנֶּֽגֶב׃

ה הַזֹּרְעִ֥ים בְּדִמְעָ֗ה
בְּרִנָּ֥ה יִקְצֹֽרוּ׃

ו הָל֤וֹךְ יֵלֵ֨ךְ ׀ וּבָכֹה֮ נֹשֵׂ֪א מֶֽשֶׁךְ־הַ֫זָּ֥רַע
בֹּֽא־יָבֹ֥א בְרִנָּ֑ה נֹ֝שֵׂ֗א אֲלֻמֹּתָֽיו׃

第一百二十七首

1. 登高之歌，
〈达威德〉为〈其子〉施罗默〈所作〉，
若不是上主〈谕令〉建筑房屋，
工匠们〈只是〉徒然劳碌，
若不是上主守护城〈池〉，
卫士〈不过〉徒然警醒。

2. 你们早起晚睡，忧伤吃饼，
〈不过是〉枉然，
〈然而〉他赐予他所爱的人〈安〉眠。

3. 看哪，上主〈赐予其仆人〉的产业是子〈女〉，
腹中的胎儿是〈他给的〉奖赏。

4. 壮年时〈生下〉的孩子，
犹如武士手中的箭矢。

5. 那人以他们〈指子女〉装满其箭囊，
〈他真是〉有福，
他在城门于仇敌争辩〈直译：说话〉时，
不会受辱。

מזמור קכז

א שִׁ֥יר הַֽמַּעֲל֗וֹת לִשְׁלֹ֫מֹ֥ה
אִם־יְהוָ֤ה ׀ לֹא־יִבְנֶ֬ה בַ֗יִת שָׁ֤וְא ׀ עָמְל֣וּ בוֹנָ֣יו בּ֑וֹ
אִם־יְהוָ֥ה לֹֽא־יִשְׁמָר־עִ֝֗יר שָׁ֤וְא ׀ שָׁקַ֬ד שׁוֹמֵֽר׃

ב שָׁ֤וְא לָכֶ֨ם ׀ מַשְׁכִּ֪ימֵי ק֡וּם מְאַחֲרֵי־שֶׁ֗בֶת
אֹ֭כְלֵי לֶ֣חֶם הָעֲצָבִ֑ים
כֵּ֤ן יִתֵּ֖ן לִֽידִיד֣וֹ שֵׁנָֽא׃

ג הִנֵּ֤ה נַחֲלַ֣ת יְהוָ֣ה בָּנִ֑ים
שָׂ֝כָ֗ר פְּרִ֣י הַבָּֽטֶן׃

ד כְּחִצִּ֥ים בְּיַד־גִּבּ֑וֹר
כֵּ֝֗ן בְּנֵ֣י הַנְּעוּרִֽים׃

ה אַשְׁרֵ֤י הַגֶּ֗בֶר אֲשֶׁ֤ר מִלֵּ֥א אֶת־אַשְׁפָּת֗וֹ מֵ֫הֶ֥ם
לֹֽא־יֵבֹ֑שׁוּ כִּֽי־יְדַבְּר֖וּ אֶת־אוֹיְבִ֣ים בַּשָּֽׁעַר׃

第一百二十八首

1. 登高之歌，
所有敬畏上主，遵循他道路的人，
〈真是〉有福。

2. 你享受你手的劳动〈果实〉，
你〈真是〉有福，〈这真是〉你的益处。

3. 你的妻子如一株葡萄树，在你家中结实累累，
你的孩子们如同橄榄树丛，环绕你桌〈周围〉。

4. 看哪，敬畏上主的人，要如此蒙受祝福。

5. 愿上主从熙雍祝福你，
〈愿你〉一生都目睹耶路撒冷的佳美。

6. 〈愿你享〉见你的子孙〈后代〉，
〈愿〉以色列平安。

מזמור קכח

א שִׁ֗יר הַֽמַּ֫עֲל֥וֹת
אַ֭שְׁרֵי כׇּל־יְרֵ֣א יְהֹוָ֑ה הַ֝הֹלֵ֗ךְ בִּדְרָכָֽיו׃

ב יְגִ֣יעַ כַּ֭פֶּיךָ כִּ֣י תֹאכֵ֑ל
אַ֝שְׁרֶ֗יךָ וְט֣וֹב לָֽךְ׃

ג אֶשְׁתְּךָ֤ ׀ כְּגֶ֥פֶן פֹּרִיָּה֮ בְּיַרְכְּתֵ֪י בֵ֫יתֶ֥ךָ
בָּ֭נֶיךָ כִּשְׁתִלֵ֣י זֵיתִ֑ים סָ֝בִ֗יב לְשֻׁלְחָנֶֽךָ׃

ד הִנֵּ֣ה כִי־כֵ֭ן יְבֹ֥רַךְ גָּ֗בֶר יְרֵ֣א יְהֹוָֽה׃

ה יְבָרֶכְךָ֥ יְהֹוָ֗ה מִצִּ֫יּ֥וֹן
וּ֭רְאֵה בְּט֣וּב יְרוּשָׁלָ֑ם כֹּ֝֗ל יְמֵ֣י חַיֶּֽיךָ׃

ו וּרְאֵֽה־בָנִ֥ים לְבָנֶ֑יךָ
שָׁ֝ל֗וֹם עַל־יִשְׂרָאֵֽל׃

第一百二十九首

1. 登高之歌，
从我年轻时，他们就大大迫害了我，
如今以色列要〈这样〉说。

2. 自我年轻时，他们大大迫害了我，
但他们却没能毁掉我。

3. 农夫们在我背上耕犁，
他们犁出长长沟壑。

4. 上主正义，
他切断了恶人〈捆绑我〉的绳索。

5. 所有憎恨熙雍的人〈都〉要蒙羞，
〈都〉要退后。

6. 愿他们如房顶的草，
还未吐芽，就已枯槁。

7. 以至于收割者不能拢到一把，
收获者不能〈用〉他的衣裳〈卷到一捆〉。

8. 〈愿〉路过者不〈按照习俗对这些收割者〉说，
愿上主祝福你们，
我们以上主的名祝福你们。

מזמור קכט

א שִׁ֗יר הַֽמַּ֫עֲל֥וֹת
רַ֭בַּת צְרָר֣וּנִי מִנְּעוּרָ֑י
יֹאמַר־נָ֝א יִשְׂרָאֵֽל׃

ב רַ֭בַּת צְרָר֣וּנִי מִנְּעוּרָ֑י
גַּ֝ם לֹא־יָ֥כְלוּ לִֽי׃

ג עַל־גַּ֭בִּי חָרְשׁ֣וּ חֹרְשִׁ֑ים
הֶ֝אֱרִ֗יכוּ למעניתם׃ לְמַעֲנִיתָֽם

ד יְהוָ֥ה צַדִּ֑יק
קִ֝צֵּ֗ץ עֲב֣וֹת רְשָׁעִֽים׃

ה יֵ֭בֹשׁוּ וְיִסֹּ֣גוּ אָח֑וֹר
כֹּ֝֗ל שֹׂנְאֵ֥י צִיּֽוֹן׃

ו יִ֭הְיוּ כַּחֲצִ֣יר גַּגּ֑וֹת
שֶׁקַּדְמַ֖ת שָׁלַ֣ף יָבֵֽשׁ׃

ז שֶׁ֤לֹּא מִלֵּ֖א כַפּ֥וֹ קוֹצֵ֗ר
וְחִצְנ֥וֹ מְעַמֵּֽר׃

ח וְלֹ֤א אָמְר֨וּ ׀ הָעֹבְרִ֗ים
בִּרְכַּֽת־יְהוָ֥ה אֲלֵיכֶ֑ם
בֵּרַ֥כְנוּ אֶ֝תְכֶ֗ם בְּשֵׁ֣ם יְהוָֽה׃

第一百三十首

1. 登高之歌。
我从〈苦难〉深处向你呼求，〈哦〉上主。

2. 我主〈啊〉，〈请〉听我的声音，
求你〈侧〉耳倾听我恳求的声音。

3. 如果上主追究〈我们的〉罪过，我主〈啊〉，
谁能站立〈在你的面前〉。

4. 但宽恕在你，
为此你受〈人〉敬畏。

5. 我期待上主，
我心期待，
我期待他的话语。

6. 我的心在〈期待〉上主，
胜于守夜人盼天亮，
〈胜于〉守夜人盼天亮。

7. 以色列期待上主，
因上主〈大〉有仁慈，
大有救赎。

8. 他会救赎以色列
脱离他们的一切罪过。

מזמור קל

א שִׁ֗יר הַֽמַּ֫עֲל֥וֹת
מִמַּעֲמַקִּ֖ים קְרָאתִ֣יךָ יְהוָֽה׃

ב אֲדֹנָי֮ שִׁמְעָ֪ה בְק֫וֹלִ֥י
תִּהְיֶ֣ינָה אָ֭זְנֶיךָ קַשֻּׁב֑וֹת לְ֝ק֗וֹל תַּחֲנוּנָֽי׃

ג אִם־עֲוֺנ֥וֹת תִּשְׁמָר־יָ֑הּ
אֲ֝דֹנָ֗י מִ֣י יַעֲמֹֽד׃

ד כִּֽי־עִמְּךָ֥ הַסְּלִיחָ֑ה
לְ֝מַ֗עַן תִּוָּרֵֽא׃

ה קִוִּ֣יתִי יְ֭הוָה
קִוְּתָ֣ה נַפְשִׁ֑י
וְֽלִדְבָר֥וֹ הוֹחָֽלְתִּי׃

ו נַפְשִׁ֥י לַֽאדֹנָ֑י
מִשֹּׁמְרִ֥ים לַ֝בֹּ֗קֶר
שֹׁמְרִ֥ים לַבֹּֽקֶר׃

ז יַחֵ֥ל יִשְׂרָאֵ֗ל אֶל־יְה֫וָ֥ה
כִּֽי־עִם־יְהוָ֥ה הַחֶ֑סֶד
וְהַרְבֵּ֖ה עִמּ֣וֹ פְדֽוּת׃

ח וְ֭הוּא יִפְדֶּ֣ה אֶת־יִשְׂרָאֵ֑ל
מִ֝כֹּ֗ל עֲוֺנוֹתָֽיו׃

第一百三十一首

1. 达威德〈所作〉登高之歌，上主〈啊〉，
我心不高傲，我眼不傲慢，
我行〈事为人〉没有超过我
〈作为国王应受〉的尊荣。

2. 反而我放〈低自己〉，我心静默，
如断乳的婴孩在在母怀，
我心〈就〉如这断乳的婴孩
〈注：也可以理解为刚吃完奶的婴儿不哭闹〉。

3. 以色列期待上主，
从现在直到永远。

מזמור קלא

א שִׁ֗יר הַֽמַּ֫עֲל֥וֹת לְדָ֫וִ֥ד
יְהוָ֤ה ׀ לֹא־גָבַ֣הּ לִ֭בִּי וְלֹא־רָמ֣וּ עֵינַ֑י
וְלֹֽא־הִלַּ֓כְתִּי ׀ בִּגְדֹל֖וֹת וּבְנִפְלָא֣וֹת מִמֶּֽנִּי׃

ב אִם־לֹ֤א שִׁוִּ֨יתִי ׀ וְדוֹמַ֗מְתִּי נַ֫פְשִׁ֥י
כְּ֭גָמֻל עֲלֵ֣י אִמּ֑וֹ
כַּגָּמֻ֖ל עָלַ֣י נַפְשִֽׁי׃

ג יַחֵ֣ל יִ֭שְׂרָאֵל אֶל־יְהוָ֑ה
מֵ֝עַתָּ֗ה וְעַד־עוֹלָֽם׃

第一百三十二首

1. 登高之歌，
上主〈啊〉，求你记住达威德，
〈记住〉他〈遭遇〉的一切苦难。

2. 〈求你记住〉他对你的誓言，
他向雅可乌的强者许的愿。

3. 我决不走进自己的宫殿，
也不躺在我的床榻上。

4. 我决不容我的眼睛睡眠，
也不让我的眼睑打盹。

5. 直到我为上主找到〈居〉处，
为雅可乌的强者〈寻得〉住所。

6. 看哪，我们在埃弗辣塔听〈说〉了她
〈指建造圣殿的地点〉，
我们在雅阿尔〈打谷〉场找到了她。

7. 让我们去到他的居处，
让我们拜倒在他的脚凳〈前〉。

8. 上主〈啊〉，〈求你〉从安居处起来，
你和你大能的约柜。

9. 愿你的司祭穿戴正义，
愿你的虔敬者欢歌〈赞美你〉。

10. 〈求你〉为了你的仆人达威德〈而实现这些〉，
求你不要不顾你的受膏者。

מזמור קלב

א שִׁיר הַמַּעֲלוֹת
זְכוֹר־יהוה לְדָוִד אֵת כָּל־עֻנּוֹתוֹ׃

ב אֲשֶׁר נִשְׁבַּע לַיהוה
נָדַר לַאֲבִיר יַעֲקֹב׃

ג אִם־אָבֹא בְּאֹהֶל בֵּיתִי
אִם־אֶעֱלֶה עַל־עֶרֶשׂ יְצוּעָי׃

ד אִם־אֶתֵּן שְׁנַת לְעֵינָי
לְעַפְעַפַּי תְּנוּמָה׃

ה עַד־אֶמְצָא מָקוֹם לַיהוה
מִשְׁכָּנוֹת לַאֲבִיר יַעֲקֹב׃

ו הִנֵּה־שְׁמַעֲנוּהָ בְאֶפְרָתָה
מְצָאנוּהָ בִּשְׂדֵי־יָעַר׃

ז נָבוֹאָה לְמִשְׁכְּנוֹתָיו
נִשְׁתַּחֲוֶה לַהֲדֹם רַגְלָיו׃

ח קוּמָה יהוה לִמְנוּחָתֶךָ
אַתָּה וַאֲרוֹן עֻזֶּךָ׃

ט כֹּהֲנֶיךָ יִלְבְּשׁוּ־צֶדֶק
וַחֲסִידֶיךָ יְרַנֵּנוּ׃

י בַּעֲבוּר דָּוִד עַבְדֶּךָ
אַל־תָּשֵׁב פְּנֵי מְשִׁיחֶךָ׃

11. 上主向达威德发过誓，
〈他〉信实不会反悔，
我要从你的后代中提拔〈人坐〉上你的〈宝〉座。

12. 条件是你的子孙遵守我的盟约，
〈遵守〉我教导他们的训诲〈直译：我的约证〉，
〈这样的话〉他们的子孙也要永远
坐在你的〈宝〉座上。”

13. 因为上主选择了熙雍，
愿意〈熙雍〉成为他的居所，

14. 这是我永久的安居〈之所〉，
我要住在这里，因为我〈只〉宠爱她。

15. 我必要祝福她的给养，
我要使她的穷人饱享食粮。

16. 我要使她的司祭穿戴拯救，
〈使〉她的虔敬者尽情欢歌。

17. 我要在那里兴起达威德的荣耀，
我为我的受膏者备好了灯盏。

18. 我要使他的仇敌披戴羞辱，
〈但我要〉给他〈指达威德〉闪耀的王冠。

יא נִשְׁבַּֽע־יְהוָ֨ה ׀ לְדָוִ֡ד
אֱמֶת֮ לֹֽא־יָשׁ֪וּב מִ֫מֶּ֥נָּה
מִפְּרִ֥י בִטְנְךָ֑ אָ֝שִׁ֗ית לְכִסֵּא־לָֽךְ׃

יב אִֽם־יִשְׁמְר֬וּ בָנֶ֨יךָ ׀ בְּרִיתִ֡י
וְעֵדֹתִ֮י ז֪וֹ אֲלַ֫מְּדֵ֥ם
גַּם־בְּנֵיהֶ֥ם עֲדֵי־עַ֑ד
יֵ֝שְׁב֗וּ לְכִסֵּא־לָֽךְ׃

יג כִּֽי־בָחַ֣ר יְהוָ֣ה בְּצִיּ֑וֹן
אִ֝וָּ֗הּ לְמוֹשָׁ֥ב לֽוֹ׃

יד זֹאת־מְנוּחָתִ֥י עֲדֵי־עַ֑ד
פֹּ֥ה אֵ֝שֵׁ֗ב כִּ֣י אִוִּתִֽיהָ׃

טו צֵ֭ידָהּ בָּרֵ֣ךְ אֲבָרֵ֑ךְ
אֶ֝בְיוֹנֶ֗יהָ אַשְׂבִּ֥יעַ לָֽחֶם׃

טז וְֽ֭כֹהֲנֶיהָ אַלְבִּ֣ישׁ יֶ֑שַׁע
וַ֝חֲסִידֶ֗יהָ רַנֵּ֥ן יְרַנֵּֽנוּ׃

יז שָׁ֤ם אַצְמִ֣יחַ קֶ֣רֶן לְדָוִ֑ד
עָרַ֥כְתִּי נֵ֝֗ר לִמְשִׁיחִֽי׃

יח א֭וֹיְבָיו אַלְבִּ֣ישׁ בֹּ֑שֶׁת
וְ֝עָלָ֗יו יָצִ֥יץ נִזְרֽוֹ׃

第一百三十三首

1. 达威德登高之歌，
看哪，弟兄们〈和平〉共处，
〈这样的生活〉多美，多甜呀。

2. 如上等的油〈倾倒〉于阿哈隆的头上，
流到〈他的〉胡须上，
〈又从〉他的胡须流到他的衣领上。

3. 如赫尔孟的露水，流到熙雍山上，
因为在那里上主谕赐祝福〈和〉生命，
直到永远。

מזמור קלג

א שִׁ֥יר הַֽמַּֽעֲל֗וֹת לְדָ֫וִ֥ד
הִנֵּ֣ה מַה־טּ֭וֹב וּמַה־נָּעִ֑ים
שֶׁ֖בֶת אַחִ֣ים גַּם־יָֽחַד׃

ב כַּשֶּׁ֤מֶן הַטּ֨וֹב ׀ עַל־הָרֹ֗אשׁ
יֹרֵ֗ד עַֽל־הַזָּ֫קָ֥ן
זְקַֽן־אַהֲרֹ֑ן שֶׁ֝יֹּרֵ֗ד עַל־פִּ֥י מִדּוֹתָֽיו׃

ג כְּטַל־חֶרְמ֗וֹן שֶׁיֹּרֵד֮ עַל־הַרְרֵ֪י צִ֫יּ֥וֹן
כִּ֤י שָׁ֨ם ׀ צִוָּ֣ה יְ֭הוה אֶת־הַבְּרָכָ֑ה
חַ֝יִּ֗ים עַד־הָעוֹלָֽם׃

第一百三十四首

1. 登高之歌，
来呀，上主的一切仆人，
〈你们〉要赞美上主，
夜间侍立在上主殿中的人，
〈你们〉要赞美上主。

2. 请你们〈向着〉圣所举手，
〈你们〉要赞美上主，

3. 愿创造天地的上主
从熙雍祝福你们。

מזמור קלד

א שִׁ֗יר הַֽמַּ֫עֲל֥וֹת
הִנֵּ֤ה ׀ בָּרְכ֣וּ אֶת־֭יהוה כָּל־עַבְדֵ֣י יהו֑ה
הָעֹמְדִ֥ים בְּבֵית־֝יהו֗ה בַּלֵּילֽוֹת׃

ב שְׂאֽוּ־יְדֵכֶ֥ם קֹ֑דֶשׁ
וּ֝בָרְכוּ אֶת־יהוֽה׃

ג יְבָרֶכְךָ֣ ֭יהוה מִצִּיּ֑וֹן
עֹ֝שֵׂ֗ה שָׁמַ֥יִם וָאָֽרֶץ׃

第一百三十五首

1. 〈你们〉要赞美上主，
〈你们〉要赞美上主的名，
上主的众仆，你们要赞美〈上主〉。

2. 侍立于上主〈圣〉殿中，
在我们上帝〈圣〉殿庭院中的人。

3. 〈你们〉要赞美上主，因上主美善，
〈你们〉要歌颂他的名，因〈他丰赐〉甘饴。

4. 因为上主为自己选择了雅可乌，
〈即选择了〉以色列作他的宝藏。

5. 因为我知道上主〈至〉大，
我们的主超越所有权势。

6. 凡上主所意愿，他〈就〉成就，
〈不论〉在天，在地，
在海洋，或所有深渊。

7. 他从地极升起云朵，
他造成闪电〈伴随〉雨〈降〉，
他从其府库中放出风〈暴〉。

8. 他击杀了密刺辣因〈即埃及〉的头胎，
从人到畜〈不得逃脱〉。

9. 他派下迹象与奇事，
〈显现〉在密刺辣因之中，
〈显现〉于法老和他所有的仆人。

10. 他击打了列邦，
他杀死了强悍众王。

מזמור קלה

א הַֽלְלוּיָ֨הּ ׀ הַֽ֭לְלוּ אֶת־שֵׁ֣ם יְהוָ֑ה כח לחודש
הַֽ֝לְל֗וּ עַבְדֵ֥י יְהוָֽה׃

ב שֶׁ֣֭עֹמְדִים בְּבֵ֣ית יְהוָ֑ה
בְּ֝חַצְר֗וֹת בֵּ֣ית אֱלֹהֵֽינוּ׃

ג הַֽ֭לְלוּיָהּ כִּי־ט֣וֹב יְהוָ֑ה
זַמְּר֥וּ לִ֝שְׁמ֗וֹ כִּ֣י נָעִֽים׃

ד כִּֽי־יַ֭עֲקֹב בָּחַ֣ר ל֣וֹ יָ֑הּ
יִ֝שְׂרָאֵ֗ל לִסְגֻלָּתֽוֹ׃

ה כִּ֤י אֲנִ֣י יָ֭דַעְתִּי כִּֽי־גָד֣וֹל יְהוָ֑ה
וַ֝אֲדֹנֵ֗ינוּ מִכָּל־אֱלֹהִֽים׃

ו כֹּ֤ל אֲשֶׁר־חָפֵ֥ץ יְהוָ֗ה עָ֫שָׂ֥ה
בַּשָּׁמַ֥יִם וּבָאָ֑רֶץ
בַּ֝יַּמִּ֗ים וְכָל־תְּהֹמֽוֹת׃

ז מַֽעֲלֶ֣ה נְשִׂאִים֮ מִקְצֵ֪ה הָ֫אָ֥רֶץ
בְּרָקִ֣ים לַמָּטָ֣ר עָשָׂ֑ה
מֽוֹצֵא־ר֝֗וּחַ מֵאוֹצְרוֹתָֽיו׃

ח שֶֽׁ֭הִכָּה בְּכוֹרֵ֣י מִצְרָ֑יִם
מֵ֝אָדָ֗ם עַד־בְּהֵמָֽה׃

ט שָׁלַ֤ח ׀ אוֹתֹ֣ת וּ֭מֹפְתִים בְּתוֹכֵ֣כִי מִצְרָ֑יִם
בְּ֝פַרְעֹ֗ה וּבְכָל־עֲבָדָֽיו׃

י שֶֽׁ֭הִכָּה גּוֹיִ֣ם רַבִּ֑ים
וְ֝הָרַ֗ג מְלָכִ֥ים עֲצוּמִֽים׃

11. 〈他击杀了〉阿摩黎王息红，
巴商王敖格，
以及所有克纳昂众王。

12. 他把他们的土地作为产业，
〈作为〉他的子民以色列的产业。

13. 上主〈啊〉，你〈威〉名〈弘扬〉到永远，
上主〈啊〉，你的名声〈直译：纪念〉
代代相传。

14. 因为上主要为他的百姓申冤
〈直译：裁决，主持公道〉，
他要怜悯他的众仆人。

15. 万邦的偶像〈不过是〉金银，
〈不过是〉人手所造〈的偶像〉。

16. 他们有口不能言，
他们有眼不能看。

17. 他们有耳不能听，
他们的口中也没有气息。

18. 他们的制作者要和他们〈指偶像〉一样，
〈还有〉所有信靠他们的人。

19. 以色列家族，〈你们〉要赞美上主，
阿哈隆家族，〈你们〉要赞美上主。

20. 肋未家族，〈你们〉要赞美上主，
所有敬畏上主的人，〈你们〉要赞美上主。

21. 上主当受赞美，〈他〉从熙雍〈显现〉，
他居〈于〉耶路撒冷，
〈你们〉要赞美上主。

יא לְסִיחוֹן ׀ מֶלֶךְ הָאֱמֹרִי
וּלְעוֹג מֶלֶךְ הַבָּשָׁן
וּלְכֹל מַמְלְכוֹת כְּנָעַן׃

יב וְנָתַן אַרְצָם נַחֲלָה
נַחֲלָה לְיִשְׂרָאֵל עַמּוֹ׃

יג יהוה שִׁמְךָ לְעוֹלָם
יהוה זִכְרְךָ לְדֹר־וָדֹר׃

יד כִּי־יָדִין יהוה עַמּוֹ
וְעַל־עֲבָדָיו יִתְנֶחָם׃

טו עֲצַבֵּי הַגּוֹיִם כֶּסֶף וְזָהָב
מַעֲשֵׂה יְדֵי אָדָם׃

טז פֶּה־לָהֶם וְלֹא יְדַבֵּרוּ
עֵינַיִם לָהֶם וְלֹא יִרְאוּ׃

יז אָזְנַיִם לָהֶם וְלֹא יַאֲזִינוּ
אַף אֵין־יֶשׁ־רוּחַ בְּפִיהֶם׃

יח כְּמוֹהֶם יִהְיוּ עֹשֵׂיהֶם
כֹּל אֲשֶׁר־בֹּטֵחַ בָּהֶם׃

יט בֵּית יִשְׂרָאֵל בָּרְכוּ אֶת־יהוה
בֵּית אַהֲרֹן בָּרְכוּ אֶת־יהוה׃

כ בֵּית הַלֵּוִי בָּרְכוּ אֶת־יהוה
יִרְאֵי יהוה בָּרְכוּ אֶת־יהוה׃

כא בָּרוּךְ יהוה ׀ מִצִּיּוֹן
שֹׁכֵן יְרוּשָׁלִָם
הַלְלוּיָהּ׃

第一百三十六首

1. 〈你们〉要称谢上主，因他美善，
他的仁慈直到永远。

2. 〈你们〉要称谢统治者中的统治者，
因他的仁慈直到永远。

3. 〈你们〉要称谢万主之主，
因他的仁慈直到永远。

4. 他独自施行伟大的奇事，
因他的仁慈直到永远。

5. 他以智慧创造了天空，
因他的仁慈直到永远。

6. 他铺陈大地于众水之上，
因他的仁慈直到永远。

7. 他创造了大光，
因他的仁慈直到永远。

8. 〈他创造了〉太阳管理白昼，
因他的仁慈直到永远。

9. 〈他创造了〉月亮星辰管理夜晚，
因他的仁慈直到永远。

10. 他〈在〉密刺辣因打击了他们的头胎〈长子〉，
因他的仁慈直到永远。

מזמור קלו

א הֹד֣וּ לַיהוָ֣ה כִּי־ט֑וֹב
כִּ֖י לְעוֹלָ֣ם חַסְדּֽוֹ׃

ב ה֭וֹדוּ לֵאלֹהֵ֣י הָאֱלֹהִ֑ים
כִּ֖י לְעוֹלָ֣ם חַסְדּֽוֹ׃

ג ה֭וֹדוּ לַאֲדֹנֵ֣י הָאֲדֹנִ֑ים
כִּ֖י לְעוֹלָ֣ם חַסְדּֽוֹ׃

ד לְעֹ֘שֵׂ֤ה נִפְלָא֣וֹת גְּדֹל֣וֹת לְבַדּ֑וֹ
כִּ֖י לְעוֹלָ֣ם חַסְדּֽוֹ׃

ה לְעֹשֵׂ֣ה הַ֭שָּׁמַיִם בִּתְבוּנָ֑ה
כִּ֖י לְעוֹלָ֣ם חַסְדּֽוֹ׃

ו לְרֹקַ֣ע הָ֭אָרֶץ עַל־הַמָּ֑יִם
כִּ֖י לְעוֹלָ֣ם חַסְדּֽוֹ׃

ז לְ֭עֹשֵׂה אוֹרִ֣ים גְּדֹלִ֑ים
כִּ֖י לְעוֹלָ֣ם חַסְדּֽוֹ׃

ח אֶת־הַ֭שֶּׁמֶשׁ לְמֶמְשֶׁ֣לֶת בַּיּ֑וֹם
כִּ֖י לְעוֹלָ֣ם חַסְדּֽוֹ׃

ט אֶת־הַיָּרֵ֣חַ וְ֭כוֹכָבִים לְמֶמְשְׁל֣וֹת בַּלָּ֑יְלָה
כִּ֖י לְעוֹלָ֣ם חַסְדּֽוֹ׃

י לְמַכֵּ֣ה מִ֭צְרַיִם בִּבְכוֹרֵיהֶ֑ם
כִּ֖י לְעוֹלָ֣ם חַסְדּֽוֹ׃

11. 他从其中领出以色列，
因他的仁慈直到永远。

12. 〈他〉以强有力的手和伸展的臂
〈膀领出以色列〉，
因他的仁慈直到永远。

13. 他将苏弗海劈成两半，
因他的仁慈直到永远。

14. 他领以色列从中经过，
因他的仁慈直到永远。

15. 他在苏弗海放倒了法老和他的军兵，
因他的仁慈直到永远。

16. 他在旷野中引导他的百姓，
因他的仁慈直到永远。

17. 他击倒强大的国王，
因他的仁慈直到永远。

18. 他杀死威猛的国王，
因他的仁慈直到永远。

19. 〈他击杀了〉阿摩黎王息红，
因他的仁慈直到永远。

20. 〈他击杀了〉巴商王敖格，
因他的仁慈直到永远。

21. 他将他们的土地赐为业，
因他的仁慈直到永远。

22. 〈赐〉予他的仆人以色列为业，
因他的仁慈直到永远。

יא וַיּוֹצֵא יִשְׂרָאֵל מִתּוֹכָם
כִּי לְעוֹלָם חַסְדּוֹ:

יב בְּיָד חֲזָקָה וּבִזְרוֹעַ נְטוּיָה
כִּי לְעוֹלָם חַסְדּוֹ:

יג לְגֹזֵר יַם־סוּף לִגְזָרִים
כִּי לְעוֹלָם חַסְדּוֹ:

יד וְהֶעֱבִיר יִשְׂרָאֵל בְּתוֹכוֹ
כִּי לְעוֹלָם חַסְדּוֹ:

טו וְנִעֵר פַּרְעֹה וְחֵילוֹ בְיַם־סוּף
כִּי לְעוֹלָם חַסְדּוֹ:

טז לְמוֹלִיךְ עַמּוֹ בַּמִּדְבָּר
כִּי לְעוֹלָם חַסְדּוֹ:

יז לְמַכֵּה מְלָכִים גְּדֹלִים
כִּי לְעוֹלָם חַסְדּוֹ:

יח וַיַּהֲרֹג מְלָכִים אַדִּירִים
כִּי לְעוֹלָם חַסְדּוֹ:

יט לְסִיחוֹן מֶלֶךְ הָאֱמֹרִי
כִּי לְעוֹלָם חַסְדּוֹ:

כ וּלְעוֹג מֶלֶךְ הַבָּשָׁן
כִּי לְעוֹלָם חַסְדּוֹ:

כא וְנָתַן אַרְצָם לְנַחֲלָה
כִּי לְעוֹלָם חַסְדּוֹ:

כב נַחֲלָה לְיִשְׂרָאֵל עַבְדּוֹ
כִּי לְעוֹלָם חַסְדּוֹ:

23. 在我们低微时他顾念了我们，
因他的仁慈直到永远。

24. 他救赎了我们脱离了迫害我们的人，
因他的仁慈直到永远。

25. 他赐食物给众生，
因他的仁慈直到永远。

26. 〈你们〉要称谢〈居于高〉天的上帝，
因他的仁慈直到永远。

כג שֶׁבְּשִׁפְלֵנוּ זָכַר לָנוּ
כִּי לְעוֹלָם חַסְדּוֹ׃

כד וַיִּפְרְקֵנוּ מִצָּרֵינוּ
כִּי לְעוֹלָם חַסְדּוֹ׃

כה נֹתֵן לֶחֶם לְכָל־בָּשָׂר
כִּי לְעוֹלָם חַסְדּוֹ׃

כו הוֹדוּ לְאֵל הַשָּׁמָיִם
כִּי לְעוֹלָם חַסְדּוֹ׃

第一百三十七首

1. 我们坐在巴威珥的河边，
一〈追〉忆起熙雍就哭了。

2. 在她〈即巴威珥地〉的柳树上，
我们挂起了我们的竖琴〈注：乐器名有待考证〉。

3. 在那里俘获我们的人要我们唱歌，
〈要〉我们唱欢歌，
〈他们说〉给我们唱首熙雍的歌。

4. 我们怎能唱上主之歌，
在〈我们被流放到的这片〉异土之上。

5. 耶路撒冷〈啊〉，我若忘记妳，
情愿我的右手忘记〈灵巧〉。

6. 耶路撒冷〈啊〉，我若不记得妳，
我若不举扬妳为我喜乐之首，
情愿我的舌头紧贴上颚〈从而我不能说话〉。

7. 上主〈啊〉，〈请牢〉记埃东人
〈在〉耶路撒冷〈蒙难〉日〈的暴行〉，
他们叫嚷着，〈让我们〉摧毁〈她〉，
摧毁〈她〉，直到〈把〉她的基础〈掀翻〉。

8. 〈将来要〉被劫掠的巴威珥之女，
那报应你的，那依照妳对我们的残忍报应妳的，
〈他真是〉有福。

9. 那抓住妳的婴儿摔死在石头上的，
〈他真是〉有福。

מזמור קלז

א עַל־נַהֲרוֹת ׀ בָּבֶל שָׁם יָשַׁבְנוּ גַּם־בָּכִינוּ
בְּזָכְרֵנוּ אֶת־צִיּוֹן׃

ב עַל־עֲרָבִים בְּתוֹכָהּ
תָּלִינוּ כִּנֹּרוֹתֵינוּ׃

ג כִּי שָׁם ׀ שְׁאֵלוּנוּ שׁוֹבֵינוּ
דִּבְרֵי־שִׁיר וְתוֹלָלֵינוּ שִׂמְחָה
שִׁירוּ לָנוּ מִשִּׁיר צִיּוֹן׃

ד אֵיךְ נָשִׁיר אֶת־שִׁיר־יְהוָה
עַל אַדְמַת נֵכָר׃

ה אִם־אֶשְׁכָּחֵךְ יְרוּשָׁלִָם
תִּשְׁכַּח יְמִינִי׃

ו תִּדְבַּק לְשׁוֹנִי ׀ לְחִכִּי אִם־לֹא אֶזְכְּרֵכִי
אִם־לֹא אַעֲלֶה אֶת־יְרוּשָׁלִַם עַל רֹאשׁ שִׂמְחָתִי׃

ז זְכֹר יְהוָה ׀ לִבְנֵי אֱדוֹם אֵת יוֹם יְרוּשָׁלִָם
הָאֹמְרִים עָרוּ ׀ עָרוּ עַד הַיְסוֹד בָּהּ׃

ח בַּת־בָּבֶל הַשְּׁדוּדָה
אַשְׁרֵי שֶׁיְשַׁלֶּם־לָךְ
אֶת־גְּמוּלֵךְ שֶׁגָּמַלְתְּ לָנוּ׃

ט אַשְׁרֵי ׀ שֶׁיֹּאחֵז
וְנִפֵּץ אֶת־עֹלָלַיִךְ אֶל־הַסָּלַע׃

第一百三十八首

1. 达威德之〈歌〉，
我要全心感谢你，
我要在众王侯面前赞颂你。

2. 我要拜倒于你的圣所，
我要称谢你的名，你的仁慈，你的信实，
因为你使你的〈威〉名为至大，
〈因为你持守〉你的诺言。

3. 在我呼求你的那天，你回答了我，
是你使我精神强壮。

4. 地〈上〉众王都要称谢你，〈哦〉上主，
因为他们听到了你的口谕。

5. 他们要歌颂上主的道，
因为上主大〈有〉荣耀。

6. 因上主高高〈在上〉却关注〈地上〉
卑微〈的人〉，
〈他虽〉极高，却从远处惩戒人。

7. 如果我行在苦难中，你〈保佑我〉使我存活，
你伸手对付了我仇敌的怒火，你的右手拯救了我。

8. 上主为我成全，上主〈啊〉，
你的慈爱直到永远，求你坚强你手所造。

מזמור קלח

א לְדָוִ֨ד ׀
אוֹדְךָ֥ בְכָל־לִבִּ֑י
נֶ֖גֶד אֱלֹהִ֣ים אֲזַמְּרֶֽךָּ׃

ב אֶשְׁתַּחֲוֶ֨ה אֶל־הֵיכַ֪ל קָדְשְׁךָ֡
וְא֘וֹדֶ֤ה אֶת־שְׁמֶ֗ךָ עַל־חַסְדְּךָ֥ וְעַל־אֲמִתֶּ֑ךָ
כִּֽי־הִגְדַּ֥לְתָּ עַל־כָּל־שִׁ֝מְךָ֗ אִמְרָתֶֽךָ׃

ג בְּי֣וֹם קָ֭רָאתִי וַתַּעֲנֵ֑נִי
תַּרְהִבֵ֖נִי בְנַפְשִׁ֣י עֹֽז׃

ד יוֹד֣וּךָ יהוה֭ כָּל־מַלְכֵי־אָ֑רֶץ
כִּ֥י שָׁ֝מְע֗וּ אִמְרֵי־פִֽיךָ׃

ה וְ֭יָשִׁירוּ בְּדַרְכֵ֣י יהו֑ה
כִּ֥י־גָ֝ד֗וֹל כְּב֣וֹד יהוֽה׃

ו כִּי־רָ֣ם יהוה֭ וְשָׁפָ֣ל יִרְאֶ֑ה
וְ֝גָבֹ֗הַּ מִמֶּרְחָ֥ק יְיֵדָֽע׃

ז אִם־אֵלֵ֤ךְ ׀ בְּקֶ֥רֶב צָרָ֗ה תְּחַ֫יֵּ֥נִי
עַ֤ל אַ֣ף אֹ֭יְבַי תִּשְׁלַ֣ח יָדֶ֑ךָ וְ֝תוֹשִׁיעֵ֗נִי יְמִינֶֽךָ׃

ח יהו֗ה יִגְמֹ֫ר בַּ֥עֲדִ֥י יהוה֮ חַסְדְּךָ֣ לְעוֹלָ֑ם
מַעֲשֵׂ֖י יָדֶ֣יךָ אַל־תֶּֽרֶף׃

第一百三十九首

1. 交予奏乐者，达威德之歌，
上主〈啊〉，你鉴察了我，你了解〈我〉。

2. 我或坐或起，你都知晓，
你远远就知道我的心思。

3. 我或行或卧，你都在〈我〉周围，
你熟知我的一切行为〈直译：道路〉。

4. 言辞尚未在我舌上，
上主〈啊〉，你已全然知晓
〈更通俗可译为：我还没张口，你就知道我要说什么〉。

5. 你将我前后围困，
你用手压着我。

6. 智慧向我隐藏，
高到我不能及。

7. 我走到哪里〈才能〉避开你的〈怒〉气，
我逃到哪里〈才能〉躲避你的面。

8. 我若升上〈高〉天，你在那里，
我若就寝阴间，你〈也〉在〈那里〉。

9. 我若乘着晨曦的翅膀，
住到海的极处。

10. 〈即便〉在那里，你的手也会引导我，
你的右手也会抓住我。

11. 我若说，黑暗必会遮蔽我，
结果黑夜照耀我〈如同白昼〉。

מזמור קלט

א לַמְנַצֵּחַ לְדָוִד מִזְמוֹר
יְהוָה חֲקַרְתַּנִי וַתֵּדָע׃

ב אַתָּה יָדַעְתָּ שִׁבְתִּי וְקוּמִי
בַּנְתָּה לְרֵעִי מֵרָחוֹק׃

ג אָרְחִי וְרִבְעִי זֵרִיתָ
וְכָל־דְּרָכַי הִסְכַּנְתָּה׃

ד כִּי אֵין מִלָּה בִּלְשׁוֹנִי
הֵן יְהוָה יָדַעְתָּ כֻלָּהּ׃

ה אָחוֹר וָקֶדֶם צַרְתָּנִי
וַתָּשֶׁת עָלַי כַּפֶּכָה׃

ו פלאיה דַעַת מִמֶּנִּי — פְּלִיאָה
נִשְׂגְּבָה לֹא־אוּכַל לָהּ׃

ז אָנָה אֵלֵךְ מֵרוּחֶךָ
וְאָנָה מִפָּנֶיךָ אֶבְרָח׃

ח אִם־אֶסַּק שָׁמַיִם שָׁם אָתָּה
וְאַצִּיעָה שְּׁאוֹל הִנֶּךָּ׃

ט אֶשָּׂא כַנְפֵי־שָׁחַר
אֶשְׁכְּנָה בְּאַחֲרִית יָם׃

י גַּם־שָׁם יָדְךָ תַנְחֵנִי
וְתֹאחֲזֵנִי יְמִינֶךָ׃

יא וָאֹמַר אַךְ־חֹשֶׁךְ יְשׁוּפֵנִי
וְלַיְלָה אוֹר בַּעֲדֵנִי׃

12. 〈即便〉黑暗也不能遮蔽于你，
黑暗〈对你来说〉如同白昼明亮。

13. 因为你造了我的内脏，
你将我包裹在母腹里。

14. 我感谢你，因为你奇妙惊人地造了我，
你的作为〈真是〉奇妙，
我心〈对此〉深知。

15. 当我在隐秘处形成，
当我在地下构成〈比喻在母腹的低处成形〉，
我的骨骼不能在你面前掩藏。

16. 你的眼看到我的雏形，
他们〈指所有人〉都被记录在你的册上，
虽然他们〈在〉多日被造，
对他来说这些〈仿佛〉一〈日〉。

17. 你的宠爱〈原文复数〉对我多么珍贵，
〈哦〉上帝，他们的起首多么强劲。

18. 我若数点，他们比沙砾还多，
〈就算〉我〈今生总是〉醒着，
并且〈来世〉总是和你在一起
〈即便这样我数也数不过来〉。

19. 上帝〈啊〉，甚愿你击杀恶人，
甚愿杀人犯远离我。

20. 他们诈〈称〉崇〈敬〉你，
你的仇敌妄称〈你的名〉。

21. 上主〈啊〉，我岂不憎恶仇恨你的人，
〈我岂不〉于悖逆你的人争辩。

יב גַּם־חֹשֶׁךְ֮ לֹא־יַחְשִׁ֪יךְ מִ֫מֶּ֥ךָ
וְ֭לַיְלָה כַּיּ֣וֹם יָאִ֑יר
כַּ֝חֲשֵׁיכָ֗ה כָּאוֹרָֽה׃

יג כִּֽי־אַ֭תָּה קָנִ֣יתָ כִלְיֹתָ֑י
תְּ֝סֻכֵּ֗נִי בְּבֶ֣טֶן אִמִּֽי׃

יד אוֹדְךָ֗ עַ֤ל כִּ֥י נוֹרָא֗וֹת נִ֫פְלֵ֥יתִי
נִפְלָאִ֥ים מַעֲשֶׂ֑יךָ
וְ֝נַפְשִׁ֗י יֹדַ֥עַת מְאֹֽד׃

טו לֹא־נִכְחַ֥ד עָצְמִ֗י מִ֫מֶּ֥ךָּ
אֲשֶׁר־עֻשֵּׂ֥יתִי בַסֵּ֑תֶר
רֻ֝קַּ֗מְתִּי בְּתַחְתִּיּ֥וֹת אָֽרֶץ׃

טז גָּלְמִ֤י ׀ רָ֘א֤וּ עֵינֶ֗יךָ
וְֽעַל־סִפְרְךָ֮ כֻּלָּ֪ם יִכָּ֫תֵ֥בוּ
יָמִ֥ים יֻצָּ֑רוּ וְלֹ֖א אֶחָ֣ד בָּהֶֽם׃ וְל֗וֹ

יז וְלִ֗י מַה־יָּקְר֣וּ רֵעֶ֣יךָ אֵ֑ל
מֶ֥ה עָ֝צְמ֗וּ רָאשֵׁיהֶֽם׃

יח אֶ֭סְפְּרֵם מֵח֣וֹל יִרְבּ֑וּן
הֱ֝קִיצֹ֗תִי וְעוֹדִ֥י עִמָּֽךְ׃

יט אִם־תִּקְטֹ֖ל אֱל֥וֹהַּ ׀ רָשָׁ֑ע
וְאַנְשֵׁ֥י דָ֝מִ֗ים ס֣וּרוּ מֶֽנִּי׃

כ אֲשֶׁ֣ר יֹ֭מְרֻךָ לִמְזִמָּ֑ה
נָשֻׂ֖א לַשָּׁ֣וְא עָרֶֽיךָ׃

כא הֲלֽוֹא־מְשַׂנְאֶ֖יךָ יְהוָ֥ה ׀ אֶשְׂנָ֑א
וּ֝בִתְקוֹמְמֶ֗יךָ אֶתְקוֹטָֽט׃

22. 我对他们深恶痛绝，
他们已成为我的仇敌。

23. 上帝〈啊〉，〈求你〉鉴察我，
洞悉我的〈内〉心，
〈求你〉考验我，
知晓我的思绪。

24. 〈求你〉看我是否〈误〉入歧途，
〈求你〉引导我〈走〉在永生之道。

כב תַּכְלִ֣ית שִׂנְאָ֣ה שְׂנֵאתִ֑ים
לְ֝אֹיְבִ֗ים הָ֣יוּ לִֽי׃

כג חָקְרֵ֣נִי אֵ֭ל וְדַ֣ע לְבָבִ֑י
בְּ֝חָנֵ֗נִי וְדַ֣ע שַׂרְעַפָּֽי׃

כד וּרְאֵ֗ה אִם־דֶּֽרֶךְ־עֹ֥צֶב בִּ֑י
וּ֝נְחֵ֗נִי בְּדֶ֣רֶךְ עוֹלָֽם׃

第一百四十首

1. 交予奏乐者，达威德之歌。

2. 上主〈啊〉，〈求你〉解救我脱离恶人，
求你保护我摆脱暴徒。

3. 他们心中图谋不轨，
整日聚集〈挑拨〉战争。

4. 他们的舌头尖利如蛇，
他们的唇下〈藏〉有蛇毒，塞拉。

5. 上主〈啊〉，〈求你〉保守我脱离恶人的〈毒〉手，
求你保护我摆脱暴徒，
他们谋划掀翻我的脚步。

6. 狂傲之徒暗中为我下套，
他们在我的路边设下网罗，
他们为我布下陷阱，塞拉。

7. 我对上主说，你是我的上帝，
上主〈啊〉，求你倾听我恳求的声音。

8. 上主是我主，是拯救我的力量，
在鏖战日，你遮护了我的头颅。

9. 上主〈啊〉，求你不要让恶人〈原文单数〉得逞，
不要让他的狡诈得逞，〈不要让〉他高傲，塞拉。

10. 〈至于那〉围困我的人〈之中〉的首领，
愿他们唇间的恶毒淹没他们〈自己〉。

מזמור קמ

א לַמְנַצֵּחַ מִזְמוֹר לְדָוִד׃ כט לחודש

ב חַלְּצֵנִי יהוה מֵאָדָם רָע
מֵאִישׁ חֲמָסִים תִּנְצְרֵנִי׃

ג אֲשֶׁר חָשְׁבוּ רָעוֹת בְּלֵב
כָּל־יוֹם יָגוּרוּ מִלְחָמוֹת׃

ד שָׁנְנוּ לְשׁוֹנָם כְּמוֹ־נָחָשׁ
חֲמַת עַכְשׁוּב
תַּחַת שְׂפָתֵימוֹ סֶלָה׃

ה שָׁמְרֵנִי יהוה ׀ מִידֵי רָשָׁע מֵאִישׁ חֲמָסִים תִּנְצְרֵנִי
אֲשֶׁר חָשְׁבוּ לִדְחוֹת פְּעָמָי׃

ו טָמְנוּ־גֵאִים ׀ פַּח לִי וַחֲבָלִים
פָּרְשׂוּ רֶשֶׁת לְיַד־מַעְגָּל
מֹקְשִׁים שָׁתוּ־לִי סֶלָה׃

ז אָמַרְתִּי לַיהוה אֵלִי אָתָּה
הַאֲזִינָה יהוה קוֹל תַּחֲנוּנָי׃

ח יְהוִה אֲדֹנָי עֹז יְשׁוּעָתִי
סַכֹּתָה לְרֹאשִׁי בְּיוֹם נָשֶׁק׃

ט אַל־תִּתֵּן יהוה מַאֲוַיֵּי רָשָׁע
זְמָמוֹ אַל־תָּפֵק יָרוּמוּ סֶלָה׃

י רֹאשׁ מְסִבָּי
עֲמַל שְׂפָתֵימוֹ יכסומו׃ יְכַסֵּמוֹ

11. 愿火炭淋到他们，
愿他们在火焰中倒〈毙〉，
愿他们〈坠〉入深坑不得〈再〉起。

12. 愿诽谤者〈直译：舌人〉
不得在地〈上〉立〈足〉，
愿暴虐的歹人被猎杀至扑倒。

13. 我知道上主要为困苦人主持公道，
〈要为〉贫弱人〈伸张〉正义。

14. 但义人要称谢你的名，
正直的人要居住在你的面前。

יא ימ֥יטו עֲלֵיהֶ֗ם גֶּֽחָ֫לִ֥ים יִמּ֥וֹטוּ
בָּאֵ֥שׁ יַפִּלֵ֑ם
בְּ֝מַהֲמֹר֗וֹת בַּל־יָקֽוּמוּ׃

יב אִ֥ישׁ לָשׁ֮וֹן בַּל־יִכּ֫וֹן בָּאָ֥רֶץ
אִֽישׁ־חָמָ֥ס רָ֑ע יְ֝צוּדֶ֗נּוּ לְמַדְחֵפֹֽת׃

יג יָדַ֗עְתָּ כִּֽי־יַעֲשֶׂ֣ה י֭הוה דִּ֣ין עָנִ֑י
מִ֝שְׁפַּ֗ט אֶבְיֹנִֽים׃

יד אַ֣ךְ צַ֭דִּיקִים יוֹד֣וּ לִשְׁמֶ֑ךָ
יֵשְׁב֥וּ יְ֝שָׁרִ֗ים אֶת־פָּנֶֽיךָ׃

第一百四十一首

1. 达威德之歌，
上主〈啊〉，我呼求了你，〈求你〉快来〈助〉我，
我向你呼求时，〈求你垂〉听我的声音。

2. 愿我的祈祷在你面前如同馨香，
〈愿你接受〉我举手〈向你祈祷如同你悦纳〉
过午常祭。

3. 上主〈啊〉，〈求你〉为我的嘴设置警卫，
〈求你〉把守我的双唇。

4. 〈求你〉不要让我的心倾向恶事，
也不要让我与作恶的人共事，
免得我享受他们的美食。

5. 宁愿义人来捆我，〈因为这是出于〉慈爱，
宁愿他来斥责我，免得我辜负我头上
〈用于祝圣我为王〉的上等膏油，
因为在今生我的祈祷〈会救我〉脱离他们的恶毒。

6. 〈当〉他们的长官被摔在磐石上，
恶人才会听〈得进〉我的〈真言〉佳话。

7. 如同〈农人〉耕犁田地，
我们的骨骸散弃在阴府门口。

8. 然而我们眼望你，上主我主，
我信靠你，求你不要取走我的性命。

מזמור קמא

א מִזְמ֗וֹר לְדָ֫וִ֥ד
יְהוָ֣ה קְ֭רָאתִיךָ ח֣וּשָׁה לִּ֑י
הַאֲזִ֥ינָה ק֝וֹלִ֗י בְּקָרְאִי־לָֽךְ׃

ב תִּכּ֤וֹן תְּפִלָּתִ֣י קְטֹ֣רֶת לְפָנֶ֑יךָ
מַֽשְׂאַ֥ת כַּ֝פַּ֗י מִנְחַת־עָֽרֶב׃

ג שִׁיתָ֣ה יְ֭הוָה שָׁמְרָ֣ה לְפִ֑י
נִ֝צְּרָ֗ה עַל־דַּ֥ל שְׂפָתָֽי׃

ד אַל־תַּט־לִבִּ֨י ׀ לְדָ֘בָ֤ר ׀ רָ֗ע
לְהִתְע֙וֹלֵ֨ל עֲלִל֜וֹת ׀ בְּרֶ֗שַׁע
אֶת־אִ֥ישִׁים פֹּֽעֲלֵי־אָ֑וֶן
וּבַל־אֶ֝לְחַ֗ם בְּמַנְעַמֵּיהֶֽם׃

ה יֶֽהֶלְמֵֽנִי־צַדִּ֨יק ׀ חֶ֡סֶד
וְֽיוֹכִיחֵ֗נִי שֶׁ֣מֶן רֹ֭אשׁ
אַל־יָנִ֣י רֹאשִׁ֑י
כִּי־ע֥וֹד וּ֝תְפִלָּתִ֗י בְּרָעוֹתֵיהֶֽם׃

ו נִשְׁמְט֣וּ בִֽידֵי־סֶ֭לַע שֹׁפְטֵיהֶ֑ם
וְשָׁמְע֥וּ אֲ֝מָרַ֗י כִּ֣י נָעֵֽמוּ׃

ז כְּמ֤וֹ פֹלֵ֣חַ וּבֹקֵ֣עַ בָּאָ֑רֶץ
נִפְזְר֥וּ עֲ֝צָמֵ֗ינוּ לְפִ֣י שְׁאֽוֹל׃

ח כִּ֤י אֵלֶ֨יךָ ׀ יֱהֹוִ֣ה אֲדֹנָ֣י עֵינָ֑י
בְּכָ֥ה חָ֝סִ֗יתִי אַל־תְּעַ֥ר נַפְשִֽׁי׃

9. 〈求你〉守护我免陷于他们为我埋设的陷阱，
〈求你保佑我免于〉歹徒〈设置〉的圈套。

10. 愿恶人落入自〈设〉的罗网，
而我却得以〈安然〉越过〈他们的埋伏〉。

ט שָׁמְרֵנִי מִידֵי פַח יָקְשׁוּ לִי
וּמֹקְשׁוֹת פֹּעֲלֵי אָוֶן׃

י יִפְּלוּ בְמַכְמֹרָיו רְשָׁעִים
יַחַד אָנֹכִי עַד־אֶעֱבוֹר׃

第一百四十二首

1. 达威德的训导诗，
藏于洞时的祈祷。

2. 我高声呼告上主，
我大声恳求上主。

3. 我要在他面前倾吐，
陈述我的苦楚。

4. 我的心神憔悴，你知道我的途径，
在我走的这条路上，
他们为我暗设罗网。

5. 我观看〈左〉右，看不到友人，
我无处可逃，
没人在意我的性命。

6. 上主〈啊〉，我向你呼喊，
我说，你是我的避难所，
〈你是〉我在活人之地的份。

7. 〈求你〉垂听我的哀求，因我非常痛苦，
〈求你〉救我摆脱迫害我的人，
因为他们比我强壮。

8. 〈求你〉从〈敌人的〉围剿中解救我，
〈让我〉能称谢你的名，
愿义人围绕我，
因为〈他们会看到〉你眷顾了我。

מזמור קמב

א מַשְׂכִּיל לְדָוִד
בִּהְיוֹתוֹ בַמְּעָרָה תְפִלָּה׃

ב קוֹלִי אֶל־יְהוָה אֶזְעָק
קוֹלִי אֶל־יְהוָה אֶתְחַנָּן׃

ג אֶשְׁפֹּךְ לְפָנָיו שִׂיחִי
צָרָתִי לְפָנָיו אַגִּיד׃

ד בְּהִתְעַטֵּף עָלַי ׀ רוּחִי וְאַתָּה יָדַעְתָּ נְתִיבָתִי
בְּאֹרַח־זוּ אֲהַלֵּךְ
טָמְנוּ פַח לִי׃

ה הַבֵּיט יָמִין ׀ וּרְאֵה וְאֵין־לִי מַכִּיר
אָבַד מָנוֹס מִמֶּנִּי
אֵין דּוֹרֵשׁ לְנַפְשִׁי׃

ו זָעַקְתִּי אֵלֶיךָ יְהוָה
אָמַרְתִּי אַתָּה מַחְסִי
חֶלְקִי בְּאֶרֶץ הַחַיִּים׃

ז הַקְשִׁיבָה ׀ אֶל־רִנָּתִי כִּי־דַלּוֹתִי מְאֹד
הַצִּילֵנִי מֵרֹדְפַי
כִּי אָמְצוּ מִמֶּנִּי׃

ח הוֹצִיאָה מִמַּסְגֵּר ׀ נַפְשִׁי לְהוֹדוֹת אֶת־שְׁמֶךָ
בִּי יַכְתִּרוּ צַדִּיקִים
כִּי תִגְמֹל עָלָי׃

第一百四十三首

1. 达威德之歌，
上主〈啊〉，求你〈俯〉听我的祈祷，
〈求你〉倾听我的恳求，
〈求你〉以你的信实和正义应允我。

2. 求你不要来审判你的仆人，
因为在你面前没人能无辜。

3. 因为敌人逼迫了我，
作贱了我的生命，
置我于黑暗之中，好像死了很久的人。

4. 我的心神憔悴，
我内心恐惧。

5. 我记起了往昔的日子，
我默想你一切作为，
我要讲说你手所为。

6. 我向你伸手，
我心〈渴慕〉你有如干涸的土地，塞拉。

7. 〈求你〉快快应允我，〈哦〉上主，我的心神崩溃，
求你不要对我掩面，
〈不要让〉我犹如坠入坑中的人
〈指坟墓中的死人〉。

8. 〈求你〉在清晨将你的仁慈晓谕我，
因我信靠了你，
〈求你〉指示我当走的路，
因为我的心〈直译：性命，精神，灵魂，
也可不译，因指称自我〉仰赖了你。

מזמור קמג

א מִזְמ֗וֹר לְדָ֫וִ֥ד
יְהוָ֤ה ׀ שְׁמַ֬ע תְּפִלָּתִ֗י
הַאֲזִ֥ינָה אֶל־תַּחֲנוּנַ֑י
בֶּאֱמֻנָתְךָ֥ עֲ֝נֵ֗נִי בְּצִדְקָתֶֽךָ׃

ב וְאַל־תָּב֣וֹא בְ֭מִשְׁפָּט אֶת־עַבְדֶּ֑ךָ
כִּ֤י לֹֽא־יִצְדַּ֖ק לְפָנֶ֣יךָ כָל־חָֽי׃

ג כִּ֤י רָ֪דַ֡ף אוֹיֵ֨ב ׀ נַפְשִׁ֗י
דִּכָּ֣א לָ֭אָרֶץ חַיָּתִ֑י
הוֹשִׁיבַ֥נִי בְ֝מַחֲשַׁכִּ֗ים כְּמֵתֵ֥י עוֹלָֽם׃

ד וַתִּתְעַטֵּ֣ף עָלַ֣י רוּחִ֑י
בְּ֝תוֹכִ֗י יִשְׁתּוֹמֵ֥ם לִבִּֽי׃

ה זָ֘כַ֤רְתִּי יָמִ֨ים ׀ מִקֶּ֗דֶם
הָגִ֥יתִי בְכָל־פָּעֳלֶ֑ךָ
בְּֽמַעֲשֵׂ֖ה יָדֶ֣יךָ אֲשׂוֹחֵֽחַ׃

ו פֵּרַ֣שְׂתִּי יָדַ֣י אֵלֶ֑יךָ
נַפְשִׁ֓י ׀ כְּאֶֽרֶץ־עֲיֵפָ֖ה לְךָ֣ סֶֽלָה׃

ז מַ֘הֵ֤ר עֲנֵ֨נִי ׀ יְהוָה֮ כָּלְתָ֪ה ר֫וּחִ֥י
אַל־תַּסְתֵּ֣ר פָּנֶ֣יךָ מִמֶּ֑נִּי
וְ֝נִמְשַׁ֗לְתִּי עִם־יֹ֥רְדֵי בֽוֹר׃

ח הַשְׁמִ֘יעֵ֤נִי בַבֹּ֨קֶר ׀ חַסְדֶּ֗ךָ
כִּֽי־בְךָ֥ בָטָ֑חְתִּי
הוֹדִ֫יעֵ֥נִי דֶּֽרֶךְ־ז֥וּ אֵלֵ֑ךְ
כִּֽי־אֵ֝לֶ֗יךָ נָשָׂ֥אתִי נַפְשִֽׁי׃

9. 〈求你〉救我摆脱我的仇敌，〈哦〉上主，
〈因为〉我投靠了你。

10. 〈求你〉教导我奉行你的意旨，
因为你是我的上帝，
愿你的善意引导我〈走〉上坦途〈直译：地〉。

11. 上主〈啊〉，求你为了你名的缘故让我存活，
〈求你〉按你的公义救我于水火〈直译：苦难〉。

12. 求你凭着你〈对我丰富〉的慈爱铲灭我的敌人，
求你灭绝所有迫害我的人，
因为我是你的仆人。

ט הַצִּילֵנִי מֵאֹיְבַי ׀ יְהוָה
אֵלֶיךָ כִסִּתִי׃

י לַמְּדֵנִי ׀ לַעֲשׂוֹת רְצוֹנֶךָ
כִּי־אַתָּה אֱלוֹהָי
רוּחֲךָ טוֹבָה
תַּנְחֵנִי בְּאֶרֶץ מִישׁוֹר׃

יא לְמַעַן־שִׁמְךָ יְהוָה תְּחַיֵּנִי
בְּצִדְקָתְךָ ׀ תוֹצִיא מִצָּרָה נַפְשִׁי׃

יב וּבְחַסְדְּךָ תַּצְמִית אֹיְבָי
וְהַאֲבַדְתָּ כָּל־צֹרְרֵי נַפְשִׁי
כִּי אֲנִי עַבְדֶּךָ׃

第一百四十四首

1. 达威德之〈歌〉，赞美上主，我的磐石，
他教会我的手去征战，
〈他教会〉我的手指去打仗。

2. 他仁慈待我，〈他是〉我的堡垒，我的力量，
他施予我救援，
〈他是〉我避难的盾牌，
他使我的民臣服于我〈脚〉下。

3. 上主〈啊〉，人算什么，你竟亲近他，
人算什么，你竟念记他。

4. 人好像一口气，
他的日子如影即逝。

5. 上主〈啊〉，求你从天而降，
触摸群山，使之冒烟。

6. 求你散发闪电，
射出你的〈利〉箭，使他们恐慌。

7. 〈求你〉自高天出手，
〈求你〉救赎我出离大水，
〈求你救赎我〉脱离异民的手。

8. 他们口说谎言，
他们的誓言〈直译：右手〉虚假。

9. 上帝〈啊〉，我要向你唱新歌，
我要用十弦琴赞颂你。

מזמור קמד

א לְדָוִד ׀ בָּרוּךְ יהוה ׀ צוּרִי
הַמְלַמֵּד יָדַי לַקְרָב
אֶצְבְּעוֹתַי לַמִּלְחָמָה׃

ב חַסְדִּי וּמְצוּדָתִי מִשְׂגַּבִּי וּמְפַלְטִי לִי
מָגִנִּי וּבוֹ חָסִיתִי
הָרוֹדֵד עַמִּי תַחְתָּי׃

ג יהוה מָה־אָדָם וַתֵּדָעֵהוּ
בֶּן־אֱנוֹשׁ וַתְּחַשְּׁבֵהוּ׃

ד אָדָם לַהֶבֶל דָּמָה
יָמָיו כְּצֵל עוֹבֵר׃

ה יהוה הַט־שָׁמֶיךָ וְתֵרֵד
גַּע בֶּהָרִים וְיֶעֱשָׁנוּ׃

ו בְּרוֹק בָּרָק וּתְפִיצֵם
שְׁלַח חִצֶּיךָ וּתְהֻמֵּם׃

ז שְׁלַח יָדֶיךָ מִמָּרוֹם
פְּצֵנִי וְהַצִּילֵנִי מִמַּיִם רַבִּים
מִיַּד בְּנֵי נֵכָר׃

ח אֲשֶׁר פִּיהֶם דִּבֶּר־שָׁוְא
וִימִינָם יְמִין שָׁקֶר׃

ט אֱלֹהִים שִׁיר חָדָשׁ אָשִׁירָה לָּךְ
בְּנֵבֶל עָשׂוֹר אֲזַמְּרָה־לָּךְ׃

10. 〈你〉赐予君王救援，
〈你〉解救你的仆人达威德脱离险境
〈更直译：夺命利剑，更直译：恶剑〉。

11. 求你解救我们脱离异民的手，
他们口说谎言，
他们的誓言〈直译：右手〉虚假。

12. 我们的儿子如幼株〈茁壮〉成长，
我们的女儿像雕凿好的宫殿角石。

13. 我们的仓库〈堆〉满各种谷物，
我们的羊群在牧场上繁盛。

14. 我们的〈壮〉牛载负〈重担〉，
没有男盗女娼，
我们的街市上无人哀号。

15. 这样〈享乐〉的百姓〈真是〉有福，
以上主为上帝的百姓〈真是〉有福。

י הַנּוֹתֵ֣ן תְּשׁוּעָ֣ה לַמְּלָ֑כִים
הַ֝פּוֹצֶ֗ה אֶת־דָּוִ֥ד עַבְדּ֗וֹ מֵחֶ֥רֶב רָעָֽה׃

יא פְּצֵ֥נִי וְהַצִּילֵ֗נִי מִיַּ֥ד בְּנֵי־נֵ֫כָ֥ר
אֲשֶׁ֣ר פִּ֭יהֶם דִּבֶּר־שָׁ֑וְא
וִ֝ימִינָ֗ם יְמִ֣ין שָֽׁקֶר׃

יב אֲשֶׁ֤ר בָּנֵ֨ינוּ ׀ כִּנְטִעִ֗ים
מְגֻדָּלִ֗ים בִּנְע֫וּרֵיהֶ֥ם
בְּנוֹתֵ֥ינוּ כְזָוִיֹּ֑ת
מְ֝חֻטָּב֗וֹת תַּבְנִ֥ית הֵיכָֽל׃

יג מְזָוֵ֙ינוּ מְלֵאִ֗ים מְפִיקִ֥ים מִזַּ֗ן אֶ֫ל זַ֥ן
צֹאונֵ֣נוּ מַ֭אֲלִיפוֹת
מְ֝רֻבָּב֗וֹת בְּחוּצוֹתֵֽינוּ׃

יד אַלּוּפֵ֗ינוּ מְֽסֻבָּ֫לִ֥ים
אֵֽין פֶּ֭רֶץ וְאֵ֣ין יוֹצֵ֑את
וְאֵ֥ין צְ֝וָחָ֗ה בִּרְחֹבֹתֵֽינוּ׃

טו אַשְׁרֵ֣י הָ֭עָם שֶׁכָּ֣כָה לּ֑וֹ
אַֽשְׁרֵ֥י הָ֝עָ֗ם שֶׁיְהוָ֥ה אֱלֹהָֽיו׃

第一百四十五首

1. 达威德的赞美诗，
我要颂扬你，我的上帝，〈宇宙之〉王，
我要称颂你的名，直到永永远远。

2. 我要整天称颂你，
我要赞美你的名，直到永永远远。

3. 上主〈至〉大，当受〈无〉极赞扬，
他的伟大无可限量。

4. 代代都要称颂你的作为，
他们要传讲你的伟业。

5. 我要讲述你的尊严，
威荣，并你的奇事。

6. 人们要诉说你〈大而〉可畏的威能，
我要诉说你的伟大。

7. 他们要宣讲你的大善，
他们要歌颂你的公正。

8. 上主慈悲宽仁，
缓于发怒，富于慈爱。

9. 上主善待众生，
他的怜悯〈惠〉及一切他所造。

10. 凡你所造都要称谢你，
〈哦〉上主，你的虔敬者〈都〉要称赞你。

מזמור קמה

א תְּהִלָּ֗ה לְדָ֫וִ֥ד ל לחודש
אֲרוֹמִמְךָ֣ אֱלוֹהַ֣י הַמֶּ֑לֶךְ
וַאֲבָרְכָ֥ה שִׁ֝מְךָ֗ לְעוֹלָ֥ם וָעֶֽד׃

ב בְּכָל־י֥וֹם אֲבָרְכֶ֑ךָּ
וַאֲהַלְלָ֥ה שִׁ֝מְךָ֗ לְעוֹלָ֥ם וָעֶֽד׃

ג גָּ֤דוֹל יְהֹוָ֣ה וּמְהֻלָּ֣ל מְאֹ֑ד
וְ֝לִגְדֻלָּת֗וֹ אֵ֣ין חֵֽקֶר׃

ד דּ֣וֹר לְ֭דוֹר יְשַׁבַּ֣ח מַעֲשֶׂ֑יךָ
וּגְבוּרֹתֶ֥יךָ יַגִּֽידוּ׃

ה הֲ֭דַר כְּב֣וֹד הוֹדֶ֑ךָ
וְדִבְרֵ֖י נִפְלְאוֹתֶ֣יךָ אָשִֽׂיחָה׃

ו וֶעֱז֣וּז נוֹרְאוֹתֶ֣יךָ יֹאמֵ֑רוּ
וגדלותיך֮ אֲסַפְּרֶֽנָּה׃ וּגְדוּלָּתְךָ

ז זֵ֣כֶר רַב־טוּבְךָ֣ יַבִּ֑יעוּ
וְצִדְקָתְךָ֥ יְרַנֵּֽנוּ׃

ח חַנּ֣וּן וְרַח֣וּם יְהֹוָ֑ה
אֶ֥רֶךְ אַ֝פַּ֗יִם וּגְדָל־חָֽסֶד׃

ט טוֹב־יְהֹוָ֥ה לַכֹּ֑ל
וְ֝רַחֲמָ֗יו עַל־כָּל־מַעֲשָֽׂיו׃

י יוֹד֣וּךָ יְ֭הֹוָה כָּל־מַעֲשֶׂ֑יךָ
וַ֝חֲסִידֶ֗יךָ יְבָרְכֽוּכָה׃

11. 他们要宣讲你王国的荣耀，
他们要述说你的威能。

12. 要让世人知道你的大能，
你王国的荣耀和辉煌。

13. 你的王权是永世的王权，
你的统治持续万世。

14. 上主扶持所有跌倒的人，
他使凡受压迫的挺身。

15. 所有的眼睛都期盼你，
你按时给他们供应食粮。

16. 你张开手，
满足了众生的需求。

17. 上主在他一切道路上都公义，
他的仁慈〈彰显〉在他所有的作为中。

18. 上主亲近求告他的人，
〈特别是〉那些诚心呼求的人。

19. 敬畏他的人，他成其所愿，
他〈垂〉听他们的哀求并拯救他们。

20. 上主保佑所有爱他的人，
但他要消灭所有的恶人。

21. 我的口要发声赞美对上主，
凡〈血〉肉〈之躯〉都要称颂他的圣名，
直到永永远远。

יא כְּב֣וֹד מַלְכוּתְךָ֣ יֹאמֵ֑רוּ
וּגְבוּרָתְךָ֥ יְדַבֵּֽרוּ׃

יב לְהוֹדִ֤יעַ ׀ לִבְנֵ֣י הָ֭אָדָם גְּבוּרֹתָ֑יו
וּ֝כְב֗וֹד הֲדַ֣ר מַלְכוּתֽוֹ׃

יג מַֽלְכוּתְךָ֗ מַלְכ֥וּת כָּל־עֹלָמִ֑ים
וּ֝מֶֽמְשַׁלְתְּךָ֗ בְּכָל־דּ֥וֹר וָדֹֽר׃

יד סוֹמֵ֣ךְ י֭הוה לְכָל־הַנֹּפְלִ֑ים
וְ֝זוֹקֵ֗ף לְכָל־הַכְּפוּפִֽים׃

טו עֵֽינֵי־כֹ֭ל אֵלֶ֣יךָ יְשַׂבֵּ֑רוּ
וְאַתָּ֤ה נֽוֹתֵן־לָהֶ֖ם אֶת־אָכְלָ֣ם בְּעִתּֽוֹ׃

טז פּוֹתֵ֥חַ אֶת־יָדֶ֑ךָ
וּמַשְׂבִּ֖יעַ לְכָל־חַ֣י רָצֽוֹן׃

יז צַדִּ֣יק י֭הוה בְּכָל־דְּרָכָ֑יו
וְ֝חָסִ֗יד בְּכָל־מַעֲשָֽׂיו׃

יח קָר֣וֹב י֭הוה לְכָל־קֹרְאָ֑יו
לְכֹ֤ל אֲשֶׁ֖ר יִקְרָאֻ֣הוּ בֶאֱמֶֽת׃

יט רְצוֹן־יְרֵאָ֥יו יַעֲשֶׂ֑ה
וְאֶת־שַׁוְעָתָ֥ם יִ֝שְׁמַ֗ע וְיוֹשִׁיעֵֽם׃

כ שׁוֹמֵ֣ר י֭הוה אֶת־כָּל־אֹהֲבָ֑יו
וְאֵ֖ת כָּל־הָרְשָׁעִ֣ים יַשְׁמִֽיד׃

כא תְּהִלַּ֥ת יהוה יְדַבֶּ֫ר פִּ֥י
וִיבָרֵ֣ךְ כָּל־בָּ֭שָׂר שֵׁ֣ם קָדְשׁ֑וֹ לְעוֹלָ֥ם וָעֶֽד׃

第一百四十六首

1. 〈你们〉要赞美上主，
我的心灵〈啊〉，妳要赞美上主，

2. 我一生〈都〉要赞美上主，
只要我活着，我〈就〉要歌颂我的上帝。

3. 你们不要依靠贵胄，
〈不能依靠〉无力〈自〉救的世人。

4. 他一断气就回归尘土，
在〈他死去的〉那日，他的计谋成空。

5. 以雅可乌上帝为其助佑的人〈才是〉有福，
其期待在于上主他的上帝。

6. 他造了天地，
海洋和其中所有，
他持守信实直到永远。

7. 他为受欺压的人申冤，他给饥饿的人食粮，
上主释放被囚禁的人。

8. 上主开启盲人〈的眼睛〉，
上主使伛偻的人〈意译：被欺压的人〉直身，
上主喜爱义人。

9. 上主保护寄居的人〈意译：皈依者〉，
他支持孤儿和寡妇，
他变乱恶人的道路。

10. 上主为王直到永远，
熙雍，你的上帝要代代〈为王〉，
〈你们〉要赞美上主。

מזמור קמו

א הַלְלוּיָהּ
הַלְלִי נַפְשִׁי אֶת־יְהוָה׃

ב אֲהַלְלָה יְהוָה בְּחַיָּי
אֲזַמְּרָה לֵאלֹהַי בְּעוֹדִי׃

ג אַל־תִּבְטְחוּ בִנְדִיבִים
בְּבֶן־אָדָם ׀ שֶׁאֵין לוֹ תְשׁוּעָה׃

ד תֵּצֵא רוּחוֹ יָשֻׁב לְאַדְמָתוֹ
בַּיּוֹם הַהוּא אָבְדוּ עֶשְׁתֹּנֹתָיו׃

ה אַשְׁרֵי שֶׁאֵל יַעֲקֹב בְּעֶזְרוֹ
שִׂבְרוֹ עַל־יְהוָה אֱלֹהָיו׃

ו עֹשֶׂה ׀ שָׁמַיִם וָאָרֶץ
אֶת־הַיָּם וְאֶת־כָּל־אֲשֶׁר־בָּם
הַשֹּׁמֵר אֱמֶת לְעוֹלָם׃

ז עֹשֶׂה מִשְׁפָּט ׀ לָעֲשׁוּקִים נֹתֵן לֶחֶם לָרְעֵבִים
יְהוָה מַתִּיר אֲסוּרִים׃

ח יְהוָה ׀ פֹּקֵחַ עִוְרִים יְהוָה זֹקֵף כְּפוּפִים
יְהוָה אֹהֵב צַדִּיקִים׃

ט יְהוָה ׀ שֹׁמֵר אֶת־גֵּרִים יָתוֹם וְאַלְמָנָה יְעוֹדֵד
וְדֶרֶךְ רְשָׁעִים יְעַוֵּת׃

י יִמְלֹךְ יְהוָה ׀ לְעוֹלָם
אֱלֹהַיִךְ צִיּוֹן לְדֹר וָדֹר
הַלְלוּיָהּ׃

第一百四十七首

1. 〈你们〉要赞美上主，
歌颂我们的上帝是〈多么〉美好，
赞美〈他〉是多么甜美。

2. 上主是耶路撒冷的建造者，
他要召聚以色列流亡者。

3. 他医治破碎的心，
抚慰他们的忧伤。

4. 他知道群星的数目，
他为他们都起了名。

5. 我们的主至大至能，
他的智慧不可限量。

6. 上主支持谦卑者，
他将恶人贬低到地。

7. 〈你们〉要以感谢歌颂上主，
〈你们〉要以竖琴奏乐〈歌颂〉上主。

8. 他用云朵遮蔽天空，
他用雨水浇灌大地，
他让山丘生出青草。

9. 他赐予牲畜食物，
鸣啼的乌鸦幼崽〈他也照顾〉。

10. 他不在乎马的强健，
也不中〈读去声〉悦人〈强健〉的腿肚。

מזמור קמז

א הַֽלְלוּיָ֨הּ ׀
כִּי־ט֭וֹב זַמְּרָ֣ה אֱלֹהֵ֑ינוּ
כִּֽי־נָ֝עִ֗ים נָאוָ֥ה תְהִלָּֽה׃

ב בּוֹנֵ֣ה יְרוּשָׁלַ֣͏ִם יְהֹוָ֑ה
נִדְחֵ֖י יִשְׂרָאֵ֣ל יְכַנֵּֽס׃

ג הָֽרוֹפֵא לִשְׁב֣וּרֵי לֵ֑ב
וּ֝מְחַבֵּ֗שׁ לְעַצְּבוֹתָֽם׃

ד מוֹנֶ֣ה מִ֭סְפָּר לַכּוֹכָבִ֑ים
לְ֝כֻלָּ֗ם שֵׁמ֥וֹת יִקְרָֽא׃

ה גָּד֣וֹל אֲדוֹנֵ֣ינוּ וְרַב־כֹּ֑חַ
לִ֝תְבוּנָת֗וֹ אֵ֣ין מִסְפָּֽר׃

ו מְעוֹדֵ֣ד עֲנָוִ֣ים יְהֹוָ֑ה
מַשְׁפִּ֖יל רְשָׁעִ֣ים עֲדֵי־אָֽרֶץ׃

ז עֱנ֣וּ לַיהֹוָ֣ה בְּתוֹדָ֑ה
זַמְּר֖וּ לֵאלֹהֵ֣ינוּ בְכִנּֽוֹר׃

ח הַֽמְכַסֶּ֬ה שָׁמַ֨יִם ׀ בְּעָבִ֗ים
הַמֵּכִ֣ין לָאָ֣רֶץ מָטָ֑ר
הַמַּצְמִ֖יחַ הָרִ֣ים חָצִֽיר׃

ט נוֹתֵ֣ן לִבְהֵמָ֣ה לַחְמָ֑הּ
לִבְנֵ֥י עֹ֝רֵ֗ב אֲשֶׁ֣ר יִקְרָֽאוּ׃

י לֹ֤א בִגְבוּרַ֣ת הַסּ֣וּס יֶחְפָּ֑ץ
לֹֽא־בְשׁוֹקֵ֖י הָאִ֣ישׁ יִרְצֶֽה׃

11. 上主看中敬畏他的人，
〈他在意〉期待他关怀的人。

12. 耶路撒冷〈啊〉，妳要赞颂上主，
熙雍〈啊〉，妳要赞美妳的上帝。

13. 因为他加固了妳城门的闩，
他赐福了妳之中的儿〈孙〉。

14. 他赐妳边境平安，
他使妳饱享精麦。

15. 他〈向大〉地发出口谕，
他的旨意飞传。

16. 他降〈白〉雪如羊毛，
他撒下〈银〉霜如尘埃。

17. 他掷下冰雹如碎石，
谁能站立在他的冰冻面前〈意即谁受得了〉。

18. 他一发言，他们就消融，
他吹来〈和〉风，水便流动。

19. 他向雅可乌颁布了他的谕〈令〉，
〈他〉向以色列〈晓谕〉了他的法规律令。

20. 他没有为任何〈异〉民这样做，
他没有把他的法令晓谕给他们，
〈因此你们〉要赞美上主。

יא רוֹצֶה יְהוָה אֶת־יְרֵאָיו
אֶת־הַֽמְיַחֲלִים לְחַסְדּֽוֹ׃

יב שַׁבְּחִי יְרוּשָׁלַםִ אֶת־יְהוָה
הַֽלְלִי אֱלֹהַיִךְ צִיּֽוֹן׃

יג כִּי־חִזַּק בְּרִיחֵי שְׁעָרָיִךְ
בֵּרַךְ בָּנַיִךְ בְּקִרְבֵּֽךְ׃

יד הַשָּׂם־גְּבוּלֵךְ שָׁלוֹם
חֵלֶב חִטִּים יַשְׂבִּיעֵֽךְ׃

טו הַשֹּׁלֵחַ אִמְרָתוֹ אָרֶץ
עַד־מְהֵרָה יָרוּץ דְּבָרֽוֹ׃

טז הַנֹּתֵן שֶׁלֶג כַּצָּמֶר
כְּפוֹר כָּאֵפֶר יְפַזֵּֽר׃

יז מַשְׁלִיךְ קַרְחוֹ כְפִתִּים
לִפְנֵי קָרָתוֹ מִי יַעֲמֹֽד׃

יח יִשְׁלַח דְּבָרוֹ וְיַמְסֵם
יַשֵּׁב רוּחוֹ יִזְּלוּ־מָֽיִם׃

יט מַגִּיד דְּבָרָו לְיַעֲקֹב
חֻקָּיו וּמִשְׁפָּטָיו לְיִשְׂרָאֵֽל׃

כ לֹא עָשָׂה כֵּן ׀ לְכָל־גּוֹי
וּמִשְׁפָּטִים בַּל־יְדָעוּם
הַֽלְלוּיָֽהּ׃

第一百四十八首

1. 〈你们〉要赞美上主，
〈你们〉要从天上赞美上主，
〈你们〉要在高〈天〉赞美上主。

2. 他所有的使者〈啊〉，你们要赞美他，
他所有的军旅〈啊〉，你们要赞美他。

3. 太阳和月亮〈啊〉，你们要赞美他，
闪烁的星辰〈啊〉，你们要赞美他。

4. 至高之天〈啊〉，你们要赞美他，
天上之水〈啊〉，你们要赞美他。

5. 〈所有这些都〉要赞美上主的名，
因他〈一〉命令，他们〈立刻〉受造。

6. 他安置他们直至永永远远，
他赐予〈他们〉本分不得僭越。

7. 海怪和深渊〈中〉所有，〈并〉地上
〈所有一切〉，
〈你们〉要赞美上主。

8. 火雹雪雾，〈并〉暴风〈都〉
尊重他的命令〈直译：话语〉。

9. 山岭与所有丘陵，
果树与所有柏树〈注：物种名有待考证〉。

10. 野兽与所有家畜，
爬虫与飞禽。

מזמור קמח

א הַֽלְלוּיָ֨הּ ׀
הַֽלְל֣וּ אֶת־יְ֭הוה מִן־הַשָּׁמַ֑יִם
הַ֝לְל֗וּהוּ בַּמְּרוֹמִֽים׃

ב הַֽלְל֣וּהוּ כָל־מַלְאָכָ֑יו
הַ֝לְל֗וּהוּ כָּל־צְבָאָֽו׃

ג הַֽ֭לְלוּהוּ שֶׁ֣מֶשׁ וְיָרֵ֑חַ
הַ֝לְל֗וּהוּ כָּל־כּ֥וֹכְבֵי אֽוֹר׃

ד הַֽ֭לְלוּהוּ שְׁמֵ֣י הַשָּׁמָ֑יִם
וְ֝הַמַּ֗יִם אֲשֶׁ֤ר ׀ מֵעַ֬ל הַשָּׁמָֽיִם׃

ה יְֽהַלְלוּ אֶת־שֵׁ֣ם יהו֑ה
כִּ֤י ה֖וּא צִוָּ֣ה וְנִבְרָֽאוּ׃

ו וַיַּעֲמִידֵ֣ם לָעַ֣ד לְעוֹלָ֑ם
חָק־נָ֝תַ֗ן וְלֹ֣א יַעֲבֽוֹר׃

ז הַֽלְל֣וּ אֶת־יְ֭הוה מִן־הָאָ֑רֶץ
תַּ֝נִּינִ֗ים וְכָל־תְּהֹמֽוֹת׃

ח אֵ֣שׁ וּ֭בָרָד שֶׁ֣לֶג וְקִיט֑וֹר
ר֥וּחַ סְ֝עָרָ֗ה עֹשָׂ֥ה דְבָרֽוֹ׃

ט הֶהָרִ֥ים וְכָל־גְּבָע֑וֹת
עֵ֥ץ פְּ֝רִ֗י וְכָל־אֲרָזִֽים׃

י הַֽחַיָּ֥ה וְכָל־בְּהֵמָ֑ה
רֶ֝֗מֶשׂ וְצִפּ֥וֹר כָּנָֽף׃

11. 地〈上〉的君王与万民，
世上〈直译：地〉的公侯与长官。

12. 少男少女，
老人与青年。

13. 〈这些都〉要赞美上主的名，
因惟有他的名〈当〉受尊崇，
他的威严超越天地。

14. 他为其百姓高扬荣耀，
〈这就是〉对他所有虔敬者的赞美，
〈即〉他所亲近的子民以色列儿〈女〉，
〈你们〉要赞美上主。

יא מַלְכֵי־אֶרֶץ וְכָל־לְאֻמִּים
שָׂרִים וְכָל־שֹׁפְטֵי אָרֶץ׃

יב בַּחוּרִים וְגַם־בְּתוּלוֹת
זְקֵנִים עִם־נְעָרִים׃

יג יְהַלְלוּ ׀ אֶת־שֵׁם יהוה
כִּי־נִשְׂגָּב שְׁמוֹ לְבַדּוֹ
הוֹדוֹ עַל־אֶרֶץ וְשָׁמָיִם׃

יד וַיָּרֶם קֶרֶן ׀ לְעַמּוֹ
תְּהִלָּה לְכָל־חֲסִידָיו
לִבְנֵי יִשְׂרָאֵל עַם קְרֹבוֹ
הַלְלוּיָהּ׃

第一百四十九首

1. 〈你们〉要赞美上主，
要向上主咏新歌，
要在虔敬者的集会上赞美他。

2. 以色列要因他的创造者而欢喜，
熙雍儿〈女〉要因他们的君王而欢欣。

3. 他们要以舞蹈〈来〉赞颂他的名，
他们要〈弹〉琴〈击〉鼓歌颂他。

4. 因为上主宠爱他的百姓，
他以拯救光荣谦卑的人。

5. 虔敬者要喜悦于他的尊崇，
他们要在就寝时歌颂。

6. 赞美上帝的言辞在他们的喉咙，
锋利的刀剑在他们手中。

7. 要向外邦报仇，
〈要〉惩罚异民。

8. 要用锁链捆绑住他们的君王，
用铁镑〈套住〉他们的贵胄。

9. 要向他们施行拟好的判决，
这就是他所有虔敬者的荣耀，
〈你们〉要赞美上主。

מזמור קמט

א הַֽלְלוּיָ֨הּ ׀
שִׁ֣ירוּ לַ֭יהוה שִׁ֣יר חָדָ֑שׁ
תְּ֝הִלָּת֗וֹ בִּקְהַ֥ל חֲסִידִֽים׃

ב יִשְׂמַ֣ח יִשְׂרָאֵ֣ל בְּעֹשָׂ֑יו
בְּֽנֵי־צִ֝יּ֗וֹן יָגִ֥ילוּ בְמַלְכָּֽם׃

ג יְהַֽלְל֣וּ שְׁמ֣וֹ בְמָח֑וֹל
בְּתֹ֥ף וְ֝כִנּ֗וֹר יְזַמְּרוּ־לֽוֹ׃

ד כִּֽי־רוֹצֶ֣ה יְהוָ֣ה בְּעַמּ֑וֹ
יְפָאֵ֥ר עֲ֝נָוִ֗ים בִּישׁוּעָֽה׃

ה יַעְלְז֣וּ חֲסִידִ֣ים בְּכָב֑וֹד
יְ֝רַנְּנ֗וּ עַל־מִשְׁכְּבוֹתָֽם׃

ו רוֹמְמ֣וֹת אֵ֭ל בִּגְרוֹנָ֑ם
וְחֶ֖רֶב פִּֽיפִיּ֣וֹת בְּיָדָֽם׃

ז לַעֲשׂ֣וֹת נְ֭קָמָה בַּגּוֹיִ֑ם
תּ֝וֹכֵחֹ֗ת בַּלְאֻמִּֽים׃

ח לֶאְסֹ֣ר מַלְכֵיהֶ֣ם בְּזִקִּ֑ים
וְ֝נִכְבְּדֵיהֶ֗ם בְּכַבְלֵ֥י בַרְזֶֽל׃

ט לַעֲשׂ֤וֹת בָּהֶ֨ם ׀ מִשְׁפָּ֬ט כָּת֗וּב
הָדָ֣ר ה֭וּא לְכָל־חֲסִידָ֗יו
הַֽלְלוּיָֽהּ׃

第一百五十首

1. 〈你们〉要赞美上主，
要在上帝的圣〈所〉赞美他，
要在威严的苍穹赞美他。

2. 〈你们〉要赞美他的威能，
〈你们〉要赞美他的伟大。

3. 〈你们〉要吹起号角赞美他，
〈你们〉要〈弹〉琴〈奏〉瑟赞美他。

4. 〈你们〉要〈击〉鼓舞蹈赞美他，
〈你们〉要〈拨〉弦〈吹〉笛赞美他。

5. 〈你们〉要以铙钹之声赞美他，
〈你们〉要以号角之声赞美他。

6. 一切生灵都要赞美上主，〈你们〉要赞美上主。

מזמור קנ

א הַֽלְלוּיָ֨הּ ׀
הַֽלְלוּ־אֵ֥ל בְּקָדְשׁ֑וֹ
הַֽ֝לְל֗וּהוּ בִּרְקִ֥יעַ עֻזּֽוֹ׃

ב הַֽלְל֥וּהוּ בִגְבוּרֹתָ֑יו
הַֽ֝לְל֗וּהוּ כְּרֹ֣ב גֻּדְלֽוֹ׃

ג הַֽ֭לְלוּהוּ בְּתֵ֣קַע שׁוֹפָ֑ר
הַֽ֝לְל֗וּהוּ בְּנֵ֣בֶל וְכִנּֽוֹר׃

ד הַֽ֭לְלוּהוּ בְתֹ֣ף וּמָח֑וֹל
הַֽ֝לְל֗וּהוּ בְּמִנִּ֥ים וְעֻגָֽב׃

ה הַֽלְל֣וּהוּ בְצִלְצְלֵי־שָׁ֑מַע
הַֽ֝לְל֗וּהוּ בְּֽצִלְצְלֵ֥י תְרוּעָֽה׃

ו כֹּ֣ל הַ֭נְּשָׁמָה תְּהַלֵּ֥ל יָ֗הּ הַֽלְלוּיָֽהּ׃

קורן ירושלים